국제법을 알면 뉴스가 보인다

강국진 · 김성원 · 박언경 · 서영민 ·
예대열 · 오승진 · 유준구 · 이석우 ·
이세련 · 정민정 공저

박영사

서 문

한국은 역사적으로나 지정학적으로나 국제법의 해석과 적용에 의존할 수밖에 없는 태생적 한계가 있다. 일제강점기에서 비롯한 일본의 조선 식민지화 과정에 기인한 한일관계, 분단 및 한국전쟁을 전후해서 고착화된 남북관계 및 한미관계, 경제적 의존도 및 동아시아 안보상황을 반영하면서 점차 그 중요성이 증대하고 있는 한중관계 등의 양자관계 뿐만 아니라 유엔(UN)을 위시한 국제사회의 일원으로서의 다자관계에 있어서 국제법의 명확한 해석과 적용은 매우 본질적인 사안이다.

그러나 과연 한국의 수많은 국제법적인 현안에 있어 명확한 해석과 적용, 그리고 대안제시가 이루어져 왔는가? 그리고 한국에서 국제법이 적용되는 이러한 현안들에 대한 최소한의 이해와 국가의 생존에 절대적으로 필요한 국제법의 저변 확대에 기존의 국제법 연구서 및 교재들이 어느 정도 기여하고 있는가? 실제상황에서 발생하는 국제법적 현안들에 대해 답하는 방식의 국제법 교재가 필요한 것이 아닌가?

동 저서는 이러한 문제의식과 반성을 전제로 기본적으로 가장 최근의 현안에 근거한 국제법 주제를 선정하여 관련 언론보도와 이에 대한 국제법적 해석과 함의, 그리고 외교정책에 있어서의 제언 등을 중점적으로 집필하는 방식으로 진행되었다.

돌이켜 보면, 저서 집필 참여 의사를 밝힌 연구자들이 처음으로 출판기획회의를 가진 것이 2018년 12월 8일인데, 그 후 진행되는 팬데믹을 감안하더라도, 동 저서의 출간에는 많은 지연이 있었고, 거의 4년이 경과되어 첫 결과물을 보게 되었다. 첫 출판을 하게 되면 빈 공간이 많이 보이기 마련이다. 집필취지를 살려 지속적으로 수정해 갈 계획이다. 아울러 현장에서 국제법 현안을 취재하는 기자들이 가지고 있는 문제들에 연구자들이 답하는 방식의 "살아있는 국제법: 현장기자가 궁금해 하는 국제법"을 연속기획으로 준비하고 있는데, 국제법 현안이 우리의 일상에서 멀리 떨어진 곳에서 일어나는 일들이 아닌 우리의 바로 주변에서 일어나는 일들임을 공감하게 되는데 일조하길 바란다.

공동집필임에도 불구하고 원고의 취합, 교정 및 편집, 재편집 작업에 있어 경희대 박언경 박사와 전북대 이세련 교수의 세심한 검토가 큰 도움이 되었음에 대해 다른 집필자 모두는 특별한 고마움을 언급하고자 한다. 또한 출간진행 과정에서 소요되는 재정적인 사항에 대해서는 (사)아시아국제법발전연구회(DILA-KOREA)의 연구기금에서 지원을 받았음을 밝힌다. 연구회가 기획, 출간하는 저서에 큰 역할을 하고 있는 박영사의 관계자분들, 특히 손준호 과장과 장유나 과장께 깊은 감사를 드린다.

2022년 12월
집필자를 대표하여

목 차

제3부

국가는 '관할권'을 행사한다.

제4부

국가의 '영역주권'은 존중되어야 한다.

제5부

국제분쟁은 '평화적'으로 해결되어야 한다.

제6부

'공동의 목적과 이익'을 위해 국제법은 확장되고 있다.

* 본서에 실린 신문기사의 원문을 보려면 아래의 QR코드를 스캔해주세요.

* 해당 부분에 명기된 각 부분의 집필자 이외에 각 장에 서술된 신문기사는 서울신문 강국진 차장, 각 부에 추가된 관련 용어 해설은 순천대 예대열 박사, 전반적인 감수는 외교부 서영민 서기관이 담당하였다.

* 집필 과정에서 참조된 참고문헌의 목록은 별도로 수록하지 않았다. 개정판 작업에서 반영될 예정임을 밝힌다.

국제법을 알면 뉴스가 보인다

TODAY

BRK

239/8

LOREM IPSUM

Lorem Ipsum Dolor Sit Ame

BREAKIN

lorem ipsum dolor sit amet consectetur ad

World Ne

KE
EWS
BRK 457/3
7/3
day TH

BREAKING
NEWS

Lorem ipsum dolor sit amet, consecte
eiusmod tempor incididunt ut labore
Ut enim ad minim veniam, quis nost

제 **1** 부

국제분쟁의 해결기준은 '국제법'이다.

제 **1** 장

조약법

국가 간의 국제적 합의는
모두 법적 구속력이 있는가?

김성원

「주한미군 국제분쟁 파병 '물꼬'」

2006.01.21. 서울신문 4면[1]

반기문 외교통상부 장관과 콘돌리자 라이스 미국 국무장관이 19일(현지시간) 양국간 첫 장관급 전략대화를 갖고 주한미군의 전략적 유연성에 합의함에 따라 주한미군이 한국이 아닌 지역의 분쟁에 개입하기 위해 파병할 수 있는 근거는 마련됐다.

두 나라는 공동성명에서 "한국은 동맹국으로서 미국의 세계 군사전력 변화의 논리를 충분히 이해하고 주한미군의 전략적 유연성을 존중한다."면서 "미국은 한국이 한국민의 의지와 관계없이 동북아 지역 분쟁에 개입되는 일은 없을 것이라는 한국의 입장을 존중한다."고 밝혔다.

정부가 그동안 주저해온 주한미군의 전략적 유연성을 받아들인 것은 한·미동맹을 깨지 않는 한 다른 선택의 여지가 없었기 때문이다.

그동안 미 국방부 관계자들과 워싱턴의 한반도 전문가들은 "한국이 전략적 유연성을 받아들이지 않으면 한·미동맹은 끝"이라며 "주한미군도 완전히 철수하게 될 것"이라는 '경고'를 해왔다.

전략적 유연성은 미군의 전세계 전략 차원에서 나온 것이기 때문에 한국에서만 예외를 둘 수 없다는 것이 이들의 주장이다.

따라서 한국 정부는 미국의 이같은 세계 전략은 존중하되 한반도의 특수상황은 다시 미국으로부터 존중받는 방식으로 공동성명에 합의했다고 볼 수 있다.

한·미간의 전략적 유연성 합의와 관련, 중국 등 주변국은 벌써부터 민감한 반응을 보이고 있다. 김숙 외교부 북미국장은 "전략적 유연성은 기본적으로 한국과 미국간의 양자현안이기 때문에 중국과 러시아 등 주변국들과 사전 협의를 하지 않았다."고 말했다. 특정국과 사전에 협의하면 마치 전략적 유연성이 그 국가를 겨냥한 것으로 오해받을 가능성이 있는 측면도 있다.

그런 차원에서 한·미 양국은 주한미군의 해외 이동 절차 등 전략적 유연성과 관련한 구체적인 실행계획은 세우지 않기로 했다. 예를 들어 주한미군이 중국과 타이완간의 분쟁이나 북한 내부의

'큰 변화'를 상정한 실행계획을 세운다면 그 자체가 커다란 파문을 불러일으킬 수 있기 때문이다.

김숙 국장은 "앞으로 특정 상황이 발생하면 한·미동맹과 한·미 상호방위조약의 정신에 입각해 두 나라가 충분한 대화를 거쳐 상황별로 신속하고 긴밀하게 대처할 것"이라고 말했다.

한·미 양국이 주한미군의 전략적 유연성에 합의했다고 해서 주한미군이 손쉽게 다른 지역으로 파병되는 것으로 볼 필요는 없을 것 같다. 주미대사관 관계자는 "미국 정부도 한국인의 의사에 반한 주한미군의 이동이 어떤 결과를 초래할 것인가를 잘 이해하고 있다."고 말했다.

지난 3년 동안 중요한 현안이자 갈등 요인이었던 전략적 유연성 문제가 해결됨에 따라 한·미 동맹은 커다란 짐 하나를 덜어낸 셈이다.

이제 양국은 지난해 우리측이 제기한 전시작전권 이전이라는 또 하나의 중요한 동맹 현안에 초점을 맞춰나갈 것으로 보인다.

I. 국가 간의 공동성명은 법적 구속력을 갖는 조약인가?

조약은 '국가·국제기구 등 국제법 주체 사이에 권리·의무관계를 창출하기 위하여 서면 형식으로 체결되고 국제법에 의하여 규율되는 합의'이다. 헌법은 조약의 체결·비준에 관하여 대통령에게 전속적인 권한을 부여하면서(헌법 제73조), 조약을 체결·비준함에 앞서 국무회의의 심의를 거쳐야 하고(헌법 제89조 제3호), 특히 중요한 사항에 관한 조약의 체결·비준은 사전에 국회의 동의를 얻도록 하는 한편(헌법 제60조 제1항), 국회는 헌법 제60조 제1항에 규정된 일정한 조약에 대해서만 체결·비준에 대한 동의권을 가진다.

이 사건의 공동성명은 한국과 미합중국이 상대방의 입장을 존중한다는 내용만 담고 있을 뿐, 구체적인 법적 권리·의무를 창설하는 내용을 전혀 포함하고 있지 아니하므로, 조약에 해당된다고 볼 수 없으므로 그 내용이 헌법 제60조 제1항의 조약에 해당되는지 여부를 따질 필요도 없이 이 사건 공동성명에 대하여 국회가 동의권을 가진다거나 국회의원인 청구인이 심의표결권을 가진다고 볼 수 없다. 이 사건 공동선언이 조약임을 전제로 청구인의 조약체결비준권에 대한 동의권 및 심의표결권이 침해되었음을 주장하는 이 사건 심판청구는 심판의 대상이 부존재하여 부적법하다고 할 것이다." 동 사건의 쟁점은 한-미 외무부장관의 공동성명이 조약법상 조약에 해당되는지 여부에 관한 것이다.

---

1) https://www.seoul.co.kr/news/newsView.php?id=20060121004010

II. 국제법 법원으로서 조약

1. 조약의 중요성

ICJ규정 제38조는 재판소가 활용하는 재판의 준칙을 규정한 조항이지만, 일반적으로 국제법의 법원(法源)을 설명하는 조항으로 이해되고 있다. ICJ규정 제38조 1항에서 조약은 "분쟁국에 의하여 명백히 인정된 규칙을 확립하고 있는 일반적인 또는 특별한 국제협약(international convention, whether general or particular, establishing rules expressly recognized by the contesting states)"으로 규정되고 있다. 비록, ICJ 규정 제38조는 법원 간의 위계성 또는 적용에 있어서 우선순위를 정하고 있는 것은 아니나, 조약은 국제관습법과 함께 가장 중요한 국제법의 법원으로 이해되고 있다. 과거에는 국제관습법이 가장 중요한 국제법의 법원이었지만, 국제사회의 다양성이 증가하고 국제관계가 더욱 복잡해짐에 따라 국제관습법보다 조약이 더욱 중요한 국제법의 법원이 되었다. 이에는 다음과 같은 이유가 있다.

첫째, 국제관습법은 국가관행과 법적 확신이 필요하며, 국제관습법이 형성되기 위해서는 일정한 시간이 필요하다. 조약은 국제관습법에 비해 신속하게 형성될 수 있는 장점이 있다. 둘째, 국제관습법이 형성되기 위하여 국가관행 및 법적 확신이 필요한데, 이의 확인이 어려운 경우가 있다. 이에 반해 조약은 발효시점 등에 대하여 명확한 규정을 두고 있는 바, 명확성 측면에서 장점을 갖고 있다. 셋째, 국제관습법의 형성 시기에 참여하지 못하였던 국가들은 소위 집요한 반대자가 될 기회조차 가질 수 없었다. 조약은 주권평등에 기초하여 신생국가들에게 국제법규범 정립 과정에 기회를 제공하는 장점이 있다. 넷째, 조약은 법전화를 통하여 기존의 국제관습법을 보다 명확히 하는 장점이 있다.

조약과 국제관습법은 서로 밀접한 관계를 맺고 있다. 국제관습법의 내용을 법전화하려는 목적으로 조약이 체결될 수 있으며, 국제관습법은 또한 조약을 위한 해석에 있어서 지침을 제공하기도 한다. 또한 조약은 국제관습법의 증거가 되며, 형성 중인 국제관습법은 조약의 체결을 계기로 결정적으로 확립되기도 한다. 조약은 당사국에 대해서만 구속력을 갖지만, 국제사회 전체가 조약 내용을 중요한 것으로 받아들이는 경우, 국제관습법을 형성하게 되어 조약의 제3국에 대해서도 법적 구속력을 갖게 된다. 결론적으로 조약과 국제관습법은 국제법의 법원 중 가장 중요한 법원으로서 활발한 상호작용을 통하여 국제법의 발전에 적지 않은 공헌을 하고 있는 것이다.

2. 1969년 조약법에 관한 비엔나협약상 조약의 개념

UN국제법위원회(ILC)는 국제법의 법전화와 점진적 발달을 위해 많은 노력을 경주하여 왔다. 오늘날 국제법상 주요한 조약들은 보통 국제관습법의 법전화를 통하여 형성된 것이다. 1969년 조약법에 관한 비엔나협약(Vienna Convention on the Law of Treaties, 이하 '조약법'이라 함)은 국제관습법이 법전화된 대표적인 사례이다. 조약이란 통상 국제법 주체들이 일정한 법률효과를 발생시키기 위해 체결한 국제법의 규율을 받는 국제적 합의로 이해되고 있다. 조약법에서는 조약을 "단일의 문서 또는 2 또는 그 이상의 관련문서에 구현되고 있는가에 관계없이 또한 그 특정의 명칭에 관계없이, 서면형식으로 국가 간에 체결되며 또한 국제법에 의해 규율되는 국제적 합의를 의미한다."고 규정한다.

국가, 국제기구, 개인 및 비국가단체를 포함하는 국제법 주체들은 그들 간의 관계를 규율하기 위하여 합의를 할 수 있다. 또한, 국제법 주체들은 구두합의로써 그들의 국제관계를 규율할 수 있으며, 법적 구속력이 없는 합의를 통하여 상호 간의 행동을 규율할 수 있다. 주체, 형식, 적용 가능한 법에 따라 다양한 형식의 국제적 합의가 존재하지만, 조약법은 주체로는 국가, 형식으로는 서면, 적용 가능한 법은 국제법이라는 요소를 충족하는 국제적 합의만을 조약으로 규정하고 있다. 따라서, 구두합의 또는 구두조약은 비록 국제법상 법적 구속력이 부인되는 것은 아니지만, 조약법이 적용되는 조약이 되지 않는다.

또한, 국가를 일방으로 하고 국가 이외의 국제법 주체, 예를 들면 국제기구, 개인 및 비국가단체를 타방으로 하는 국제적 합의 또는 국가 이외의 주체들 간의 국제적 합의는 비록 국제법에 의해서 규율된다고 하여도 조약법이 적용되는 조약은 아니다. 아울러, 국가 간의 서면형식으로 된 국제적 합의라 하여도 이러한 국제적 합의에 적용되는 법규범이 국제법이 아닐 경우에도 이는 조약법상의 조약은 아니다. 조약법은 조약의 정의를 규정함에 있어서 명칭과는 무관한 점을 밝히고 있다. 즉, 신사협정, 정치적 양해 등의 명칭이 사용되어도 국가 간에 서면으로 작성되고 국제법의 규율을 받는 국제적 합의라면 이는 조약법상 조약이 되는 것이다. 극단적인 반대 경우는 명칭이 조약이라 할지라도 주체, 형식, 적용 가능한 법의 요건을 충족하지 못한다면 이는 조약법상 조약이 되지 않는 것이다. 물론, 이러한 조약법상 조약이 아니라 하여도 이들의 국제법상 법적 구속력이 부인되는 것은 아니다. 조약법상 조약은 국가 간의 권리 및 의무가 명확히 규정되어 있어야 한다. 조약의 실질적 내용에 관한 권리 및 의무의 규정은 조약법상 조약의 성립을 위한 형식 요건은 물론이며 실질 요건 또한 국제법의 법원으로서 조약이 성립되기 위한 중요한 요소이다.

III. 생각해볼 문제

✓ 조약의 협상 중에 작성된 정부 대표 간의 서면 문서는 조약인가?

✓ 동일한 쟁점에 관한 일반법에 해당하는 조약과 특별법에 해당하는 구두합의가 충돌하는 경우, 조약이 언제나 우선하는가?

✓ 연방국가의 주와 국가가 체결한 서면형식의 국제법의 규율을 받는 국제적 합의는 조약인가?

✓ 국가가 아닌 국제법주체가 체결한 국제법의 규율을 받는 서면 형식의 국제적 합의에 대하여 조약법은 적용될 수 있는가?

조약을 체결하였어도 지키지 않을 방법이 있지

김성원

「교원 노동 · 정치운동」 논란에 종지부/사립학교법 합헌결정의 의미

1991.07.23. 서울신문 3면1)

헌법재판소가 22일 사립학교법 제55조와 58조1항에 대해 합헌(합헌)결정을 내림으로써 그동안 교육계에서 큰 논란이 돼왔던 사립교원의 노동운동문제가 종지부를 찍게 됐다.

사립학교법 제55조는 사립학교 교원의 복무에 대해 국 · 공립학교 교원에 관한 규정을 준용토록 해 노동운동 · 기타 공무 이외의 일에 집단행위를 할 수 없게 한 규정이며, 제58조1항은 정치운동 또는 노동운동을 하거나 집단행위 · 정당지지행위 · 학생선동행위 등을 할 때 면직시킬 수 있도록 한 규정이다.

따라서 이번 위헌심판의 쟁점은 국 · 공립교원과 사립학교교원의 신분상 차이, 헌법이 보장하는 노동기본권의 한계와 노동기본권과 학습권의 관계 등에 관한 한계를 분명히 했다는데 그 의미가 있다고 볼 수 있다.

헌재는 이에 대해 9명의 재판관 가운데 절대 다수인 6명이 합헌의견, 1명은 한정합헌, 2명은 위헌의견을 내 합헌이라는 결정을 내렸다.

헌재는 우선 교육의 목적과 교원의 의의, 그리고 직무의 특수성을 전제로 이같은 합헌결정을 내렸다.

즉, 교원이 교육활동이란 노동을 대가로 수입을 받는 근로자로서의 성격을 가진다고는 하나 장기간 훈련을 받고 이에 필요한 지식 · 소양과 함께 사회적 책임이 요구되는 직무상 특성이 강하다는 점을 지적했다.

또한 일부 교원들이 국 · 공립교원과의 차이점으로 자율성을 갖는 사립학교재단에 속해 있음을 주장하는데 대해 『교원은 공교육을 담당하고 교육목적 · 교육과정 등에서 차이가 없으며 교원임용에서 사립교원은 교육공무원과 비교해 임용절차만 다를 뿐 그 밖의 자격요건 · 복무 · 연수의무 · 신분보장 및 사회보장 등의 모든 부분에서 동등한 대우를 받게 돼 있다』는 점을 중시했다.

헌재는 이같은 전제에 따라 이 두 가지 규정이 노동3권을 규정한 헌법 제33조와 국민의 자유와 권리의 존중을 규정한 헌법 제37조 2항에 위배된다는 일부 주장을 잘못된 해석으로 결론지었다.

사립학교교원도 직무상 공무원개념을 적용할 수 있기 때문에 현행 헌법과 국가공무원법에 의해 규정된 국·공립학교교원의 노동운동금지조항을 준용, 집단운동을 할 수 없다고 지적한 것이다.

헌재는 이에 대한 법해석에서 『비록 근로자인 사립학교 교원에게 헌법 제33조가 정한 근로3권의 행사를 제한 또는 금지하고 있다 하더라도 이것이 이들 교원이 가지는 근로기본권의 본질적 내용을 침해한 것으로 볼 수는 없으며 그 제한이 공공의 이익인 교육제도의 본질을 지키기 위해 필요하고 적정하게 결정된 것이므로 헌법에 위배되지 않는다』고 풀이했다.

이는 『교원의 노조활동은 최종적으로 수업거부와 학내외에서의 시위농성을 수반, 학생의 학습권을 침해하게 되므로 이같은 결과를 부를 노동권은 교육자에 있어서 제한돼야 한다』는 합헌론자들의 주장을 그대로 수용한 것으로 볼 수 있다.

헌재의 이날 결정은 그동안 교원의 집단행동을 주장하며 일부 교사들의 동조를 받은 「전국교직원노동조합」에는 타격이 될 수밖에 없고 교육법에 규정된 유일한 교직단체인 한국교원단체총연합회의 위상을 상대적으로 강화시켜 줄 것으로 기대되고 있다.

또한 지난 89년5월 설립돼 교육계에 파란을 일으켰던 「전교조」는 법률적인 정당성을 완전히 상실하게 됐다.

「전교조」는 설립과 함께 집단행동에 나서 첫해에 모두 1천5백여명의 교사들이 해직됐고 현재는 1만5천여명이 가입해 있는 것으로 추정되고 있다.

이번 위헌심판도 「전교조」활동과 관련, 지난 89년 5월 학교법인 선일학원의 선일여자중에 근무하다 해직된 정순남·최금숙교사 등 2명이 해직무효청구소송과 함께 낸 신청에 따라 그해 10월 서울지방법원 서부지원이 제청한 사건 등 같은류의 사건 1백건을 단일사건으로 묶어 결정된 것이다.

「전교조」는 헌재의 이날 결정에 대해 『절대 수용할 수 없는 결정』이라면서 『이는 최근 국가보안법의 합헌결정, 노동쟁의 조정법의 제3자개입금지조항 합헌결정 등과 같은 맥락으로 교원의 탄압을 정당화했다』고 주장, 앞으로도 헌재결정에 불복, 법외노조로 활동할 것임을 밝히고 있다.

그러나 헌재의 결정은 사법권 최후의 해석이기 때문에 이번 결정에 의해 그 활동에 정당성을 갖지 못하게 된 「전교조」로서는 앞으로는 법률적으로 아무것도 내세울 방법이 없게 됐다.

I. 조약의 특정 조항에 규정된 의무를 배제할 수 있는가?

조약은 조약법 제26조에 따라 신의성실하게 이행되어야 한다. 국가는 조약의 성안 과정

---

1) https://www.seoul.co.kr/news/newsView.php?id=19910723003001

에서 교섭을 통해 자국에 불리한 조항의 채택을 저지할 수 있다. 그러나, 이러한 시도가 실패하는 경우, 국가는 관련 조약이 특정한 유보만을 허용하거나, 유보를 허용하지 않는다는 점을 명시하지 않은 경우, 조약의 대상과 목적에 부합하는 유보를 형성할 수 있다.

체약국의 가입과 동시에 시행에 필요한 조치를 취하도록 의무화하고 있는 "시민적 및 정치적 권리에 관한 국제규약"의 제22조 제1항에도 "모든 사람은 자기의 이익을 보호하기 위하여 노동조합을 결성하고 이에 가입하는 권리를 포함하여 다른 사람과의 결사의 자유에 대한 권리를 갖는다."고 규정하고 있다. 그러나 같은 조 제2항은 그와 같은 권리의 행사에 대하여는 법률에 의하여 규정되고, 국가안보 또는 공공의 안전, 공공질서, 공중보건 또는 도덕의 보호 또는 타인의 권리 및 자유의 보호를 위하여 민주사회에서 필요한 범위 내에서는 합법적인 제한을 가하는 것을 용인하는 유보조항을 두고 있다. 특히 제22조는 국내법 개정문제로 인해 가입 당시 유보되었기 때문에, 직접적으로 국내법적 효력을 가지는 것도 아니다. 이러한 이유로 법원은 위 규약 역시 권리의 본질을 침해하지 아니하는 한 국내의 민주적인 대의절차에 따라 필요한 범위 안에서 근로기본권의 법률에 의한 제한은 용인되는 것으로 판단하였다.

동 사건의 쟁점은 조약의 의무를 제한할 수 있는지 여부에 관한 것으로 조약법상 유보의 효과에 관한 것이다.

II. 조약에 대한 유보

1. 유보제도의 역사적 전개

국가는 자신이 원하지 않는 조약의 일부 또는 전체에 대하여 세 가지 전략을 취할 수 있다. 첫째, 조약의 교섭 단계에서 자국에게 불리한 조항의 채택을 반대하여 관련 조항이 조약에 규정되지 않게 하는 것이다. 둘째, 자국에게 불리한 조항이 조약에 포함되는 경우, 이에 대하여 그 조항이 규정하고 있는 의무가 자국에게 적용되는 것을 배제하는 것이다. 마지막으로, 국가는 자국에게 불리한 조약이 체결되는 경우에 당사국이 되지 않는 것이다. 이러한 세 가지 전략 중의 하나가 조약에 대한 유보이다. 유보란 조약의 특정 조항이 규정하는 법적 효과를 당사국이 배제시키거나 변경시키려는 의도로 행하는 일방적 행위이다.

유보는 조약의 당사국을 확보하려는 방법이다. 즉, 국가는 조약의 전체적인 내용에 대해서는 동의하지만, 특정한 부분에 대하여 반대함으로써 조약 당사국이 되지 않을 수 있다. 이러한 경우에 특정한 부분에 대한 국가의 반대를 수용함으로써 조약은 당사국의 수를 확보할 수 있는 것이다. 조약의 당사국의 수를 확보한다는 점에서 유보는 장점이 있지만, 유보에 의해서 배제되는 의무에 대하여 당사국 간의 통일적인 이행이 가능하지 않게 되어 조약 본래의 의도를 달성하는 데 어려움을 야기하는 단점이 있다.

20세기 초반까지는 국제관습법상 유보는 모든 조약 당사국의 동의가 있어야만 첨부가 가능한 것이었다. 유보의 허용 범위는 제2차 대전 후 '제노사이드협약'에 대하여 일부 국가들이 유보를 첨부한 사건을 통해서 새로운 전환을 맞이하게 되었다. '제노사이드협약'에는 유보의 허용 여부에 관한 조항이 없었는데, 일부 국가들이 유보를 첨부하여 동협약을 비준하였다. ICJ의 권고적 의견을 통하여 소위 유보의 양립가능성 기준이 확립되었다.

ICJ는 가능한 한 다수의 국가를 조약 당사국이 되도록 하기 위해서 일부 조항을 배제하려는 국가도 조약 당사국에서 배제시킬 이유가 없다고 판시하였다. 또한, ICJ는 첨부된 유보 내용이 조약의 "대상 및 목적"과 양립될 수 있다면, 일부 국가의 반대에도 불구하고 유보 첨부국은 조약의 당사국이 될 수 있다고 판시하였다.

2. 조약법상 유보의 정의와 법적 효과

유보란 자구 또는 명칭에 관계없이, 조약의 서명·비준·수락·승인 또는 가입 시에, 국가가 그 조약의 일부 규정을 자국에 적용함에 있어서 그 조약의 일부 규정의 법적 효과를 배제하거나 또는 변경시키고자 의도하는 경우에, 그 국가가 행하는 일방적 성명을 의미한다.

조약법은 유보 첨부의 시기, 유보의 목적, 유보 첨부의 방법 등에 대해서 규정하고 있다. 유보의 형성에 대하여 조약법은 조약이 유보를 허용하지 않는 경우에 유보를 형성할 수 없으며, 조약이 특정한 유보만을 허용하는 경우, 그 유보를 형성할 수 있음을 규정하고 있다. 상기한 ICJ의 권고적 의견의 내용을 반영하여 조약법은 조약이 유보의 허용 또는 금지 여부를 규정하고 있지 않은 경우, 조약의 대상과 목적에 유보가 양립하는 경우에 유보를 형성할 수 있음을 규정하고 있다. 아울러, 일반적으로 유보는 적어도 하나의 다른 체약국이 그 유보를 수락하는 경우에만 일반적으로 유효한 것으로 인정된다. 그러나, 실제 사건에서 유보가 조약의 대상과 목적과 양립하는 것인지를 판단하는 것은 매우 어려운 일이다.

유보국에 대하여 다른 국가들은 1) 유보를 수락하고 유보국을 당사국으로 인정, 2) 유보에는 반대하나, 상호간의 조약관계의 형성은 인정, 3) 유보에도 반대하고, 조약관계의 성립도 부정하는 것으로 반응할 수 있다. 유보국과 유보수락국 간에는 유보된 조항을 제외한 조약의 나머지 부분이 적용된다. 유보국과 유보에는 반대하나 조약 관계의 형성에는 반대하지 않은 국가 간에도 유보조항이 적용되지 않는다. 따라서, 유보국에 대하여 유보수락국과 조약

관계의 형성은 인정하는 유보반대국은 결과적으로 법적으로 같은 결과를 야기하게 되는 것이다. 그러나, 유보국과 유보수락국은 유보국이 수락한 유보를 상호 원용할 수 있다는 점에서 차이점이 있다.

3. 인권조약의 유보 문제

인권조약은 유보에 대하여 특이한 입장을 취하고 있다. 즉, 유보의 상호주의가 인권조약에 관하여는 적용되기 어렵다는 입장이 제기되고 있다. 특히, "허용 불가능한 유보"에 대하여 다양한 입장이 제기되고 있지만, 이에 대하여 획일적인 판단을 찾기 쉬운 것은 아니다.

유럽인권재판소(ECtHR)는 'Belilos 사건'에서 무효인 유보를 첨부한 경우에 이는 유보 없이 가입한 것으로 판단하였다. ILC는 '조약 유보에 관한 실행 지침'을 통하여 허용될 수 없는 유보를 첨부한 경우의 법적 효과를 다루었다. ILC는 조약의 당사국, 독립적인 조약감시기구 또는 분쟁해결기구 모두 유보의 허용 가능성을 판단할 수 있다는 입장을 취하고 있다. 따라서, 조약감시기구가 설립되어 있어도 개별 당사국은 첨부된 유보의 허용 가능성을 판단할 수 있으며, 조약감시기구의 판단을 반드시 고려하지만, 개별 당사국은 이에 구속되는 것은 아니다. 결국 조약감시기구와 개별 당사국이 유보의 허용 가능성에 대하여 상반된 입장을 취하는 경우에 이를 해결하는 방안은 마련되어 있지 않은 것이다.

ILC는 허용 불가능한 유보는 무효인 바, 법적 효과를 갖지 못하지만 이러한 유보국이 조약의 당사국이 될 수 있는지 여부는 1차적으로 유보국의 의사에 따르자고 제시했다. 유보국이 별다른 의사를 표시하지 않는 경우, 일단 유보 없이 가입한 것으로 간주하나, 유보국이 유보 없이는 조약의 당사국이 될 의사가 없다는 점을 추후에 언제라도 표시할 수 있는 것으로 정리되었다. 그러나, 인권조약기구와 같은 기구가 특정국의 유보를 무효라고 선언하는 경우, 유보국이 조약의 당사국이 될 의사가 없는 경우에 1년 이내에 탈퇴할 것이 요구된다는 점을 ILC는 밝히고 있다. ILC의 허용 불가능한 유보에 대한 작업에도 불구하고 무효인 유보를 첨부한 국가의 지위는 여전히 불명확한 상태로 남아있다.

III. 생각해볼 문제

✓ 국제관습법을 반영한 조약의 조항을 유보하는 경우에 국가는 국제관습법상의 의무로부터 벗어날 수 있는 것인가?
✓ 유보금지조항에 대하여 유보가 가능한가?

✓ 유보는 서명, 비준, 수락, 승인 및 가입과 같은 국가가 조약에 대한 기속적 동의를 표하는 시점에서 표명되어야 하는 데, 이러한 시간적 제한을 준수하지 않은 유보는 허용되지 않는 것인가?

✓ 국가가 표명한 유보가 조약의 대상에는 양립하나 목적에는 양립하지 않는 경우에 이는 허용될 수 있는가?

다른 것은 몰라도 인권은 좀 보호합시다

김성원

「유엔 인권문제 제기에 中 '발끈'」

2000.08.04. 서울신문 8면[1]

유엔이 중국의 인권침해 사례에 대해 본격적으로 문제를 제기하고 나섰다.

유엔 인권담당자가 지난 1년 반 동안 중국 인권 상황이 악화일로를 걸어왔다고 비난했고 이에 대해 중국측은 즉각 "중국인권은 중국인 이외에 아무도 왈가왈부할수 없다."고 반격, 중국 인권 논쟁이 국제무대로 확산될 전망이다.

메리 로빈슨 유엔 인권고등판무관은 2일 이틀간의 중국방문을 마치고 가진 기자회견에서 "지난 1년 반 동안 중국 인권이 표현·종교·결사의 자유 등 3개 기본 분야에서 현저히 악화돼 우려를 금할 수 없다."면서 "특히 민주인사들에 대한 인권유린과 종교·결사와 관련된 탄압이 심각한 지경에 이르렀다."고 지적했다.

로빈슨 고등판무관은 지난 98년 야당인 중국민주당 창당 주도 인사들에게 선고된 장기 징역형, 99년 기공단체 파룬궁(法輪功)에 대한 대대적 탄압 등을 사례로 들었다. 또 유엔 사회경제문화권리국제협약, 시민정치권리국제협약 등 인권관련협약에 대한 비준이 지연되고 있는데 대해서도 우려를 표명하면서 '국제적 인권기준'을 만족시키기 위해서는 중국이 법적·절차적 문제에서 유엔과의 공조 연구를 펼쳐야 한다고 밝혔다.

유엔 인권 최고책임자의 이날 발언은 지난달 25일 발간된 미 국무부 연례인권백서의 중국인권 상황에 대한 비판과 시각을 같이하는 것이다. 미국은 이번 백서에서 지난 89년 천안문 사태 이래 중국의 인권상황을 유례없는 강도로 비판, 중국의 반발을 샀다.

로빈슨 고등판무관의 발언은 특히 오는 20일 제네바에서 열릴 유엔 인권위원회 연례회담을 앞두고 나온 것이라는 점에서도 주목되고 있다. 미국은 이 회담에서 중국에 대한 인권 관련 제재결의안을 제안해 놓고 있어 중국 인권논쟁은 국제사회로의 확대가 불가피한 상황이다.

이에 대해 중국측에서는 고위급 관리들이 즉각 반박에 나섰다. 이날 로빈슨 고등판무관과 회견을 가진 뒤 첸치천(錢其琛) 부총리는 "나라마다 여건이 다른 만큼 인권에 대한 잣대도 같을 수 없다."고 유엔의 '국제적 기준론'을 비판했다. 주방자오(朱邦造) 외교부 대변인은 "중국 인민들만이 중국 인권을 판단할 권리가 있으며 이들은 모두 인권상황에 만족하고 있다."면서 "유엔은 중국과 협력하기 위해 '상호존중'의 기반 위에 서야 할 것"이라고 주장했다.

I. 인권 중심 국제법관의 전개

국제법은 전통적으로 국가 간의 대외관계를 규율하는 규범 체계로 이해되어 왔다. 즉, 국가만이 국제법상 완전한 법인격을 행사하는 주체로 인식되어 온 것이다. 그러나, 국제사회의 진화 과정에서 국가 외의 주체, 즉 국제기구, 개인 및 비국가단체의 활동이 비약적으로 증가함에 따라 이러한 국가 외 주체의 국제법 주체성이 부각되었고, 이에 대한 탈국가 중심적 접근이 시도되기 시작했다. 특히, 개인의 국제법 주체성은 세계화의 심화와 더불어 많은 관심을 받게 되었다. 과거 국가 중심적 국제법 관점에서 개인에 대한 국가의 처우는 큰 문제가 되지 않았는데, 이는 국가주권의 최고성에 근거한 국내문제불간섭원칙에 따른 것이었다.

그러나, 국제사회는 국가가 자행하는 인권유린에 대하여 적지 않은 우려를 표명하여 왔으며, 양차 대전을 겪으면서 인권 보호의 중요성을 실감하게 되었다. 오늘날 국제사회는 소위 주권 대 인권의 구도에서 파악될 수 있는 복잡다기한 인권 관련 상황을 맞이하고 있다. 특히, 인권의 보호에 관하여 강행규범(jus cogens)을 통한 접근이 시도되고 있는 점은 매우 주목할 만한 것이다. 과거 국제법이 국가의 이해를 위해서 존재하였다면, 오늘날의 국제법은 인권의 보호를 위하여 역할을 다해야 한다고 주장해도 과언은 아닐 것이다. 이러한 맥락에서 인권 보호에 대하여 국가의 이해를 우선시 하는 태도는 시대의 발전을 외면하는 것이며, 무엇보다도 국가 존재 자체에 대한 이유를 망각하고 있는 것이기도 하다. 인권보호에 관한 국제법규범은 국가의 이해에 의하여 재량적으로 준수되어야 하는 것이 아니기 때문이다. 따라서, 인권조약 당사국이 인권조약을 준수하지 않는 것은 국제사회가 용납할 수 없음은 당연한 것이다.

---

1) https://www.seoul.co.kr/news/newsView.php?id=20000304008006

II. 인권보호를 위한 국제사회의 노력

1. UN의 인권보호에 관한 공헌

국제법의 객체로 이해되어왔던 개인은 21세기 국제법에 있어서 더 이상 피동적인 존재가 아니다. 비록, 국가가 행사할 수 있는 조약체결과 같은 권한 및 권리는 여전히 개인에게 부여되고 있지 않지만, 국제사회가 보호해야 할 핵심 가치로서 인권이 일반적으로 이해되고 있다는 점은 국제인권법을 비롯한 인권 관련 국제법규범의 진화를 엿볼 수 있게 하는 것이다. 인권에 대한 국제사회의 보호 필요성은 제2차 세계대전과 UN의 창설을 통하여 보다 굳건하게 확립되었다. 특히, 나치 독일이 제2차 세계대전에서 보여준 홀로코스트와 같은 참혹한 인권 유린행위는 국제사회로 하여금 인권 보호의 필요성을 보다 심각하게 생각하게 하는 계기가 되었다.

UN은 UN 헌장에 인권보호에 대한 중요성을 명시적으로 규정하고 있다. 즉, UN 헌장 제1조는 "인종, 성별, 언어 또는 종교에 따른 차별 없이 모든 사람의 인권 및 기본적 자유에 대한 존중을 촉진하고 장려함"을 UN의 기본 목적으로 규정하고 있다. UN은 UN 헌장에서의 인권 존중을 천명한 것 이외에도 국제인권의 보호에 큰 역할을 담당하여 왔다. UN총회가 1948년 채택한 세계인권선언은 이후 체결되는 다양한 인권조약의 출발점 역할을 한 것이다. 1948년 제노사이드방지협약, 1951년 난민지위협약, 1963년 인종차별철폐협약, 1966년 시민적·정치적 권리에 관한 국제규약, 1966년 경제적·사회적·문화적 권리에 관한 국제규약, 1979년 여성차별철폐협약, 1984년 고문방지협약, 1989년 아동권리협약, 1990년 이주노동자권리협약, 2006년 장애인권리협약 등은 국제사회의 인권 보호에 관한 지속적인 노력의 결과이다. 국제인권조약은 국가보고제도, 국가간 통보제도 및 개인통보제도 등을 통하여 인권의 보호를 위한 노력을 경주해오고 있다. 특히, 개인통보제도는 국제기구가 개인으로부터 직접 권리구제의 청원을 받을 수 있는 것인데, 이는 개인에게 자신의 명의로 국제법상 권리주장을 할 수 있는 기회를 제공한다는 점에서 인권 관련 국제법의 발전 양상을 명확히 보여주는 것이다.

UN은 1947년 경제사회이사회의 결의를 통해 보조기관으로 정기적으로 인권문제만을 전담하는 인권위원회(Commission on Human Rights)를 두면서 인권문제를 다루어 왔다. UN은 2006년 인권이사회(Human Rights Council)를 설치하였는데, 이는 UN총회 산하에 47개국으로 구성된다. UN안전보장이사회 역시 인권보호에 적지 않은 역할을 하여 왔다. UN안전보장이사회는 UN 헌장 제7장상의 조치가 필요한 행위를 결정할 수 있는데, 심각한 인권침해를 UN

헌장 제39조에 규정된 국제평화와 안전에 대한 위협으로 인정함으로써 대규모 인권 유린 사태를 다루어 왔다. 1990년 이라크의 북부 쿠르드족 탄압사태에 대한 UN안전보장이사회의 조치는 인권의 대규모 유린 사태가 국제평화와 안전에 직접적인 위협이 된다는 점을 명확하게 보여주는 것이다. 이외에도 UN안전보장이사회는 구유고연방, 소말리아, 르완다, 라이베리아, 아이티, 콩고 등에서 자행된 인권 유린 사태를 국제평화와 안전에 대한 위협으로 규정하고 강제조치를 취했다.

2. 인권과 강행규범

강행규범(jus cogens)는 조약법에 규정되어 있다. 조약법 제53조에 규정되어 있는 강행규범은 다음과 같다:

> "조약은 그 체결 당시에 일반 국제법의 절대규범과 충돌하는 경우 무효이다. 이 협약의
> 목적상 일반 국제법의 절대 규범은 그 이탈이 허용되지 아니하며 또한 동일한 성질을 가진
> 일반 국제법의 추후의 규범에 의해서만 변경될 수 있는 규범으로 전체로서의 국제 공동사회
> 가 수락하며 또한 인정하는 규범이다."

조약법에서 강행규범은 조약의 부적법화 사유 중 하나로 제시되고 있다. 소위 절대적 무효사유의 하나로 국가들은 자유 의사로 조약을 체결할 수 있지만, 그 내용이 강행규범에 위반되는 경우에는 그 조약은 무효가 된다. 강행규범은 국가 중심적 국제법 관점에서 국가의 자유를 제한하는 것이 되는데, 왜냐하면 주권국가라 할지라도 조약 체결에 있어서 무제한적 자유를 누리지 못하게 하기 때문이다. 조약법은 강행규범의 의미에 대하여만 언급할 뿐이며 구체적으로 어떤 것이 강행규범에 해당되는지에 관하여는 언급하지 않고 있다. 국제사회 또한 아직까지 강행규범의 판단에 관한 통일적인 기준을 갖고 있지 않다.

그럼에도 불구하고, ILC는 조약법 초안 주석서에서 UN 헌장에 위반되는 위법한 무력행사의 합의, 국제법상 범죄의 수행에 관한 합의, 노예무역, 해적, 제노사이드와 같이 그 진압에 모든 국가의 협력이 요구되는 행위를 수행하자는 합의 등을 강행규범 위반의 예로 제시한 바 있다.

강행규범의 최근 발달의 측면에서 인권의 보호는 중요한 함의를 갖는다. 1998년 구유고형사재판소(ICTY)는 'Delalić' 사건의 1심에서 국제사법기구로서는 처음으로 고문금지가 강행규범에 해당된다고 판시한 바 있다. 유럽인권재판소(ECtHR) 또한 2001년 'Al Adsani 사건'을

다루며 고문금지를 강행규범으로 판시했다. ICJ는 2006년 콩코와 르완다 간의 'Armed Activities on the Territory of the Congo 사건'에서 제노사이드 금지를 강행규범으로, 2012년 벨기에와 세네갈 간의 'Questions Relating to the Obligation to Prosecute or Extradite 사건'에서 고문 금지를 강행규범으로 판단했다.

　　인권의 보호에 관한 국제사회의 노력과 이를 반영코자 하는 국제법의 전개를 감안할 때, 향후 보다 많은 인권 관련 문제들이 강행규범과 관련하여 다루어질 가능성이 적지 않다. 이러한 과정에서 적어도 대규모 인권 유린 사태와 고문, 제노사이드 등을 방관하는 태도는 국제사회의 책임 있는 주체로서 바람직한 태도가 아니라고 할 것이다.

III. 생각해볼 문제

- ✓ 개인의 인권은 국가 주권과 언제나 대결하는 구도에서만 파악되어야 하는가?
- ✓ 국가 중심적 국제법 구조에서 인권 중심적 국제법 구조로의 전환에서 발생할 수 있는 문제는 무엇인가?
- ✓ 인권의 보편화와 보편적 인권은 어떠한 의미상 차이가 있는가?
- ✓ 강행규범의 형성 시기에 반대한 국가들은 강행규범에 구속되지 않는가?
- ✓ 강행규범을 수락하는 전체로서의 국제공동사회에 개인이나 비국가단체도 포함되는가?

제 2 장

국제관습법과 기타법원

조약이 없는 경우, 국가는 아무런 제약을 받지 않는가? / 김성원

국가는 스스로 자신에 대한 법적 의무를 창설할 수 있는가? / 김성원

국제기구 결정 따위를 지켜야 해? / 김성원

조약이 없는 경우, 국가는 아무런 제약도 받지 않는가?

김성원

┌「"北 국제관습법 위배" 정부 공허한 선언」

2009.09.12. 서울신문 1면1)

외교통상부는 11일 북한의 임진강 황강댐 무단 방류로 인해 우리 측 민간인 6명이 사망한 사건과 관련해 '국제관습법 위배'라는 입장을 공식적으로 표명했다. 그러나 정부의 국제관습법 위배 발표는 실효성을 담보하기 어렵다는 점에서 상징적, 정치적 선언에 불과하며 '유명무실(有名無實)' 하다는 게 대체적인 시각이다.

국제관습법은 성문화된 법 조항이 없어 구속력이 없는 데다 현실적으로 북측이 국제관습법 위배라는 우리 정부의 주장에 대응할 가능성도 낮기 때문이다.

문태영 외교통상부 대변인은 이날 "자국의 영토를 이용함에 있어 타국의 권리, 이익을 침해하지 말아야 한다는 것은 국제관습법으로 확립된 원칙"이라면서 "북한의 황강댐 무단 방류 조치는 국제관습법에 위배된다고 볼 수 있다."고 밝혔다. 하지만 국제사회에 대한 문제제기 방안에 대해선 "실효성 문제 등을 감안해 면밀히 검토할 것"이라고 답해 현실적 어려움이 뒤따른다는 점을 시사했다.

이와 관련, 전문가들은 국제적으로 공유하천에 대해선 국제관습법보다는 유역을 끼고 있는 당국 간 협약을 중심으로 논의하는 것이 바람직하다고 입을 모은다. 국제관습법은 가해국이 피해국의 주장에 호응하지 않으면 강제력이 없기 때문에 정치적 의미에 그칠 수밖에 없기 때문이다.

이와 관련, 정부 당국자도 "북한의 황강댐 방류 사건과 같은 유사 사건과 관련해 국제관습법을 통해 피해 보상 등이 논의된 사례는 한 번도 없다."고 설명했다. 현재 국제사회에서 관습법 위배로 판단될 경우 국제사법재판소(ICJ)에 제소, 소송을 통한 해결 방법을 검토해 볼 수는 있다. 하지만 국제사법재판소의 경우 소송의 쌍방이 '재판 결과를 따르겠다.'는 동의를 해야 심리를 받을 수 있다.

때문에 이는 북측의 동의가 없는 한 실질적인 해결 방법이 될 수 없다. 국가 간 댐 긴급 방류로 인해 손해배상 소송이 진행된 사례도 찾아보기 어려운 점도 정부에 불리한 상황이다.

한 국책 연구소의 연구원은 "정부가 국제관습법 실효성 부분을 몰랐던 것은 아니나 국내 여론의 뭇매에 떠밀려 법률 검토를 하게 된 부분이 있는 것으로 안다."며 "정부도 국제법 법률 검토에 착수할 때 구속력에 대한 실효성을 북측에 책임을 묻는 메시지에 무게를 실은 듯하다."고 주장했다.

정부는 황강댐 무단 방류 사건 이후 북한의 임진강 무단 방류가 국가 간 공유하천 이용에 대한 국제 규범을 어겼다는 지적이 제기되면서 급히 법률 검토 작업을 고려한 것으로 알려졌다. 특히 지난 9일 국회 외교통상통일위원회에서 박선영 자유선진당 의원이 현인택 통일부 장관에게 한 수로(水路)국이 다른 수로국에 불리한 조치를 취할 경우 반드시 사전 통고를 해야 하고, 이를 어길 경우 가해국과 피해국이 보상을 협의해야 한다는 유엔 '국제수로의 비항행적 이용법에 관한 협약' 7조 및 12조를 들며 "북한에 배상을 요구해야 한다."고 주장하면서 뒤늦게 법률 검토 작업에 착수했다.

I. 황강댐 방류, 북한에 국가책임을 물을 수 있는가?

국가책임을 추궁하기 위해서는 기본적으로 국제의무위반이 있어야 하며, 국제의무위반을 야기한 행위가 국가로 귀속되어야 한다. 즉, 국가책임을 추궁하기 위해서 유책국이 자신에게 적용되고 있는 어떠한 국제법 규범을 위반한 것인지 여부가 우선적으로 검토되어야 한다. 하천의 이용에 있어서 상류국의 하류국에 대한 사전 경고 또는 예고 등의 법적 의무가 존재하는 경우에만, 황강댐 방류로 인한 대한민국 국민 6명의 사망에 대하여 북한에 국가책임을 추궁할 수 있는 것이다. 그렇다면, 북한은 하천의 이용에 관한 국제법 중 어떠한 국제법에 구속되고 있는 것인가?

북한은 1997년 '국제수로의 비항행적 이용에 관한 협약'의 당사국이 아닌 바, 동협약에 규정된 의무에 구속되지 않는다. 즉, 조약법상 북한은 동협약에 대하여 제3국인 것이다. 그렇다면, 황강댐 방류 사건에 있어서 북한의 행위를 구속하는 국제법규범은 어디에서 찾을 수 있는 것인가? 이 문제에 대하여 하천의 이용에 관한 국제관습법이 북한의 행동에 대한 적법성 또는 위법성을 판단하는 데 있어서 중요한 국제법의 법원(法源)이 되는 것이다. 위 기사에서 국제관습법은 성문화된 법 조항이 없어 구속력이 없다고 설명하고 있는데 이는 잘못된 설명이다. 관련 쟁점에 대한 조약이 부재하는 경우, 국가는 국제관습법의 구속을 받게된다. 다만, 현실적으로 국제관습법의 입증의 어려움이 존재할 뿐이다.

북한이 1997년 협약의 당사자가 아니라고 하여도, 동 협약 제7조 1항은 "국제하천의 연

---

1) https://www.seoul.co.kr/news/newsView.php?id=20090912001009

안국은 연안국의 영토 내에서 국제수로를 이용할 때, 다른 연안국에게 중대한 손해를 야기하는 것을 방지하기 위한 적절한 조치를 취해야 한다."고 규정하고 있는데, 북한의 책임을 주장하는 측은 동 조항에 근거하여 국제관습법 위반임을 주장한다. 조약법상 제3국은 명시적 동의 없이 자국이 당사국이 아닌 조약상의 의무를 준수할 필요는 없지만, 관련된 규정이 국제관습법을 반영하는 경우에 이를 준수할 의무가 있기에 북한의 책임이 성립되는 것이다.

II. 국제법의 법원으로서 국제관습법

1. 국제법의 법원

'국제법이 법인가?'라는 질문은 국제법을 공부하면서 첫 번째로 직면하게 되는 문제이다. 법으로서 국제법의 성격을 부정하는 근거는 여러 가지를 찾을 수 있겠지만, 무엇보다도 법으로서 국제법의 존재 자체에 회의적인 시각의 대표적인 근거는 소위 '국내법 유추'에서 찾을 수 있다. 즉, 입법부, 행정부, 사법부 등과 같은 국내법 질서에 존재하는 기관을 국제사회에서는 찾을 수 없다는 점에서부터 국제법의 법적 성격을 부인하는 주장이 시작되는 것이다. 입법부의 측면에서 볼 때, 비록 UN국제법위원회(ILC)가 국제법의 점진적 발달과 관습법의 법전화에 중요한 역할을 담당하고 있지만, 엄밀하게 말하자면 국제사회에서 ILC는 국내법상 입법부에 해당되는 기관은 아니다.

국제법의 법원에 대해서 언급할 때, 주로 언급되는 것이 국제사법재판소(ICJ) 규정 제38조 1항이다. ICJ규정 제38조 1항은 비록 재판의 준칙을 설명하는 것이지만, 보통 국제법의 법원을 설명하는 조항으로 이해되고 있다. 조약, 국제관습법, 법의 일반원칙, 법칙결정의 보조수단으로서 학설과 판례 등이 동 조에서 소개되고 있다. 이 중에서 조약과 국제관습법이 주요 국제법 법원으로 이해되고 있다. 조약은 개별 국가 또는 국제기구가 체결하는 명시적 국제적 합의로 설명되며, 1969년 조약법은 조약을 국가 간에 체결되는 서면형식의 국제법의 규율을 받는 국제적 합의로 명칭은 불문하는 것으로 규정하고 있다. 국제법상 중요 조약은 보통 국제관습법에 머물고 있던 법규범을 법전화한 것으로 조약법, 외교관계 및 영사관계에 관한 협약, 해양법협약 등이 대표적인 사례이다.

2. 국제관습법의 성립 요건

조약이 국가 간의 명시적 의사의 합의라고 한다면, 국제관습법은 국가 간의 묵시적 의사의 합의로 설명된다. 국제관습법은 통상 두 가지 요건을 충족해야 한다. 첫째, 일반적이고 일관적인 국가의 관행이 있어야 한다. 둘째, 법적 확신(opinio juris)이 존재해야 한다. 즉, 관련 쟁점에 대하여 국가는 일반적이고 일관적인 실행을 해야 하며, 국가의 쟁점에 관한 실행이 법적으로 요구된다는 법적 확신이 결합되면 관련 쟁점에 대한 국제관습법이 형성되는 것이다.

국제관습법의 형성을 위해서 요구되는 국가의 관행은 모든 국가가 동일한 실행을 보여야 하는 것은 아니다. 그러나, 국제관습법의 형성을 위해서 필요한 국가의 관행은 적어도 일반적이고 일관적일 것이 요구된다. 또한, 모든 국가의 관행이 동일한 비중으로 다루어지는 것은 아니다. 예를 들어, 해양 관련 국제관습법의 형성에 있어서 바다와 면하고 있지 않은 내륙국의 관행보다는 바다와 인접한 연안국의 관행이 더욱 큰 비중으로 다루어지는 것이다.

법적 확신은 국제관습법 형성에 필요한 주관적 요소로 이해되는 데, 사실상 국가의 심리적 측면을 밝히는 것은 쉬운 일이 아니다. 그러나, 법적 확신의 존재는 국제관습법의 형성에 필요 불가결한 요소인 바, 국가의 입장이 반영되는 UN총회와 같은 국제기구가 채택하는 결의가 법적 확신에 대한 입증자료로 제시되고 있다. 국제관습법의 존재 확인을 위해서는 주로 보편성을 갖는 조약, 여러 국가의 공통적인 국내법원의 판결, 국제기구에서 압도적인 다수결로 채택된 결의, 각국 정부의 공통된 실행 등이 제시되고 있다.

3. 기타 국제관습법 관련 사항

국제관습법은 지역 국제관습법의 형성을 방해하지 않는다. 관련 쟁점에 따라 소위 속성 국제관습법도 형성될 수 있다. 국제관습법의 형성에 있어서 특이한 점은 집요한 반대자(persistent objector)에 관한 점이다. 국가가 국제관습법에 대하여 집요한 반대자인 경우에는 국제관습법의 구속에서 벗어날 수 있게 된다. 국제관습법의 구속을 벗어나고자 하는 국가는 국제관습법이 성립되는 초기 시점부터 지속적으로 국제관습법 형성에 반대의사를 표명하여야 한다. 그러나, 형성되는 국제관습법이 강행규범에 관한 것이라면, 이러한 집요한 반대자 이론은 사실상 주장되기 어려운 것이다.

국제관습법은 국제관습법의 형성 초기에 존재하지 않았던 국가들에게는 부당한 국제법의 법원이 될 수 있다. 이러한 국가들은 소위 집요한 반대자가 될 기회를 갖지 못하였는바, 관련 국제관습법에 대한 불만을 가질 수 있을 것이다. 소위 제3세계 국가들의 국제관습법에 대한 비판적 태도는 국제법의 법원으로서 조약의 필요성 및 중요성을 피력하는데 적지 않은 영향을 주었다.

국제관습법의 법전화가 활발히 이루어지고 있으며, 국가 간 또는 국제기구에서 조약 체결이 활발해짐에 따라 국제법의 법원으로서 국제관습법의 중요성이 상대적으로 감소하고 있는 것은 사실이다. 그러나, 국제관습법은 조약이 체결되지 않아 법적 진공 상태로 남아있는 분야에 대하여는 여전히 중요한 국제법의 법원으로서 역할을 하고 있으며, 조약의 체결이 더디게 진행되는 분야에 있어서 최소한의 규율 법규로서의 역할을 하고 있다.

III. 생각해볼 문제

- ✓ 위 사건과 관련하여, 1997년 협약이 국제관습법의 증거가 될 수 없다는 주장을 펼치는 입장도 있는데, 이러한 입장을 취하는 측의 논거는 무엇일까?
- ✓ 국제사법재판소에 동 사건이 제기되었다고 가정하자. 만약 조약과 국제관습법이 존재하지 않는다고 한다면, 재판부는 이 사건을 어떻게 판결하여야 할까?
- ✓ 일관성은 국가관행의 필수적 요소이다. 어느 정도의 일관성이 국제관습법을 형성하기 위하여 요구되는 것인가? 관행에 있어서 경미한 이탈도 국제관습법의 형성을 방해하는가?
- ✓ 조약법과 같은 중요한 조약은 국제관습법을 법전화 한 것이다. 그렇다면, 조약 당사국은 조약의 개정 없이 조약에 반하는 국제관습법을 형성할 수 있는 것인가?
- ✓ 국제관습법과 충돌하는 새로운 조약을 체결한 국가에 대하여 해당 국제관습법의 적용은 가능한가?

국가는 스스로 자신에 대한 법적 의무를
창설할 수 있는가?

김성원

「호 · 일 "불 추가 핵실험 막겠다."」

1995.09.13. 서울신문 7면[1]

뉴질랜드가 국제사법재판소에 프랑스 핵실험을 제재해 줄 것을 호소한데 이어 호주는 초당적 대표단을 유럽에 파견해 프랑스에 압력을 행사해 달라는 로비를 펴고 있고 일본도 전직 대사를 프랑스에 보내 항의를 전달할 방침이다.

뉴질랜드는 11일 국제사법재판소에서 전 세계적으로 격렬한 반대를 불러일으키고 남태평양지역 국가들이 이구동성으로 반대하는 이 핵실험 계획의 중단 명령을 내려 달라고 호소했다.

한편 12일 국제사법재판소에 출두, 진술할 프랑스 대표단장은 11일 기자들에게 국제사법재판소가 이 사건을 다룰 권한이 없다고 밝히고 뉴질랜드 대표단이 기술적 문제를 심리해야 할 예심장을 정치적 쟁점의 장으로 끌고 가는 한편 언론 플레이를 하고 있다고 비난했다.

프랑스 핵실험중지 로비차 유럽을 순방중인 호주대표단은 11일 네덜란드를 방문, 유럽연합 국가들이 남태평양에서의 프랑스 핵실험 횟수를 줄이기 위해 압력을 행사해줄 것을 호소했다.

일본도 프랑스의 핵실험에 반대하는 정부 공식 항의각서를 휴대한 맞추나가 노부오 전미대사를 특사 자격으로 프랑스에 파견할 것이라고 노사카 고켄(야판호현) 관방장관이 11일 밝혔다.

I. 국가의 일방적 선언은 구속력을 갖는가?

구체적인 대상을 특정하지 않은 국가의 일방적 행위는 국제법적 효과를 발생시킨다. 국가의 일방적 행위에 대하여 다른 국가들이 어떠한 반응을 보이지 않아도 일방적 행위를 하

---

1) https://www.seoul.co.kr/news/newsView.php?id=19950913007002

는 국가는 스스로 이에 구속되는지 여부가 일방적 선언의 법적 구속력과 관련한 주요 쟁점이다. 즉, ICJ규정 제38조에 제시되는 조약, 국제관습법이 아닌 국가의 일방적 선언도 국제법의 법원에 해당되는지 여부에 관한 쟁점인 것이다.

핵실험 사건의 진행 도중에 프랑스의 일방적으로 발표한 핵실험 중단 선언은 국제법상 중요한 쟁점을 제기하였다. 이는 국가가 일방적 선언으로 자신에게 법적 의무를 창설할 수 있는가에 관한 것이었다. 일반적으로 국가는 자신이 체결한 조약이나 국제관습법에 규정된 법적 의무를 부담한다. 이러한 통상적인 상황과는 상이하게 국가가 대외적으로 행하는 일방적 행위가 법적 효과를 수반하는지 여부가 문제된 것이다.

ICJ는 오스트레일리아와 뉴질랜드가 소송에서 얻으려고 한 궁극적인 목적은 국제법상 핵실험의 위법성을 선언해달라는 것이 아니라, 프랑스가 남태평양에서 더 이상 핵실험을 진행하지 않게 하려는 것이라는 점을 밝혔다. 이 점에 있어서 더 이상 남태평양에서 핵실험을 하지 않겠다는 프랑스의 일방적 선언은 '대세적인 일방적 약속'을 구성하는 것이라고 ICJ는 판시하였다. 단, ICJ는 일방적 선언이 법적 의무를 창설할 수 있다는 점은 인정하였으나, 모든 일방적 선언이 법적 구속력을 갖는 것이 아니며, 일방적 선언에 법적 구속력이 부여되었는지 여부는 일방적 선언을 행하는 국가의 의도에 달려 있다는 점을 아울러 밝혔다.

II. 국제법상 일방적 선언

1. 법적 구속력을 갖는 일방적 선언의 성립 요건

일방적 선언을 포함하는 국가의 모든 일방적 행위가 법적 구속력을 갖는 것은 아니다. 법적 구속력을 갖는 국가의 일방적 행위가 되기 위해서는 일정한 요건을 충족해야 한다. ILC는 "법적 의무를 창설하는 국가의 일방적 선언에 관한 적용 원칙 지침"에서 구속력 있는 일방적 선언이 되기 위한 몇 가지 요건을 제시하였다. 구속력을 갖는 일방적 선언은 공개적으로 발표되고 이를 준수할 의지가 표명되어야 한다. 또한 그러한 선언을 할 수 있는 권한이 있는 자에 의해서 발표되어야 한다.

아울러, 구속력을 갖는 일방적 선언은 명백하고 구체적인 용어로 발표되어야 한다. 구속력을 갖는 일방적 선언은 서면 및 구두로 표명이 가능하며, 제한된 국가나 실체를 대상으로 발표 가능하며, 국제공동체 전체에 대하여도 발표 가능하다. 한편, 제3국의 동의가 없는 한, 일방적 선언으로 제3국에 의무를 부과할 수 없으며, 일단 표명된 일방적 선언은 자의적으로 취소될 수 없다.

2. 국제법 법원으로서 일방적 선언

일방적 선언을 포함한 국가의 일방적 행위의 국제법 법원성은 1974년 핵실험 사건에 대한 ICJ의 판결 이전까지 관심의 대상이 아니었다. 상기에서 언급한 ILC의 일방적 선언에 대한 지침에서 제시된 구속력을 갖는 일방적 선언의 성립 요건은 사실상 1974년 핵실험 사건에 관한 ICJ의 판시 내용과 크게 다를 바 없다. 아울러, 구속력을 갖는 일방적 선언에 대한 ILC 작업은 조약법의 주요 골격에 크게 의존하고 있다는 점은 주지의 사실이다.

핵실험 사건에서 프랑스의 일방적 선언이 프랑스에 대한 법적 의무를 창설하는 것이 된 이유는 프랑스의 핵실험 중단 선언이 국가원수인 대통령과 국방장관 등 관련 쟁점에 대하여 국가의 의사를 표명할 수 있는 권한이 있는 자가 구체적으로 공개적으로 발표했다는 것이다. ICJ는 이에 대하여 전 세계를 상대로 한 발표로서 이런 성격의 국가의사는 다른 방법으로 표현되기 적절치 않다는 점에 주목하고, 이에 프랑스의 핵실험 중단선언에 법적 구속력을 부여한 것이다.

법적 구속력을 갖는 일국의 일방적 선언은 타국의 반응에 의하여 영향을 받지 않는다. 환언하면, 법적 구속력을 갖는 일방적 선언은 개별 국가나 국제공동체에 명백하고 구체적인 용어로 공개적으로 표명되어야 하지만, 이에 대한 개별 국가가 국제공동체의 수락 여부에 따라 법적 구속력이 발생되는 것이 아니라는 것이다. 상기에서 언급한 바와 같이 국가의 모든 일방적 선언이 법적 구속력을 갖는 것은 아닌 바, 일방적 선언이 법적 구속력을 갖는지 여부를 판단하기 위해서 국가의 의도를 파악해야 하며, 이에 해석이 필요한 것이다. 즉, 일방적 선언을 표명한 국가에 대해서 국가의 의사와 달리 표명한 일방적 선언에 법적 구속력을 주장하고 이에 따라 일방적 선언을 표명한 국가를 구속하고자 하는 경우가 발생될 수 있다.

법적 구속력을 갖는 국가의 일방적 선언은 비록 ILC의 작업에서 다루어지기는 했지만, 기본적인 골격을 조약법에서 차용하고 있으며, 개념상 차이점에도 불구하고 운용에 있어서는 조약과 큰 차이점을 보이지 않는다는 점에서 국제법의 법원으로서 조약과 같은 뚜렷한 지위를 갖는 것은 아니다. 그럼에도 불구하고, 국가 간의 분쟁에 있어서 교착상태가 지속되고 진전의 기미가 보이지 않는 경우에 법적 구속력을 갖는 국가의 일방적 선언은 분쟁해결에 도움을 줄 수 있으며, 국가 스스로가 자신에게 법적 의무를 창설한다는 점에서 그 중요성을 무시할 수는 없는 것이다.

III. 생각해볼 문제

✓ 법적 구속력을 갖는 일방적 선언은 타국이나 국제공동체의 대응을 요하지 않는다. 그럼에도 불구하고 일국이 행한 법적 구속력을 갖는 일방적 선언에 대하여 타국이 반대의견을 제시하는 경우, 이러한 일방적 선언은 법적 구속력이 없는 것이 되는가?

✓ 일국이 법적 구속력을 갖는 일방적 선언을 하고, 이에 타국이 이의 내용을 확인하는 법적 구속력이 있는 일방적 선언을 한 경우, 이는 두 국가 간의 양자조약의 체결로 볼 수 있는가?

✓ 법적 의무를 창설하지 않고 법적 권리를 창설하는 일방적 선언은 국제법상 허용되는가?

국제기구 결정 따위를 지켜야 해?

김성원

「日의 '적반하장'…대북제재품 北에 넘겨 수차례 안보리 지적받아」

2019.07.15. 서울신문 5면[1]

일본이 대(對)한국 수출 규제 조치의 명분으로 한국 정부의 대북제재 위반 의혹을 들고 나왔지만, 유엔 대북제재위원회 전문가 패널은 오히려 일본에서 대북제재 대상 품목이 북한에 수출된 사례를 여러 차례 지적한 것으로 확인됐다.

14일 유엔 안전보장이사회 대북제재위 전문가 패널이 2010년부터 올해까지 제출한 10건의 보고서에 따르면 일본에서 대북제재 대상 품목, 특히 상업용은 물론 군사용으로 사용될 수 있는 이중용도 제품이 북한에 넘어간 사례가 확인됐다.

2016년 보고서에는 북한 노동신문이 2015년 2월 7일 전함에 탑재된 대함 미사일 발사 시험 사진을 공개했는데 전함의 레이더가 일본 제조업체의 제품으로 확인됐다고 명시했다. 이 제조업체는 2009년 6월 12일 이후 북한에 제품을 판매한 기록이 없다고 했으나, 패널은 전함에 설치된 레이더가 상업용으로 널리 쓰이는 규격품이고 일련번호가 없어 추적할 수 없다고 지적했다. 보고서는 2014년 3월 백령도에 추락한 북한 무인기의 카메라와 RC 수신기도 일본 제품인 것으로 판명됐다고 밝혔다.

2006년 10월 채택된 유엔 안보리 결의 1718호는 '유엔 재래식 무기 등록 제도상 목적으로 정의된 모든 탱크, 장갑전투차량, 대구경 대포, 군용항공기, 공격용 헬기, 전함, 미사일 또는 미사일 시스템, 이와 관련된 부속품을 포함한 물자'를 북한에 직접 또는 간접적 공급, 판매, 이전하는 것을 금지하고 있다.

특히 일본은 사치품을 집중 수출한 것으로 드러났다. 유엔 안보리 결의 1718호는 북한 지도부를 직접 제재하기 위한 일환으로 원산지와 관계없이 사치품을 북한에 공급, 판매, 이전하는 것을 금지하고 있다.

---

1) https://www.seoul.co.kr/news/newsView.php?id=20190715005010

구체적으로 일본은 2008년 10~12월 피아노 34대와 메르세데스벤츠 4대, 화장품을 수출한 것을 시작으로 2008년 12월 담배 1만 개비와 사케 12병, 2008년 11월부터 2009년 6월까지 노트북 698대를 포함해 총 7196대의 컴퓨터 등을 수출했다. 패널이 이 컴퓨터의 최종 사용자로 지목한 평양정보센터는 북한의 대량파괴무기 개발에 관여한 것으로 의심받는 기관으로 대북제재 목록에 올라 있다.

2010년 2월 14일과 4월 18일에는 화장품을 비롯한 2억 4400만엔(약 26억 5000만 원) 상당의 사치품이 일본 오사카에서 중국 다롄을 거쳐 북한으로 불법 수출되기도 했다. 패널은 2017년 4월 개설된 일본 라이프스타일 브랜드 '미니소'의 평양지점이 대북 사치품 수출 및 합작기업 설립 금지 제재를 위반했을 가능성도 제기했다.

일본 대북 불법 수출에는 과거 북한과 거래한 일본 기업이나 재일동포가 연루됐으며, 일본에서 수출한 화물의 최종 인수자를 허위로 기재하고 중국에 있는 중개자를 내세운 뒤 자금 세탁을 통해 추적을 회피하는 수법 등이 활용된 것으로 확인됐다.

보고서에 적시된 일본의 대북 불법 수출 사례는 대부분 일본 정부가 보고한 것이라 적발되지 않은 사례를 합하면 일본의 대북 수출 규모는 더 클 것으로 추정된다.

하태경 바른미래당 의원도 이날 2009년 3월 21일 일본 산케이신문 기사를 인용, "일본 제품들이 국제 핵 암시장을 통해 북한으로 넘어갔을 가능성이 있다."고 주장했다. 국제 핵 암시장은 파키스탄을 의미한다고 하 의원은 설명했다.

2009년 신문은 일본 경찰 관계자의 발언을 인용해 "일본 기업이 특수자석이나 전자현미경 등 핵 개발이나 연구에 필요한 물자를 대량으로 수출하고 있었던 것이 판명됐다."며 "적발된 부정 수출 사건은 빙산의 일각으로 봐야 한다."고 보도했다.

하 의원은 "북한을 포함한 친북 국가의 핵 개발 문제와 관련해 일본은 그 책임에서 자유로울 수 없다."며 "한일 경제에 있어서 북핵의 책임을 거론하는 것 자체가 난센스"라고 지적했다.

I. 국제기구는 국가의 활동을 어떻게 규율하는가?

국가 간의 대외관계를 규율하는 규범 체계가 국제법에 대한 일반적인 정의이다. 그렇다면, 국가 간의 대외관계는 어떠한 것으로 규율되는 것이며, 규율의 주요 내용은 무엇인 것인가? 일반적으로 국제법은 국가 간의 수평 관계를 근거로 형성된다. 비록 EU법과 같은 초국가법이나 강행규범과 같이 국가 간의 임의규범을 넘어서는 수직적 성격의 법규범이 존재하지만, 일반적으로 국가 간의 대외관계를 규율하는 국제법은 수평적인 임의규범, 즉 조약과 국제관습법으로 구성된다. 국제법의 법원으로서 조약과 국제관습법이 대표적인 것이라면, 이러한 국제법 법원은 주로 어떤 내용을 담고 있는 것인가? 일반적으로 국제법 법원은 국가가 행사하는 권리와 준수해야 하는 의무의 연원으로 이해하여도 큰 문제는 없을 것이다. 즉, 구체적인 권리와 의무를 규정하고 있는 것이라면, 비록 계약적 성격을 갖는다고 하여도 국가의 대외관계에 있어서 이러한 권리 및 의무의 연원은 국가의 행동을 제약하는 것이 된다.

과거 국제법의 주체는 국가로 한정되었지만, 국제사회의 비약적인 진화로 인하여 국제기구, 개인 및 비국가단체 또한 국제법 주체로 인정받고 있는 것이 오늘날의 현상이다. 비록, 국제기구, 개인 및 비국가단체는 국가가 향유하는 포괄적인 국제법상 법인격을 갖지는 못하지만, 관련 분야에서 국가에 버금가는 활동을 하고 있다. 특히, 국제기구는 오늘날 국제법의 형성 및 이행에 있어서 중요한 역할을 하고 있다. 국제기구는 국가에 의해서 창설되고 국가가 합의한 국제기구의 설립문서에 따라 활동한다. UN과 같은 포괄적 성격을 갖는 국제기구는 물론이고, WHO와 같이 전문 분야에서 활동하는 국제기구 또한 다양하게 존재한다. 아울러, ICJ, ITLOS와 같은 국제사법기구의 활동은 국제분쟁의 평화적 해결에 있어서 중추적인 역할을 담당하고 있다.

국제기구는 다양한 의사결정을 통하여 국가 간의 대외관계를 조정해 왔다. UN은 안전보장이사회 및 총회에서 인권, 무력분쟁, 환경 등을 포함하는 다양한 분야에 대하여 결정을 내려왔고, 이러한 결정은 UN안전보장이사회 결의, UN총회 결의를 통하여 국제법의 발달에 적지 않은 공헌을 해왔다. 국가는 국제기구에서 채택하는 다양한 형태의 의사결정, 즉 결의를 준수해야 하는 것인가? 환언하면, 조약과 국제관습법이 아닌 국제기구의 결의는 국제법상 어떠한 성격을 갖는 것인가에 관한 문제는 국제법의 법원 측면에서 중요한 쟁점이 된다.

국제기구의 결의가 법적 구속력을 갖지 않는 것이라면, 국가는 이러한 국제기구의 결의에 대하여 무제한적 자유를 누릴 수 있는 것이고, 준수하지 않는다 하여도 어떠한 국가책임이 발생되지 않는다. 반대로, 국제기구의 결의가 법적 구속력을 갖는다면, 그러한 법적 구속력의 근거를 어디에서 찾아야 하는지가 쟁점이 되며, 법적 구속력을 갖는 국제기구의 결의를 위반하였을 경우에 어떠한 책임이 발생되는가를 검토하는 것이 필요하다. 따라서 국제사회의 조정자로서 국제기구의 활동을 고려할 때, 국제기구의 결의가 어떠한 법적 구속력을 갖는 것인가는 매우 중요한 쟁점이 되는 것이다.

II. 국제기구의 결의

1. 국제법 법원과 국제기구의 결의

비록 엄밀한 의미에서는 다른 평가가 제기될 수 있지만 국가가 행사할 수 있는 권리 및 국가가 준수해야 할 의무를 국제법의 법원으로 볼 수 있다면, 국제기구는 국제법의 법원 형성에 있어서 적지 않은 역할을 담당하고 있다. 국제기구는 관련 업무를 수행함에 있어 회원국들을 구속하는 결정을 채택하는 권한을 행사한다. WHO의 총회가 채택하는 보건규정이 모든 회원국들에 대해서 효력을 갖는 것은 이에 대한 좋은 사례이다. 통상적으로 국제기구는 설립문서에 따라 내부 운영에 관한 결의를 채택할 수 있으며, 이는 회원국에게 구속력을 갖는다는 점에 대해서는 별다른 이의가 제기되지 않고 있다. 예를 들어, UN총회는 회원국의 회비 분담금 비율을 결정하는 결의를 채택하는데, 이는 모든 회원국을 구속한다.

이러한 내부 운영에 관한 국제기구의 결의와 달리 일반적인 내용의 법규범의 창설을 의도하는 국제기구의 결의가 국제법의 법원이 될 수 있는지 여부는 중요한 쟁점과 관련되는데, 일반적으로 국제법의 법원을 정의하는 것으로 이해되고 있는 ICJ 규정 제38조에 국제기구의 결의가 포함되어 있지 않기 때문이다. 사실상, UN안전보장이사회는 회원국을 법적으로 구속하는 결의를 채택하고 있다는 점을 감안할 때, 엄밀한 의미에서 국제법의 법원은 아니지만 그럼에도 불구하고 국제기구의 결의가 회원국을 법적으로 구속하고 있다는 점을 부인하기는 쉽지 않다. 무엇보다도 UN총회가 채택하는 다양한 결의는 국제법의 발전에 큰 역할을 담당하여 왔는바, 그 중요성은 부인하기 어렵다. 물론 만장일치로 채택된다 하여도 UN총회 결의가 당연히 법적 구속력을 갖는 것은 아니다. 즉, UN총회 결의는 권고적 효력을 갖는 것이기 때문에 회원국을 조약과 국제관습법과 같이 법적으로 구속하는 것이라고 말하기는 어렵다.

UN총회 결의가 법적 구속력을 갖지 못한다는 것이 UN총회 결의가 국제법의 법원과 관련하여 갖는 중요성을 부인하는 근거가 되는 것은 아니다. UN총회 결의는 국가 간의 대외관계에 적용될 수 있는 기본적인 원칙을 포함하는 경우가 많기 때문이다. 예를 들어, 1948년 세계인권선언은 1966년 국제인권규약의 채택에 막대한 영향을 끼쳤으며, 민족자결권, 침략 등에 관한 UN총회의 결의는 이러한 개념의 국제법상 정립에 적지 않은 공헌을 하였기 때문이다. 국제기구의 결의는 또한 연성법(soft law)의 형성과도 밀접한 관련을 맺는다. 즉, 국제기구의 결의, 선언 또는 합의는 새로운 다자협약의 형성을 주도한다. 연성법은 기존 조약의 내용을 명확화하거나 보완해주는 역할을 하는 데, 이러한 과정에서 관련 분야의 국제기구의 결의는 연성법을 통하여 조약이나 국제관습법의 내용을 명확히 하는 데 도움을 준다.

2. UN총회 및 UN안전보장이사회 결의의 법적 성격

엄밀한 의미에서 국제법 법원으로서 국제기구의 결의가 독자적인 성격을 갖지 못한다고 하여도, 조약이나 국제관습법에 대한 유권적 해석을 통해서 국제법의 법원으로서 역할을 담당하고 있다. 즉, UN총회 결의가 회원국에 대하여 적용되는 규범적 내용을 담고 있으며, 만장일치로 채택되는 경우에 이러한 UN총회의 결의는 단순한 결의로서의 성격만을 갖는 것은 아니다. 1970년 소위 국가간우호관계선언이 좋은 사례이다.

UN총회 결의는 연성법의 형성을 통하여 궁극적으로 경성법으로 진화하는 과정에서 큰 역할을 담당한다. 1948년 세계인권선언, 1960년 식민지 국가들과 이민에 대한 독립부여에 관한 선언, 1974년 신국제경제질서 관련 결의 등이 이의 대표적인 사례이다. ICJ규정 제38조와 관련하여 UN총회 결의는 ICJ를 비롯한 국제사법기관에 회부된 문제를 해결하는데 필요한 국제관습법의 존재를 확인시켜주는 입증 자료로 활용된다. 'Nicaragua 사건'에서 ICJ는 상기한 국가간우호관계선언을 활용하였다. UN총회 결의는 비단 국제사법기구에서만 활용되는 것이 아니라, 국내법원에서도 국제관습법의 존재를 증명하기 위한 입증 자료로 활용되는데, 'Filatiga 사건'이 좋은 사례이다.

UN안전보장이사회는 결의를 통하여 준입법부의 역할을 하고 있다는 점은 국제기구 결의의 법적 구속력을 검토함에 있어서 흥미로운 쟁점이 된다. 9·11 테러 이후, UN안전보장이사회는 결의 1373을 통하여 테러행위 억제를 위한 모든 국가들에게 구속력을 갖는 포괄적 의무를 창설하였는데, 이는 UN안전보장이사회의 결의가 사실상 입법적 성격을 갖는다는 점을 나타내는 것이다. UN안전보장이사회는 또한 결의 제1540을 통하여 대량파괴무기확산을 방지하기 위하여 모든 국가들에게 구속력있는 의무를 창설하였는데, 이러한 UN안전보장이사회의 입법부로서의 활동은 권한 분배에 관한 적법성 여부를 차치하고서라도 사실상 법적 구속력을 갖는 결의를 형성한다는 점에 있어서는 매우 흥미로운 일이다.

흥미로운 쟁점은 UN안전보장이사회 결의가 국내법 질서에서는 어떠한 위치를 차지하는 가이다. 한국 대법원은 남극해양생물보존협약에 따라 구성된 남극해양생물보존위원회가 채택한 보존조치의 국내적 효력을 인정한 바 있다. UN안전보장이사회가 UN 헌장 제7장에 따라 강제조치를 시행하는 경우, 회원국 내에서 직접 적용되는 규범을 창설할 수 있는지 여부가 관심을 끈다. UN안전보장이사회는 예외적인 상황에서 이에 관한 권한을 행사할 수 있는데, 동티모르 독립과정에서 보여준 UN안전보장이사회의 조치가 좋은 사례이다.

III. 생각해볼 문제

✓ 국제기구의 결의가 국제법상 위법한 것이라면, 이를 준수할 필요는 없는 것인가?

✓ 국제기구의 결의 채택시에 반대 의사를 표명한 국가는 관련 국제기구의 결의를 준수하지 않아도 되는 것인가?

✓ 국내재판소가 국제기구의 결의 이행이 헌법상 위반되는 것으로 판결한 경우, 이를 이행하지 않을 경우에 국가는 국가책임을 지는 것인가?

✓ 국제기구의 결의를 이행하지 않는 국가에 대해서 국제기구의 회원국은 개별적으로 위반국에 대해서 국가책임을 추궁할 수 있는가?

제1부 국제분쟁의 해결기준은 '국제법'이다.

제 3 장

국제법과 국내법의 관계

국가는 국내법에 근거하여 국제법 위반을 정당화할 수 있는가? / 오승진

조약은 국내법상 어떠한 효력이 있는가? / 오승진

법원은 국제관습법을 직접 적용할 수 있는가? / 오승진

국가는 국내법에 근거하여 국제법 위반을
정당화할 수 있는가?

오승진

팔레스타인 마침내 유엔 '옵서버 국가' 자격 획득

2012.12.01. 서울신문 12면[1]

하나의 국가로 인정받기 위한 팔레스타인의 '65년 외로운 투쟁'이 마침내 결실을 맺었다.

유엔 총회는 29일(현지시간) 팔레스타인의 지위를 표결권 없는 '비회원 옵서버 단체'에서 '비회원 옵서버 국가'로 격상하는 결의안을 표결에 부쳐 193개 회원국 가운데 찬성 138표, 반대 9표의 압도적인 표 차로 통과시켰다.

외신들은 "이스라엘과의 '두 국가 평화 해법'을 살릴 마지막 기회다. 유엔이 팔레스타인에 출생증명서를 발급해 달라."는 마무드 아바스 팔레스타인 자치정부 수반의 22분간의 간곡한 연설이 국제사회를 움직였다고 보도했다. 미국, 이스라엘의 맹렬한 반대와 한국, 영국, 독일 등 41개국의 기권도 독립국을 향한 팔레스타인의 비상을 가로막진 못했다.

가결 소식이 전해지자마자 팔레스타인 서안·가자지구에서는 수천명의 시민들이 거리로 쏟아져 나와 "신은 위대하다."고 외치며 감격의 환호성을 쏟아냈다고 AP통신 등이 전했다. 이번 표결로 지난 14~21일 이스라엘과 팔레스타인 무장단체 하마스 간 가자교전으로 입지가 약화됐던 아바스의 정치적 기반도 강화될 전망이다. 아바스의 라이벌이자 가자지구를 통치하는 하마스도 "팔레스타인의 해방을 위한 새로운 승리"라며 환영했다.

당장은 축제 분위기지만 팔레스타인은 미국과 이스라엘발 후폭풍에 직면하게 됐다.

표결 직후 베냐민 네타냐후 이스라엘 총리실은 "팔레스타인이 이스라엘과 맺었던 기존 협정을 위반했다."며 "이에 상응하는 행동을 취하겠다."고 경고했다. 실제 몇 시간 뒤 이스라엘의 한 관리는 "동예루살렘과 서안지구에 주택 3000채를 새로 건설하겠다."고 밝혔다고 AFP통신이 보도했다. 앞서 이스라엘은 지난해 팔레스타인이 유엔 독립국 지위 신청을 강행하자 이 지역에 주택 1100채를 건설하겠다고 압박한 바 있다. "힐러리 클린턴 미 국무장관은 "비생산적 표결", 수전 라이스 유

---

1) https://www.seoul.co.kr/news/newsView.php?id＝20121201012012

엔 주재 미 대사는 "양측 간 직접 평화협상 재개에 장애물이 될 것"이라며 합동 공세를 폈다.

수사적 압박보다 더 큰 위협은 미국의 대규모 원조 중단이다. 팔레스타인 경제는 연간 예산의 35%(2011년 기준)를 해외 원조에 의존할 정도로 피폐하다. 이번 표결로 팔레스타인은 유엔 기구들과 함께 미국으로부터 수십억 달러의 지원 자금을 잃을 위기에 놓였다고 AFP는 전했다. 미국 정부는 아바스 수반에게 2억 달러(약 2166억 원) 규모의 원조를 중단하겠다고 경고해 왔다. 일부 미 상원의원들은 국방수권법에 팔레스타인에 대한 원조 액수를 50% 삭감하라는 내용을 넣으라고 제안한 상태다.

지난해 팔레스타인이 유엔 안전보장이사회에 정회원국 신청을 했을 때 미 의회는 팔레스타인에 대한 1억 9200만 달러 규모의 지원을 중단했다. 지난해 10월에도 팔레스타인이 유엔 산하기관인 유네스코 정회원국 지위를 얻자 미국은 유네스코 전체 예산의 22%를 차지하는 자국의 재정 지원을 끊은 바 있다.

대외 무역은 이스라엘에 전적으로 의존하고 있다. 팔레스타인중앙통계청(PCBS)에 따르면 팔레스타인 수출의 89%, 수입의 81%가 이스라엘과의 거래다.

하지만 팔레스타인의 꿈은 여기서 끝이 아니다. 팔레스타인 당국자들은 지난해 9월 미국의 거부로 좌절됐던 유엔 정회원국 신청을 포기하지 않겠다는 입장이다. 하지만 정회원국 격상은 안보리를 거쳐야 하는 만큼 상임이사국인 미국의 반대가 있는 한 현실적으로 불가능하다.

I. 국가는 국내법에 근거하여 국제법상의 의무를 부인할 수 없다

국가는 국내법에 근거하여 국제법 위반을 정당화할 수 없다는 것이 국제법의 원칙이다. 그럼에도 불구하고 국가들이 국내법에 근거하여 국제법상의 의무를 회피하는 사례를 볼 수 있다. 미국 정부가 UN에서 옵저버 지위를 인정받은 PLO의 UN대표부 사무소를 폐쇄하려고 시도한 사건에서 국제법과 국내법의 관계가 문제된 적이 있다.

UN총회는 1974년 총회의 결의(A/RES/3237)에 따라 PLO에게 UN총회의 옵저버 지위를 부여하였다. 그런데, 미국은 반테러법(Anti-terrorism Act of 1987)에 따라 1988년 PLO를 테러 단체로 지정하고 UN대표부 사무소를 폐쇄하려고 시도하였다. 미국은 UN본부를 뉴욕시에 유치하면서 UN과 본부협정을 체결하였는데, UN총회로부터 옵저버 지위를 인정받은 PLO 사무소를 폐쇄하는 것은 UN의 활동을 보장하는 본부협정에 반하는 것이라고 볼 수 있다. UN과 미국이 체결한 본부협정은 UN과 미국 사이에 협정의 해석 또는 적용에 관하여 분쟁이 협정에 의하여 해결되지 아니한 경우에 3인의 중재재판소의 결정에 의한다고 규정하고 있다(Article Ⅷ, section 21). UN은 PLO 사무소를 폐쇄하기로 한 미국의 결정이 본부협정을 위반한 것이므로 UN과 미국 사이에 분쟁이 존재하며, 분쟁의 해결을 위하여 중재재판을 할 것을 요구하였다. 그러나 미국은 이를 거부하였다. 이에 UN총회는 미국이 본부협정 제21조의 규정에 따라 중재재판에 응할 의무가 있는지 여부에 대하여 국제사법재판소(ICJ)의 권고적 의견을 구하였다(Application of the Obligation to Arbitrate under Section 21 of the United Nations Headquarters Agreement of 26 June 1947, Advisory Opinion, I.C.J. Reports 1988, p. 12.). ICJ는 국제관계에서는 국제법이 국내법에 우선한다는 원칙을 확인하였다.

한편, 미국 법무부는 뉴욕지구 연방법원에 PLO사무소 폐쇄를 위한 소송을 제기하였으나 법원은 반테러법이 PLO사무소의 폐쇄를 요구하지 않으며, PLO사무소는 본부협정에 따라 보호된다는 이유로 청구를 기각하였다(United States v. Palestine Liberation Org, 695 F.Supp. 1456, S.D.N.Y. 1988). 그 이후 PLO사무소는 폐쇄되지 않고 유지되었다.

II. 국제법상 국내법의 지위

국가의 법률, 행정부의 조치, 법원의 판결이 국제법을 위반하였다는 비판을 받는 국가가 자국의 헌법이나 법률에 따른 적법한 행위라고 항변하는 경우를 볼 수 있다. 그러나 국가들 사이의 관계에서는 국제법만이 효력을 가지며, 국내법은 규범이 아닌 사실에 불과하다. 상설 국제사법재판소는 국제법의 관점에서 국내법은 법원의 판결이나 행정부의 조치와 마찬가지로 단순한 사실에 불과하다고 보았다(Certain German Interests in Polish Upper Silesia Case, 1926 PCIJ Series A No. 7, p. 19). 따라서 국가는 조약의 불이행에 대한 정당화의 방법으로 국내법 규정을 원용할 수 없다(조약법에 관한 비엔나협약 제27조). 국가행위의 국제위법성의 결정은 국제법에 의하여 정해지며, 동일한 행위가 국내법상 적법하다는 결정에 의하여 영향을 받지 않는다(2001년 국제위법행위에 대한 국가책임에 관한 국제법위원회 초안, 제3조). 국가의 행위가 국제법상 적법한지 여부는 국내법이 아니라 국제법에 따라 판단해야 한다.

다만, 국내법이 국제법과 전혀 무관한 것은 아니며, 일정한 범위 내에서 국내법과 국제법은 관련성이 있다. 첫째, 국가 사이의 관계에 영향을 미치는 문제에 대하여 국내법이 규정을 두는 경우에 국내법은 국제관습법의 형성에 기여할 수 있다. 예를 들어, 여러 나라의 국내법률이 외교관의 특권에 관하여 규정을 두거나 영해의 폭에 관하여 규정을 둠으로 인하여 외교관의 특권과 면제 또는 영해의 폭에 관한 국제법이 발달하는 경우와 같이 국내법률이나 관행이 새로운 국제관습법의 형성에 영향을 미칠 수 있다. 국내법이 국제법의 발달에 영향을 미칠 수 있는 것이다. 둘째, 국가의 국제법상 권리의 행사가 국내법의 규정에 의하여 영향을 받을 수도 있다. 예를 들어, 국가는 타국의 위법한 행위로 피해를 입은 자국민을 위하여 가해국에 대하여 국제적인 청구를 제기할 수 있는 외교적 보호권을 가지는데, 이때 자국민인지 여부는 국내법에 의하여 결정된다. 따라서 국가가 특정한 개인에 대하여 외교적 보호권을 행사할 수 있는지 여부는 국적에 관한 국내법에 의하여 결정된다. 셋째, 국가가 어떠한 방식으로 국제법상의 의무를 이행할 것인지 여부는 국내법에 맡겨진 경우가 많다. 예를 들어, 국제인권기구들은 체약국들이 조약을 제대로 이행하는지 감시하는 체제를 마련하고 있지만 국가가 어떠한 방식으로 국제인권조약들은 이행할 것인지 여부는 국내법에 맡겨져 있다. 국내법은 국가의 국제법상 의무를 이행하는 데에 중요한 기능을 한다. 이러한 점에서 국내법과 국제법은 일정한 관계를 가지고 있다.

III. 생각해볼 문제

✓ 기존의 국제법에 어긋나는 개별국가의 국내법이나 법원의 판결이 새로운 국제관습법이나 조약의 발달을 촉진하는 경우가 있을 수 있는가? 있다면 그 사례를 들어보자.
✓ 국제인권조약을 위반하여 인권을 침해한다고 비판받는 국가들이 자국의 헌법이나 법률에 따라 인권침해를 부인하는 경우를 볼 수 있다. 이러한 국가들의 태도는 정당한가?

조약은 국내법상 어떠한 효력이 있는가?

오승진

수입농산물 학교급식도 점령?

2007.05.23. 서울신문 9면1)

학교 급식 재료를 국내산 농수산물로만 제한했던 서울시 학교급식조례가 수입 농수산물도 사용할 수 있도록 개정된다.

22일 서울시교육청에 따르면 2005년 3월 공포된 '서울특별시 학교급식지원에 관한 조례'에서 음식재료를 '국내산 농수산물'로 한정한 제3조와 제5호를 포함한 일부 규정을 변경하는 작업을 서울시의회에서 진행하고 있다.

조례 개정은 서울학교급식조례에서 국내산 농수산물 사용을 의무화하는 것은 세계무역기구(WTO) 협정에 어긋난다는 지적에 따른 것이다. 2005년 9월 대법원은 학교 급식에 우리 농산물만 사용하도록 한 전라북도의 조례가 무효라는 판결을 내렸다.

또 서울시학교급식조례제정운동본부는 최근 행정자치부 등의 입장을 참고해 '국내산농산물' 규정을 '우수농수산물'로 변경해야 한다는 의견을 서울시교육청을 경유해 서울시의회에 전달했다.

서울학교급식조례 제3조는 음식재료에 대한 정의(4호)에 이어 우수 농수산물에 대한 정의(5호)에서 관련 내용을 '국내에서 생산된 농수산물'로 한정하고 있다. 운동본부는 이 부분이 WTO 협정에 어긋난다는 지적을 감안해 '국내에서 생산된 농수산물' 규정을 삭제하는 대신 음식재료의 정의에서 '유전자 변형이 되지 아니한 안전하고 신선한 농수산물'로만 규정하도록 개정안을 마련했다.

서울시교육청 관계자는 "국내산 농수산물 규정에 대한 조례 개정 작업이 진행 중이지만 관련 규정이 바뀌더라도 우리 농수산물의 우수성에 대한 인식이 크기 때문에 선호도는 변하지 않을 것이며 외국산을 사용하는 것은 부득이한 경우로 한정될 것"이라고 전망했다.

---

1) https://www.seoul.co.kr/news/newsView.php?id=20070523009017

제1부 국제분쟁의 해결기준은 '국제법'이다.

I. 조약은 국내법과 같은 효력이 있다

조약은 국제법에 의하여 규율되는 국제적 합의이다. 조약은 국제관습법과 더불어 국제법의 중요한 연원이다. 국가가 조약에 가입한 경우에 소송의 당사자가 조약에 근거하여 법정에서 권리를 주장할 수 있는가? 이는 조약의 국내법상 지위와 관련된 문제이다. 국가가 조약을 이행하려면 조약을 국내적으로 이행하는 체제를 가지고 있어야 한다. 그리하여 국가들은 이를 위하여 법률을 따로 만들거나 조약 자체에 국내법과 동일한 효력을 인정한다. 헌법 제6조 1항은 헌법에 의하여 체결·공포된 조약은 국내법과 같은 효력을 가진다고 규정하고 있다. 따라서 소송의 당사자가 재판에서 조약의 규정에 따라 권리를 주장할 수 있는지 여부가 문제된다.

2005년 대법원의 판결은 국제법인 세계무역기구협정이 그대로 국내법적 효력을 가질 수 있다는 점을 확인한 것으로 헌법의 규정에 충실한 해석을 따랐다. 우리나라는 세계무역기구협정의 효력을 법률과 동일한 효력으로 인정하고 있는데, 조약의 국내법상 지위나 효력은 나라마다 다르다.

II. 조약의 국내법상 지위

1. 수용과 변형

국내법은 사적인 주체들 사이의 법적 관계 또는 개인과 행정 기관 사이의 관계를 규율한다. 이에 반하여 국제법은 국가들 사이의 관계를 규율한다. 그러나 국제법은 궁극적으로 국내법적으로 효력을 인정받아야 의미가 있으며, 실제로도 국내법원의 소송에서 국제법에 기초한 주장을 접할 수 있다. 각국의 입법례나 실무도 다양하다.

각국의 실무를 보면, 국제관습법은 대체적으로 직접 국제법의 자격으로 국내적으로 수용되어 적용된다(doctrine of incorporation, 수용의 방법). 국제관습법 자체를 재판에 적용한다는 의미이다. 조약의 국내적 효력에 대하여는 국가마다 또는 조약의 성격에 따라 조금 다르다. 조약이 직접적으로 국내적으로 적용되는 예가 있는가 하면(수용의 방법), 조약이 국내법으로 변형되어 적용되는(doctrine of transformation, 변형의 방법) 경우가 있다. 조약이 변형의 방법으로 국내적으로 효력을 갖는다는 것은 조약 자체로는 국내적 효력을 갖지 않으며, 조약을 국내법으로 입법화한 법률이 국내적으로 효력을 갖는다는 것을 의미한다.

조약이 국내적으로 효력을 갖게 되면 소송의 당사자들은 조약의 규정을 원용하여 자신의 권리를 주장할 수 있게 된다. 조약이 국내적으로 효력을 갖지 못한다면 국가가 조약에 가입하였다고 하더라도 소송의 당사자들은 조약의 규정을 원용하여 권리를 주장할 수 없게 된다. 이런 점에서 조약의 국내적 효력은 중요한 쟁점을 담고 있다.

2. 영국의 경우

영국에서 조약은 입법을 통하여 국내법화되어야 국내적으로 효력을 갖는다. 즉, 조약 자체는 국내적으로 효력을 갖지 않으며, 동일한 내용을 포함하는 법률이 국내적으로 효력을 갖는 것이다. 그러므로 조약과 이를 반영한 국내법이 서로 다른 경우에 법원은 국내법을 적용한다. 이러한 영국의 실무는 영국의 정치체제와 관련되어 있다. 영국에서는 의회의 입법권이 강력하여 의회가 제정한 법률이 위헌으로 선언되어 무효가 될 수 없다. 나아가 의회의 관여 없이 행정부가 체결한 조약이 국내적으로 직접 적용될 수 없다. 조약이 국내적으로 효력을 가지려면 조약만으로는 부족하고 조약을 국내법화하는 별도의 제정법이 필요하다. 다만, 영국에서도 의회의 입법권을 침해하지 않는 조약이나 행정협정 등은 의회의 입법을 필요로 하지 않는다.

영국의 법원은 조약을 국내법화하는 법률이 있는 경우에는 조약의 문언을 참고하지 않으며, 원칙적으로 국내법의 규정에 따라 판단한다. 다만, 국내법의 규정이 명확하지 않으면 조약문을 참고하기도 한다. 국내이행법률에 조약문이 첨부된 경우에 조약문은 조약법 해석의 원칙에 따라 해석한다.

영국의 방식은 몇 가지 문제를 낳을 수 있다. 첫째, 조약을 국내법화 하는 입법이 지체되어 조약의 국내적 이행이 지체될 수 있다. 둘째, 입법 과정에서 수정이 가해져 조약의 내용과 이를 이행하기 위한 법률의 내용이 일치하지 않을 수 있다. 그러므로 영국의 법원은 조약을 이행하기 위한 국내법의 규정이 모호한 경우에는 영국의 국제의무와 일치시키는 방향으로 국내법을 해석한다.

3. 미국의 경우

미국 헌법 제6조 2항은 적법하게 체결된 조약은 국가의 최고법(supreme law of the land)이라고 규정하고 있다. 미국에서 조약은 그 자체로 국내법인 것이다. 그러나 미국 연방대법원은 조약을 의회의 입법이 없어도 법원이 직접 적용할 수 있는 자기집행적 조약(self-executing treaty)과 의회의 이행입법이 있어야 국내적 효력을 갖는 비자기집행적 조약(non self-executing treaty)으로 구분하고 있다. 이러한 구분은 연방대법원의 판례로 발달하였다.

캘리포니아주 대법원의 Fujii v. California 사건에서 외국인의 토지 소유를 금지하는 캘리포니아주 법률의 국내법적 효력이 쟁점이 되었다(Sei Fujii v. State of California, 38 Cal.2d 718, 242 P.2d 617). 일본 국적의 원고는 이 법률이 인종차별 없는 인권 보호를 규정하는 UN 헌장을 위반하였다고 주장하였다. 캘리포니아주 대법원은 UN 헌장이 자기집행적 조약이 아니므로 문제가 된 캘리포니아주 법률보다 우선할 수 없다고 보았다.

연방대법원은 자기집행적 조약과 비자기집행적 조약을 구분하는 다양한 기준을 제기하고 있다. 첫째, 미국 상원(Senate)은 조약의 비준에 동의하면서 당해 조약은 비자기집행적 조약이라고 선언하는 경우가 있는데, 이 경우에 그 조약은 비자기집행적 조약이 된다. 상원은 제노사이드방지협약, 고문방지협약 등 대부분의 인권조약을 비자기집행적 조약이라고 선언하였다. 따라서 미국에서 소송의 당사자는 인권조약에 기초하여 자신의 권리를 주장하는 것이 거의 불가능하다. 둘째, 조약이 개인에게 일정한 권리를 부여하거나 의무를 부담시키는 것이 아니라 국가 또는 정부에게 권리를 부여하거나 의무를 부담시키는 조약을 비자기집행적 조약으로 보는 경향이 있다. 셋째, 조약의 내용이나 표현이 구체적이지 않거나 목표를 설정하는데 그친 경우에도 비자기집행적 조약으로 보는 경향이 있다.

미국에서 비자기집행적 조약의 범위는 지속적으로 확대되는 경향이 있다. 특히, 미국 상원이 대부분의 인권조약을 비자기집행적 조약이라고 선언함으로써 실질적으로 조약이 국내적으로 적용될 수 있는 길이 제한되어 있다고 볼 수 있다.

4. 한국의 경우

헌법 제6조 1항은 "헌법에 의하여 체결·공포된 조약과 일반적으로 승인된 국제법규는 국내법과 같은 효력을 가진다."라고 규정하고 있다. 따라서 법원은 별도의 국내입법이 없어도 조약을 직접 적용할 수 있다. 헌법재판소도 조약은 별도의 국내입법이 없이 국내적 효력을 갖는다는 입장이다. 마라케쉬협정도 적법하게 체결되어 공포된 조약이므로 국내법과 같은 효력을 갖는 것이어서 그로 인하여 새로운 범죄를 구성하거나 범죄자에 대한 처벌이 가중된다고 하더라도 이것은 국내법에 의하여 형사처벌을 가중한 것과 같은 효력을 갖게 되는 것이다. 따라서 마라케쉬협정에 의하여 관세법위반자의 처벌이 가중된다고 하더라도 법률에 의하지 아니한 형사처벌이라거나 행위시의 법률에 의하지 아니한 형사처벌이라고 할 수 없으므로, 마라케쉬협정에 의하여 가중된 처벌을 하게 된 구 특정범죄 가중처벌 등에 관한 법률 제6조 제2항 제1호나 농수산유통 및 가격안정에 관한 법률 제10조의3이 죄형법정주의에 어긋나거나 청구인의 기본적 인권과 신체의 자유를 침해하는 것이라고 할 수 없다(헌법재판소

1998. 11. 26. 97헌바65 결정).

다만, 조약 자체의 문구가 직접 적용에 부적합한 경우에는 조약이 그 자체로 국내법적 효력을 갖는다고 보기 어려울 것이다. 예를 들어, 집단살해의 방지와 처벌에 관한 협약(Convention on the Prevention and Punishment of the Crime of Genocide)은 체약국이 협약상의 범죄를 처벌하는 입법을 하도록 규정하고 있는데(제5조), 협약상의 범죄를 처벌하기 위해서는 별도의 국내입법이 필요하고, 이 규정만으로 협약상의 범죄를 처벌할 수는 없을 것이다.

국내법은 헌법, 법률, 명령, 규칙 등 수직적인 위계질서가 있으므로 조약이 국내법과 같은 효력을 가진다는 의미는 여러 가지로 해석될 수 있다. 헌법재판소는 국내법에 헌법은 포함되지 않는다고 해석한다(헌법재판소 2013. 11. 28. 2012헌마166 결정). 조약은 헌법보다 하위의 규범이라는 의미이다.

다수의 학자들의 견해는 국회의 동의를 받은 조약은 법률과 동등한 효력을 가진다고 보며, 헌법재판소 및 대법원의 판례도 이와 동일하다(위 2012헌마166 결정, 대법원 2006. 4. 28. 2005다30184 판결 참조). 국회의 동의를 받지 않은 조약의 국내법적 효력에 대하여는 법률 아래의 시행령의 효력을 가진다고 보는 견해가 다수이다(서울고등법원 2006. 7. 27. 2006토1 결정).

III. 생각해볼 문제

✓ 모든 조약은 국내법적 효력을 갖는가? 아니면 국내법적 효력을 갖지 못하는 조약도 있는가?
✓ 모든 조약이 국내법적 효력을 갖는다면 어떠한 경우에 조약의 이행을 위하여 별도의 입법이 필요한가?

법원은 국제관습법을 직접 적용할 수 있는가?

오승진

[사설] 석 달 전 위안부 판결 뒤집고 2차 소송 각하한 법원

2021.04.22. 서울신문 31면[1]

서울중앙지법은 어제 위안부 피해자들이 일본 정부를 상대로 제기한 두 번째 손해배상 청구소송을 각하했다. 지난 1월 서울중앙지법의 다른 재판부는 대동소이한 소송에서 위안부 할머니들에게 1억 원씩의 승소 판결을 내렸다. 한마디로 당혹스럽다. 석 달 전이나 이번이나 쟁점은 국가면제였다. 국가면제란 한 주권 국가가 다른 나라의 재판 관할권으로부터 면제된다는 국제관습법이다. 국가면제의 인정 여부가 재판부에 따라 다르다면 법원을 어떻게 신뢰할 수 있겠는가.

1월 재판부는 위안부 문제가 "반인도적 범죄 행위로서 국가면제를 적용할 수 없다."고 판시했다. 국가 범죄인 위안부 문제의 일본 정부 책임을 물은 역사적 판결이었다. 그러나 어제 재판부는 "국가면제의 예외를 인정하면 선고와 강제 집행 과정에서 외교적 충돌이 불가피하다."고 밝혔다. 일본과의 외교적 충돌을 우려했다니 어느 나라 법원인지 묻고 싶다. 재판부는 외교적 교섭 등에 의한 해결 노력을 강조함으로써 위안부 문제에 법원이 간여할 수 없다고 선까지 그었다.

1월 판결은 일본 정부가 항소하지 않아 확정됐으나 어제 결정에 대해 원고가 항소할 뜻을 밝힘으로써 2심에서 국가면제를 놓고 일본이 아닌 법원과 다투게 됐다. 1차 소송 원고들은 강제집행을 위해 일본 정부가 국내에 보유한 재산의 확인 절차에 들어갔다. 그러나 1차 소송 비용을 패소한 일본으로부터 추심할 수 없다는 결정을 법원이 최근 내리는 등 법원 내 기류가 심상치 않아 강제집행이 순탄하게 이뤄질지 의문이다.

위안부 피해자들이 이런 소송을 7년여 전부터 시작한 까닭은 일본 정부가 위안부 문제의 사실과 법적 책임의 인정 및 사죄를 하지 않아 마지막 수단으로 법정에 호소할 수밖에 없었기 때문이다. 피해자들은 2015년 위안부 합의가 피해자 요구를 반영하지 못했다고 여긴다. 한일이 역사 문제를 깔끔하게 정리하지 못한 화근이 이런 소송으로 이어진 것이다. 정부는 법원 각하 결정으로 한숨 돌렸다고 생각할 게 아니다. 강제동원 · 위안부 문제는 청구권협정으로 종결됐다는 일본을 상대로 외교적 해결을 게을리해서는 안 될 것이다.

---

1) https://www.seoul.co.kr/news/newsView.php?id=20210422031015

I. 법원은 국제관습법을 그대로 적용할 수 있다

국제법의 법원 중 조약과 국제관습법이 중요하다. 조약은 국제법에 의하여 규율되는 국가 간의 합의이며, 국제관습법은 국가들의 일반적 관행과 법적 확신이 존재하는 경우에 성립한다. 국가들이 일정한 행위를 반복하고 그러한 행위가 일관성, 일반성을 가지며, 국가들에게 이를 지켜야 한다는 법적인 확신이 생기는 경우에 국제관습법이 성립하는 것이다. 예를 들어, 외교관의 면책특권을 인정하는 국제법은 범죄를 저지른 외교관들을 처벌하지 아니한 여러 나라의 법률과 관행이 반복되어 국제관습법으로 발전하였으며, 1961년에 외교관계에 관한 비엔나협약에 포함되어 규정되었다. 외교관의 면책특권이 국제관습법으로 확립된 이후라면 외교관계에 관한 비엔나협약이 채택되기 이전이라도 국가들은 이러한 면책특권을 보장할 의무가 있는 것이다. 다만, 국제관습법은 조약과 달리 명확히 조문화되어 있지 않으므로 특정한 문제에 관한 국제관습법을 구체적으로 알기 어려울 수 있다. 국제관습법의 존재를 알기 위해서는 각국 법원의 판결, 국내법, 조약문의 체결과정, 국제기구의 결의 등을 살펴볼 필요가 있다.

주권면제 또는 국가면제란 국가는 타국의 법정에서 스스로 동의하지 않는 한 소송의 피고가 되지 않으며, 국가의 재산은 강제집행의 대상이 되지 않는다는 국제관습법상의 원칙을 말한다. 오늘날은 국가의 행위를 주권적/공권적 행위와 비주권적/상업적 행위로 구분하여 전자에 대하여만 국가면제를 인정하는 제한적 주권면제가 국제관습법상의 원칙이 되었다. 예를 들어, 타국 정부와 상업적 거래를 하다가 피해를 입은 개인은 자국의 법원에서 타국 정부를 상대로 소송을 제기할 수 있으나 타국 정부의 전쟁 수행으로 인하여 피해를 입은 개인은 자국 법원에서 타국 정부를 상대로 소송을 제기할 수 없다는 의미가 된다. 해외에 거주하는 외국인을 상대로 제기되는 소송이 적지 않은 현실에 비추어 보면 사법적 절차에서 외국 정부는 특권적 지위를 인정받고 있음을 알 수 있다. 주권면제 또는 국가면제는 국제관습법상 확립된 원칙이다.

위안부 소송에서는 일본 정부가 피고가 된다. 따라서 국제관습법상의 국가면제를 적용하면 한국 법원은 재판관할권을 행사할 수 없게 된다. 위안부 소송에서는 국제관습법상의 국가면제의 내용을 어떻게 이해하는가 여부에 따라 법원의 재판관할권 행사 여부가 달라지게 된다. 서울중앙지방법원은 2021년 1월 피고 일본 정부에 대한 관할권을 행사하였으나, 같은 해 4월 같은 법원의 다른 재판부는 국가면제에 따라 일본 정부에 대한 관할권이 없다고 판단하였다. 어느 경우에나 한국 법원이 특정 사건에 관하여 국제관습법을 직접 적용할 수 있다고 본 점에 있어서는 차이가 없다.

II. 국제관습법의 국내법상 지위

국제관습법은 어느 나라에서나 대체로 직접 국내법으로서 효력을 가진다. 따라서 법원은 국제관습법을 적용하여 판결을 내릴 수 있다. 영국에서 국제관습법은 보통법(Common Law)의 일부이므로 그대로 국내적 효력을 갖는다. 다만, 국제관습법과 다른 국내법이 존재하는 경우에는 의회의 제정법이 국제관습법보다 우선한다. 만일 영국에서 특정한 국제관습법을 국내법으로 입법한 경우에는 국제관습법을 적용할 필요가 없이 그 국내법을 적용할 것이다. 예를 들어, 영국은 국가면제에 관한 입법(State Immunity Act)을 하고 있는데, 이 경우에는 국제관습법이 아니라 관련 국내법을 적용하게 될 것이다. 미국에서 국제관습법은 미국법의 일부가 된다. 따라서 법원은 직접 국제관습법을 적용할 수 있다. 미국에서도 특정한 문제에 관하여 연방 제정법이 있는 경우에는 그 제정법이 국제관습법보다 우선한다.

한국 헌법 제6조 1항은 헌법에 의하여 체결·공포된 조약과 일반적으로 승인된 국제법규는 국내법과 같은 효력을 가진다고 규정하는데, 여기에서 말하는 '일반적으로 승인된 국제법규'는 국제관습법을 의미하는 것으로 해석된다. 따라서 한국 헌법의 해석상 국제관습법은 국내 입법을 거치지 않고 직접 적용될 수 있다. 한국 헌법재판소의 판례도 이와 동일한 견해를 취한다.

국제관습법상 국가의 주권적 활동에 속하지 않는 사법적(私法的) 행위는 다른 국가의 재판권으로부터 면제되지 않지만 국가의 주권적 행위는 다른 국가의 재판권으로부터 면제되는 것이 원칙이다(대법원 1998. 12. 17. 선고 97다39216 전원합의체 판결 참조). 미합중국 소속 미군정청이 이 사건 법령을 제정한 행위는, 제2차 세계대전 직후 일본은행권을 기초로 한 구 화폐질서를 폐지하고 북위 38도선 이남의 한반도 일대에서 새로운 화폐질서를 형성한다는 목적으로 행한 고도의 공권적 행위로서 국가의 주권적 행위이다. 미합중국의 화폐질서 형성 정책 결정과정에 경제적 동기가 포함되어 있었고 이에 따라 일본은행권을 소지하고 있던 사람들의 경제적 이해관계에 영향을 미쳤다고 하더라도, 그러한 사정만으로 이 사건 법령 제정 행위가 주권면제의 예외가 되는 사법적 행위나 상업적 행위라고 볼 수는 없다. 따라서 이 사건 법령이 위헌이라는 이유로 미합중국을 상대로 손해배상이나 부당이득반환 청구를 하는 것은, 국가의 주권적 행위는 다른 국가의 재판권으로부터 면제된다는 국제관습법에 어긋나 허용되지 않는다. 결국, 이 사건 법령이 위헌임을 근거로 한 미합중국에 대한 손해배상 또는 부당이득반환 청구는 그 자체로 부적법하여 이 사건 법령의 위헌 여부를 따져 볼 필요 없이 각하를 면할 수 없다(헌법재판소 2017. 5. 25. 2016헌바388 결정).

III. 생각해볼 문제

✓ 국제관습법의 내용과 다른 국내법이 존재하는 경우에 법원은 어느 쪽을 적용해야 하는가? 이 경우에 법원이 국내법을 적용하면 국제관습법을 위반하는가?

✓ 국내법원의 판결과 국내법에 의하여 새로운 관행과 법적 확신이 등장하면 기존의 국제관습법이 변경될 수 있는데, 국제관습법의 변화과정에서 새로운 국내법원의 판결과 국내법이 종전의 국제관습법을 위반하는 문제가 발생할 수 있는가?

제1부
관련 용어 해설

천안문 사태

○ 1-1 조약법

'천안문(天安門) 사태'는 1989년 6월 3일 밤 ~ 4일 새벽 중국 베이징 천안문광장 일대에 있던 시위대를 중국 인민해방군이 유혈 진압한 사건이다. '6·4 사건' 또는 '톈안먼 사건'으로 부르기도 한다. 당시 중국은 덩샤오핑(鄧小平) 집권 이후 개혁·개방 정책을 시행하며 자본주의적 변화를 겪고 있었다. 그 과정에서 실업문제, 부정부패가 심해졌으며 인플레이션과 빈부격차도 격화되고 있었다. 대학생들의 경우 그동안 무료였던 등록금과 기숙사비, 식비 등을 납부해야 했다.

당시 중국공산당 총서기였던 후야오방(胡耀邦)은 개혁·개방 이후 점차 증가하는 학생과 시민들의 사회정의와 민주화에 대한 요구에 유화적인 입장을 취했다. 그러나 후야오방은 유화적 입장 때문에 1987년 1월 총서기직에서 사임하게 되었고, 1989년 정치국 회의 중 심장마비로 쓰러진 후 4월 15일 사망했다. 후야오방이 사망하자 학생들과 지식인들이 그의 죽음을 애도하며 시위를 벌이기 시작하였다. 1989년 4월 22일 장례식 당일에는 시안(西安) 등에서 시위대가 성(省) 정부를 습격하는 등 폭력 사태가 벌어졌다. 5월 15일에는 소련 공산당 서기장 고르바초프(Mikhail Gorbachev)가 베이징을 방문했지만 시위대의 점령으로 인해 예정된 천안문광장 카퍼레이드를 진행하지 못했다. 마침내 5월 20일 천안문 일대에 계엄령이 선포되었고, 6월 3일 밤 장갑차를 이용한 진압과 발포가 시작되었다.

유엔 안전보장이사회 대북 제재

○ 1-2 국제관습법과 기타법원

유엔 안전보장이사회(안보리)가 북한 미사일 발사 및 핵실험 이후 발표한 대북 경제 제재 목록을 말한다. 원칙적으로 유엔 회원국들은 제재 명단에 오른 단체, 기업, 개인과 금융 및 경제 거래를 해서는 안 된다. 실제 유엔 제재 내용은 북한을 국제적으로 고립시키고자 하는 조치들이 대부분이어서 그들과 외교 및 교역을 맺고 있는 다른 국가에 영향을 준다. 하지만 유엔 제재는 안보리의 강제 조치 결의라 할지라도 국가행동력에 있어서 구속적이지는 못하다. 유엔 안보리가 채택한 대북 제재 결의안은 다음과 같다.

- 2006년: 제1695호(대포동 2호), 제1718호(1차 핵실험)
- 2009년: 제1874호(2차 핵실험)
- 2013년: 제2087호(광명성 3호 2호기), 제2094호(3차 핵실험)
- 2016년: 제2270호(광명성 4호), 제2321호(5차 핵실험)
- 2017년: 제2356호, 제2371호(화성 14호), 제2375호(6차 핵실험), 제2397호(화성 15호)

제2차 세계대전 이후 유대인들이 팔레스타인 지역으로 몰려들어 이스라엘을 건국하면서 시작된 분쟁이다. 이스라엘과 팔레스타인 간 분쟁의 역사는 유대인들이 고국 팔레스타인(시온)에 유대 민족국가를 건설하자는 시오니즘운동에서 시작되었다.

유대인은 기원전 15세기경 팔레스타인 지역에 들어와 B.C. 997년 다윗왕에 의해 처음으로 국가를 수립하였다. 그러나 유대인들은 B.C 100년경 로마의 지배를 받게 되었고 A.D. 70년 예루살렘을 정복당했다. 이후 팔레스타인 지역은 A.D. 637년 이슬람 세력이 로마를 격파하였고, 16세기~20세기 초까지 오스만제국이 점령하였다. 이러한 역사적 과정을 통해 팔레스타인 지역은 유대교, 그리스도교, 이슬람교의 성지가 함께 있는 복잡한 지역이 되었다. 그런 와중에 팔레스타인은 제1차 세계대전 당시 튀르키예가 영국에 패하면서 위임통치령이 되었다.

19세기 후반 들어 유대인은 국가 건설의 예정지를 팔레스타인으로 정하고, 국가 건설의 상징인 시온산(Mt. Zion)으로 돌아가자는 시오니즘 운동을 전개하였다. 그러던 와중 1917년 영국 외무장관 벨푸어(Balfour)가 미국 내 유대인들의 환심을 사 미국을 제1차 세계대전에 끌어들이기 위한 '벨푸어 선언'을 했다. 그 내용은 유대인들을 위한 민족국가를 인정하겠다는 것이었다. 한편 영국은 오스만제국 내 아랍인 반란 세력을 지원하면서 팔레스타인 독립을 약속하는 등 향후 분쟁의 불씨를 제공했다.

1930년대 들어 나치가 유대인을 학살하자 팔레스타인 귀환이 증가했다. 제2차 세계대전이 끝날 무렵 유대인은 팔레스타인 인구의 31%를 차지하게 되었다. 영국은 유대인들과 아랍인들 간의 긴장이 고조되자 이 문제를 유엔에 일임했다. 유엔은 1947년 10월 팔레스타인을 유대지구 52%, 아랍지구 48%로 분할하는 결의안을 통과시켰다. 1948년 5월 이스라엘의 독립이 선포되고 주변 아랍 국가들과 전쟁이 벌어졌다. 1974년까지 총 네 차례 전쟁을 치르면서 이스라엘은 골란고원, 요르단강 서안, 가자지구 등 팔레스타인 지역의 대부분을 차지하게 되었다.

국제법을 알면 뉴스가 보인다

TODAY

BRK

239/8

LOREM IPSUM

Lorem Ipsum Dolor Sit Amet

BREAKI

lorem ipsum dolor sit amet consectetur adi

World Ne

KE
EWS
BRK 457/3
7/3
day TH

BREAKING
NEWS

Lorem ipsum dolor sit amet, consecte
eiusmod tempor incididunt ut labore
Ut enim ad minim veniam, quis nost

6

5

4

제 **2** 부

국제법은 '국가' 간의 관계를 규율한다.

제 **1** 장

국제법의 주체

대한제국은 자주독립국이다 / 이석우

같은 듯 다른 국가연합과 연방국가 / 이석우

대한제국은 자주독립국이다

이석우

100여년 전 주미 대한제국공사관은 고종의 해외 도피처였을까?

2014.06.30. 서울신문 18면[1]

1891년 12월 조선의 마지막 왕 고종(1852~1919)은 미국 워싱턴DC에 2만 5000달러의 거금을 들여 저택을 매입한다. 이 건물은 조선이 미국에서 구입한 처음이자 마지막 공관이었다. 당시 건물 구입에 사용된 돈은 요즘 화폐 가치로 환산하면 30배가 넘는 큰돈이다. 조선에 웬만한 철로 하나를 놓을 수 있을 정도였다. 그곳에는 '대조선주차미국화성돈공사관'(주미 워싱턴 조선공사관)이란 간판이 내걸렸다.

고종은 왜 거금을 미국으로 송금하는 모험을 감행했을까. 당시 환전과 송금은 일본에서 이뤄져 열강의 눈치를 살펴야 했다. 이는 표면적으론 멀리 워싱턴DC 한복판에 공사관을 설치, 자주외교 의지를 천명한 것으로 평가받는다.

하지만 숨은 뜻도 있었다는 사실이 회자되곤 한다. 단서는 1896년 2월부터 약 1년간 덕수궁 옆 러시아대사관에 고종과 왕세자가 몸을 숨겼던 아관파천. 열강의 내정 간섭과 개화·수구파 간 갈등이 불거지던 시기, 고종은 1882년 수호통상조약을 맺은 미국에 모종의 기대를 걸었던 것으로 보인다. 이 공사관도 위급 시 고종과 왕족들이 해외로 밀항해 몸을 숨길 수 있는 유일한 도피처이자 환금할 수 있는 해외 자산이었다. 당시 조선의 해외 공관 가운데 건물을 소유한 곳도 워싱턴 공사관이 유일했다. 청나라가 공사관 매입과 설치를 극구 반대했던 이유를 짐작하게 한다.

게다가 공사관이 자리한 로건 서클 15번지는 백악관과 걸어서 불과 20여분 거리. 신변 보장에 이보다 좋은 조건은 없었다. 1877년 건축된 건물은 원래 유명 정치인인 세스 펠프스(1824~1885)가 은퇴 후 거주할 목적으로 지었던 빅토리아풍의 3층집으로 지역 랜드마크로 여겨질 만큼 수려하다. 약소국이 소유하기에는 벅찬 집이었다.

곡절을 담은 건물은 1897년 대한제국 선포와 함께 '주미대한제국공사관'으로 바뀌었다가 1905

---

1) https://www.seoul.co.kr/news/newsView.php?id=20140630018002

년 을사늑약으로 외교권을 박탈당할 때까지 소임을 다했다.

　그렇다면 박정양·이완용 등 구한말 12명의 주미 공사들은 제 역할을 다했을까. 이상재, 이완용 등과 미국에 닿은 박정양 초대 주미공사는 청나라 주미공사의 간섭을 피해 미 대통령에게 몰래 고종의 친서를 전할 만큼 의욕적이었다. 이상재는 회고기에서 "벙어리 외교, 그래도 평판은 좋았다."라고 적었다. 2대 공사인 이하영은 바람둥이였다. 훤칠한 외모 덕분에 외교계를 주름잡았다. 한종수 국외소재문화재재단 박사는 "이탈리아 갑부의 딸과 결혼까지 할 뻔했다. 예비 장모가 이탈리아 외무상인 첫째 사위에게 압력을 넣어 이탈리아 왕이 직접 고종에게 이하영의 혼인을 청하는 친서를 보냈다."고 말했다. 유부남이던 이하영의 '이중 결혼'은 결국 좌절됐다.

　3대 공사인 이완용에 대한 기록은 거의 없는 반면 4대 공사인 이채연은 성대한 가든파티를 열만큼 발이 넓었던 것으로 알려졌다. 공사관은 1900년대 들어 10명이 넘던 공관원이 절반 가까이 줄면서 힘을 잃어 갔다.

　일본이 앗아간 건물은 미국인에게 팔려 재활시설과 노동조합 건물로 쓰이다 1977년 미국인 젠킨스 부부의 소유가 됐다. 우리 정부의 끈질긴 설득 끝에 소유권이 되돌아온 것은 102년 만인 2012년 10월의 일이다.

　국외소재문화재재단은 2016년 옛 공사관 복원을 마치고 일반에 개방할 예정이다. 하지만 질곡의 세월만큼 꼭꼭 숨은 역사는 아직도 우리의 손길을 기다리고 있다. 더 많은 이야기들이 발굴돼 그곳에 각별한 의미가 부여됐으면 하는 바람이다.

I. 외교공관은 대한제국이 자주독립국임을 보여주는 명백한 증거이다

　국제법의 주체(subject)는 국제법상 권리·의무의 주체로서 조약 체결이나 국제소송 등 국제법상 유효한 법률행위를 할 수 있는 능력을 말한다. 국제법의 주체는 국가와 국제기구이다. 국가는 본원적·포괄적인 주체인 반면, 국제기구는 국가들의 합의에 의해 설립·해체되는 파생적·제한적인 주체이다. 국제법은 국제법 주체들 간의 관계, 즉 국가 간의 관계뿐만 아니라 국가와 국제기구 내지 국제기구 간의 관계도 규율한다.

　국외사적지는 "외국에 소재한 건물 또는 장소 가운데 대한민국과 역사적, 문화적으로 직접적 관련이 있는 것을 말한다. 이는 2017년 문화재보호법상 국외소재문화재의 법적 정의(문화재보호법 제2조 9항)가 '외국에 소재한 문화재로서 대한민국과 역사적, 문화적으로 직접적 관련이 있는 것'으로 개정되면서 편입된 개념이다." 국외사적지에 해당하는 대표적인 건물이 외교공관이다. 외교공관은 주권국가의 고유한 권리인 외교권을 행사하는 공간으로, 외교권은 그 국가의 자주성·독립성을 확인시켜준다. 이러한 대외공관은 국제법으로도 보호된다.

서구열강과 주변국 중국, 일본의 조선에 대한 대외적인 압박이 일련의 조약을 통해 진행됨에 있어 제정된 1876년 조일수호조규, 1882년 조미수호통상조약, 1882년 제물포조약, 1883년 조영수호통상조약, 1885년 한성조약, 1885년 천진조약, 1895년 시모노세키조약, 1904년 한일의정서, 1904년 제1차 한일협약, 1905년 포츠머스강화조약, 1905년 제2차 한일협약, 1907년 제3차 한일협약, 그리고 1910년 한일병합조약 등의 각각의 시기별 조선의 국제법적 지위는 상이(相異)하다. 국제법상의 기본적인 이해는 1910년 한일병합조약에 의해 주권이 상실하는 시점까지 조선/대한제국은 관세, 내정, 외교 등 상당한 범위에 있어서의 주권적 권리의 제한이 있었다. 이로 인해 대한제국의 외교공관들은 그 기능이 정지되고, 해당 공관의 소유권도 일본에게 넘어가게 되었다. 문화재청이 관련 공관을 매입하고 국외사적지로 지정하는 것은 당시 대한제국이 자주독립국임을 확인한다는 점에서 의미를 부여할 수 있다.

II. 주권국가의 상정인 외교권

1. 주권국가의 의미

국가는 영역, 국민, 정부로 구성된다. 영역은 영토, 영수(내수와 영해), 영공을 포함하며, 국가는 영토 내에서 영토주권을 행사한다. 국민은 국적을 갖는 자연인과 법인을 포함하며, 국가는 이들에 대해 대인주권을 행사한다. 정부는 자국 영역에서 법질서를 유지하는 능력, 실효적 지배(effective control)를 행사해야 한다. 또한, 국가를 대표하고 타국과 독자적인 외교관계를 맺을 수 있는 능력을 가져야 한다. 어떠한 형태의 정부를 갖느냐는 각국이 스스로 결정할 수 있는 국내문제이다. 이들에 더해 독립적인 주권, 국제법 준수 의사와 능력을 가져야 한다는 주장이 있다.

주종관계(suzerainty)는 종주국(suzerain)과 종속국(vassal state 또는 부용국) 간의 종속적 관계로 종속국은 종주국의 국내법에 따라 외교권이 제한된다. 보호관계(protectorate)는 보호국(protecting state)와 피보호국(protected state) 간 보호조약에 의해 보호국이 피보호국을 대신하여 외교권(피보호국 국민에 대해 외교적 보호권)을 행사한다. 종속국은 독립된 국가가 아니나, 피보호국은 독립된 국가이다.

국가는 주권(sovereignty)을 갖는다. 국가가 성립하고 국제법 주체로서 자격을 갖기 위해서는 반드시 주권이 필요하며, 이를 국가주권의 원칙(principle of State sovereignty)이라 한다. 주권은 실정법상 국가기능의 총체를 말한다. 보댕(J. Bodin)은 '국가론'(1576)에서 교황과 신성로마제국 황제로부터의 간섭을 배제하고 국왕에게 권력을 집중하는 군주 주권론과 국가는 주권이 존재해야만 성립하며 주권은 자주성·독립성·완전성을 갖는다는 절대 주권론(absolute sovereignty)을 주창하였다.

주권은 대내적으로는 최고인 배타적 권리이다. 주권은 대내적으로 영토를 자유로이 사용·처분할 수 있는 영역주권(territorial sovereignty, territoriality), 영역에 거주하는 모든 개인에 대해 권한을 행사하는 대인주권(personal sovereignty), 국내문제에 대한 관할권(domestic jurisdiction)을 갖는다. 대외적으로는 주권은 타국에 종속되지 않고 간섭을 배제하여 독자적으로 의사를 결정하고 행동할 수 있는 독립권을 포함한다. 또한, 국가원수, 외교사절, 국가나 국기 등에 대한 존중 등 자국의 명예와 권위를 누리는 명예권(right of dignity)을 누린다.

2. 대한제국 강제병합에 대한 한일 양국의 시각

1965년 체결된 한일기본관계조약에 의해 1910.8.22. 이전 양국 간 체결된 모든 조약과 협정은 이미 무효(already null and void)이다. '1910.8.22. 이전 양국 간 체결된 모든 조약과 협정'은 1904.2.23. 「한일의정서」, 1905.11.17. 「을사보호조약」, 1907.7.24. 「한일신협약」, 1910.8.22. 「한일병합조약」 등으로 한일 양국은 이들 조약이 무효임에는 합의하였으나, 이들 조약들이 무효가 된 시기에 대해서 해석을 달리하고 있다.

한국은 1905년 체결된 「을사보호조약」과 1910.8.22. 체결된 「한일병합조약」 등은 강압에 의해 체결되었으며 일본의 병합이 불법적인 침략행위이기 때문에 이들 조약들은 체결 당시부터 효력이 발생하지 않는 처음부터 무효(a nullity ab initio)라는 입장이다. 병합 자체가 불법이므로 식민통치 행위 또한 법적 근거를 상실하였으므로, 일본은 그로 인한 국제법상 책임이 발생하며 한국은 불법행위인 식민지배 과정에서 발생하는 모든 피해에 대해 보상을 요구할 권리가 있다는 입장이다.

이에 반해, 일본은 제국주의 국가들의 식민지배를 허용하던 근대 국제법상의 시제법 원칙에 따라, 「한일병합조약」 등 1910년 이전 양국 간 체결된 조약은 체결 당시의 국제법상 합법적으로 체결되었지만, 한일병합 및 식민지배는 부당하였다는 주장이다(부당 합법론). 일본의 식민지배로 인한 다대한 손해와 고통을 사과한 무라야마 총리(95.8.15)와 오부치 게이조 총리(98.10.8) 담화 등은 한반도 강점의 불법성을 인정한 것이 아니라, 한일병합은 적법하였으나 이후 식민통치 과정에서 여러 문제가 드러나 미안하다는 수준이다.

따라서 일본은 이들 조약이 「기본관계협정」이 체결된 이후 장래에 있어 무효가 되었다는 입장(have become null and void)이었다. 한국은 이들 협정이 소급하여 무효(null and void)가 되었다는 것을 강조하기 위해 문안에 이미 또는 벌써를 의미하는 already를 추가할 것을 요구하였으며, 일본은 already가 추가됨으로써 1948.8.15. 대한민국 정부 수립 시까지 소급하여 무효가 되었다는 입장이다. 일본이 한국의 독립을 인정한다는 「샌프란시스코평화조약」 제2조a로 보건데, 미국은 일본의 한국 병합이 유효하다고 전제하고 있는 것으로 보인다. 즉, 일본이 적법하게 한국을 병합하였으며, 해방 후 미군의 군사점령을 거쳐 한국이 일본으로부터 분리 독립하였다는 것이다. already를 추가함으로써 무효 기점에 관한 양측의 입장을 절충한 결과라 하겠다.

III. 생각해 볼 문제

✓ 주권은 보유하지만 주권적 권리를 점차적으로 상실해 가는 시점에 행해진 조선/대한제국의 행위에 따른 결과의 귀속성(歸屬性)은 어떻게 보아야 할까? 다시 말해, 을사보호조약 당시 일본이 조선/대한제국에 대신해서 행한 조치·행위가 있다면 이는 조선/대한제국의 책임인가? 일본의 책임인가?

제2부 국제법은 '국가' 간의 관계를 규율한다.

같은 듯 다른 국가연합과 연방국가

이석우

남북연합–낮은 단계 연방제 비교

2000-06-22 서울신문 5면[1]

　남북한이 통일방안에 합의하기는 6·15 남북공동선언이 처음이다. 남측의 '남북 연합'과 북측의 '낮은 단계의 연방제'안의 유사점을 인정하고 통일에 대한 공동 모색을 선언한 것이다. 남북 양측이 통일 논의의 접점과 논의의 장(場)을 마련했음을 뜻한다.

　[유사점] '남북 연합'과 '낮은 단계의 연방제'는 남과 북이 별도의 국방·외교권을 보유하며 대등하고 독립된 실체로서 행동한다는 점에서 같다. 당장 통일하자는 자세가 아닌 점진적 교류협력을 통해 통일문제를 풀어나가자는 데 합의한 것으로 볼 수 있다.

　[특징] 민족이란 커다란 테두리 안에서 두 국가의 실체를 인정하고 그 가정 아래 교류를 추진·심화시켜 나가자는 것이 특징. 대외적으론 독립된 실체이자 별개의 국가이지만 내부적으로 보통의 외국관계와 다른 '민족내부'란 특수관계를 갖는다.

　경제·사회·문화의 교류 활성화로 사실상 통일 단계인 '공동체 형성'을 목표로 한다. 외국과의 무역관계에선 관세를 물지만 남북끼리는 한 국가안의 교역으로 취급한다. 남북간에는 수출·수입이란 표현 대신 반출·반입이란 말을 쓰는 것도 같은 맥락이다.

　[국가연합과 연방] 일반적인 연방제는 중앙과 지방정부간의 주종·상하 관계를 뜻한다. 남북한은 이번 정상회담에서 남북연합은 국제법상의 연합국가(Confederation), 낮은 단계의 연방은 느슨한 형태의 연방(Loose form of federation)으로 정리했다. 남북연합은 민족이란 커다란 울타리 안에서 두 실체의 대등한 관계를 강조했다는 점이 일반적인 연방제나 국가연합과는 다르다.

　[차이점과 전망] 남측이 상정하는 국가연합은 교류를 통한 점진적인 기능 통합을 염두에 둔다. 평화공존의 전제 아래 교류를 심화시켜 사실상의 통일 단계를 거쳐 제도적 통일을 이룬다는 것이다. 남북연합이란 틀 아래서 정상회의·국회·각료회의 등을 통해 교류의 폭을 넓혀나가는 방법을

---

1)　https://www.seoul.co.kr/news/newsView.php?id=20000622005001

강조하고 있다.

반면 북측의 연방제는 정치적 결단만 있으면 국가통합이 언제든 가능하다. 통일국가 전단계로 남측은 2개 주권의 국가연합 단계를, 북측은 단일 주권의 연방국가를 거쳐야 할 것을 강조하고 있다.

I. 국가연합과 연방국가, 두 개념의 국제법적 의미

한반도 평화정착과 실현을 위해 김대중 정부, 노무현 정부 그리고 문재인 정부는 북한과의 대화와 경제협력을 적극적으로 추진하였다. 1972년 7.4 공동성명, 1992년 남북기본합의서, 2000년 6.15 공동선언, 2007년 10.4 남북정상공동선언, 2018년 4.27 판문점 선언 등은 남북교류를 정착하기 위한 쌍방의 약속이다. 이중 2000년 6.15 남북공동선언에서는 남북한이 서로를 대화의 상대로 인정하고, 1국가 2체제의 통일방안 협의, 경제협력 등 남북간 교류의 활성화에 대한 합의가 이루어졌다. 특히, 동 선언에서는 "남과 북은 나라의 통일을 위한 남측의 연합제안과 북측의 낮은 단계의 연방제안이 서로 공통성이 있다고 인정하고 앞으로 이 방향에서 통일을 지향시켜 나가기로 하였다."는 내용이 나타난다. 이른바 국가연합 또는 연방국가 형태의 통일에 대한 남북의 인정이라는 것은 국제법적으로 어떤 의미를 가지는 것일까?

분단체제에 놓여 있는 우리나라의 경우 통일이 어떠한 형태로 이루어지느냐에 따라 남과 북이 체결한 조약, 남북의 국가재산 및 국가 문서 등의 처리방식이 달라지느냐의 문제로 귀결되는 등 여러 유형의 국제법적 문제가 제기된다. 남측의 연합체는 복수의 주권 국가가 각자 대외적으로 국제법인격을 가지면서 조약에 의하여 결합한 것으로, 연합체 자신은 독자적인 국제법 주체로 인정되지 않는다. 반면, 북측의 연방제는 대외적으로는 하나의 국가이나 각각의 통치방식과 법의 규율을 받는 것으로 이해되고 있다. 즉, '연방'은 완전한 국제 법인격을 갖지만, '연합'은 독자적인 국제법 주체는 아닌 것이다. 그렇다면 위 선언에서 어떤 공통점을 인정하였다는 것인가?

한편, 우리 헌법의 영토조항은 '한반도와 부속도서'를 대한민국의 영역으로 규정하고 있다. 이러한 해석에 따르면 북한은 반국가단체로서 국제법의 주체로 인정되지 않는다. 이러한 이유로 북한과 체결한 다수의 협상결과물을 조약이라는 표현을 사용하지 않고, 신사협정의 형태인 성명, 합의서, 선언 등의 표현을 사용하고 있다.

II. 특수한 국가형태와 한반도

1. 국가연합과 연방국가

연방국가(federal states)는 연방이 하나의 국가로서 대외적으로 완전한 국제법인격을 갖고, 헌법에 의해 외교권과 군사권 등을 행사하며, 연방을 구성하는 주정부는 헌법상 배분된 권한에 의해 제한된 국제법상 능력만 보유한다. 국가연합(confederation)은 복수의 주권 국가들이 각자 대외적으로 국제법인격을 가지면서, 조약에 의해 결합한 연합체로서 연합체 자신은 독자적인 국제법 주체는 아니다. 미국·독일·스위스·러시아·호주·브라질 등은 연방 국가이며, 1991.12. 소련연방 해체 이후 결성된 독립국가연합(CIS: Commonwealth of Independence States)은 국가연합이다. EU(European Union)는 1991년 「유럽연합조약」(마스트리트조약)에 따라 성립되어 현재는 유럽 28개국이 참여하고 있으며, 연방국가로 이전해 가는 과정이라 할 수 있다. 영연방(Commonwealth of Nations)은 구 영국 식민지 국가(캐나다, 호주, 뉴질랜드, 인도, 남아공 등 53개국) 간 협력을 위해 형성된 정부 간 연합조직으로 조약으로 결합되지 않아 국제법적 지위를 보유하지 않는 느슨한 형태의 국가연합이라 할 수 있다. 연방국가와 주정부는 상호 국가승인의 대상이 아니지만, 국가연합은 상호 국가승인을 전제로 한다.

2. 북한의 법적 지위

남북관계는 국가 간의 관계(국제관계)가 아니라 분단국 내부의 특수 관계이다. 1969.10. 브란트 서독 총리는 '동서독관계는 서로에게 외국이 아닌 특별한 형태의 관계'라고 규정하였다. 서독은 동독을 국가로 인정하지 않고 동독 주민도 외국인으로 간주하지 않았으나, 동독은 동서독을 별개의 국가로 인정하였다. 그러나 1972.12.21. 체결된 『동서독 기본조약』은 '서독과 동독은 동등한 권리에 기초하여 상호 정상적인 선린관계를 발전시켜야 한다.'고 규정하고(제1조), 현재와 미래에 있어서 양국 국경의 불가침성 재확인, 영토 보존의 완전한 존중(제3조), 대내외 문제에 있어 양국의 독립과 주권 존중, 내정 불간섭(제6조) 등을 규정하여, 상호 체제를 인정하면서 교류·협력을 활발히 추진하였다. 1973년 동서독은 유엔에 동시 가입하였고 1990.10.3. 통일되었다.

1992.2. 『남북 사이의 화해와 불가침 및 교류 협력에 관한 합의서』(남북기본합의서)는 '남북관계는 나라와 나라 사이의 관계가 아닌 통일을 지향하는 과정에서 잠정적으로 형성되는 특수한 관계'이며(전문), 상대방의 체제를 서로 인정하고 존중할 것을 약속하고(제1조), 남북 간의 거래도 일반적인 외국과의 거래가 아닌 민족내부거래로 규정하였다(제15조). 『한·싱가

포르 FTA』,『한·유럽 EFTA』,『한·ASEAN FTA』는 개성공단 생산 제품에 대해 한국산과 동일하게 특혜관세를 부여하였다.

남북한은 국제법상 상대방의 국가적 실체성, 즉 국가성(statehood)을 부인하지는 않으나, 남북 상호간에는 국가성을 인정하지 않으며 남북한 모두 한반도에 하나의 국가만 존재한다는 인식을 가지고 있다. 요컨대, 국제사회에서 남북한은 2개의 국가와 정부로 존재하며 국제법이 규율하고 있으나, 북한은 한국전쟁을 통해 교전단체로 인정되었으며, 현재는 한반도 북부에서 실효적 지배력을 유지하는 사실상의 지방정부(de facto regional government)로서 국제법상 하나의 실체로 인정되고 있다 할 것이다. 2005년 Rice 미 국무장관은 북한은 주권국가 (a sovereign state)라고 함으로써, 북한의 국제법상 국가성을 인정하였다.

국제사회에서도 남북한 특수 관계를 인정받을 수 있는 외교적 노력이 필요하다 할 것이다. 국내법적으로, 헌법 제3조 영토조항에 따라 규범적으로 북한주민은 당연히 한국국민으로 간주되며, 북한지역은 한국의 영토임에도 실질적 관할권(통치권)이 미치지 못하지만 궁극적으로 회복해야 할 미수복 지역이고, 북한 지역을 점유하고 있는 북한 정권은 헌법상 용인될 수 없는 반국가단체 또는 불법단체이다. 한편 헌법 제4조 평화통일 조항은 '대한민국은 통일을 지향하며, 자유민주주의적 기본질서에 입각한 평화적 통일정책을 수립·추진한다.'고 규정하여 실제적인 통치 집단으로서 북한 정권을 평화통일을 위한 대화와 협력의 대상으로 인정하고 있으며, 이를 위해『남북교류협력법』(1990)과『남북관계발전법』(2006) 등이 제정되었다. 대법원과 헌법재판소의 판례도 반국가단체로서의 성격과 평화적 통일을 위한 대화와 협력의 대상으로서 북한의 이중적 지위를 인정하고 있다.

III. 생각해 볼 문제

✓ 우리나라에서 남북 정헌법 제3조 영토조항은 국제사회에서 북한을 국가로 인정하고 있는 국제현상과 일치하지 않는 것으로 보인다. 헌법 제3조 영토조항은 개정되어야 할까?
✓ 6·15선언상은 낮은 단계의 연방제와 연합제가 공통점이 있다는 것에 합의한 것이 향후 통일과정에서 국제법적으로 어떤 평가를 받을 수 있을까?

제 2 장

국가승인

로디지아가 국제사회에서 국가로 인정받지 못한 이유는 무엇인가? / 박언경

광복절과 건국절 논쟁의 국제법적 의미 / 이석우

정권에 따라 달라지는 위안부피해자 해법 / 이석우

로디지아가 국제사회에서 국가로
인정받지 못한 이유는 무엇인가?

박언경

"평화의 사도" 권위 되찾은 유엔

1990.08.11. 서울신문 3면[1]

　　유엔안보리가 이라크의 쿠웨이트 침공에 대해 즉각 이를 규탄하고 엄격한 경제제재조치를 취하기로 결정하는 등 거의 일사불란한 움직임을 보임에 따라 유엔이 창설 당시에 의도했던 본래의 역할을 하게 될 것이란 기대를 불러일으키고 있다.

　　유엔은 지난 2일 이라크가 선전포고도 없이 쿠웨이트를 침공, 점령한 뒤 몇 시간도 안돼 15개국의 안보리를 소집하여 이라크의 침공을 규탄하고 조건없는 철수를 촉구하는 결의안을 예멘만 기권하는 가운데 채택했으며 9일에는 『이라크의 쿠웨이트 합병이 법적인 타당성이 없으므로 무효』라고 만장일치로 선언하는 등 「한목소리」를 내고 있다.

　　유엔이 회원국에 대해 유엔 헌장 조항을 발동하여 제재조치를 취한 것은 45년의 유엔 역사상 이번이 세번째로 이에앞서 지난 66년 로디지아(현 짐바브웨) 백인정권에 대한 경제제재조치와 77년 남아공에 대한 무기금수조치가 있었다.

　　또한 소련이 9일 쿠웨이트를 침공한 이라크를 제재하기 위해 미국이 제안한 다국적군의 참여는 거부했으나 유엔의 이름으로 조직되는 군사조직에 동참하는 것은 고려할 수 있다고 밝힘으로써 유엔 위상의 격상가능성이 높아지고 있다.

　　따라서 세계적인 분쟁해결에 유엔군이 본격적으로 참전할 가능성도 높아지고 있으며 이미 지난 50년의 한국전(6·25) 때는 미국을 비롯한 16개국의 유엔군이 파견된 전력이 있다.

　　이처럼 미 소 등 초강대국을 포함한 동서 양진영이 대이라크 문제에 단결을 보이고 있는 것은 탈냉전과 신데탕트의 바람이 일고 있는 현 국제정세로는 당연한 것으로 평가받고 있다.

　　그동안 미·소·중·영·불 등 5개 안보리 상임이사국은 이념과 자국의 이해관계에 따라 대부분의 중요한 안건마다 거부권을 행사, 단합된 모습을 보이지 못했었다.

---

1) https://www.seoul.co.kr/news/newsView.php?id=19900811003003

제2부　국제법은 '국가' 간의 관계를 규율한다.

지난 86년 5월 남아공에 대한 경제제재 요구 결의안이 미국과 영국의 반대로 부결된 것은 유엔이 갖는 취약점의 한 예에 불과하다.

그러나 고르바초프의 등장 이후 본격화된 동서화해로 유엔은 지난 88년에는 아프간의 소련군 철수, 이란-이라크의 8년전쟁, 나미비아 문제의 해결에 일조를 했으며 유엔평화유지군은 그해에 지난 40년 동안 15차례나 구성돼 세계의 분쟁지역에서 분쟁을 억제하고 평화를 유지하는 데 기여한 공로로 노벨평화상을 받기도 했다.

유엔은 제2차대전 직후인 지난 45년 10월 전승국들이 평화유지를 위해 계속 힘을 합칠 수 있을 것이라는 생각에서 51개국의 창설회원국으로 탄생했다.

유엔은 헌장 규정상 국제평화와 안전유지를 목표로 하고 있으며 이를 위해 집단조치를 취할 수 있는 권한을 갖고 있다.

유엔의 6개 주요기관 중 핵심인 안보리는 유엔의 최대목적인 평화와 안전유지에 1차적인 책임을 지고 있으며 이를위해 신속하고 유효한 행동을 취할 임무가 있다.

그럼에도 불구하고 앞서 지적한 것처럼 상임이사국들의 자국이해에 얽힌 거부권 행사로 유엔은 그동안 실효를 거두지 못했다.

이라크의 쿠웨이트 침공은 유엔이 평화유지뿐 아니라 환경·마약·제3세계의 빈곤 등 앞으로 세계적인 관심사를 해결하는 데 중요한 역할을 할 수도 있다는 가능성을 제시한 사건으로 전문가들은 보고 있다.

I. 인종차별정권인 로디지아는 정상적인 국가인가

유엔 안전보장이사회가 로디지아(현 짐바브웨) 백인 정권에 대한 경제제재 조치는 인종차별 정권이라는 것이 이유였다. 로디지아는 1965년에 새롭게 독립한 신생국으로 독립된 영역과 영토 내에 거주하는 국민이 있었으며, 이를 통치하는 백인 정부도 구성되었다. 영역을 경비하는 정규군과 독자 화폐 및 우표의 발행도 확인되기에, 이들 지역에서 로디지아 정부가 실효적 지배를 하고 있음도 확인된다.

그럼에도 1965년 11월 12일 유엔 안전보장이사회는 인종차별정권인 로디지아의 일방적인 독립선언을 규탄하고, 회원국에게 로디지아를 국가로 승인하지 않을 것을 촉구하는 결의(216호)를 채택하였다. 동 결의에서는 로디지아를 불법적인 소수인종 차별 체제로 명시하였다. 동 결의로 인해 로디지아는 다시 영국의 시정권(施政權)으로 복귀한 1979년까지 국제사회에서 독립국가로 인정되지 못하였다.

우리는 익히 국가성립의 요건으로 영역, 국민, 정부 3가지 요건이 있음을 알고 있다. 로디지아는 이러한 요건을 모두 갖추었음에도 불구하고 국제사회에서 국가로 인정받지 못한 이유는 무엇인가? 이는 국제법의 예외에 해당하는 미묘한 국제정치적 문제의 영역인가 아니면 법적 요건의 미충족에서 기인하는 국제법 문제인가? 만약 법적 요건의 미충족이라면 어떠한 시각에서 이를 판단하여야 할까?

II. 국가의 성립요건과 국가승인

1. 국가의 성립요건

국가는 영역, 국민, 정부로 구성된다. 영역은 국가의 속지주의 관할권 행사의 기준, 국민은 국가의 속인주의 관할권의 행사기준이 된다. 정부는 대내적으로는 자국 영역에서 주권을 실효적으로 행사하는 독립 정부여야 하며, 대외적으로는 외교권을 독자적으로 행사하여야 한다. 정부의 형태는 각국이 스스로 결정하는 국내문제이다.

국가가 성립되면 국가는 국제법상의 주체로서 권리와 의무를 가지게 된다. 일단 국가가 성립되면 전시점령 등에 의해 영토의 일부 또는 전부에 대한 통제력을 상실하여 정부가 정상적인 기능을 수행하지 못하더라도 국가로서의 지위는 계속 유지된다.

2. 국가승인의 관점에서 보는 로디지아 제재

국가승인은 기존 국가가 신생국가를 국제법의 주체로 인정하는 일방적인 의사표시이다. 역사 속에서 자연스럽게 형성되어 유지되고 있는 국가의 경우에는 국가승인이 논의될 여지가 없으나, 새로운 신생독립국의 출현은 국가승인에 관한 논의를 필요로 하게 된다. 국가승인에 대하여는 기존 국가에 의한 국가승인이 이루어져야만 국제법 주체로서 권리의무를 누릴 수 있다는 창설적 효과설이 전통적 학설이지만, 최근에는 기존 국가에 의한 국가승인은 국가성립이라는 사실관계를 확인하는 정치적 행위에 불과하며 신생국가는 국가성립의 요건만 갖추면 국가로 인정된다는 선언적 효과설이 통설이다.

창설적 효과설의 입장에서는 로디지아는 국제사회에서 승인을 받지 못하였기에 국제법의 주체로서 권리의무를 향유할 수 없게 되기에, 유엔안보리의 로디지아 제재는 국제법의 주체로서 권리의무를 부여하지 않겠다는 법적조치로 볼 수 있다. 반면 선언적 효과설의 입장에서는 로디지아는 국가성립의 요건을 갖추었기에 형식적으로 국가로 인정되기에, 유엔안보리의 로디지아 제재는 인종차별의 성격을 가지고 있는, 즉 유엔 헌장의 목적을 위반하여 국제평화와 안보를 위협하는 국가의 국제적 활동을 봉쇄시키는 법적조치로 볼 수 있다.

▌제2부 국제법은 '국가' 간의 관계를 규율한다.

3. 인민의 자결권의 관점에서 보는 로디지아 제재

나아가 최근에는 국가성립의 요건으로 전통적 3요소인 영역, 국민, 정부 이외에 인민의 자결권을 국가성립의 요건으로 봐야 한다는 의견들이 제시되고 있다. 주관적 요건의 외관을 보이는 인민의 자결권은 국가의 성립을 객관적 요건(영역, 국민, 정부)만으로 판단할 때 발생하는 문제점들을 보완하여 주는 역할을 한다. 로디지아 사례처럼 객관적 요건을 갖춘 국가임에도 국가성립이 인정되지 않기에 국가승인을 거부할 수 있는 법적 근거로서 작동될 수 있으며, 기니―비사우 독립 사례처럼 완벽한 영토를 확보하지 못한 상태임에도 유엔총회의 주권국가 수립 환영결의가 채택된 경우도 있다. 인민의 자결권의 구체적인 기준 등에 대해서는 아직 명확하게 내용이 정립되지는 않았지만 국가성립에 있어서 주요한 판단기준으로 작동되고 있으며, 나아가 국가승인의 실행에 있어서 국제사회 및 개별국가들에게 영향을 미치고 있음이 확인된다.

III. 생각해 볼 문제

✓ 남 로디지아의 사례처럼 영역, 국민, 정부라는 국가성립의 객관적 요건을 갖추지 못하였음에도 국제사회에서 국가로 인정된 사례가 존재하는가?

✓ 인민의 자결권이 새로운 요건으로 자리잡고 있다고 한다면, 인민의 자결권이 주장되는 모든 사례에서 국가의 독립 및 국가승인은 이루어지는 것이 타당한가?

광복절과 건국절 논쟁의 국제법적 의미

이석우

[광복절 경축사] "2019년은 건국 100주년"… 건국절 논란에 쐐기

2017.08.16. 서울신문 2면[1]

"2019년은 대한민국 건국과 임시정부 수립 100주년을 맞는 해입니다. 내년 8·15는 정부 수립 70주년이기도 합니다." 문재인 대통령이 15일 광복절 72주년 경축식 경축사에서 1919년 임시정부 수립일을 대한민국 건국일로 해야 한다는 입장을 분명히 했다. 문 대통령의 발언은 이명박·박근혜 정부 9년 동안 진보·보수 대립의 최전선이었던 '건국절 논란'에 종지부를 찍으려는 의도로 풀이된다. '건국절'은 2006년 7월 식민지근대화론자인 이영훈 서울대 교수의 '우리도 건국절을 만들자'는 언론 기고문에서 비롯됐다. 이후 이명박 정부 시절 뉴라이트 단체의 '대안교과서' 출판, 박근혜 정부의 역사교과서 국정화 추진 과정에서 '이념 갈등'으로 불붙었다. 지난 9년간 보수 정부는 대한민국 건국일을 1948년 8월 15일로 규정했고, 독립운동 단체와 진보진영에선 임시정부 정통성을 부정하는 것이라며 반발했다.

문 대통령은 "진정한 광복은 외세에 의해 분단된 민족이 하나가 되는 길로 나아가는 것이며, 진정한 보훈은 선열들이 건국 이념으로 삼은 국민주권을 실현해 국민이 주인인 나라다운 나라를 만드는 것"이라고 말했다. 그러면서 "근현대사에서 산업화와 민주화를 세력으로 나누는 것도 이제 뛰어넘어야 한다."고 강조했다.

보수 진영의 정치적 셈법에서 비롯된 건국절 논란을 매듭지음으로써 미래지향적 통합의 길을 나가자는 의도인 셈이다. "모든 역사에는 빛과 그림자가 있기 마련이며 개인의 삶 속으로 들어온 시대를 산업화와 민주화로 나누는 것은 가능하지도 않고 의미 없는 일이다. 19대 대통령 문재인 역시 김대중·노무현만이 아니라 이승만·박정희로 이어지는 대한민국 모든 대통령의 역사 속에 있다."고 밝힌 것도 같은 맥락이다. 문 대통령은 또한 "지난 100년의 역사를 결산하고 새로운 100년을 위해 공동체의 가치를 다시 정립하는 일을 시작해야 한다."며 "보수·진보, 정파의 시각을 넘

---

1) https://www.seoul.co.kr/news/newsView.php?id=20170816002008

어 동참해 주시기 바란다."고 당부했다.

특히 문 대통령은 건국절 논란에 종지부를 찍기 위해 경축식에 앞서 서울 용산구 효창공원 내 임시정부 주석을 지낸 백범 김구 선생의 묘역을 찾아 참배했다. 현직 대통령이 김구 선생의 묘역을 찾은 것은 1998년 6월 고 김대중 전 대통령 이후 두 번째.

하지만 자유한국당 류석춘 혁신위원장은 "너무 당연한 1948년 건국을 견강부회해서 1919년을 건국이라고 삼는 것은 지나친 확대해석"이라면서 "건국과 건국 의지를 밝힌 것은 다른 말"이라고 반박했다.

I. 대한민국은 언제부터 국가인가

대한민국 임시정부의 정통성과 법통성 문제를 고찰하기 위해서는 1919년에 수립된 임시정부를 국제법상 국가의 요소인 실효적 정부로 볼 수 있는가, 그리고 1910년부터 1919년 사이의 정부의 공백기간은 국가의 계속성이나 동일성에 어떠한 영향을 미치는가에 대한 검토가 필요불가결하다. 문제는 국가의 실행과 법적인 해석/평가 사이에 커다란 괴리가 존재하는 것으로 보인다는 점이다. 실정국제법을 전제로 한 법적인 해석/평가를 할 경우, 국가의 요소인 정부에 대하여 요구되는 정도의 통치의 실효성을 상해임시정부가 구비하고 있지 못한 것으로 판단된다. 만약 그렇다고 한다면 당연히 대한민국과 대한제국 사이의 국가적 동일성을 부정하는 학설이 타당성이 있으며 더 설득력이 있다고 하여야 할 것이다. 그러나 그럼에도 불구하고 한국 정부는 여전히 임시정부에 의하여 대한제국과 대한민국의 국가적 동일성을 주장하는 것 역시 일본의 식민지 강점이 불법적인 것이었다는 인식에 기초하는 것으로서, 한국 정부나 한국민의 민족적 정체성과 관련되어 있는 일이다. 그러한 관점에서 보면, 기존의 실정국제법의 인식에 근거하여, 대한제국은 1910년에 소멸하였고 1948년에는 대한민국이라는 신생국가가 수립되었다고 하는 주장은 다소 형식적인 논리에 치우친 것으로 생각되기도 한다. 임시정부의 실효성이나 그 밖의 여러 가지 문제들에 비추어 대한제국과 대한민국 사이에 계속성이 유지되었다고 보기는 힘들다고 하더라도, 적어도 재수립된 국가 또는 부활한 국가로서 양자 사이의 동일성을 인정하는 것이 바람직할 것으로 보인다. 한국정부가 1983년 독립공채에 관한 특별법을 제정하여 상해임시정부가 미국과 중국에서 발행한 독립공채를 상환한 행위, 1986년 대한제국이 체결한 6건의 다자조약 중 3건에 대해 계속 효력이 있다고 선언한 행위 등은 이러한 주장의 타당성을 뒷받침한다.

II. 신생국가의 독립과 국가승인

1. 국가승인의 일반론

신생국가는 기존 국가로부터 일부 지역이 분리되는 독립, 기존 국가가 별개의 복수 국가로 나눠지는 분열(session), 복수의 국가가 새로운 하나의 국가로 합해지는 합병(fusion) 등에 의해 탄생한다. 해당 국가의 국내법적으로는 불법이라 하더라도 내란이나 쿠데타를 금지하는 국제법 규칙은 없으므로 일국 내에 폭력적으로 새로운 국가나 정부가 성립하였다고 하더라도 국제법 위반이라고 할 수는 없다. 병합(annexation)은 기존 국가에 흡수되므로 국가승인의 대상이 아니다.

국가승인은 기존 국가가 신생국가를 국제법의 주체, 즉 국제법상의 권리·의무의 주체로 인정하는 일방적 의사표시이다. 그러나 기존 국가가 신생국을 승인할 권리나 승인해야 할 의무가 국제법적 규칙으로 확립된 것도 아니다. 국가승인 여부는 국가의 재량에 의해 정치적으로 결정되므로, 국가승인은 국가로 이미 성립한 사실상의 국가를 미승인(non-recognition)하거나 아직 국가로서 확립되지 않았음에도 시기상조의 승인(premature recognition)을 하는 등 간섭 수단으로 남용될 소지가 있다.

신생국가는 이를 국가로 승인한 기존 국가와의 관계에서만 법적 지위를 비로소 획득하게 된다는 창설적 효과설(constitutive effect)이 전통적인 학설이었으며, 이는 19세기 유럽 국가들의 승인을 받아야만 주권국가로 인정된 관례에서 유래하였다. 1648년 웨스트팔리아 조약에 의한 네덜란드 승인, 1776년 미국의 독립선언 이후 1783년 파리조약에 따른 영국과 프랑스의 승인, 19세기 초 스페인에서 독립을 선언한 중남미 제국(1816년 아르헨티나, 1818년 칠레)에 대한 영국의 승인 등의 사례가 있다. 그러나 기존 국가의 승인은 이미 객관적 사실인 국가의 존재를 확인하는 것에 불과한 것으로 법적 효과가 없으며, 국가로서의 요건만 갖추면 타국의 승인 여부와는 관계없이 자동적으로 국제법적 주체성을 갖는다는 선언적 효과설(declaratory effect)이 현재는 통설이다.

승인 방법은 승인국의 재량이나, 선언·통고 등 명시적·법률적으로 국가를 승인하는 것이 일반적이다. 그러나 독립 축하 메시지 발송, 외교관계 수립, 기본관계조약·우호통상조약 등 양자조약 체결, 신생국 국기의 인정, 유엔 등 국제기구의 가입 찬성투표, 영사에 대한 인가장 발급 등 승인 의사를 추정할 수 있는 묵시적·사실상의 승인도 허용된다. 그러나 통상대표부 설치, 무역 사절단 교환, 비자 발급, 미승인국의 국제회의 참석 허용 등은 묵시적 승인으로 간주되지 않는다. 다만, 외견상 묵시적·사실상의 승인으로 보이는 행위를 하더라도,

승인의 의도가 없다면 국가승인이 아님을 명확히 표시해야 한다.

창설적 효과설에 따르건 선언적 효과설에 따르건, 국가승인은 승인국과 피승인국과의 관계에 있어 일정한 효과를 갖는다. 신생국가에 대한 승인은 신생국가의 성립 시까지 소급 적용되어, 승인 전에 발생한 피승인국과의 관계가 유효하게 된다. 일단 부여한 승인은 철회할 수 없지만, 정식 승인에 이르지 않은 사실상의 승인은 나중에 철회될 수도 있다. 승인받은 국가는 승인국에서 국가면제 등 국가로서의 권리·의무를 향유하며, 승인국의 국내 재판소에서 당사자 능력이 인정된다. 그러나 승인하지 않은 국가는 미승인 국가에 대해 주권면제나 자국 재판소에서 제소권 또는 미승인 국가의 국내법의 효력을 부인하거나 제한할 수 있다.

국가승인이 외교관계 수립을 의미하는 것은 아니다. 국가승인은 일방적 행위이지만, 외교관계 수립은 양국의 합의에 의해 별도로 이루어지기 때문이다. 국가승인 후 외교관계를 수립하고 우호조약 등을 체결한다. 외교관계를 단절하더라도 국가승인은 취소되지 않는다.

2. 교전단체의 승인과 임시정부

교전단체의 승인(recognition of belligerency)은 본국 정부 또는 제3국이 지방에 지배권을 확립한 사실상 정부를 무력충돌의 주체로 승인하는 재량행위이다. 본국 정부는 교전단체의 전투원을 포로로 대우하는 묵시적 방법으로, 제3국은 명시적으로 중립을 선언하여 교전단체를 승인한다. 본국 정부와 승인된 교전단체 간에는 무력충돌법이 적용되며, 중립을 선언한 제3국은 본국 정부와 교전단체에 대해 중립국으로서 권리·의무를 갖는다.

식민지시기 활동했던 민족해방운동세력은 해방 후 귀국 과정에서 교전단체로 인정받지 못했다. 이것은 미군에 의한 광복군이건, 소련군에 의한 조선의용군이건 마찬가지였다. 일제 말기 연합전선 결성의 실패는 주체적 조건의 미비가 근본적인 원인이었지만, 연합군이 이들 세력을 교전단체로 인정했으면 해방정국의 역사는 또 달라졌을 것이다.

3. 대한민국의 독립과 국가승인

한반도는 해방 이후 1945년 남한 미군의 군사점령기, 1946년 한반도 내 임시 민주정부 수립, 연합국의 신탁통치 방안 미소공동위원회 미합의, 미국의 요청으로 1947. 11. UN총회 한국문제 결의를 통해 UN한국임시위원회 설치, 1948년 3월 이전 한반도내 국회의원 총선거 실시, 독립정부 수립 결의로 이어졌다. 이후 1948. 5. 10 남한만의 총선거 실시, 제헌국회 헌법제정, 8. 15 대한민국 정부 단독수립으로 이어졌다. 이후 1948. 12. UN총회는 결의를 통해 UN 한국위원회를 구성하여 신생 독립국인 한국을 지원하며, 한반도내의 유일한 합법정부로 인정하고 1949년 1월 미국은 성명을 통해 한국정부를 승인하였다. 이렇게 수립된 한국정부는 1910년 한일합병이 불법·무효임을 선언하고 일제강점기는 불법적 시기로서 법적으로는 합병 이전 시기의 국가 동일성, 계속성을 유지하였다는 입장을 견지하였다. 이에 따라 1986년 한국정부는 대한제국 체결 6건의 다자조약 중 3건에 대해 계속 효력이 있다고 선언하기도 하였고, 앞서 1983년에는 독립공채에 관한 특별법을 제정하여 상해임시정부가 미국과 중국에서 발행한 독립공채를 상환하기도 하였다.

III. 생각해 볼 문제

✓ 국제법적으로 교전단체를 승인하도록 되어 있으나, 그 기준은 명확하지 않다. 교전단체의 승인기준을 해방정국 역사처럼 국제관계의 산물로 봐야 할까, 아니면 법적인 구비 조건이 있어야 하는 것일까?

✓ 한일합병은 당시 국제적으로는 승인된 것이라는 입장에서도 한반도 내 유일합법정부인 대한민국의 국제법상 주체성의 지속성이 국제적으로도 인정받을 수 있는가?

정권에 따라 달라지는 위안부피해자 해법

이석우

尹, 日에 정책협의단 파견… 강제징용 · 위안부 해법 찾을까

2022-04-18 서울신문 8면[1]

윤석열 대통령 당선인이 미국에 이어 오는 24일 일본에도 정책협의대표단을 파견한다. 강제징용 · 위안부 문제 해법을 두고 문재인 정부 내내 평행선을 달렸던 한일관계 개선의 단초가 마련될지 주목된다.

배현진 당선인 대변인은 17일 서울 종로구 통의동 대통령직인수위원회에서 브리핑을 열고 "윤 당선인의 대통령 취임 이후 대북정책과 한일관계 등 한미일 협력과 관련한 정책 협의를 위한 것"이라고 파견 취지를 설명했다.

7명으로 구성된 대표단은 국회 한일의원외교포럼 공동대표인 국민의힘 소속 정진석 국회부의장이 단장을, 한일의원연맹 간사장인 김석기 의원이 부단장을 맡았다. 아울러 윤덕민 전 국립외교원장, 박철희 서울대 국제대학원 교수, 이상덕 전 주싱가포르 대사, 장호진 전 주캄보디아 대사, 우정엽 세종연구소 연구위원 등 일본뿐만 아니라 북핵 · 대미 외교 전문가들도 포함됐다.

대표단은 일본 외무성을 비롯한 내각, 국회, 재계, 언론계, 학계 인사 등을 면담한 뒤 28일 귀국할 예정이다. 특히 기시다 후미오 총리 면담도 추진하고 있는 것으로 전해져 성사 여부에 이목이 집중된다. 아울러 한일 정상회담 개최 논의가 이뤄질지도 주목된다.

강제징용 · 위안부 문제 등 과거사 문제에 대한 의견 교환이 있을지도 관심사다. 윤 당선인 측 관계자는 '역사 문제 등도 논의될 수 있느냐'는 기자들의 질문에 "(앞서 미국에 파견된 정책협의대표단이) 굉장히 허심탄회하게 모든 이야기를 할 수 있다고 했기 때문에, 일본에 가서도 논의될 수 있다고 생각한다."고 말했다. 윤 당선인은 지난 3~11일 박진 의원을 단장으로 하는 대표단을 미국에 파견했다.

---

1) https://www.seoul.co.kr/news/newsView.php?id=20220418008012

I. 이전 정부의 약속을 번복할 수 있나

1965년 대한민국과 일본은 「대한민국과 일본국 간의 재산 및 청구권에 관한 문제의 해결과 경제협력에 관한 협정」(이하 한일 청구권협정)을 채택하였다. 한일 청구권협정의 성격에 대해 일본은 독립축하금 또는 경제협력자금의 성격으로 해석하고 있는 반면, 한국은 식민지 배상의 성격으로 해석하고 있다. 한일 청구권협정의 해석에 있어서 논란이 되는 또 다른 쟁점은 한일 청구권협정 제2조의 해석이다. 동 조항은 양국과 그 국민의 재산·권리·이익과 청구권을 완전히 그리고 최종적으로 해결된 것으로 확인하고 있다. 일본은 동 조항을 근거로 모든 유형의 배상문제는 해결된 것으로 보아, 모든 유형의 청구권은 없어진 것으로 주장한다. 반면 한국은 동 조항에 근거하여 국가의 청구권은 사라졌지만, 개인의 청구권은 여전히 남아 있는 것으로 해석하고 있다. 나아가 한일 청구권협정에서는 일본군 위안부 문제, 사할린 동포, 원폭 피해자 문제가 포함되지 않았기에 이와 관련한 개인 청구권은 남아 있는 것으로 보고 있다. 이처럼 개인청구권의 문제는 한일 양국에게 현재에도 지속되고 있는 정치적, 법적 현안 문제이다.

일반적으로 정부가 변경되더라도 그 권리와 책임이 계속 유지되는 것은 국제질서 유지에 중요한 원칙으로 이해되고 있다. 그런데 위 기사에서 대선주자 중 일부는 이전 정부에서 합의한 약속에 대해 피해자 중심 원칙을 지키지 않아 부적절하다는 입장을 밝히고, 한일합의에 따라 일본 정부가 위로금 명목으로 출연한 10억 엔(약 103억 원)도 반환하겠다는 의견을 피력하였다. 이전 정부가 최종적이며 불가역적으로 해결될 것임을 확인한 사항임에도 이러한 합의를 되돌리겠다는 것이다. 실제로 2018.1.9. 한국 정부는 위안부 합의를 파기하거나 재협상을 요구하지는 않지만 이 합의로 위안부 문제가 해결될 수 없다는 입장을 밝혔고, 2018.11. 화해치유재단의 폐쇄를 결정하였다. 이처럼 전임 박근혜 대통령 시기인 2015년 한국 외교부 장관과 일본 외무부대신이 공동발표한 일본군 위안부 피해자 문제 관련 합의에 대한 문재인 정부의 대처가 국제법적으로 보면 보편적인 규범에 부합하는 것일까?

II. 위안부 문제는 어떻게 해결되어야 하나

1. 국가 동일성의 원칙

정부는 국가를 구성하는 하나의 요소로서, 정부가 변경되어도 이미 국가승인을 받은 국가는 계속 유지되며, 이를 국가 동일성 또는 계속성의 원칙이라 한다. 합법적으로 구성된 새로운 정부는 기존 정부의 권리·의무를 승계하나, 반란·혁명·쿠데타 등 초헌법적 방식으로 정부가 변경된 경우 타국이 새로운 정부를 그 국가의 정식 대표로 별도로 인정하는 것을 정부승인이라 한다. 정부승인은 제3국이 전국적 지배권을 확립한 사실상 정부를 대표기관으로 인정하는 재량행위이다. 새로운 정부는 국내를 실효적으로 지배하여 질서를 유지하고, 국가를 대표할 의사와 능력이 있어야 한다. 국가승인은 국가성을 가진 신생국에 대한 것이나, 정부승인은 국가의 구성하는 대표기관이 불법적인 방식으로 변경된 경우 이를 추가로 인정하는 것이라는 점에서 차이가 있다.

에콰도르 외무장관 토바르(Tobar)가 1907년 중남미에서의 빈번한 쿠데타를 방지하기 위해 합법적인 절차에 의해 수립되지 않은 신정부는 승인하지 않는다는 토바르주의(정통주의 또는 Wilson주의)를 선언한 데 대해, 신정부에 대한 타국의 내정간섭을 우려한 멕시코 외무장관 에스트라다(Estrada)는 1930년 신 정부가 사실상 실효적 지배를 행사하면 합법성을 따지지 않고 승인해야 한다는 에스트라다주의(사실주의)를 선언하였다. 신정부의 합법성·정당성을 중시하느냐 실효적 통제를 중시하느냐는 매우 민감한 외교 사안으로서, 각국은 정부승인 여부에 대해서는 명시적인 의사표시를 자제하는 추세이다.

2. 국가 동일성의 원칙에서 본 한일청구권 이행 문제

일본은 위안부(comfort women/forced military sexual slave)는 민간업자와 일본군 위안부들 간의 자발적인 합의에 의해 이루어진 행위로서 위안부를 강제적으로 연행한 구체적 증거자료가 없다고 강제성을 부인하면서, 정부 차원의 법적 책임은 없다는 입장을 유지하여 왔다. 설사 국가책임이 있다 하더라도 청구권협정 제2조의 일괄 타결 조항에 의해 위안부나 사할린동포 문제 등도 모두 해결되었다는 입장을 견지하여 왔다.

2005.8.26. 한일회담 외교문서가 전면 공개되자, '한일회담 문서공개 후속대책관련 민관 공동위원회'는 청구권협정상 8개 항목은 식민지배에 대한 배상을 청구하기 위한 것이 아니라 한·일 간 재정적·민사적 채권·채무관계를 해결하기 위한 것이므로, 위안부, 원폭 피해자, 사할린 동포 등과 같이 일본의 국가권력에 의한 반인도적 불법행위는 청구권 협정에 의해 해결된 것으로 볼 수 없고 일본 정부의 법적 책임이 남아 있다'고 발표하였다.

정부가 이러한 입장을 발표한 후에도 별다른 외교조치를 취하지 않자, 2006.7. 위안부 피해자들은 일본군 위안부로서의 배상청구권이 청구권협정 제2조 1항에 의해 소멸되었는지에 대해 양국 정부 간 해석상 분쟁이 존재하므로 제3조 분쟁해결절차(외교경로를 통한 해결 및 중재재판)에 따라 정부가 이를 해결해야 할 의무가 있으나 정부가 이를 이행하지 않아 개인의 기본권이 침해되었다는 헌법소원심판(부작위위헌확인)을 청구하였다.

헌법재판소는 2011.8.30. 외교행위는 폭넓은 재량이 허용되는 영역이지만 헌법상의 기본권은 모든 국가권력을 기속하므로 행정권(외교행위)도 기본권이 실효적으로 보장될 수 있도록 행사되어야 하고, 외교 영역도 사법심사의 대상이며, 반인도적 범죄행위인 군대 위안부 피해자들이 일본 정부에 대해 갖는 배상청구권은 헌법상 보장되는 재산권으로서 청구권협정 제3조에 의한 분쟁에 해당하며, 위안부 피해자들의 피해 배상권을 실현하기 위해 정부가 제3조의 분쟁해결 절차를 발동하지 않은 것은 부작위에 의한 위헌이라고 확인하고, 피해자들이 납득할 수 있는 구체적 해결방안을 조속히 제시할 것을 촉구하였다.

외교상의 경로를 통해 해결되지 않으면 중재위원회를 구성을 요구해야 하는 협정 제3조에 따라, 외교부는 2011.9. 청구권협정 제3조 1항에 따른 외교적 협의를 2차례 요청(작위)하였으나, 일본은 대응하지 않았다. 2015.12.28. 양국 외무장관은 언론 공동성명을 통해, 일본이 위안부 피해자들의 상처를 치유하기 위해 한국 정부가 설립하는 재단에 일본 예산(10억 엔)을 출연하며, 이 문제가 최종적이며 불가역적으로 해결될 것임을 확인하였다. 그러나 이 합의는 국내외적으로 위안부 피해자들의 의견을 충분히 반영하지 못하였다는 비난에 직면하였으며, 2018.1.9. 한국 정부는 위안부 합의를 파기하거나 재협상을 요구하지는 않지만 이 합의로 위안부 문제가 해결될 수 없다는 입장을 밝혔다. 한국 정부는 2018.11. 화해치유재단을 폐쇄를 결정하였다.

그 이후 위안부 피해자들이 일본국을 상대로 낸 동일한 소송을 서울중앙지법의 민사합의34부는 지난 1월 국가면제를 인정하지 않아 원고 승소 판결을 낸 반면, 4월 민사합의15부는 국가면제를 인정해 각하하는 엇갈린 판결을 내림으로써 사법부의 판단에 의문이 제기되었다. 사법부의 엇갈린 판단 이후 위안부 문제에 대한 국제사법재판소 제소에 대한 논의도 시작되었다.

III. 생각해 볼 문제

✓ 국제법 주체 문제와 관련해서 '국가 동일성' 또는 '국가 계속성' 원칙은 정부의 변경에도 불구하고 반드시 지켜져야 할 국제법적 규범인지?

✓ 전임 정부가 맺은 조약이나 주변국과의 약속이 부당하다고 판단이 들면 파기할 수 있을까? 파기가 가능하다면 그 절차는 국내법적으로, 그리고 국제법적으로 어떻게 진행되는가?

제 3 장

국가승계

통일되면 북한이 진 빚은 통일한국이 갚아야 한다? / 정민정

통일되면 간도는 우리 땅? / 박언경

통일되면 북한이 진 빚은
통일한국이 갚아야 한다?

정민정

러, 北 채무 110억 달러 탕감

2012.09.19. 서울신문 6면[1]

북한과 러시아가 옛 소련 시절 북한이 러시아에 진 110억 달러(약 12조 원) 규모의 채무를 탕감하는 협정에 서명했다. 러시아는 채무 일부를 양국 협력 사업에 투자하기로 해 남·북·러 가스관 사업 등이 탄력을 받을 전망이다.

북한 조선중앙통신은 18일 "공화국(북한) 정부와 러시아 정부 사이의 이전 소련 시기에 제공된 차관으로(인해) 공화국이 러시아에 진 빚 조정에 관한 협정이 17일 모스크바에서 조인됐다."며 "빚 조정에 관한 북·러 정부 간 협정이 체결된 것은 앞으로 두 나라 사이의 경제적 협조 관계를 더욱 확대 발전시켜 나갈 수 있는 새로운 조건을 마련해 주게 될 것"이라고 밝혔다. 조인식에는 북한 측에서 기광호 재정성 부상이, 러시아 측에서 세르게이 스토르차크 재무차관이 참석해 협정문에 서명했다. 중앙통신은 그러나 구체적인 협정 내용은 공개하지 않았다.

스토르차크 차관도 이날 현지 경제전문 통신사 '프라임'과의 인터뷰에서 "어제(17일) 북한의 대러 채무 110억 달러 해결과 관련한 협정에 서명했다."고 말했다. 스토르차크 차관은 지난 5월 말 평양을 방문해 북한 재무 당국과 북·러 간 채무 문제 해결에 합의하고 부처 간 의정서에 서명했으며 정부 간 협정서를 가조인한 바 있다.

스토르차크 차관은 지난 6월 현지 언론 인터뷰에서 러시아가 북한의 대러 채무 110억 달러 가운데 90% 정도를 탕감해 주고 약 11억 달러의 나머지 채무액은 의료, 에너지 등 양국 합작 프로젝트에 재투자하는 데 합의했다고 밝혔었다. 따라서 북한을 경유해 남한으로 연결되는 가스관·송전선 건설, 시베리아횡단철도(TSR)와 한반도종단철도(TKR) 연결 등 남·북·러 3각 협력 프로젝트 추진에 사용될 가능성도 있다고 전문가들은 관측하고 있다.

---

1) https://www.seoul.co.kr/news/newsView.php?id=20120919006014

I. 채무의 국가승계 원리

국제금융시장에서는 여전히 북한 채권이 거래되고 있는데, 그 기저에는 통일한국이 북한의 채무를 인수해 상환할 것이라는 기대가 깔려있다. 일부 채권자는 장래 통일한국이 상환할 가능성을 고려하여 현재 북한 채무를 감면하는 조치를 미루기도 한다. 우리는 통일 후 북한 채무를 어떻게 처리해야 할까?

우리가 통일 후 북한 채무의 처리와 관련하여 통일한국이 북한의 차관협정 등에 의해 반드시 구속을 받는지 아니면 다른 외국 채권자와 협의하여 금액과 기한을 조정할 수 있는지를 검토하기 위해 Yucyco, Ltd. v. Republic of Slovenia 사건을 참고할 수 있다. 해당 사건은 구 유고슬라비아의 채무가 신생국인 슬로베니아에 어떻게 승계되었는지 보여주고 있다. 키프로스 기업인 Yucyco, Ltd.는 구 유고슬라비아 보증으로 유고슬라비아 은행에 2,950만 달러를 대출하였다. 1996년 6월 유고슬라비아 해체 후 5개의 신생국이 등장하였고, 그 가운데 슬로베니아가 구 유고슬라비아 부채를 떠맡기로 하였다. 그러나 일부 채권자들은 유고슬라비아 연방공화국("세르비아－몬테네그로")과 거래한다는 이유로 구 유고슬라비아에 대한 채권을 슬로베니아에 대한 채권으로 교환하는 거래가 금지되었다. 미국이 자국의 국가 안보, 외교 정책 및 경제에 위협이 된다고 판단했기 때문이다. Yucyco는 그렇게 구채권을 신채권으로 교환하는 거래가 금지된 채권자 중 하나였다. 이에 Yucyco는 슬로베니아 정부와 은행을 상대로 미국 법원에 소를 제기하였다.

이에 대해 슬로베니아 정부 등은 청구이유가 없음이 명백하므로 소각하를 해야 한다고 주장하였고, 해당 재판부의 Chin 재판관은 후행국이 선행국의 대출보증계약 체결에 따라 당연히 자동적으로 책임을 져야 하는 것은 아니고, 구 유고슬라비아의 후행국인 슬로베니아가 부담해야 할 공평한 몫에 관한 문제는 사법적 판단을 자제해야 할 정치적 문제라고 보아 소를 각하하였다.

II. 채무의 국가승계와 정부승계

1. 후행국의 선행국 채무 자동승계 인정 여부

후행국은 선행국의 채무를 자동으로 부담하는 것이 아니라 국제사회의 이익과 후행국의 이익을 형량하여 관련 당사자 간의 합의를 통하여 해결하고 있다. 여기에서 국제사회의 이익이란, 세계 경제 질서의 유지, 선의의 채권자에 대한 최소한의 보호, 기득권(acquired rights)의 존중을 말한다. 이에 따르면, 선행국과의 양허계약을 통하여 외국 채권자가 취득한 권리는 후행국에 의하여 존중되어야 할 것이다.

한편 후행국의 이익이란, 후행국 내의 인권 수준의 제고, 민족 자결권 및 천연자원에 대한 주권적 권리의 보장을 말한다. 결국 선행국의 채무는 일반적으로 후행국으로 이전하는 것이 원칙이지만, 후행국의 여건을 고려하여 조정을 하고 있다. 예를 들어, 채권국과 채권은행은 선행국의 부채(debts)를 그대로 후행국에게 부담시키지 않고, 감액 또는 기한연장을 해주고 있다.

2. 국가승계와 정부승계의 구분

국가승계에 대한 전통적인 접근방식을 보면, 국가승계와 정부승계를 근본적으로 구분하고 있다. 국가승계와는 달리 정부승계가 있는 경우에는 반드시 국가의 동일성 및 계속성이 유지되므로 원칙적으로 해당 국가의 권리·의무관계도 동일성 및 계속성을 유지한다고 한다.

이 견해에 따르면, 정부가 내부의 혁명 또는 국제사회의 개입으로 헌법의 근간질서가 바뀐 경우에도 국가는 계속성의 원칙에 따라 동일한 국가로 존재하며, 그 국가의 권리, 의무관계는 정부 변화와는 무관하게 변동이 없다. 반면에 국가승계는 한 영토에 대한 주권이 변동하는 것으로, 기존의 국가를 새롭게 대체하므로 이해당사국 사이의 구체적인 법적 관계를 형평하고 평화적으로 조정할 필요가 있다고 한다.

III. 생각해볼 문제

✓ 일반적으로 채무의 국가승계는 이해관계국 간 협상과 조정이 가능한 협상의 산물인 반면, 정부승계는 관련 당사국의 개입이나 참여 없이 획일적·자동적으로 규율되는 법적 결과라고 보고 있다. 하지만 정부승계라도 기존 채무를 형평하고 평화적으로 조정·정리해야 하는 경우가 있지 않을까?
✓ 헌법 제3조 영토조항의 규범적 성격을 인정하면 남북관계는 국가 대 국가의 관계가 아닌 한민족 내부의 관계로 정의할 수 있다. 그렇다면 통일 후 북한 채무는 국가승계가 아닌 정부승계 방식으로 처리되는 것이 맞을까? 통일한국은 북한 지역 주민의 최저 생존권 보장 및 북한 지역의 경제 재건과 같은 합목적적 요청을 고려하여 기존 북한의 채무를 통일한국에 이익이 되는 방향으로 합의 조정할 수 있을까?

통일되면 간도는 우리 땅?

박언경

I. 국경획정 조약의 승계문제

통일 후 간도와 연해주를 통일 대한민국의 영토로 회복하여야 한다는 주장이 일부 시민단체에 의해 제기되고 있다. 나아가 일부에서는 구체적 이행수단으로 헌법의 영토조항의 개정까지 제안하기도 한다. 이러한 주장은 간도를 중국으로 넘기게 된 법적근거인 간도협약이 무효화가 되면 간도영유권은 대한민국의 영유권으로 귀결된다는 논거를 토대로 한다. 간도협약이 무효가 되면 중국과의 간도영유권 분쟁에서 쉽게 승리할 수 있을까?

---

1) https://www.seoul.co.kr/news/newsView.php?id=20040904003003

간도를 통일 대한민국의 영토로 편입할 수 있는가에 대한 국제법상의 가장 대표적인 쟁점은 중국과 북한이 체결한 1962년 「조중변계조약(朝中邊界條約)」의 승계문제이다. 「조중변계조약」은 백두산 일대 국경을 북한 54.5%, 중국 45.5%로 분할하고 있는데, 이에 따라 간도는 중국의 영토로 귀속된다. 동 조약이 비록 UN에 등록된 조약은 아니지만, 양국 간에는 효력을 가진다. 문제는 동 조약에서 정한 국경선의 경계를 통일 대한민국 정부가 계속해서 준수하여야 할 법적인 의무가 있는지에 달려있다. 이는 유사 사례인 1994년 리비아−차드 간 국경분쟁 사건을 통해 결론을 유추할 수 있을 것이다.

1994년 리비아−차드 간 국경분쟁 사건은 1973년 리비아가 점령한 Aouzou 지역이 1955년 리비아와 당시 차드의 식민지배국인 프랑스 간에 체결한 조약(Franco−Libyan Treaty of Friendship and Good Neighbourliness)에 의해 경계가 획정된 지역인지가 쟁점이 되었다. 차드는 1955년 조약이 유효하게 지속적으로 적용되므로 Aouzou 지역은 차드 영토임을 주장하였다. 반면 리비아는 1955년 조약에는 국경조항이 없으며, 있다고 하더라도 유효기간 20년을 지났기 때문에 효력이 없다고 주장하였다. 재판부는 동 조약의 목적이 영토의 정의를 내리는 것이며, 이후 체결된 후속조약에서 경계에 대한 문제제기가 제시되지 않았고, 조약의 해지요건으로 영구적인 국경선 획정을 명시하고 있기에 동 조약은 리비아와 차드 간의 국경을 획정하고 있음을 결정하였다.

II. 국가승계와 국경조약

1. 국경조약 승계에서의 계속성의 원칙

국가승계란 영토의 국제관계에 대한 기존 국가의 책임이 다른 국가로 대체되는 것을 의미한다. 국가승계에 대한 입장은 국가승계가 발생해도 해당 지역의 권리의무관계는 계속되는 것으로 보는 계속성의 원칙과 기존 국가의 권리의무관계는 소멸되었기에 해당 지역에서는 새로운 질서가 형성되는 것으로 보는 단절론의 입장이 있다. 단절론의 입장에 있는 대표적인 예가 백지출발주의와 조약경계이동의 원칙이다.

조약승계에 있어서는 1978년 채택된 「조약의 국가승계에 관한 비엔나협약」이 국제법의 법원(法源)으로 존재하는데, 동 조약은 국가승계의 유형별로 백지출발주의, 계속성의 원칙, 조약경계이동의 원칙을 규정하고 있다. 하지만 "조약에 의해 성립된 국경"과 "조약에 의해 성립된 국경제도와 관련된 권리의무"에 대하여는 승계의 유형과 상관없이 기존 조약의 내용이 자동승계 된다는 계속성의 원칙을 규정하고 있다(제11조). 국경조약 승계에서의 계속성

원칙의 확립은 신생독립국들에 의해 많은 비판이 제기되었다. 신생독립국들의 의사와 관계 없이 식민지 지배국에 의해 형성된 기존의 국경질서를 그대로 신생독립국에게 적용하는 것은 백지출발주의와 민족의 자결권에 부합하지 않는 것임을 신생독립국들은 주장하였다. 하지만 국경안정성의 근본원칙을 중시하는 입장에 따라 국경조약 및 국경제도에 대하여는 계속성의 원칙이 확립되었다. 「조약의 국가승계에 관한 비엔나협약」(1978)에서는 또한 국경획정조약에 대해서는 사정변경의 원칙의 적용을 배제함으로써(제62조), 계속성의 원칙을 뒷받침하고 있다. 이러한 원칙은 국제사법재판소 판결에서도 확인되고 있는데, 상기의 리비아/차드 사건 이외에 부르키나 파소/말리 사건 및 카메룬/나이지리아 사건에서도 과거 체결된 경계조약의 효력을 인정하고 승계국의 준수의무를 확인하였다.

2. 기존 국경조약의 유효성 여부가 계속성의 원칙에 영향을 미치는지

북한과 중국 간에 체결한 「조중변계조약」은 외부에 공개되지 않은 비밀조약이다. 일부 시민단체에서는 「조중변계조약」은 비밀조약으로 효력이 없으며, 따라서 동 조약에 근거한 현재의 국경은 인정되지 않는다는 주장을 펼치고 있다. 하지만, 국제법상 비밀조약이 금지되는 것은 아니다. 「조약법에 관한 비엔나협약」은 당사국이 서면형식으로 국제법에 의해 규율되는 국제적 합의가 있는 경우는 명칭에 관계없이 조약으로 인정하고 있으며, 조약의 무효 사유에 비밀조약에 관한 요건은 규정되어 있지 않다. 또한 'UN 헌장'도 조약의 등록에 관한 사항을 두고 있지만, 미등록조약의 효력을 부인하고 있는 것도 아니다. 조약의 등록요건도 ① 1945년 이후에 체결한 조약, ② UN 회원국이 체결한 조약, ③ 명칭, 형식, 내용을 불문한 모든 조약을 제시하고 있는데, 1962년에 체결된 「조중변계조약」은 당시 북한이 UN 회원국이 아니므로 ②번 요건에 해당하지 않는다. 조약의 등록은 UN에 대한 대항요건으로서의 효력만을 가지지만, 실제로는 UN에 등록되지 않은 조약이라고 하더라도 UN이 그 효력을 부인한 사례는 발견하기 쉽지 않다.

다른 측면에서 살펴본다면 국경조약 승계에서 승계의 대상은 '국경조약 그 자체'가 아니라 '국경조약의 집행의 결과물인 국경 또는 영토체제'이다. 즉, 국가승계에 의하여 영향을 받지 않는 것은 국경조약 자체가 아니라 국경조약에 의하여 만들어진 결과이므로, 원 국경조약이 조약으로서 효력을 더 이상 지니지 못하고 있는 경우에도 그에 따라 확정된 국경은 효력을 지속하게 된다. 이는 ICJ '리비아/차드 간 국경분쟁 사건'(1994)의 결정에서 언급한 경계의 안정성의 기본원칙 존중이라는 입장과 일맥상통한다.

이러한 이유로 조약의 유효성 여부가 계속성의 원칙에 영향을 미치는 것은 아닌 것으로 해석하는 것이 타당하다.

3. 국경조약 승계에서의 계속성 원칙의 법적 효력

통일 대한민국이 성립한 후 간도 영유권 회복문제에 수반되는 국제법적인 쟁점은 북한과 중국이 체결한 1962년 「조중변계조약」의 승계문제이다. 앞에서 살펴본 바와 같이 「조약의 국가승계에 관한 비엔나협약」(1978)은 기존의 국경조약의 효력이 지속되며 국경획정조약에서는 사정변경의 원칙도 적용되지 않음을 규정하여, 국경조약 승계에서의 계속성의 원칙을 확인하고 있다.

여기서 우리가 상기하여야 할 한 가지는 조약의 효력문제이다. 조약은 당사국에 대하여만 구속력을 가지며, 제3국에게는 그의 동의없이 의무나 권리를 창설하지 못한다. 2022년 11월 기준으로 23개국이 가입한 「조약의 국가승계에 관한 비엔나협약」(1978)에 한국, 북한, 중국은 미가입한 상태이다. 즉, 이들 3국에게는 동 조약이 적용되지 않으므로, 국경조약 승계에서의 계속성 원칙의 법적 효력이 부인된다. 하지만, 일반적 관행과 법적 확신에 의해 성립되는 국제관습법은 지속적 반대국을 제외한 모든 국가에 법적 효력을 가지게 되므로, 동 원칙이 국제관습법으로 확립되었는지에 대한 증명의 문제가 남게 된다. 국제관습법의 증명에 대해서는 확립된 기준이 존재하지 않지만, 권위 있는 국제재판소의 판결은 국제관습법의 가장 유력한 증명자료가 되며, 여러 국가에서의 공통적인 국내판결, 범세계성을 확보하고 있는 조약, 국제기구에서 압도적 지지로 채택된 결의, 각국 정부의 공통된 실행 등도 국제관습법의 증명자료가 될 수 있다.

현재 다수의 ICJ 판결에서는 경계의 안정성의 원칙, 현상유지의 원칙 등이 확인되는 결정들이 나타나고 있다. 반면 「조약의 국가승계에 관한 비엔나협약」(1978)은 불과 23개국만이 가입하고 있으며, UN 안전보장이사회 상임이사국을 포함한 국제사회의 유력 국가들은 동 조약에 가입하고 있지 않으므로 동 조약의 범세계성을 인정하기에는 부족함이 있다. 아울러 압도적으로 채택된 결의, 각국의 공통된 실행 등도 국제관습법으로 인정하기에는 부족함이 있다. 이러한 점에서 본다면 기존 국경조약의 승계에서의 계속성 원칙이 존재하는 것은 확인할 수 있으나, 이것이 국제관습법으로 명확하게 확립된 것인지에 대해서는 견해의 차이가 존재할 수 있다.

4. 국경조약 승계에서의 계속성 원칙과 헌법개정

헌법의 영토조항(제3조)을 개정하여 간도를 대한민국의 영토로 포함하면, 간도를 대한민국의 영토로 귀속시킬 수 있을까? 헌법 개정은 우리나라 내에서는 나름의 의미와 상징성을 가질 수 있겠지만, 국제관계 및 국제질서에서 법적 효력의 측면에서는 의미를 찾을 수 없다. 국제관계에서는 국제법만이 구속력 있는 법규범으로 인정되며, 국내법은 규범이 아닌 사실로만 간주되기 때문이다. 「조약법에 관한 비엔나협약」도 "어느 당사국도 조약의 불이행에 대한 정당화의 방법으로 그 국내법 규정을 원용해서는 아니 된다."고 규정하여(제27조), 국제법과 충돌되는 국내법의 효력을 인정하지 않는다. 국내관계에서는 조약 또는 국제규범보다 헌법이 상위의 효력을 가지지만 국제관계에서는 국제규범만이 법규범으로 존재하게 된다. 따라서 간도의 영유권에 관한 분쟁의 발생한 경우, 헌법 조항을 근거로 한 간도영유권 주장의 정당성은 국제재판에서는 인정되지 않는다.

III. 생각해볼 문제

✓ 기존 조약의 효력에 대하여 「조약의 국가승계에 관한 비엔나협약」(1978)은 기존 국가 간 영토의 일부 이전의 경우 선행국의 조약은 해당 지역에 대해 적용이 종료되고 대신 승계국의 조약이 새로이 확장적용 된다는 조약경계이동의 원칙을 규정하고 있다(제15조). 동 원칙을 국제관습법으로 볼 수 있을까?

✓ 「조약의 국가승계에 관한 비엔나협약」(1978)은 국가승계의 유형별로 조약승계의 원칙을 규정하고 있다. 그런데 일반 조약과 달리 국경조약의 승계의무를 인정하지 않는 이유는 무엇이며, 이를 국제관습법으로 볼 수 있을까?

✓ 영토 및 영해의 경계획정조약에 대한 국가승계의무가 있는 것처럼 대륙붕이나 배타적 경제수역도 기존의 경계획정의 내용을 그대로 승계하여야 하는가?

제 2 부
관련 용어 해설

주미한국공사
2-1 국제법의 주체

1887년부터 1906년까지 미국에 파견된 공사관이다. 1887년 조선은 중국의 내정 간섭을 견제하고 자주외교를 펼치기 위해 박정양(朴定陽)을 초대 주미 전권공사로 파견하였다.

조선은 갑신정변 후 중국이 외교와 통상 등 국정 전반에 걸쳐 간섭하자, 러시아와 미국을 끌어들여 중국을 견제하고자 했다. 1887년 8월 조선은 중국의 속박으로부터 벗어나기 위해 내무부협판 박정양을 주미 전권공사로 임명하였다. 중국은 조선이 속국이라면서 박정양의 파견을 반대했지만, 미국의 반발 등을 고려하여 중국 공사와 함께 미국 국무부에 가야한다는 조건 등을 달아 허락하였다. 박정양은 공사관을 개설하고 필라델피아 영사를 임명하는 등의 외교 활동을 펼쳤지만, 중국의 압력으로 10개월 만에 귀국할 수밖에 없었다.

이후 이하영(李夏榮)·이완용(李完用)·이채연(李采淵)이 대리공사를 맡았고, 이승수(李承壽)·서광범(徐光範)·이범진(李範晉)·조민희(趙民熙)가 공사를 역임하였다. 이들은 미국을 비롯한 열강의 동향을 파악하고, 중국·일본 등의 내정 간섭과 침략을 견제하기 위해 미국의 알선과 개입을 요청하기도 했다. 그러나 을사늑약으로 일제에 의해 외교권이 박탈되자, 마지막 대리공사 김윤정이 1906년 2월 귀국함으로써 미국과의 외교관계가 단절되고 말았다.

건국절 논란
2-2 국가승인

건국절 논란은 2006년 8월 1일 『동아일보』에 실린 「우리도 건국절을 만들자」는 칼럼에서 처음 공론화되기 시작했다. 이후 이명박 정부가 2008년 4월 '건국 60주년 기념사업단'을 설립하자 학계를 넘어서서 정치적인 진영 문제로 확대되었다. 대한민국의 건국 시점이 언제인가에 대해서는 학계에서도 다양한 의견이 존재한다. 건국절 논란을 둘러싸고 크게 대립하는 입장은 '1948년 건국설'과 '1919년 건국설'이다. 각각의 입장은 1919년 수립된 상해 임시정부와 1948년 수립된 대한민국 정부의 관계를 어떻게 해석할 것인지에 따라 나뉘어 있다.

'1948년 건국설'은 대한민국의 건국 기점을 정부 수립일인 1948년 8월 15일로 보는 입장이다. 한국은 1945년 8월 15일 해방이 되었지만 3년간 미군정의 통치를 겪어야 했다. 한국은 1948년 8월 15일에 이르러 비로소 정부를 세웠고 유엔의 승인과 함께 통치권을 인정받을 수 있었다. 이 입장을 따르는 학자들은 상해 임시정부의 경우 헌법에 국민, 주권, 영토를 밝히기는 했지만 사실상 영토를 갖지 못했고 나라를 제대로 통치해 보지 못했다는 점을 강조한다. 하지만 그 이면에는 상해 임시정부로 대표되는 독립운동의 역사성보다 해방 이후 좌파와의 투쟁을 통해 대한민국이 건국되었다는 정통성을 강조하려는 의도가 있다.

반면 '1919년 건국설'은 위의 논리가 상해 임시정부와 1948년 대한민국 정부와의 연속성을 무시한다고 보고 있다. 상해 임시정부는 대한민국이라는 국호를 처음 사용했고, 이미 정부 조직 형태와 헌법을 만들어 놓았다. 그래서 1948년 제헌헌법에 따르면 "기미삼일운동으로 대한민국을 건립했고 민주독립국가를 재건"한다고 명시했다. 현행 헌법도 "3·1운동으로 건립된 대한민국임시정부의 법통을 계승한다."고 되어 있다. 또한 1948년 발행된 『관보』 1호에 따르면 연도가 "대한민국 30년"이라고 표기되어 있다. 하지만 이와 같은 입장은 북한과의 경쟁 속에서 등장한 '임시정부 법통론'의 연장에 있다는 점에서 분단 지향적 논리의 재현이라고 비판을 받기도 한다.

간도협약

◎ 2-3 국가승계

1909년 9월 4일 청나라와 일본이 간도에 관해 체결한 협약이다. 청나라는 간도 지역을 자국의 발상지라 하여 봉금지역(封禁地域)으로 선포하고 이주를 금지시켰다. 간도 지역은 오랜 세월 불모지로 방치되어 오다가 조선과 중국의 유민들이 몰래 들어와 살면서 경계가 모호해지기 시작했다. 조선과 청은 양국의 경계를 획정하기 위해 1712년(숙종 38년) 교섭을 시작하여 현지 조사를 마친 뒤 백두산정계비를 건립했다. 비문에는 서쪽으로는 압록강, 동쪽으로는 토문강(土門江)의 분수령에 경계비를 세운다고 명기하였다(西爲鴨綠 東爲土門 故於分水嶺上 勒石爲記).

그런데 19세기 중엽 이후 간도의 귀속 문제가 다시 발생하였다. 1882년 청나라는 간도 지역을 자국의 영토로 여겨 조선인의 월경을 엄금하도록 조선 정부에 요구해 왔다. 이때 조선은 토문강이 송화강 상류를 의미하기 때문에 간도 지방은 조선의 영토라고 주장하였다. 반면 청나라는 1885년부터 간도 지역의 조선인을 강제로 추방하기 시작하였다. 이에 조선 정부는 토문감계(土門勘界)를 요청함으로써 간도의 귀속 문제는 양국 간의 외교 현안으로 떠올랐다.

이후 대한제국 정부는 1903년 이범윤을 간도관리사로 임명하고 서울 주재 청국 공사에게 간도의 소유권을 주장하였다. 그러나 일본이 1905년 을사늑약을 강제하고 1909년 9월 4일 남만주의 철도부설권 등을 얻는 대가로 간도 지역을 청나라에 넘겨주었다. 간도협약은 대한제국의 의사와는 상관없이 일본이 간도를 청나라에 할양한 불법 조치였던 셈이다.

TODAY

BRK

239/8

LOREM IPSUM

Lorem Ipsum Dolor Sit Ame

BREAKI

lorem ipsum dolor sit amet consectetur ad

orem ipsum dolor sit amet consectetur ad

World Ne

KE
EWS
BRK 457/3
7/3
day TH

BREAKING
NEWS

Lorem ipsum dolor sit amet, consecte
eiusmod tempor incididunt ut labore
Ut enim ad minim veniam, quis nost

제 3 부

국가는
'관할권'을
행사한다.

제 1 장

국가관할권의 행사

대한민국의 국가관할권은 어디까지인가?

이석우

보수 · 野정치인 무차별 '金위중설 뻥튀기'… "인포데믹 대책 세워야"

2020.05.04. 서울신문 3면[1]

김정은 북한 국무위원장이 지난 1일 평안남도 순천린(인)비료공장 착공식에 참석한 사진과 영상이 보도되면서 김 위원장의 건강이상설은 근거 없는 가짜뉴스로 판명됐다. 익명의 '대북 소식통'발(發) 거짓 정보에 한반도 주변국이 들썩였던 열흘 동안 주식시장과 외환시장이 요동치는 등 부작용도 만만치 않았다. 이번 사태를 반면교사로 삼아 잘못된 북한 정보가 확산되는 '인포데믹'을 예방할 대책이 필요하다는 지적이 나온다.

김 위원장 위중설은 대북소식통을 인용한 가짜뉴스가 외신을 통해 확대됐고, 외신을 무비판적으로 받아쓰는 한국 언론이 재생산하면서 기정사실화됐다. 청와대와 정부가 수차례 "위중설의 근거가 없다."고 확인했지만, 일부 보수 언론과 유튜버, 보수 야당 및 탈북자 출신 정치인들은 오히려 한국 정부를 의심하며 대중적 호기심을 불러일으키는 보도를 일삼았다.

북한전문매체 데일리NK가 지난달 20일 북한소식통을 인용해 심혈관 시술설을 제기한 다음날 미국 CNN 방송은 "위중한 상태"라고 보도했다. 15일 태양절에 김 위원장이 금수산궁전 참배를 불참하면서 건강상 문제일 가능성이 이미 제기됐으나 외신이 아무런 근거도 밝히지 않은 채 확정적으로 보도하면서 파장을 키운 것이다. CNN 보도에 코스피는 장중 한때 2.99% 포인트 하락했고 서울외환시장에서 원 · 달러 환율도 급등했다.

탈북자 출신 지성호 미래한국당 비례대표 당선자는 지난 1일에도 "지난주에 사망했다."고 자신 있게 말했다. 김 위원장의 등장 이후 '아니면 말고'식의 주장을 펼친 지 당선자와 주영국 북한대사관 출신 미래통합당 태영호 당선자 등에게 비판이 쏟아졌지만, 이들은 오히려 새로운 의혹을 내놨다. 지 당선자는 "속단하지 말고 좀더 지켜보자"고 했고, 태 당선자는 "김정일이 2008년 뇌졸중으로 쓰러졌다 살아 나오면서 짧은 거리도 걷기 힘들어 현지지도 때마다 사용하던 차량(카트)이 다

---

1) https://www.seoul.co.kr/news/newsView.php?id=20200504003013

제3부 국가는 '관할권'을 행사한다.

시 등장했다."며 '카트 의혹'을 제기했다.

전문가들은 지 당선자가 2006년 회령에서 탈북한 지 14년째이고 태 당선자도 런던 대사관에 10년 넘게 근무해 평양 권부 사정에 어두울 수밖에 없다는 점을 감안해 이들의 발언을 평가해야 한다고 했다. 탈북자 출신 국회의원을 통한 가짜뉴스 유통을 경계해야 한다는 것이다.

대북 소식통발 북한 소식을 검증하는 계기로 만들어야 한다는 지적도 있다. 탈북자와 북중 접경지역의 북한 주민이 대부분인 이른바 '대북 소식통'은 떠도는 소문을 전할 뿐 최고지도자의 안위와 같은 기밀 정보를 얻을 가능성이 지극히 낮다.

홍민 통일연구원 북한연구실장은 "언론사들이 단순히 일방의 주장을 전달하는 것보다는 다양한 북한 전문가들의 검토를 거쳐 신중하게 보도해야 가짜뉴스 증폭 메커니즘을 제어할 수 있을 것"이라고 했다. 강민석 청와대 대변인은 "앞으로도 이런 상황이 벌어질 수 있는데, 이른바 대북 소식통보다는 한국 정보 당국을 신뢰해야 한다는 것을 확인하는 계기가 됐으면 한다."고 했다.

I. 국가관할권의 관점에서 보는 한반도 문제

1948.8.15. 대한민국 정부가 수립되고, 1948.12.12. 유엔총회는 결의 제195호를 채택하여 한국 정부를 38선 이남지역에 대해 관할권을 갖는 한국 내에서의 유일한 합법 정부로 인정하였으며, 1949.1.1. 미국도 백악관 성명을 통해 한국 정부를 승인하였다. 1948.9.9. 북한에서도 정권이 수립되었다. 1951.9. 체결된 샌프란시스코평화조약으로 패전국 일본은 연합국 사령부의 통치에서 벗어나고, 한국의 독립이 승인되었다.

우리 헌법은 "대한민국의 영토는 한반도와 그 부속도서로 한다."(제3조)고 규정하고 있다. 이는 대한민국의 관할권이 북한지역을 대상으로 하고 있음을 의미한다. 북한은 국가적 실체를 가지지 않는 반국가단체에 해당하며, 북한지역은 대한민국이 회복하여야 하는 미수복지역임을 의미한다. 아울러 우리 헌법은 "대한민국은 통일을 지향하며……"(제4조)라고 명시함으로써 북한지역에 대한 평화적 회복 의지를 나타낸다.

기사의 내용처럼 언젠가 북한에서 급변사태가 발생하고 나아가 북한의 체제가 붕괴되는 경우, 북한지역을 점령하는 일이 발생할 수도 있다. 북한을 점령할 경우 전시점령 주체는 국제법적으로 누가 되는 것일까? 한국전쟁 당시 38선 월선을 두고 이승만 정부와 유엔군 간의 대립이 발생한 적도 있으며, 북한 점령 이후 양측은 관할권의 행사 주체를 두고 또 다시 갈등 양상을 보였었다. 이승만 정부는 대한민국 정부를 주장하면서 전투가 종식된 지역에 도지사를 파견하였고, 유엔은 단지 한국 정부의 자문만 받을 것이며, 전쟁이 끝나면 북한에서만 선거를 실시해 통일 한국을 만들겠다는 입장을 나타내었다. 만일 북한 내 급변사태가 발생한다면 현재 전시작전권이 없는 상태에서 위와 같은 상황이 재발할 수도 있다. 그렇다면 현상황에서 국제법적으로 누가 점령 주체(또는 관할권 행사 여부)가 되는 것일까?

II. 국가관할권에 대한 이해

1. 국제사회에서의 관할권의 의미

국내적으로 국가와 구성원인 개인은 수직적 관계이다. 입법부는 국내법을 제정하고 공권력을 가진 행정부가 이를 집행하며, 사법부는 분쟁에 대한 강제관할권을 가지고 판결 후 처벌하고 강제 집행한다. 이에 반해 국가들로 구성되는 국제사회에서는 국가들은 상호대등한 수평적 관계이다. 국제사회에는 중앙집권적 성격의 강제력을 가진 입법·행정·사법기관이 없기 때문이다. 개별 국가들의 의사에 따라 합의에 의해서만 국제법이 형성되고, 각국이 스스로 이를 이행하며, 분쟁이 발생하면 개별 국가가 위반국의 책임을 스스로 추궁한다. 국제재판소는 강제관할권이 없어 분쟁당사국간 사전 또는 사후에 합의해야만 관할권을 행사할 수 있으며 재판소의 결정도 분쟁당사국들이 자발적으로 집행해야 한다.

2. 국가관할권이란 무엇인가

국가관할권(State Jurisdiction)은 주권의 구체적 표현으로서, 주권을 가진 국가가 사람·사물·자원 또는 사안에 대해 행사할 수 있는 권한의 총체를 말한다. 국가관할권은 법규를 제정하는 입법관할권과 이를 집행하는 집행관할권으로 이루어진다. 입법관할권(power to prescribe rules)은 입법부의 법률 제정, 행정부의 명령과 규칙, 법원의 판례 등을 통해 법 규범을 선언하는 힘을 말한다. 집행관할권(power to enforce rules)은 입법관할권을 전제로 국내법을 집행하는 권한인 행정관할권(executive power)과 국내법을 적용하여 구체 사안을 심리·판결하는 사법(재판)관할권(judicial power)으로 구분된다.

국가는 영토주권 원칙에 따라 자국 영역과 영역내 사람·사물·자원 또는 사안에 대해 역내관할권(intra-territorial jurisdiction)을 행사한다. 역내에서 국가가 입법관할권을 갖지만, 사법(재판)관할권의 행사는 국가면제나 외교면제 또는 조약(주둔군지위협정 등)에 의해 제한될 수 있다.

3. 역외관할권이란 무엇인가

국가가 자신의 영역 밖에서 관할권을 행사하는 것을 역외관할권(extraterritorial jurisdiction)이라 한다. 역외관할권 중 국가의 입법관할권은 반드시 자국 영역에 국한되는 것은 아니며 역외에 대해서도 입법관할권 행사는 가능하다고 인정된다. 다만, 영토국의 허락 없이 외국에서 직접 집행하는 집행관할권은 타국의 영토주권을 침해하는 행위이므로 원칙적으로 인정되지 않는다. Lotus호사건(1927)에서 PCIJ는 "특별히 허용하는 규칙이 없는 한 일국이 타국 영역에서 권한을 행사하는 것은 일체 금지된다."고 하였다. 역외 집행(extraterritorial enforcement)에는 체포는 물론, 외국 영토내의 외국인에 대한 벌금 고지서나 소환장 발부, 정보제출 요구, 조사활동 등 모든 권력적 행위를 포함한다. 역외 사법관할권과 관련해서는 민사사건보다는 형사사건과 관련한 관할권 행사가 경합하는 사례가 많다.

III. 생각해 볼 문제

✓ 남북 분단 체제인 현재, 대한민국은 헌법 제3조를 통해 북한지역에 대한 관할권 행사 근거를 마련하고 있는데, 이는 역내관할권에 해당하는가, 역외관할권에 해당하는가?
✓ 대한민국의 국적을 취득하려는 외국인은 귀화신청 후 심사 및 시험을 거쳐 대한민국국적을 취득하게 되고, 이후 원국적을 포기하여야 한다. 반면 탈북자는 별도의 국적취득절차 없이 주민등록을 취득하게 된다. 이를 국가관할권의 관점에서 생각해보자.

소말리아 해적은 왜 대한민국에서 재판을 받았을까?

이석우

대법 "소말리아 해적 아라이 무기징역"

2011.12.23. 서울신문 12면1)

삼호주얼리호를 납치했다가 우리 군에 생포된 소말리아 해적 5명에 대해 무기징역과 징역 12~15년형이 선고됐다. 해적을 국내에서 판결해 형이 확정된 것은 처음이다. 이들에게 총상을 입었던 삼호주얼리호 석해균(58) 선장은 "죄를 지었으니 죗값을 받는 것이 정당하다."고 말했다.

대법원 2부(주심 이상훈 대법관)는 22일 석 선장에게 총을 난사해 살해하려 한 혐의(해상강도 살인미수) 등으로 기소된 주범 마호메드 아라이(23)에 대한 상고심에서 상고를 기각하고 무기징역을 선고한 원심을 확정했다. 또 함께 기소된 아울 브랄라트(19)는 징역 15년, 압디하드 아만 알리(21)·압둘라 알리(23)는 각각 징역 13년, 압둘라 후세인 마하무드(20)는 징역 12년을 선고한 원심을 유지했다.

이들은 지난 1월 15일 한국인 선원 8명이 탄 삼호주얼리호를 아라비아해 인근에서 납치했다가 수일 만에 구출작전에 나선 청해부대에 의해 생포된 뒤 국내로 압송돼 석 선장에게 총격을 가해 중상을 입힌 혐의 등으로 기소됐다. 이들에게는 해상강도 살인미수, 인질강도 살인미수, 해상강도 상해, 인질강도 상해, 선박 및 해상구조물에 대한 위해 행위의 처벌 등에 관한 법률 위반, 특수공무 집행방해치상 등 6가지 혐의가 적용됐다.

한편 변호인은 재판 관할권을 위반했다는 주장을 폈으나, 재판부는 "우리나라 국민에 대해 저지른 범죄행위여서 우리 법원에 관할권이 있다."며 이를 받아들이지 않았다.

---

1) https://www.seoul.co.kr/news/newsView.php?id=20111223012014

I. 형사관할권의 행사는 어디까지 가능한가

2011년 1월 15일 한국의 삼호해운 소속 화학운반선인 삼호주얼리호가 소말리아 해적에게 납치되자 한국 해군이 이들을 퇴치하여 해적 5인을 한국으로 압송하였다. 한국 검찰은 이들을 모두 기소하였고, 부산지방법원은 2011년 5월 27일과 6월 1일 각각 유죄를 선고하였으며, 부산지방고등법원은 9월 8일 원심과 동일한 형량으로 판결하였다. 그리고 2011년 12월 22일 동 사건에 대한 대법원의 최종판결이 내려졌다. 재판은 한국 사법사상 처음 있는 일이었기에 국내외의 비상한 관심을 받았지만, 한편으로는 해적 처벌과 관련한 한국의 형사관할권 행사가 적절한지에 대한 문제도 일부에서 제기하였다.

형사관할권의 행사는 국가질서 유지를 위한 가장 기본적이고 핵심적인 국가의 권한이지만, 형사관할권 행사범위의 확대는 타국의 관할권과의 충돌문제가 발생하게 된다. 동일한 대상에 대한 복수 국가의 관할권 행사시에 발생하는 문제를 해결하기 위해, 국제법은 관할권 행사의 원칙을 제시하고 있지만 명확하게 정리되어 있지는 못한 상태이다. 현재 형사재판관할권과 관련하여 역외관할권을 주장하는 근거 이론으로 속지주의, 속인주의, 보호주의, 보편주의가 있다.

II. 형사관할권 행사의 기준

1. 국경

속지주의란 국경을 기준으로 관할권 행사의 범위를 정하는 것이다. 내·외국인을 불문하고 행위 주체가 누구이든 간에 자국 영역 안에서 행위와 결과가 완성된 범죄에 대해서 영역국은 영토주권에 기초한 속지주의(territorial principle)에 따라 당연히 역내관할권을 행사한다. 또한, 자국 선박이나 항공기, 등록된 우주물체는 자국 영토로 의제하여 속지주의를 적용한다.

속지주의 적용을 확장하여 역외관할권을 주장하는 이론이 있다. 자국 영역 안에서 행위가 이루어졌으나 자국 영역 밖에서 완성된 범죄에 대해 영역국이 자국법에 따른 관할권을 주장하는 것을 주관적(subjective) 속지주의라 하며, 반대로 원인 행위 자체는 자국 영역 밖에서 개시되었으나 직접적인 결과 또는 효과(immediate results/effects)가 자국 영역 안에서 완성된 범죄에 대해 자국법에 따른 관할권 행사를 주장하는 것을 객관적(objective) 속지주의라 한다. 예컨대, 인접국인 A국에서 갑이 총기를 발사하여 B국에 소재한 을이 살해된 경우, A국은 주관적 속지주의, B국은 객관적 속지주의에 따라 갑의 살인죄에 대한 관할권을 주장하는 것이다.

2. 자국민

속인주의란 국적을 기준으로 관할권 행사의 범위를 정하는 것이다. 국적국은 자국 국적을 보유한 자국민(자연인과 법인)에 대해서 범죄 행위가 발생한 장소를 불문하고 대인주권에 기초하여 관할권을 행사하며, 이를 속인주의(personality principle) 또는 국적주의(nationality principle)라고도 한다. 자국민이 자국 영역 밖 어디에서라도 범죄 행위를 저지른 경우에 국적국이 자국법에 따른 관할권을 행사를 주장하는 적극적(active) 속인주의와 외국에서 발생한 범죄로 인해 자국민이 피해를 입은 경우 피해자의 국적국이 자국민인 피해자 개인의 이익을 보호하기 위해 관할권 행사를 주장하는 수동적(passive) 속인주의가 있다.

대륙법계는 속지주의와 속인주의를 병용하나, 영미법계는 현지 처벌이 용이한 속지주의를 원칙으로 하되 속인주의도 보충적으로 사용하고 있다. 속지주의를 원칙으로 하는 미국도 반역죄·마약거래·아동매춘 등에 대해서는 속인주의를 적용하며, 해외에서 테러나 항공기 납치 등으로 피해를 입은 자국민을 보호를 강화하기 위해 수동적 속인주의를 확대하고 있다.

3. 중대한 국가적 이익

보호주의란 속지주의나 속인주의가 적용되지 않는 사각지대의 행위자가 중대한 국가적 이익의 침해를 야기하는 경우에 적용된다. 외국인이 외국에서 행한 행위가 비록 불법적이지 않더라도 이로 인해 자국의 안보(내란)나 사활적인 경제 이익(화폐·공문서 위조 등)을 침해한 경우 이를 보호하기 위한 관할권 행사를 보호주의(protective principle)라 한다. 국가안보나 사활적인 이익의 개념이 모호하여 자의적으로 주장될 가능성이 있다. 보호주의는 속지주의나 속인주의가 적용되지 않는 범죄행위 중, 우리나라는 내란의 죄, 외환의 죄, 국기에 관한 죄, 통화에 관한 죄, 유가증권·우표·인지에 관한 죄, 문서에 관한 죄 중 일부, 인장에 관한 죄 중 일부에 대해서는 대한민국 밖에서 죄를 범한 외국인에게 형법을 적용하고 있다(형법 제5조).

4. 국제공동체 전체의 이익

보편주의란 개별 국가가 아니라 국제공동체 전체의 이익을 침해하는 개인의 중대한 범죄(공해상 해적 행위, Genocide, 인도에 반한 죄 등)에 대해서는 범죄 장소나 범죄자의 국적에 관계없이 모든 국가가 관할권을 주장할 수 있다는 입장이다. 보편주의(universal principle)에 따른 관할권 행사 여부는 각국이 재량으로 결정할 사안이다.

III. 생각해 볼 문제

✓ 나치시대 유대인을 학살한 아이히만은 제2차 세계대전 종전 후 아르헨티나에서 신분을 숨기고 생활하였으나, 1960년 이스라엘 첩보부에 의해 납치되어 이스라엘에서 재판을 받게 되었다. 아히히만은 이스라엘이 재판관할권을 가지지 않는다고 항변하였으나, 재판부는 재판관할권의 성립을 인정하였다. 재판부가 재판관할권의 성립을 인정한 근거는 무엇일까?

✓ 주권평등 또는 주권존중의 원칙에 입각하여 수동적 속인주의의 정당성을 검토해보자.

✓ 유엔해양법 협약 제105조는 해적행위에 대한 보편주의 적용을 인정하고 있다. 그런데, 제노사이드 등에 대해서는 명확한 조약상의 근거가 발견되지 않는데, 보편주의의 적용근거를 어떻게 제시할 수 있을까?

주한 미군은 대한민국의 법령을 준수하지 않아도 되는가?

이석우

반환협의 10년, 지역고통 털었지만… 오염정화비 전액 떠안을 판

2019.12.12. 서울신문 3면[1]

한국 정부가 11일 '선(先)반환, 후(後)협의' 기조로 주한미군 기지 4곳을 즉시 반환받은 것은 일단 기지 환경 정화 비용을 '선부담'하더라도 반환 지연에 따른 지역사회와 주민의 피해를 막는 게 급선무라고 판단했기 때문으로 보인다.

한미 양국이 미군기지 반환 이후 협의를 지속하기로 한 것은 처음이다. 앞서 반환 대상 미군기지 80곳 중 이미 반환된 54곳에 대해서는 한미가 반환 절차를 밟으며 오염 정화 책임 관련 협의를 했지만 미국이 정화 책임을 인정하지 않으면서 파행을 거듭했다. 결국 합의에 이르지 못한 상태로 이들 기지 반환이 이뤄졌고 한국 정부가 정화 비용을 지불할 수밖에 없었다.

이번 즉시 반환 대상 기지도 2009~2011년 한미 간 반환이 협의돼 폐쇄됐으나 정화 책임을 두고 한미가 이견을 보이며 협의가 공전됐다. 8~10년 동안 반환이 지연되자 해당 지역 주민과 지방자치단체의 경제적 피해가 늘어났고 기지 오염도 악화되면서 주민은 물론 해당 지역구 국회의원들도 강하게 반발해 왔다.

결국 미군의 정화 책임 부정으로 협의 지연→주민과 지자체의 반환 지연 반발→정부의 '울며 겨자 먹기'로 협의 종료 후 기지 반환과 정화 비용 부담이라는 기존의 방식을 되풀이해서는 안 된다고 정부가 판단한 것으로 보인다. 어차피 협의가 장기화될 거라면 주민과 지역사회의 피해라도 최소화할 수 있게 반환을 먼저 받자는 것이다.아울러 미군기지 정화 비용을 한국이 선제 부담함으로써 미국의 한국 측 방위비 분담금 인상 요구를 차단하려는 것 아니냐는 관측도 나온다. 미국은 한국이 분담금을 인상해 동맹에 기여해야 한다고 압박하고 있는데, 한국이 주한미군 기지를 무상 임대해 주고 반환된 기지에 대한 정화 비용도 지불한다는 점을 이번 기회에 다시 부각시켜 압박에 맞서겠다는 것이다.

---

1) https://www.seoul.co.kr/news/newsView.php?id=20191212003029

제3부 국가는 '관할권'을 행사한다.

다만 미국이 해외 주둔 기지를 반환할 때 정화 비용을 지불한 적이 단 한 번도 없었기에 한국의 오염 정화 비용으로 방위비 분담금을 상쇄하기는 어려울 것이라는 관측이 제기된다. 정부 관계자도 "반환은 방위비 분담금 협상과는 무관하게 결정된 사안"이라고 선을 그었다.

그동안 '기지 반환이 되면 협의는 없다'는 입장을 고수했던 미국이 이번에 '선반환, 후협의'를 수용한 배경에 최근 한미 동맹의 균열설을 불식시키기 위한 의지가 깔려 있는 것 아니냐는 분석도 나온다. 주한미군은 이날 보도자료를 내고 "한미 동맹의 증거로서 주한미군은 2002년 연합토지관리 계획, 2004 용산기지이전 계획 및 주한미군지위협정에 따라 가능한 한 신속히 대한민국 정부로 미군기지를 반환하는 데 전념하고 있다."고 밝혔다.

아울러 정화 비용을 한국이 먼저 부담하고 이후 협의하겠다고 한 만큼 미국도 잃을 것은 없다고 판단했다는 해석도 있다. 김동엽 경남대 교수는 "이미 반환하기로 약속한 기지를 반환했을 뿐 미국이 양보한 건 없다."고 말했다.

I. 한미 주둔군지위협정의 불평등성은 정당한가

종종 우리가 접하는 언론기사의 내용을 보면 주한미군의 범죄행위에 대해 우리가 국가관할권을 행사하지 않고 미군에게 범죄자의 신병을 인도하는 것을 확인할 수 있다. 위 사례에서도 주한미군 기지의 반환과정에서 발생한 대한민국 영토에 대한 오염문제에 대해, 오염의 주체가 주한미군임에도 미국은 미국 국내법을 앞세워 비용부담을 거부하고 있다. 미국의 이러한 행위는 국제법 위반에 해당할까?

국가는 영역주권의 원칙에 따라 역내관할권을 행사한다. 역내에서의 국가는 국적을 불문하고 범죄를 저지른 행위자를 기소·처벌할 수 있다. 이 원칙에 따르면 대한민국 내에서 발생하는 모든 범죄는 행위자가 누구인지 관계없이 국가관할권을 행사할 수 있다. 국가의 관할권 행사는 조약을 근거로 제한된다. 양국 간의 자유의사에 의해 채택한 조약은 법적 구속력을 갖는다. 외국 군대가 특정 국가에 머무르기 위해서는 접수국의 동의가 필요한데, 접수국에 주둔하는 주둔군의 지위·시설·재판관할권 등의 법적 지위를 규율하기 위하여 통상 국가들은 주둔군 지위협정(SOFA)을 체결한다. 주한 미군에 대한 관할권의 행사는 한미 주둔군 지위협정(SOFA)에 근거하여 이루어진다.

II. 한미 주둔군지위협정과 국가관할권

1. 한미 주둔군지위협정의 채택배경

1950.7.12. 한국전쟁에 참전한 주한미군의 법적 지위 및 형사재판관할권을 규정하기 위해 임시 수도이던 대전에서 『재한 미국군대의 형사범죄 관할에 관한 한미협정』('대전협정')이 서한교환 형식으로 체결하였다. 전쟁 기간 중 미국(미군군법회의)이 주한미군의 구성원에 대해 형사재판관할권을 전속적으로 행사하도록 규정하였다. 1952.5.24. 부산에서 『한국과 통합사령부간의 경제조정에 관한 협정』(Meyer 협정)이 체결되었다. 미국은 "통합사령부의 개인 또는 기관이 한국 내에서 직무를 수행함에 있어 필요한 특권·면제 및 편의를 부여한다."는 동 협정(제3조 13항)을 근거로 주한미군도 통합사령부의 개인 또는 기관에 포함되어 특권·면제를 받는다고 주장하면서, 별도의 SOFA 체결에 소극적이었다.

1953.10.1. 미군 주둔을 규정한 「한미상호방위조약」이 체결된 직후부터 SOFA 협상을 개시하였으나 미국이 교섭에 성의를 보이지 않아 진전을 이루지 못하였으나, 미국이 요구한 「한일기본협정」 체결과 월남파병(1965-1973)을 한국이 수용한 1962년부터 본격적인 협상을 진행하여 협상 개시 13년 만인 1966.7.9. 『한미상호방위조약 제4조에 의한 시설과 구역 및 미군 지위에 관한 협정』(이하 '협정')이 체결되어, 1967.2.9. 발효되었다. 한국의 경우 국회 동의를 받은 정식조약이나, 미국은 국내법상 행정협정(executive agreement)에 해당하여 상원의 동의 없이 대통령의 권한으로 체결되었기 때문에 '한미행정협정' 또는 '한미 SOFA' 등으로 불린다. 본 협정(전문 및 31개 조항)과 부속 협정인 「합의의사록」(Agreed Minutes), 「본 협정과 합의의사록에 대한 합의양해사항」(Agreed Understanding), 「형사재판권에 관한 교환서한」(Exchange of Letters)의 4개 문서로 구성되었다.

2. 한미 주둔군지위협정의 개정과 한국의 관할권 확대

1991년 개정에서는 「합의의사록에 대한 합의양해사항」과 「형사재판권에 관한 교환서한」을 폐기하고, 「시행양해사항」(Understanding on Implementation)을 채택하였다. 양국은 주한미군의 영외 범죄에 대처하기 위해 한국 측 형사재판권의 '자동포기조항' 삭제, 불필요한 구역과 시설의 반환, 면세 물품의 불법 유통 규제 강화, AIDS 등 질병의 유입 및 확산 방지체제 수립, 『방위비 분담 특별협정』 추가, 미군 우편물에 대한 한국 세관 검사 등에 합의하였다.

2001년에는 본 협정과 「합의의사록」을 개정하고, 「본 협정과 합의의사록에 관한 양해사항」(Understandings to the Agreement), 「한국인 고용에 관한 양해각서」, 「환경보호에 관한 특별양해각서」, 「민사재판절차에 관한 합동위원회 합의사항」을 채택하였다. 양국은 형사 피의자 인도시기를 재판 종결 후에서 기소시기로 앞당기고, 미군기지 내 시설 건축 시 한국정부와 사전협의, 불필요한 미군 구역 및 시설 반환을 위한 합동조사 연 1회 이상 실시, 환경 조항 신설, 한국인 노무자 지위 강화(해고 최소화 및 해고 요건 강화 등), 재판소의 민사소송서류 송달 및 집행 절차 규정, 동식물에 대한 검역 강화, 미군기지 내 매점(PX: post exchange)에 대한 한국인 출입 제한 등에 합의하였다.

3. 한미 주둔군지위협정의 환경관련 규정

「환경보호에 관한 특별양해각서」는 상호주의를 원칙으로 미국은 한국의 환경법령을 준수하고, 한국은 미군에 미치는 영향을 고려하여 환경규정을 집행하도록 규정하였다. 환경관리지침을 2년마다 검토·보완하며, 환경오염 예방을 위한 환경영향평가를 실시하고, 환경오염 제거를 위한 공동조사를 실시하며, 환경 치유에 있어 반환기지는 미국 측의 부담으로, 공여기지는 한국 측이 부담하도록 규정하였다. 하지만, 이들은 모두 법적 구속력이 없는 선언적 내용들이다.

4. 주둔군지위협정의 후속개정의 필요성과 방향성

한미 주둔군지위협정(SOFA)은 그동안 불평등한 조항문제로 전면 개정을 요구하는 목소리가 이어져 왔다. 특히 최근에는 재판관할권 문제, 환경문제, 국민의 생명과 안전에 관한 문제 등이 지적되어 왔다. 한국이 경제적 성장을 하는 데 미국의 역할이 컸던 것은 사실이지만, 그것을 인정한다 해도 대등한 한미관계를 위해서는 SOFA도 그 위상에 걸맞게 개정될 필요가 있다. 실제 그동안 운동단체와 시민단체의 문제제기를 통해 SOFA가 개정되어 온 것이 사실이다. 그러나 그 이면에 미국은 대북 억지력 역할에서 중국을 견제하기 위한 '지역군'으로의 위상 변화, 방위비 부담의 가중 등 실질적 이득을 얻어가면서 그 반대급부로 SOFA를 개정해 준 측면이 있다고 생각된다. 과거 SOFA가 반미운동의 일환으로 접근했다면, 이 문제는 반미가 아니라 대등한 국가적 관계를 위해서라도 보다 공정한 방향으로 개선될 필요가 있다고 생각된다.

III. 생각해 볼 문제

✓ 현재 SOFA의 개정이 시급한 문제는 무엇이며, 근본적인 문제를 해결할 수 있는 방안은 무엇인가? 나아가 현 조항에서 추가적으로 더욱 수정될 내용은 어떤 것이 있는지 생각해 보자.

✓ 대등한 한미관계를 위한 SOFA의 개정 방향에 대해 생각해보자.

제 2 장

국가면제

북한을 상대로 한 소송이 가능한가?

오승진

美법원 "北, 웜비어에 5643억 원 배상해라"

2018.12.26. 서울신문 9면[1]

미국 대학생 오토 웜비어의 유족이 북한을 상대로 미 법원에 낸 손해배상 소송에서 북한은 약 5억 113만 달러(약 5643억 원)를 배상하라는 판결이 나왔다. 웜비어는 2016년 1월 북한 단체여행 중 선전물 절도 혐의로 17개월 동안 억류됐다가 지난해 6월 의식불명 상태로 송환된 뒤 엿새 만에 숨졌다.

미 워싱턴DC 연방지방법원 베릴 하월 판사는 24일(현지시간) 판결에서 "북한은 웜비어에 대한 고문, 억류, 재판 외 살인과 그의 부모에게 입힌 상처에 책임이 있다."면서 이같이 판결했다.

AFP통신 등에 따르면 하월 판사는 판결문에서 "5일 동안의 단체 북한 관광을 떠나기 전 버지니아대학 3학년이던 웜비어는 건강하고 큰 꿈을 꾸는 영리하고 사교적인 학생이었다."면서 "북한이 그를 미국에 인도했을 때는 앞을 못 보고 귀가 먹고 뇌사 상태였다."고 밝혔다. 하월 판사는 손해배상금으로 4억 5000만 달러, 위자료와 치료비 등으로 5100만 달러를 지급하라고 판결했다.

앞서 웜비어 부모는 지난 10월 북한 정부를 상대로 징벌적 손해배상금과 위자료 등 명목으로 11억 달러의 배상금을 요구하는 소송을 냈다. 재판은 웜비어 사망 이후인 지난해 11월 도널드 트럼프 미 정부가 북한을 9년 만에 다시 테러지원국으로 지정하면서 가능해졌다. 미국은 피해자를 고문, 납치, 상해, 사망하게 한 테러지원국을 상대로 소송을 제기할 수 있도록 하고 있다.

웜비어 부모는 성명을 내고 "이번 판결은 우리의 여정에 중요한 발걸음"이라고 밝혔다. 그러나 미 법원의 판결문이 북한에 전달되고 북한이 배상금을 지불할 가능성은 희박하다. 2001년 북한 감옥에서 숨진 김동식 목사 사건의 2015년 2심 재판에서 미 법원은 북한의 책임을 인정하며 3억 3000만 달러를 배상하라고 판결했지만 북한은 판결문을 반송하는 등 어떤 배상 조치도 취하지 않았다.

AFP통신은 "북한이 자발적으로 배상금을 지불할 가능성은 매우 낮다."며 "세계에서 가장 고립된 국가로 미국에서 압류할 만한 자산은 거의 없는 것으로 보인다."고 전했다.

---

1) https://www.seoul.co.kr/news/newsView.php?id=20181226009016

법원 "北, 강제노역 배상하라"··· 탈북 국군포로 손배소 첫 승소

2020.07.08. 서울신문 10면[2]

한국전쟁 당시 북한에 억류돼 강제 노역을 했던 탈북 국군포로들이 북한 정부와 김정은 국무위원장을 상대로 소송을 내 이겼다. 법원은 북한과 김 위원장이 이들에게 2100만 원씩 지급하라고 판결했다.

서울중앙지법 민사47단독 김영아 판사는 7일 한재복씨와 노사홍씨가 북한과 김 위원장을 상대로 낸 손해배상 청구 소송에서 "피고들은 한씨와 노씨에게 각각 2100만 원을 지급하라"며 원고 승소로 판결했다.

한씨 등은 6 · 25 전쟁에 참전했다가 북한군의 포로가 돼 정전 후에도 송환되지 못하고 내무성 건설대에 배속돼 노동력을 착취당했다며 2016년 10월 소송을 냈다. 두 사람은 2000년 북한을 탈출해 국내로 돌아왔다. 법원은 소장을 접수한 지 약 2년 8개월 만인 지난해 6월 첫 변론준비 기일을 열어 심리한 결과 북한과 김 위원장의 손해배상 책임을 인정했다. 한씨 측 대리인은 "억울함을 보상받기 위해 강제노동에 대한 손해배상 소송을 북한과 대표자 김 위원장에게 제기했다."고 덧붙였다.

이번 소송을 주도한 '물망초 국군포로 송환위원회'는 "북한과 김 위원장에 대해 우리 법원의 재판권을 인정하고 손해배상을 명령한 최초의 판결"이라고 강조했다. 이어 "사단법인 남북경제문화협력재단이 북한에 지급할 저작권료 약 20억 원을 현재 법원에 공탁하고 있다."며 "이에 대한 채권 압류와 추심명령을 받아내 추심한 금액을 한씨와 노씨에게 지급할 것"이라고 덧붙였다.

I. 외국을 상대로 한 소송의 가능성

국제법상 주권면제 또는 국가면제의 원칙에 의하면 국가는 스스로 동의하지 아니하는 한 외국의 법원에서 소송의 피고가 되지 않으며, 국가 재산에 대한 강제집행을 당하지 아니할 특권이 인정된다. 다만, 이는 절대적인 원칙은 아니며, 국가의 행위를 주권적, 공적 행위와 비주권적, 상업적 행위로 구분하여 주권적, 공적 행위에 대하여만 이러한 특권이 인정된다. 따라서 외국 정부의 주권적, 공적 행위로 피해를 입은 개인은 자국의 법원에서 가해자인 외국 정부를 상대로 소송을 제기하는 것이 불가능하지만 외국 정부의 비주권적, 상업적 행위로 피해를 입은 개인은 자국의 법원에서 가해자인 외국 정부를 상대로 소송을 제기할 수 있

---

2) https://www.seoul.co.kr/news/newsView.php?id＝20200708010030

다. 미국의 외국주권면제법의 경우처럼 국가에 따라서는 국내법으로 외국 정부에 대한 소송 제기를 더 쉽게 허용하는 경우도 있다. 위 사건에서 미국 법원은 북한이 테러지원국이라는 이유로 국가면제를 인정하지 않고, 재판관할권을 행사하였다. 한국 법원도 한국 정부가 북한 을 국가로 승인하는지 여부와 상관없이 북한에 대한 재판관할권을 인정하였다는 점에서 의 의가 있다.

II. 국제법상 주권면제

1. 주권면제의 의의

국제법상 주권면제란 국가가 동의하지 않는 한 국가 또는 국가의 재산이 외국법원의 관할권 행사의 대상이 되지 않는다는 국제관습법상의 원칙을 말하며, 국가면제라고도 부른다. 쉽게 말하면 국가는 스스로 동의하지 않는 한 외국의 법원에서 소송의 피고가 되지 않으며, 국가의 재산은 외국법원에 의한 강제집행의 대상이 되지 않는다. 따라서 법원은 소송의 피고가 외국 정부이거나 강제집행의 대상이 외국 정부의 재산인 경우에는 주권면제에 따라 재판관할권이 없다는 이유로 소를 각하하거나 강제집행을 불허해야 한다. 물론, 주권면제를 적용하지 않을 사유가 있는 경우에는 예외를 적용하여 재판관할권을 행사할 수도 있다. 이 원칙은 이론상으로는 주권평등의 원칙에 바탕을 두며, 실질상으로는 사법부가 국제적인 문제를 다루는 것은 적절하지 않다는 인식에 기초한다.

주권면제에 관한 주요한 조약으로는 1972년 채택된 「국가면제에 관한 유럽협약」과 2004년 채택된 「국가 및 그 재산의 관할권 면제에 관한 협약」(Convention on the Jurisdictional Immunity of States and Their Property)이 있다. 각국은 주권면제에 관한 입법을 하고 있다. 미국은 1976년 외국주권면제법(Foreign Sovereign Immunity Act), 영국은 1978년 국가면제법(State Immunity Act)을 입법하였다. 한국은 국내법을 제정하지 않았으며, 국제관습법상의 국가면제를 적용하고 있다.

주권면제를 향유하는 주체는 국가이다. 국가는 중앙정부, 지방정부를 포함하며, 주권적 권한을 행사하는 모든 하위기관을 포함한다. 입법부, 행정부 및 사법부를 모두 포함하며, 주권적 권한을 행사하는 공법인을 포함한다.

2. 절대적 주권면제

주권면제는 19세기 초부터 여러 나라의 국내법원의 판례를 통하여 발달하였다. 초기에는 왕은 외국법원의 재판관할권 행사의 대상이 될 수 없다는 원칙이었다. 왕이 국가와 동일시되던 시기에 왕은 외국 법원에서 소송의 피고가 될 수 없다는 원칙이 왕과 국가의 구분이 분명해지면서 주권면제 원칙으로 발달하였다.

19세기에는 국가의 역할이 매우 제한적이었으며, 사인의 상업적 활동과 국가의 공적인 기능이 비교적 분명하게 구분되었다. 그리고 이러한 국가의 공적인 행위나 기능이 외국 법원의 재판권 행사에 의하여 제약되는 것은 국제법상 주권평등의 원칙에 어긋난다고 여겨졌다. 나아가 국가와 국가 사이의 문제는 사법부의 영역이 아니라 외교의 영역으로 인식되었다. 그리하여 모든 경우에 국가는 외국 법원의 재판관할권 행사에서 면제되는 절대적 주권면제의 원칙이 발달하였다.

예를 들어, 미국 연방대법원은 1812년 Schooner Exchange 사건에서 주권면제에 따라 관할권을 행사하지 않았다(Schooner Exchange v. McFaddon, 11 U.S. 116, 7 Crach 116(1812)). 이 사건에서 미국인이 소유하던 상선인 Schooner Exchange호는 나폴레옹의 봉쇄령을 위반하였다는 이유로 프랑스에 나포되어 프랑스 해군선박으로 개조되어 필라델피아 항에 입항하였다. 이에 원소유자는 선박을 돌려받기 위한 소송을 제기하였으나 미국 연방대법원은 주권자는 다른 주권자에게 복종하지 않으며 군함이 우호국의 항구에 입항하는 것은 그 국가가 관할권 행사의 면제에 동의한 것으로 보아야 한다는 이유로 원고의 청구를 기각하였다.

우리나라 대법원도 1970년대에는 국가는 조약에 의하여 예외로 된 경우나 스스로 외교상의 특권을 포기하는 경우를 제외하고는 외국국가를 피고로 하여 우리나라가 재판권을 행사할 수 없다고 하여 절대적 주권면제 원칙을 채택하였다(대법원 1975. 5. 23. 74마281 결정).

3. 제한적 주권면제

20세기 초부터 여러 나라에서 주권면제를 제한하는 판례가 등장하기 시작하였다. 그 배경에는 두 가지 이유가 있다. 첫째, 국가가 무역 등 상업적 활동에 직접 관여하는 경우가 늘기 시작하였다. 그리하여 국가와 개인 사이에 분쟁이 발생하는 사례도 많아졌는데, 국가가 상업적 활동을 하는 경우에는 주권면제를 인정할 필요가 없다는 주장이 설득력을 얻게 되었다. 둘째, 20세기 초에 러시아 혁명으로 공산국가가 출현하였는데, 그 특징은 모든 대외무역을 국가가 독점하는 것이었다. 절대적 주권면제에 의하면 공산국가와 거래하는 개인은 자국의 법원에서 구제를 받을 수 없게 된다. 소련의 출현으로 유럽의 국가들은 절대적 주권면제를 제한할 필요를 느끼게 되었다. 이와 같이 국내법원의 판결을 통하여 국가의 주권면제를 제한하는 새로운 국제관습법이 성립하게 되었다.

제한적 주권면제론은 국가의 행위를 주권적/공권적 행위와 비주권적/상업적 행위로 구분하여 전자에 대하여만 면제를 인정한다. 제한적 주권면제는 2004년 채택된 「국가 및 그 재산의 관할권 면제에 관한 협약」(UN Convention on Jurisdictional Immunities of States and Their Property, UN주권면제협약)에 반영되었다. 세계의 여러 나라들도 대체로 제한적 주권면제에 따라 국내법을 제정하거나 이에 따른 판결을 하고 있다. 우리나라 대법원도 외국의 사법적 행위에 대하여는 당해 국가를 피고로 하여 법원이 재판권을 행사할 수 있다고 판시한 이후, 제한적 주권면제를 채택하고 있다(대법원 1998. 12. 17. 97다39216 판결).

4. 주권적 행위와 비주권적 행위의 구분

주권적 행위와 비주권적 행위의 구분은 행위의 목적에 따라 구분하는 견해와 행위의 성질에 따라 구분하는 견해가 있다. 예를 들어, 개인이 외국 정부에게 군대에서 사용할 물건을 공급하는 계약을 하였으나 외국 정부가 계약을 위반한 경우를 가정해 보자. 군대에서 사용할 물건에 관한 계약이므로 행위의 목적은 국방이다. 이는 국가만이 할 수 있는 주권적 행위이며, 개인이 할 수 없는 행위이다. 따라서 이는 국가의 주권적/공권적 행위에 속한다. 다른한편, 이러한 계약은 물건의 매매계약이며, 개인도 할 수 있는 상업적 행위이므로 행위의 성격을 고려하면 비주권적/상업적 행위에 해당하게 된다. 이와 같이 행위의 목적과 성질 중에서 어느 기준에 따라 국가의 행위를 구분하는가 여부에 의하여 주권적 행위와 비주권적 행위의 해당 여부가 달라질 수 있다.

일반적으로 행위의 목적에 따라 국가의 행위를 구분하면 대부분의 행위가 주권적 행위에 해당할 가능성이 높아지게 된다. 왜냐하면 궁극적으로 국가 행위의 목적은 주권적/공권적일 가능성이 높기 때문이다. 미국의 외국주권면제법을 비롯하여 대부분의 국가는 행위의 목적이 아니라 행위의 성질에 따라 주권적 행위 여부를 결정하도록 규정하고 있다.

그러나 국가가 군대에서 사용할 물건을 구매하는 계약을 체결한 경우라도 그것이 식량이나 피복인 경우에는 상업적 행위라고 볼 수 있지만 매매목적물이 탱크, 전투기 등 무기인 경우는 주권적 행위라고 보는 것이 타당할 것이다. 결국, 주권적 행위와 비주권적 행위의 구분에서 행위의 성질과 목적을 모두 고려할 필요가 있는 것이다.

5. UN주권면제협약의 규정

UN주권면제협약은 상품의 매매 또는 용역의 공급을 위한 모든 상업적 계약 또는 거래 등을 상업적 거래로 정의하면서 상업적 거래의 판단기준으로 계약 또는 거래의 성격을 먼저 고려하고, 거래 당사자들의 합의, 법정지국의 관행상 계약 또는 거래의 비상업적 성격을 결정하는 데 목적이 관련된 경우에는 목적을 고려하도록 규정하고 있다(제2조 1항, 2항). 행위의 성격을 우선 고려하되, 보충적으로 행위의 목적을 고려하도록 규정한다.

UN주권면제협약에서 법원이 외국에 대하여 관할권을 행사할 수 있도록 주권면제를 부인하는 주된 예는 다음과 같다.

첫째, 외국이 주권면제의 특권을 포기한 경우이다(제7조).

둘째, 개인과 국가 사이의 상업적 거래이다(제10조).

셋째, 고용계약에 관한 소송이다(제11조). 고용계약 자체가 상업적 거래에 해당한다. 다만, 피고용인이 공권력 행사를 위하여 채용된 경우, 소송의 내용이 개인의 채용·복직·고용갱신에 관한 경우, 피고용인이 고용국 국민인 경우에는 주권면제가 인정된다. 예를 들어, 주한 외국대사관에 근무하는 한국인이 부당해고를 당하였다는 이유로 고용주인 외국 정부를 상대로 소송을 제기한 경우에 원고가 공권력 행사를 위하여 채용된 것으로 판단되거나 원고가 미지급임금이나 손해배상을 구하는 것이 아니라 복직을 요구하는 청구에 대하여는 법원이 관할권을 행사할 수 없다는 의미이다. 부당해고로 인한 임금청구나 손해배상청구에 대하여는 법원이 관할권을 행사할 수 있다.

넷째, 불법행위로 인한 신체나 유형적 재산피해에 관해 금전적 보상을 주장하는 소송이다(제12조). 다만, 불법행위는 일부라도 법정지국에서 발생했어야 하며, 불법행위자 역시 행위 당시 법정지국에 소재했어야 한다. 예를 들어, 주한 외국대사관이 운행하는 차량이 한국에서 교통사고를 일으킨 경우에 원고는 가해국 정부를 상대로 손해배상청구를 할 수 있다. 그러나 한국인이 해외에서 여행 중 현지 경찰관의 불법행위로 피해를 입은 경우 또는 외국 정부의 명예훼손으로 인하여 피해를 입은 한국인이 가해국 정부를 상대로 손해배상청구를 하는 경우에는 한국 법원은 관할권을 행사할 수 없다.

다섯째, 법정지국에 소재하는 부동산에 관한 소송이다(제13조).

6. 강행규범 위반과 주권면제

「조약법에 관한 비엔나협약」에 의하면 이탈이 허용되지 아니하며 동일한 성질을 가진 일반 국제법에 의해서만 변경될 수 있는 규범을 강행규범이라고 한다(제53조). 강행규범에 위반한 조약은 무효이다. 국제법은 국가의 동의에 기초하지만 강행규범의 등장으로 인하여 국가들도 함부로 변경할 수 없는 규범의 존재가 인정된다. 일반적으로 침략금지, 제노사이드금지, 인종차별금지, 노예금지, 고문금지, 자결권이 강행규범에 해당하는 것으로 여겨진다.

강행규범은 국제사회에 지극히 중요한 규범이므로 일반적인 국제규범보다 상위의 규범이므로 이에 위반하는 국가의 행위는 무효가 된다.

국가가 고문금지나 노예금지를 위반한 경우에 주권면제론에 의하여 외국 법원의 재판관할권 행사에서 면제를 누리는 것이 타당한가에 관한 논란이 있다. 제한적 주권면제론에 의하면 국가의 주권적 행위는 외국 법원의 재판관할권에서 면제되는데, 대부분의 고문금지나 노예금지를 위반하는 행위는 국가의 주권적 행위에 해당할 가능성이 높다. 이와 같이 강행규범을 위반한 경우에는 주권면제를 부인해야 한다는 견해가 등장하고 있다. 예를 들어, 고문의 피해자인 외국인은 자국의 법원에서 가해국 정부를 제소할 수 있어야 한다는 주장이다. 이 쟁점은 독일과 이탈리아 사이의 관할권 면제사건에서 문제가 되었다.

III. 생각해볼 문제

✓ 미국 법원이나 한국 법원이 북한을 소송의 피고로 인정하는 경우에 북한을 국가로 인정하는 것이 되는가?
✓ 외국정부의 재산에 대한 강제집행에는 어떠한 장애가 있는가?

위안부 피해자들이 일본 정부를 상대로 제기한
소송에 대하여 한국 법원은 재판권이 있는가?

오승진

재판부 "국가면제 부정 근거 부족… 위안부 문제, 외교로 풀어야"

2021.04.22. 서울신문 3면[1]

일본군 '위안부' 피해자들이 일본국을 상대로 제기한 손해배상 소송에서 맞닥뜨려야 했던 가장 큰 장애물은 '국가면제'(주권면제)였다. 이는 '국내 법원은 외국 국가에 대한 소송에 관해 재판권을 갖지 않는다'는 국제관습법 조항으로 일본 정부가 수년간 소송에 불참하며 내세우던 논리이자 21일 각하 판결이 내려진 가장 큰 원인이기도 했다.

지난 1월 8일 1차 소송 재판부는 위안부 피해자에 대한 일본 제국의 불법 행위에 대해 '국가면제'의 예외로 인정해야 한다는 판결을 내렸다. 피해 사실을 "일본 제국에 의해 자행된 반인도적 범죄행위로 국제 강행규범에 대한 위반"으로 규정한 재판부는 "국가면제 이론은 항구적이거나 고정적인 가치가 아니고, 계속 수정되고 있다."는 점을 근거로 들었다.

그러나 이날 2차 소송 재판부는 상반된 판단을 내놨다. 이번 사건에서 국가면제의 예외를 인정할 만한 근거가 충분치 않고, 인정했을 때 발생할 문제도 적지 않다는 논리다. 재판부는 "국가면제를 인정하지 않는 것은 대법원 판례는 물론 대한민국 입법부·행정부가 취해 온 태도와 국제사회의 흐름에 부합하지 않는다."면서 "국가면제를 부정하면 선고 후 강제집행 과정에서 피고(일본국)와의 외교 충돌이 불가피하다."고 우려했다.

피해자들의 손해배상 소송이 최후의 구제 수단인지에 대해서도 의견이 엇갈렸다. 1차 소송 재판부는 "피해자들이 일본과 미국 등의 법원에 여러 차례 민사소송을 제기했으나 모두 기각 혹은 각하됐다."면서 "1965년 한일청구권협정과 2015년 한일 위안부 합의 또한 피해자에 대한 배상을 포괄하지 못했다."고 봤다. 이 소송이 아니고서는 피해자들이 손해를 배상받을 방법이 요원하다는 인식에 동의한 것이다.

이에 반해 2차 소송 재판부는 한일 위안부 합의가 현재까지 유효하게 존속하고 있다고 봤다.

---

1) https://www.seoul.co.kr/news/newsView.php?id=20210422003006

위 합의에 따라 설립된 화해치유재단의 현금지원사업으로 생존 피해자 35명과 사망 피해자 64명 (전체 240명 중 99명)에 대해 현금 지급이 이뤄진 점 등을 감안했을 때 피해자들을 위한 '대체적인 권리구제수단'이 존재한다고 본 것이다. 재판부는 "(한일 위안부) 합의 과정에서 피해자들의 의견을 수렴하지 않는 등 내용과 절차 면에서 문제가 있다고 해서 재량권을 일탈·남용했다고 보기는 어렵다."고 했다.

　　재판부는 재판 말미에 "피해자들이 많은 고통을 겪었고 대한민국이 기울인 노력과 성과가 피해자들의 고통과 피해를 회복하는 데 미흡했을 것으로 보인다."며 위로의 말을 건넸다. 그러면서도 "위안부 문제 해결은 외교적 교섭을 포함한 노력에 의해 이뤄져야 한다."고 했다.

　　이날 2차 소송 판결에 대해 익명을 요구한 한 국제법 전문가는 "1월 판결이 국민의 '법 감정' 등을 고려한 '이례적인' 판결이었다면 이번엔 국제관습법과 그간의 국내 판결 등에 입각한 '통상적인' 판결"이라고 분석했다. 이용수 할머니와 함께 일본군 위안부 문제의 국제사법재판소(ICJ) 회부를 촉구하고 있는 신희석 연세대 법학연구원 박사는 "기존 판례를 기초로 판단하면서 순환논리에 빠질 위험이 있다."면서 "헌법재판소도 비구속적 합의로 판단한 한일 위안부 합의를 판결의 근거로 삼은 것은 이해하기 어려운 대목"이라고 첨언했다.

I. 위안부 사건에 대한 한국 법원의 관할권 가능성

　　주권면제는 국가가 외국의 법원에서 소송의 피고가 되지 아니할 특권을 의미하므로 국가는 개인에 비하여 보호를 받는다. 개인이 외국 회사와 거래한 경우와 외국 정부와 거래한 경우를 비교해보자. 피해자인 개인은 외국 회사가 계약을 위반한 경우에 외국 회사를 상대로 자국의 법원에서 소송을 제기할 수 있지만 상대방이 외국 정부인 경우에는 소송을 제기하는 것이 어렵다. 개인이 외국 정부와 상업적 거래를 한 경우라면 제한적 주권면제론에 따라 법원이 관할권을 행사할 수 있을 것이지만 외국 정부의 행위가 주권적/공권적 행위라면 관할권을 행사할 수 없다. 그리하여 외국 정부가 주권적/공권적 행위에 의하여 국제범죄를 저지르거나 고문 등 심각한 인권침해를 저지른 경우에도 주권면제에 의하여 보호를 받는 것은 부당하므로 이러한 경우에는 주권면제를 제한해야 한다는 견해가 힘을 얻고 있다. 위안부 피해자가 일본 정부를 상대로 한국 법원에 소송을 제기한 사건에서도 법원이 주권면제의 일반적인 원칙에 따라 재판관할권을 행사할 수 없는지 아니면 위안부 자체가 국제법상 금지되는 성노예이므로 법원이 관할권을 행사할 수 있는지가 문제가 된다. 한국 법원의 판결은 일본의 주권면제를 인정한 판결과 이를 인정하지 아니한 판결이 있다. 대법원의 판결이 주목된다.

II. 강행규범 위반과 주권면제

1. 강행규범과 주권면제의 관계

국제법상 주권면제에 따르면 국가는 스스로 동의하지 않는 한, 외국의 법원에서 소송의 피고가 되지 않을 특권을 갖는다. 오늘날 외국인 또는 외국에 소재하는 사람을 상대로 제기되는 민사소송의 사건 수가 적지 않음을 고려하면 국가는 국제법에 따라 특별한 보호를 받고 있음을 알 수 있다. 이는 외국 정부의 행위에 의하여 피해를 입은 개인의 소송상의 권리는 제약된다는 것을 의미한다. 그리하여 국가의 사소한 위법행위에 대하여 국가면제를 인정하는 것은 이해될 수 있어도 국가의 심각한 국제법 위반행위에 대하여도 국가면제에 의하여 보호받는 것은 부당하다는 견해가 강해지고 있다. 특히, 「조약법에 관한 비엔나협약」은 그 이탈이 허용되지 아니하며 동일한 성질을 가진 일반 국제법에 의해서만 변경될 수 있는 강행규범을 위반한 조약은 무효라고 규정하고 있으므로(제53조), 국가가 강행규범을 위반한 경우에는 주권면제에 의하여 보호받을 수 없다는 주장은 설득력이 있다. 이탈이 허용되지 아니하는 규범이 강행규범이라면 강행규범을 위반한 국가의 행위가 주권면제에 의하여 보호를 받는 것은 강행규범으로부터 이탈을 허용하는 것이라고 볼 수 있다. 예를 들어, 고문금지는 강행규범이지만 주권면제는 강행규범이 아니다. 고문금지의 규범력은 주권면제보다 상위에 있다고 볼 수 있다. 따라서 국가가 고문금지라는 강행규범을 위반한 경우에는 주권면제에 의하여 보호받지 못한다는 주장은 합리적인 면이 있다.

2. 유럽인권재판소 Al Adsani 사건

유럽인권재판소는 Al Adsani 사건에서 강행규범을 위반한 행위에 대하여도 주권면제는 인정된다고 판시하였다(Al Adsani v. U.K, European Court of Human Rights, (2001) 34 E.H.R.R. 273). Al Adsani는 쿠웨이트와 영국의 국적을 가진 이중국적자인데, 쿠웨이트에서 쿠웨이트 정부에 의하여 납치되어 고문을 당하였다고 주장하였다. 그는 석방되어 영국으로 돌아온 후, 쿠웨이트 정부를 상대로 영국 법원에서 손해배상을 구하는 소송을 제기하였다. 그러나 영국 법원은 주권면제를 적용하여 재판관할권이 없다고 판시하였다. 이에 그는 영국 법원이 주권면제를 적용하여 재판관할권을 행사하지 않음으로써 유럽인권협약 제6조의 공정한 재판을 받을 권리가 침해되었다고 주장하며, 유럽인권재판소에 제소하였다.

다수의견은 고문금지가 국제법상 강행규범이지만 고문이 법정지가 아닌 쿠웨이트에서 저질러진 것이므로 이에 대하여는 주권면제를 부인하는 법리가 존재하지 않는다고 판단하였다. 이에 반하여 소수의견은 고문금지는 강행규범이므로 다른 조약이나 국제관습법보다 우월한 효력이 인정되어야 하고, 주권면제보다도 우선 적용되어야 한다는 의견을 제시하였다.

3. ICJ 관할권 면제 사건

ICJ는 2012년 관할권 면제 사건에서 강행규범을 위반한 행위에 대하여 주권면제가 인정되어야 한다고 판시하였다(Jurisdictional Immunities of the State, Germany v. Italy: Greece Intervening, Judgment, I.C.J. Reports, p. 99). 이 사건에서 독일은 이탈리아 대법원이 독일의 주권면제를 부인한 것이 국제법위반이라고 주장하였다. 사안은 다음과 같다. 이탈리아인 Ferrini는 2차 세계대전 기간 중에 독일군에 체포되어 독일에서 강제노역에 종사하였다. 그는 1990년대에 독일 정부를 상대로 이탈리아 법원에 손해배상청구소송을 제기하였다. 이탈리아 대법원은 2004년 판결에서 국제범죄에 대하여는 주권면제가 인정되지 않는다는 이유로 이탈리아 법원이 재판관할권을 행사할 수 있다고 판시하였다. 그 후 이탈리아 법원에는 독일을 상대로 손해배상을 구하는 다수의 소송이 제기되었다. 이에 독일은 이탈리아 법원이 재판관할권을 행사한 것은 주권면제에 관한 국제법을 위반한 것이라며 ICJ에 제소하였다. ICJ는 이 사건에서 주권면제는 본안에 대한 판단 이전에 판단되어야 할 절차적인 문제이며, 사건의 본안과는 상관이 없으므로 주권면제는 강행규범과는 충돌하지 않는다고 판단하였다. 즉, 국가가 강행규범을 위반한 경우에도 주권면제는 인정되어야 한다는 것이다.

III. 생각해볼 문제

✓ 강행규범을 위반한 외국의 행위로 인권을 침해당한 피해자가 자국의 법정에서 가해국을 상대로 소송을 제기할 수 없다면 피해자에게는 어떠한 구제방법이 있는가?
✓ 강행규범을 위반한 행위에 대하여는 주권면제를 부인한 국내법원의 판결이 앞으로 국제관습법의 발달에 어떠한 영향을 미칠지 생각해보자.

외국정부의 재산에 대한 강제집행은 가능한가?

오승진

위안부 손배소 패소한 日 정부에 법원 "한국 내 재산 목록 공개하라"

2021.06.16. 서울신문 10면[1]

법원이 일본군 위안부 피해자 손해배상 소송에서 패소가 확정된 일본 정부에 한국 내 재산 목록을 공개하라고 명령했다.

15일 법조계에 따르면 서울중앙지법 민사51단독 남성우 판사는 지난 9일 "채무자는 재산 상태를 명시한 재산목록을 재산명시 기일에 제출하라"며 고 배춘희 할머니 유족 등 위안부 피해자들이 일본 정부를 상대로 낸 재산명시 신청을 받아들였다.

재판부는 법리적으로 판단했을 때 이 사건에서 국가면제의 예외가 인정된다며 일본의 배상 책임을 재확인했다. 재판부는 "강제집행 후 발생할 수 있는 대일관계의 악화 등 국가 간 긴장 발생 문제는 행정부의 고유영역이고, 사법부의 영역을 벗어난다."고 밝혔다.

위안부 피해자 12명은 일본 정부를 상대로 1인당 1억 원을 청구하는 소송을 내 올해 1월 8일 승소했다. 일본은 '국가면제' 원칙을 내세워 소송에 불응했고, 1심 판결 뒤 항소하지 않아 패소가 확정됐다.

I. 외국 정부의 재산에 대한 강제집행의 대상은 될 수 있다

제한적 주권면제에 의하면 법원은 외국 정부의 비주권적/상업적 행위에 대하여 재판관할권을 행사할 수 있다. 그러나 그에 따라 원고가 승소판결을 받았다고 하더라도 당연히 강제집행을 할 수 있는 것은 아니다. 외국정부가 법정지국 법원의 재판관할권 행사에 동의하였

---

1) https://www.seoul.co.kr/news/newsView.php?id=20210616010019

다고 하더라도 강제집행까지 동의한 것으로 인정되는 것도 아니다.

UN주권면제협약에 의하면 당사국이 집행에 명시적으로 동의한 경우, 당사국이 청구의 변제를 위하여 특별히 할당하였거나 지정한 재산이 있는 경우, 법정지국에 소재하는 재산으로 비상업적 용도 이외의 재산에 한하여 강제집행이 허용된다(제19조).

이와 같이 외국 정부를 상대로 한 소송에서는 재판단계에서 주권면제에 의하여 관할권의 행사가 제한되며, 다시 강제집행의 단계에서 집행이 제한된다. 외국 정부를 상대로 한 소송에서는 승소판결을 받았다고 하더라도 집행이 거의 불가능한 경우가 많다. 왜냐하면, 국가가 해외에 강제집행의 대상이 되는 상업적 용도의 재산을 보유하는 경우가 거의 없으며, 강제집행에 명시적으로 동의하는 경우도 거의 없기 때문이다.

위안부 피해자들이 일본 정부를 상대로 제기한 손해배상청구소송에서 승소한 후에 일본 정부의 재산에 대하여 강제집행을 하기 위하여 신청한 재산목록 명시명령 신청사건에서 일부 법원은 강제집행을 불허하였으나 일부 법원은 강제집행을 허용하였다.

대법원 96다16940 사건에서는 건물을 외국대사관 용도로 임대한 임대인이 임차료의 미지급을 이유로 임대차계약을 해지하고 건물의 명도를 구하였다. 원고는 소송에서 승소하였으나 집행관은 「외교관계에 관한 비엔나협약」을 이유로 건물의 명도집행을 거부하였다. 이에 원고는 국가를 상대로 손실보상을 청구하였으나 법원은 국가의 손실보상의무를 인정하지 아니하였다.

"외교관계에관한비엔나협약(이하 이 사건 협약이라 한다)이 대사관저에 대한 명도집행뿐만 아니라 공관 내의 재산에 대한 강제집행을 직접적으로 금하고 있다고 하더라도, 위 협약 규정 자체가 직접적으로 외국대사관과 어떠한 법률행위를 강제하는 등으로 국민의 재산권을 침해하는 것은 아니고, 위 협약규정의 적용을 받는 외국대사관과 어떠한 법률행위를 할 것인지의 여부는 전적으로 국민의 자유의사에 맡겨져 있다고 할 것이므로 위 협약규정의 적용에 의하여 어떠한 손해가 발생하였다고 하여 그것이 피고의 공권력행사로 말미암은 것이라고 볼 수 없고, 나아가 소외 주한 자이레공화국대사관이 사전에 원고들 승소판결에 기한 강제집행을 거부할 의사를 명시적으로 표시하였으므로 원고들의 위 손해가 피고 소속 집달관의 강제집행 거부를 직접적인 원인으로 하여 발생한 것이라고 볼 수 없으므로 손실보상의 대상이 되지 아니하고, 또한 피고가 원고들 주장의 보상입법을 하지 아니하였다거나 피고 소속 집달관이 이 사건 협약의 관계 규정을 내세워 강제집행을 거부하였다고 하여 이로써 불법행위가 되는 것은 아니라는 취지로 판단하였는바…"

(대법원 1997. 4. 25. 96다16940 판결)

II. 외국 정부의 재산에 대한 강제집행

제한적 주권면제에 의하면 국가는 비주권적/상업적 행위와 관련하여 외국의 법정에서 소송의 피고가 될 수 있다. 그러나 국가는 외국의 법정에서 패소한다고 하더라도 강제집행의 단계에서 다시 보호를 받는다. 제한적 주권면제에 의하여 외국 정부에 대한 재판관할권이 인정된다고 하더라도 외국 정부의 재산에 대한 강제집행은 매우 어렵다. 대법원 2009다16766 사건을 보면 외국 정부의 재산에 대한 강제집행이 현실적으로 쉽지 않다는 점을 잘 알 수 있다. 이 사건에서 원고는 주한미군 사령부에서 고압전기기사로 일하는 피고를 상대로 승소판결을 받은 다음, 피고가 주한미군으로부터 받을 퇴직금 및 임금에 대한 채권압류 및 추심명령을 받았다. 이어 원고는 미국 정부를 상대로 추심금청구소송을 제기하였다. 대법원은 미국 정부를 상대로 한 추심금청구는 미국 정부에 대한 강제집행이라는 이유로 재판권이 없다고 보았다.

> "우리나라의 영토 내에서 행하여진 외국의 사법적 행위가 주권적 활동에 속하는 것이거나 이와 밀접한 관련이 있어서 이에 대한 재판권의 행사가 외국의 주권적 활동에 대한 부당한 간섭이 될 우려가 있다는 등의 특별한 사정이 없는 한, 외국의 사법적 행위에 대하여는 해당 국가를 피고로 하여 우리나라의 법원이 재판권을 행사할 수 있다(대법원 1998. 12. 17. 97다39216 전원합의체 판결 등 참조).
> 그런데 채권압류 및 추심명령은 집행법원이 일방적으로 제3채무자에게 채무자에 대한 채무의 지급금지를 명령하고 피압류채권의 추심권능을 집행채권자에게 부여하는 것으로서 이에 따라 제3채무자는 집행채무자에게 채무를 지급하더라도 집행채권자에게 대항할 수 없어 여전히 추심명령을 받은 집행채권자에게 채무를 지급하여야 할 의무를 부담하게 된다. 이와 같이 채권압류 및 추심명령은 제3채무자 소유의 재산에 대한 집행이 아니고 또한 제3채무자는 집행당사자가 아님에도, 채권압류 및 추심명령이 있으면 제3채무자는 지급금지명령, 추심명령 등 집행법원의 강제력 행사의 직접적인 상대방이 되어 이에 복종하게 된다. 이와 같은 점을 고려하면 제3채무자를 외국으로 하는 채권압류 및 추심명령에 대한 재판권 행사는 외국을 피고로 하는 판결절차에서의 재판권 행사보다 더욱 신중히 행사될 것이 요구된다. 더구나 채권압류 및 추심명령이 제3채무자에 대한 집행권원이 아니라 집행채권자의 채무자에 대한 집행권원만으로 일방적으로 발령되는 것인 점을 고려하면 더욱 그러하다. 따라서 피압류채권이 외국의 사법적 행위를 원인으로 하여 발생한 것이고 그 사법적 행위에 대하여

해당 국가를 피고로 하여 우리나라의 법원이 재판권을 행사할 수 있다고 하더라도, 피압류채권의 당사자가 아닌 집행채권자가 해당 국가를 제3채무자로 한 압류 및 추심명령을 신청하는 경우, 우리나라 법원은, 해당 국가가 국제협약, 중재합의, 서면계약, 법정에서 진술 등의 방법으로 그 사법적 행위로 부담하는 국가의 채무에 대하여 압류 기타 우리나라 법원에 의하여 명하여지는 강제집행의 대상이 될 수 있다는 점에 대하여 명시적으로 동의하였거나 또는 우리나라 내에 그 채무의 지급을 위한 재산을 따로 할당해 두는 등 우리나라 법원의 압류 등 강제조치에 대하여 재판권 면제 주장을 포기한 것으로 볼 수 있는 경우 등에 한하여 그 해당 국가를 제3채무자로 하는 채권압류 및 추심명령을 발령할 재판권을 가진다고 볼 것이다. 그리고 이와 같이 우리나라 법원이 외국을 제3채무자로 하는 추심명령에 대하여 재판권을 행사할 수 있는 경우에는 그 추심명령에 기하여 외국을 피고로 하는 추심금 소송에 대하여도 역시 재판권을 행사할 수 있다고 할 것이고, 반면 추심명령에 대한 재판권이 인정되지 않는 경우에는 추심금 소송에 대한 재판권 역시 인정되지 않는다고 봄이 상당하다."

(대법원 2011. 12. 13. 2009다16766 판결)

III. 생각해볼 문제

✓ 외국 정부를 상대로 한 손해배상청구소송에서 승소하였으나 강제집행을 할 재산을 확보하지 못한 경우에 원고가 취할 수 있는 방안은 무엇인가?

✓ 위안부 피해자가 일본 정부를 상대로 승소하여 강제집행을 신청한 경우에 법원은 강제집행여부를 결정하면서 한국과 일본 사이의 외교관계를 어느 정도로 고려해야 하는가?

제 3 장

외교면제

공무상의 행위에 대해서만 면책특권이 적용될까? / 박언경

면책특권을 향유하는 외교관의 가족 / 박언경

외교공관 앞에서의 집회는 국제법 위반일까? / 박언경

공무상의 행위에 대해서만 면책특권이 적용될까?

박언경

'음주운전' 中영사, 면책특권 주장…경찰 "공무 인정 안돼"

2021.07.12. 서울신문[1]

음주운전을 하다 적발된 중국총영사관 영사가 면책특권을 주장했지만, 공무상 행위로 인정되지 않아 형사처벌을 받을 전망이다. 광주 서부경찰서는 음주운전을 한 혐의(도로교통법 위반)로 주광주 중국총영사관 소속 영사 A씨를 기소 의견으로 송치했다고 12일 밝혔다. A씨는 지난달 20일 오전 1시 30분부터 2시 25분까지 광주 동구 전남대병원 인근에서 서구 풍암동까지 약 50여분가량 음주 상태로 운전한 혐의를 받고 있다.

당시 A씨의 음주운전을 의심한 행인이 경찰에 신고했고, A씨는 아파트 지하 주차장에서 적발됐다. 적발 때 A씨의 혈중알코올농도는 0.119%로 면허 취소 수준의 만취 상태였다. A씨는 "병원에 입원 중인 중국인을 만나고 오는 길로 공무 중 벌어진 일"이라며 면책특권을 주장했다.

그러나 경찰은 A씨의 음주운전을 공무상 행위로 보기 어렵다고 판단해 면책특권을 적용하지 않았다. 외교관 면책특권이란 외교관계에 관한 빈 협약에 따라 외교관과 그 가족은 주재국의 형사처벌 절차를 면제 받도록 한 제도다.

앞서 주한 벨기에 대사 부인은 지난 4월 옷가게 직원의 뺨을 때린 사건으로 국민적 공분을 샀지만, 면책특권을 주장했다. 다만 합의한 피해자들이 처벌을 원치 않는다는 의사를 밝히면서 이 사건은 면책특권 판단 없이 '공소권 없음'으로 처리됐다.

I. 특권과 면제의 허용기준은 공무(公務)만이 아니다

국제관습법으로 발전되어 온 외교관에 대한 특권과 면제는 1961년 「외교관계에 관한 비

---

1) https://www.seoul.co.kr/news/newsView.php?id=20210712500016

엔나협약」에 의해 명문화 되었다. 외교관에게 특권과 면제를 부여하는 이유는 외교사절이 파견국(외교관을 파견한 국가)의 대표로서 그 기능을 독립적이고 효율적으로 수행하도록 보장하기 위함이다.

외교관은 자신의 특권과 면제를 침해하지 않는 한, 접수국(외교관이 파견되어 있는 국가)의 법령을 존중하여야 한다(제41조). 그럼에도 현실에서는 외교관 등에 의한 법위반 행위가 빈번하게 발생하며, 이때마다 외교관은 「외교관계에 관한 비엔나협약」상의 특권과 면제의 적용을 주장하며 처벌을 피하고 있다. 면책특권은 파견국의 국제법상 권리에 해당하는데, 파견국이 면책특권을 포기하지 않는 한 접수국은 외교관의 법위반 행위에 대해 처벌할 수 없다.

위 기사에서 주(駐)광주 '총영사관' 소속 A는 자신의 음주행위는 '공무' 중에 발생한 일이므로, '외교관'의 면책특권이 적용된다고 주장하였다. 이 문구만 본다면, 외교관의 특권과 면제는 공무 중에만 부여되는 것이므로, A가 공무수행이 아닌 것만 확인되면 처벌이 가능한 것으로 해석될 수 있다. 그런데, 「외교관계에 관한 비엔나협약」에서는 외교관, 외교공관에 대한 불가침권을 광범위하게 보장하고 있으며, 공무·사무에 따른 구분을 두지 않고 있다. 국제사법재판소도 벨기에 법원이 전쟁범죄 등을 방지하는 조치를 수행하지 않은 콩고 외교장관을 대상으로 체포영장을 발부한 사건에서, 타국의 현직 외교장관의 특권과 면제는 공무와 사무를 불문하고 보장되어야 함을 판결하였다.

그렇다면 이 사건에서 A가 '공무' 중임을 강조한 이유는 무엇이며, 기사의 문구처럼 외교관의 면책특권이 부정된 이유는 무엇일까?

II. 국가의 대외기관에 부여하는 특권과 면제

1. 외교관의 특권과 면제

외교관이란 공관장이나 공관의 외교직원(외교관의 직급을 가진 공관직원)을 말한다. 외교관은 직급에 관계없이 동일한 특권과 면제를 적용받는다.

신체 불가침권은 외교관의 특권과 면제의 출발점이다. 1961년 「외교관계에 관한 비엔나협약」은 "외교관의 신체는 불가침이다. 외교관은 어떠한 형태의 체포 또는 구금도 당하지 아니한다. 접수국은 상당한 경의로서 외교관을 대우하여야 하며 또한 그의 신체, 자유 또는 품위에 대한 여하한 침해에 대하여도 이를 방지하기 위하여 모든 적절한 조치를 취하여야 한다."고 규정하고 있다(제29조).

신체불가침권 이외에도 공관의 불가침(제22조), 공관지역에 대한 조세와 부과금의 면제

(제23조), 공관의 문서 및 서류의 불가침(제24조), 통신의 불가침(제27조), 형사재판 관할권 면제(31조)가 부여된다.

민사 및 행정재판의 관할권도 접수국의 영역 내의 개인부동산 관련 소송, 개인자격으로 수행하는 상속관련 소송, 공적 직무가 아닌 직업적 또는 상업적 활동관련 소송을 제외하고는 면제가 부여된다(제31조). 다만, 접수국의 재판관할권으로부터 외교관을 면제하는 것이 파견국의 재판관할권으로부터 면제되는 것을 의미하지는 않는다. 즉, 해외에서 외교관이 행한 불법행위는 여전히 존재하며, 불법 행위에 대한 처벌은 파견국에서 이루어지게 된다.

외교관의 특권과 면제는 외교관 개인에게 부여되는 권리가 아니라, 외교관 본국(파견국)에게 부여되는 권리이다. 이에 특권과 면제의 포기도 외교관 개인이 행하는 것이 아니라, 파견국이 행하는 것이다.

「외교관계에 관한 비엔나협약」은 외교관 이외에 '행정 및 기능직원', '노무직원', '개인 사용인' 등의 정의를 별도로 두고 있다. 행정 및 기능직원은 접수국의 국민이나 영주자가 아닌 경우, 원칙적으로 외교관과 동일한 특권과 면제를 적용받는다(제37조 2항). 노무직원은 접수국의 국민이나 영주자가 아닌 경우, 직무 중에 행한 행위에 관하여 면제를 향유한다(제37조 3항). 개인 사용인은 접수국의 국민이나 영주자가 아닌 경우, 그들이 취업으로 인하여 받는 보수에 대한 부과금이나 조세로부터 면제된다(제37조 4항). 외교관도 접수국의 국민이나 영주자일 경우에는, 그의 직무수행 중에 행한 공적행위에 대하여서만 재판관할권면제 및 불가침권을 향유한다(제38조).

외교관의 특권과 면제는 외교관이 부임지에 입국하는 순간부터 인정된다(제39조). 외교관이 부임 또는 귀임하는 경우, 통과를 허가한 국가는 통과나 귀국에 필요한 면제를 부여하여야 한다. 외교관의 가족이 부임 또는 귀임을 위해 별도로 여행하는 경우에도 적용된다(제40조). 따라서 부임 또는 귀임이 아닌 사적으로 여행을 하는 경우에는 특권과 면제가 적용되지 않는다.

2. 영사의 특권과 면제

본국을 외교적으로 대표하는 외교관과는 달리 영사는 자국민과 자국의 경제적 이익의 보호와 관련한 비정치적·상업적 업무를 수행한다. 「영사관계에 관한 비엔나협약」상 영사기관장은 총영사, 영사, 부영사, 영사대리의 4가지 계급으로 구분된다(제9조). 영사관원은 영사기관장을 포함하여 그러한 자격으로 영사직무의 수행을 위임받은 자를 의미한다(제2조).

영사기관의 기능의 수행을 위하여 영사관원에게도 특권과 면제가 부여되나, 내용과 범위에 있어서는 차이가 있다.

영사관원은 신체의 불가침권을 향유한다. 영사관은 원칙적으로 재판에 회부되기 전에 체포, 구속 또는 구금되지 않지만, 중대한 범죄의 경우에는 사법당국의 결정에 의해 체포, 구속 또는 구금될 수 있다. 또한 영사관원에 대해 형사소송절차가 개시된 경우에는 출두하여야 한다(제41조). 다만 접수국의 국민 또는 영주자인 영사관원은 그 직무 수행에서 행한 공적 행동에 관하여 관할권으로 부터의 면제와 신체의 불가침만을 향유하며, 증언을 거부할 권리만 부여된다(제71조).

영사관원과 사무직원은 직무관련 행위에 대하여는 접수국의 사법 또는 행정당국의 관할권이 면제된다. 다만 영사관원 또는 사무직원이 개인적으로 체결한 계약으로 인한 민사소송, 접수국내의 차량, 선박, 항공기 등의 사고로 인한 손해배상소송은 관할권이 면제되지 않는다(제43조). 외교관에 대해서는 직무관련성과 관계없이 면제권이 적용되는 것에 비해, 영사관원에 대해서는 직무관련 행위에 대해서만 면제권이 부여되고 있다.

영사문서와 서류는 언제 어디서나 불가침의 대상이 되며(제33조), 통신의 자유도 보장된다(제35조). 영사관원의 특권과 면제도 본국(파견국)에게 부여되는 권리이므로, 이의 포기도 파견국에게 부여되어 있다(제45조).

영사관원의 특권과 면제도 영사관원이 접수국에 입국하는 순간부터 임무를 종료하고 출국할 때까지 인정된다(제53조).

III. 생각해볼 문제

✓ 2021년 4월 벨기에 대사의 부인이 옷 가게 직원을 폭행한 사건이 발생하였고, 2021년 6월에는 중국 영사가 음주운전을 한 사건이 발생하였다. 그런데, 경찰은 벨기에 대사 부인에 대해서는 불기소 처분을 하였고, 음주운전을 한 중국 영사는 기소 의견으로 검찰에 송치하였다. 두 사람 모두 면책특권을 주장하였는데도 서로 다른 방향으로 사건이 전개되었다. 이를 공정한 법집행으로 볼 수 있을까?

✓ 2019년 몽골 헌법재판소장이 대한항공 기내에서 여성 승무원 강제추행 및 항공보안법 위반혐의로 국내법원에 약식기소되어 벌금형을 선고받았다. 당시 이들은 외교 여권을 제시하며 면책특권을 주장하였으나 우리 법원에서는 재판관할권을 행사하였다. 우리 법원은 국제법을 위반하였을까?

✓ 외교관의 법위반 행위는 커다란 사회문제로 대두될 수 있으며, 양국 간의 우호관계를 해할 수도 있다. 그러나 외교관의 특권과 면제로 인해 접수국이 취할 수 있는 조치에는 한계가 있다. 접수국의 자국의 질서유지를 위해서 현실적으로 할 수 있는 조치로는 무엇이 있을까?

면책특권을 향유하는 외교관의 가족

박언경

결국 양심 버리고 '특권'

2021.05.17. 서울신문 9면[1]

옷가게 직원들을 폭행한 혐의로 입건된 주한 벨기에 대사 부인 측이 면책특권을 유지하겠다는 뜻을 밝혔다. 현행 한국 법에 따라 처벌받지 않겠다는 의사를 분명히 밝힌 것이다.

16일 서울 용산경찰서에 따르면 피터 레스쿠이에 벨기에 대사 측은 지난 13일 면책특권을 포기하지 않겠다는 의사를 우편을 통해 경찰에 전달했다. 레스쿠이에 대사의 부인 A씨는 지난달 9일 서울 용산구 한 옷가게에서 직원의 뒤통수를 때리고 이를 말리던 다른 직원의 뺨을 때린 혐의를 받는다.

논란이 커지자 주한 벨기에 대사관은 지난달 22일 보도자료를 통해 "벨기에 대사는 부인에 관련된 사건에 대해 깊은 유감을 표하며 부인을 대신해 피해자에게 사과드린다."면서 "어떠한 상황에서도 그녀가 한 행동은 용납될 수 없다."고 책임을 인정한 바 있다. 사건 이후 뇌졸중으로 병원에 입원해 치료를 받던 A씨는 지난달 23일 퇴원했고 지난 6일 용산경찰서에 피의자로 출석해 조사를 받았다.

벨기에 대사 측이 면책특권 유지 의사를 밝힘에 따라 A씨가 국내 법원에서 형사 재판을 받는 것은 사실상 불가능해졌다. '외교관계에 관한 빈 협약'에 따르면 외교관과 그 가족은 주재국의 형사처벌 절차를 면제받는 특권을 부여받는다. 경찰 관계자는 "향후 통상 절차대로 '공소권 없음'으로 불송치 결정할 예정"이라고 밝혔다.

---

1) https://www.seoul.co.kr/news/newsView.php?id=20210517009027

I. 외교관의 특권과 면제는 외교관의 가족에게도 적용된다

외교관에게 특권과 면제가 부여되는 이유는 외교사절이 국가 또는 국가원수를 대표하므로 그 품위와 위엄을 유지하도록 하기 위함(대표자격설)과 파견국(외교관을 파견한 국가)의 대표로서 그 기능을 독립적이고 효율적으로 수행하도록 보장하기 위함(기능적 필요설)으로 인식되고 있다. 외교관의 특권과 면제는 외교사절이 국가의 대표로서 접수국의 영향을 받지 않고, 파견국의 이익을 보호하는 목적을 달성하는데 필요한 요소이다. 이러한 목적을 달성하기 위하여 외교관의 특권과 면제는 외교관의 가족에게도 부여되고 있다.

그런데 외교관의 가족의 '불법행위'까지 면책특권을 보장하는 것이「외교관계에 관한 비엔나협약」의 이념에 부합하는 것일까? 외교관 가족의 불법행위에 대한 면책특권의 주장에 관한 논란은 해외에서도 종종 발생한다. 2019년 미국 외교관 부인이 영국에서 역주행 운전 중 오토바이를 탄 10대 청년을 사망케 한 사건이 있었다. 사고 후 외교관 부인은 미국으로 귀국하였고, 영국 검찰은 미국 정부에 범죄인 인도 요청을 했지만 미 국무부는 특권과 면제를 주장하면 인도를 거부하였다.

주한 벨기에 대사 부인인 중국 국적 A의 옷가게 점원 폭행사건에서, 경찰은 벨기에 대사관에서 특권과 면제를 포기하지 않겠다는 의사를 확인함에 따라 공소권 없음으로 사건을 종결할 예정임을 밝혔다.「외교관계에 관한 비엔나협약」규정상 당연한 귀결로 보여진다. 그런데, 외교관의 가족이라는 것만 확인되면 무조건적으로 특권과 면제가 부여될까? 국가들의 관행을 보면 특권과 면제가 부여되는 외교관 가족의 범위에 대해 일정한 제한을 두고 운영을 하고 있음이 확인된다.

II. 특권과 면제가 부여되는 외교관 가족의 범위

외교관은 파견국이 외교관의 부임을 통보하여 접수국이 외교관의 지위를 인정한 자이다. 외교관의 신분은 외교관 여권의 소지만으로 인정되는 것은 아니며, 해당 지역에서 외교관의 업무를 수행하는 것을 기준으로 한다.

외교관의 세대를 구성하는 그의 가족은, 접수국의 국민이 아닌 경우, 외교관에게 부여되는 특권과 면제를 향유한다. 공관의 행정 및 기능직원들과 세대를 구성하는 가족은, 접수국의 국민이나 영주자가 아닌 경우, 직무와 관련되는 행위에서만 특권과 면제를 향유한다. 공관의 노무직원 및 개인사용인의 가족은 특권과 면제가 부여되지 않는다(제37조). 외교관등의 가족이 특권과 면제를 향유하기 위해서는 세대를 구성할 것을 요건으로 하고 있다. 그런데 가족의 구체적 범위에 대해서는 구체적인 기준이 제시되지 않고 있다.

상이한 문화적 배경으로 인해 국가마다 가족의 범위에 대한 기준은 다르게 나타나는데, 이는 특권과 면제의 실질 적용에 있어서 문제를 야기할 가능성이 높다. 성년인 자녀 및 부모에 대한 특권 및 면제의 부여 문제, 사실혼 및 동성혼 배우자에 대한 특권 및 면제의 부여 문제, 일부다처제 국가의 외교관 배우자에 대한 특권 및 면제의 부여 문제 등은 언제든지 접할 수 있는 문제이다. 2019년 청와대가 주최한 주한외교단 초청 리셉션에 주한 뉴질랜드 동성 배우자가 공식 초청된 적이 있는데, 당시 청와대는 외교관 면책특권에 따른 조치라고 설명하였다.

특권과 면제가 부여되는 외교관 가족의 범위는 개별국가의 규정과 해석에 따라 다르게 나타나고 있으며, 상호주의 원칙에 따라 민감한 문제에 대한 해결을 시도하고 있는 것으로 보인다.

우리나라는 '대한민국 주재 외국 공관원 등을 위한 신분증 발급과 관리에 관한 규칙'(외교부령 제1호)에서 동반가족으로 i) 법적 혼인관계의 배우자(다만, 대한민국 법률에 위배되거나 선량한 풍속이나 그 밖의 사회질서에 반하는 경우에는 배우자의 지위를 인정하지 않을 수 있음), ii) 성년 나이 미만의 미혼 동거자녀, iii) 대학, 대학원 등에 재학 중인 26세 이하의 미혼 동거자녀, iv) 본인 또는 배우자의 부모로서 60세 이상의 소득활동 없는 대한민국 국적이 아닌 자, v) 정신적·육체적 장애로 부모에게 의존하여 동거하는 성년 나이 이상의 미혼 동거자녀를 규정하고 있다.

III. 생각해볼 문제

✓ 외교관 또는 외교관 가족의 불법행위에 대해 특권과 면제를 부여하는 것이 현재의 법감정에 맞지 않다면 「외교관계에 관한 비엔나협약」을 개정하여야 하지만, 190여 개 국이 참여한 다자조약을 개정하는 것은 현실적으로 쉽지 않은 일이다. 그렇다면, 「외교관계에 관한 비엔나협약」을 개정하는 방법 이외에 이 문제를 해결할 수 있는 방법은 전혀 없을까?

✓ 외교관 또는 외교관 가족의 특권과 면제는 국제조약 및 국제관습법으로 인정되고 있는 국가의 권리이므로, 위법 행위자에 대한 법적 처벌은 거의 불가능하다. 이러한 문제를 현실적으로 해결할 수 있는 방법은 과연 존재할까?

✓ 우리나라 법은 동성혼을 합법화 하지 않고 있지만, 일부 국가들은 동성혼을 합법화 하고 있다. 동성혼이 합법화 된 국가의 외교관이 우리나라에 부임하는 경우, 동성의 배우자에 게도 특권과 면제가 부여되어야 할까?

외교공관 앞에서의 집회는 국제법 위반일까?

박언경

'미 대사관 앞 2~3분 반미 집회' 시민단체 유죄…"안전 침해 명백"

2019.02.08. 서울신문[1]

미국 대사관 앞에서 불법 집회를 한 혐의로 재판에 넘겨졌던 시민단체 관계자들이 벌금형을 확정받았다.

대법원 1부(주심 이기택 대법관)는 '집회 및 시위에 관한 법률' 위반 혐의로 기소된 코리아연대 공동대표 양모(35·여)씨와 회원 김모(45)씨의 상고심에서 각각 벌금 300만 원과 200만 원을 선고한 원심 판결을 확정했다고 8일 밝혔다.

두 사람은 2015년 8월 17일 서울 종로구 미 대사관 앞 노상에서 "미군은 탄저균 가지고 떠나라", "을지연습 중단하고 떠나라" 등의 구호를 외치고 집회를 한 혐의로 기소됐다. 김씨는 그해 6월 10일, 양씨는 6월 13일 같은 장소에서 같은 내용의 집회를 연 혐의도 받았다.

재판에서는 두 사람이 미국 대사관 100m 이내에서 연 집회가 집시법이 예외적으로 허용한 옥외집회에 해당하는지가 쟁점이 됐다. 집시법은 국내 주재 외국 외교기관 100m 이내에서 옥외집회나 시위를 하면 형사처벌하도록 한다. 다만 '외교기관의 기능·안녕을 침해할 우려가 없다고 인정될 때'에는 예외적으로 옥외집회나 시위를 할 수 있도록 했다.

1심 법원은 집회 당시 주변에 경찰이 다수 배치돼 있었고, 두 사람이 집회를 시작한 지 2~5분 만에 경찰에 체포됐다는 점을 들어 두 사람의 시위가 미국 대사관의 기능이나 안전을 해칠 우려가 없었던 것으로 보고 무죄를 선고했다.

다만 양씨에 대해서는 2015년 6월 13일 집회와 관련해 경찰에 사전 신고 없이 집회를 열었다며 벌금 100만 원을 선고했다.

그러나 2심은 "집회에 소요된 시간이 그다지 길지 않았고 경찰이 다수 배치돼 있었다는 점을 고려해도 미국 대사관의 안전을 침해할 위험이 명백하게 초래됐다고 볼 수밖에 없다."면서 1심에서

---

1) https://www.seoul.co.kr/news/newsView.php?id=20190208500008

무죄 판단이 나온 두 사람의 혐의를 모두 유죄로 판단했다.

　대법원도 2심의 판단이 옳다고 결정하면서 양씨에게는 벌금 300만 원, 김씨에게는 벌금 200만 원을 확정했다.

I. 외교공관 앞에서 집회가 제한되는 이유

　외교공관에 대한 불가침은 외교특권 중 가장 중요하며 절대적인 권리 중의 하나이다. 공관지역은 접수국의 법집행이 제한되며, 접수국은 공관을 지역의 보호 및 공관의 안녕을 교란시키거나 품위의 손상을 방지하기 위하여 모든 적절한 조치를 취할 특별한 의무를 가진다.

　위 사례에서 1심 법원은 집회를 연 2인에 대해 집회를 시작한지 2~5분 만에 경찰에 체포되었다는 점에서 이들의 시위가 미국 대사관의 기능이나 안전을 해칠 우려가 없었던 것으로 판단하였다. 반면 2심은 집회에 소요된 시간이 그다지 길지 않았고 경찰이 다수 배치돼 있었다는 점을 고려해도 미국 대사관의 안전을 침해할 위험이 명백하게 초래되었다는 이유로 유죄로 판단하였고, 대법원에서도 동 판결을 확정하였다. 이들 시위자가 미국대사관으로 진입하는 행위를 한 것이 아니며, 나아가 대학생들은 국제법의 주체에 해당하지 않기에 설령 이들에 의해 대사관을 침해하는 일이 발생하더라도 국제법상의 문제는 아닌 것으로 인식될 수 있다. 그러나 외교공관에 대한 불가침의무는 접수국의 침해하지 않을 의무와 함께 접수국의 보호의무까지 포함되는 개념이다.

　우리나라 '집회와 시위에 관한 법률'은 국내 주재 외국의 외교기관이나 외교사절의 숙소의 경계지점으로부터 100미터 이내의 장소에서 옥외집회 또는 시위를 금지하는 것을 원칙으로 규정하고 있다. 표현의 자유와 집회의 자유는 인간의 기본권으로 당연히 보장되어야 할 헌법상의 권리이지만, 이러한 기본권도 국가안전보장, 질서유지, 공공복리를 위하여 필요한 경우 법률의 규정에 근거하여 제한될 수 있다.

　외교공관에 대한 보호의무를 다하지 못하여 피해를 야기한 국가는 국가책임을 부담하게 된다. 1979년 이란 회교도 혁명을 지지하는 학생들이 테헤란 소재 미국대사관을 점거하고 60여 명을 억류한 사건에 관한 국제재판에서, 국제사법재판소는 이란이 적극적으로 보호조치를 취하지 않은 것은 부작위에 의한 의무위반에 해당하는 것으로 판결하였다.

II. 외교공관의 불가침과 보호의무

공관지역은 공관장의 주거를 포함하여 공관의 목적으로 사용되는 건물과 건물의 부분 및 부속토지로써 외교공관직무의 효율적 수행을 위해 보호되는 지역이다. 공관지역이 반드시 파견국 소유의 건물 또는 토지일 필요는 없으며, 임대형식으로 공관을 마련하는 것도 가능하다.

공관지역은 파견국의 영토가 아닌 접수국의 영토이지만, 접수국의 집행관할권 적용이 배제되는 불가침 지역이다. 즉, 공관지역도 현지법이 적용되지만, 현지법의 집행은 제한된다.

접수국의 관헌은 공관장의 동의 없이는 공관지역에 들어가지 못한다. 접수국은 어떠한 침입이나 손해에 대하여도 공관지역을 보호하여야 한다. 접수국이 이러한 보호의무의 실행을 위하여 접수국의 관헌이 공관장의 동의 없이 공관지역에 진입하는 것은 가능할까? 공관지역의 화재진압, 사람의 생명보호 등의 긴급사태가 발생한 경우 공공목적을 위하여 공관장의 동의 없이 공관지역에 진입하는 것이 허용되는지에 대해서는 견해의 대립이 있다. 긴급성, 불가항력 또는 묵시적 동의를 이유로 국제관습법상 공관장의 허가 없이도 진입이 가능하다는 견해와 외교관계에 관한 비엔나협약 체결을 위한 협상과정에서 이러한 상황에 관한 예외조항을 설치하자는 제안이 수용되지 않았고 관련 선례도 없으므로 이러한 국제관습법은 존재하지 않는다는 주장도 있다.

접수국은 공관의 안녕을 교란시키거나 품위의 손상을 방지하기 위하여 모든 적절한 조치를 취할 특별한 의무를 가진다. 공관 주위에서 공관에 대해 시위를 하는 폭도나 군중으로부터 공관을 보호하는 것이 이에 해당한다. 외교관계가 단절되거나 무력충돌로 공관이 소환되는 경우라도, 접수국은 공관지역을 존중하고 보호하여야 한다. 우리나라는 '집회 및 시위에 관한 법률'에서 국내 주재 외국의 외교기관이나 외교사절의 숙소의 경계지점으로부터 100미터 이내의 장소에서 옥외집회 또는 시위를 금지하고 있지만, 해당 외교기관 또는 외교사절의 숙소를 대상으로 하지 아니하는 경우, 대규모 집회 또는 시위로 확산될 우려가 없는 경우, 또는 외교기관의 업무가 없는 휴일에 개최하는 경우는 예외로 규정하고 있다(제11조).

공관지역과 동 지역 내에 있는 비품류 및 기타 재산과 공관의 수송수단은 수색, 징발, 차압 또는 강제집행으로부터 면제된다. 이에 소송결과의 직접적인 집행도 불가능하며, 이를 위한 수단으로 공관에 단전, 단수 등의 조치를 취하는 것도 금지된다. 공관의 수송수단도 불가침의 대상이 되므로, 외교관의 차량을 대상으로 강제적으로 차문을 개방하는 행위, 운전자를 끌어내는 행위 등은 금지된다. 다만, 공공목적을 위해 음주운전 차량의 운행을 제한하거나,

교통의 중대한 장애를 야기하는 차량을 견인하는 것은 가능하다.

접수국의 공관지역에 대한 불가침의무에 상응하여, 파견국은 공관지역을 직무의 범위 내에서 사용하여야 한다. 「외교관계에 관한 비엔나협약」, 일반 국제법상의 기타 규칙 또는 파견국과 접수국간에 유효한 특별협정에 규정된 공관의 직무와 양립할 수 없는 여하한 방법으로 사용되는 것은 금지된다. 하지만, 공관지역을 「외교관계에 관한 비엔나협약」상의 의무를 위반하여 사용하였더라도, 공관불가침권이 상실되지는 않는다.

외교공관으로 도피한 도피자들을 접수국의 관헌이 진입하여 체포하는 것은 금지된다. 이는 공관의 불가침의무에서 발생하는 권리이지, 외교공관에게 도피자들을 적극적으로 보호할 수 있는 비호권을 부여하는 것은 아니다. 「외교관계에 관한 비엔나협약」에서도 외교적 비호권에 관한 명시적 규정은 존재하지 않고 있다.

III. 생각해볼 문제

✓ 외교관 차량이 불법주차가 되어 있어 해당 지역에 극심한 교통정체를 야기하고 있는 상황인데, 외교관 차량의 운전자도 자리에서 이탈하여 소재가 확인되지 않고 있어 차량에 대한 즉각적인 조치가 어려운 상황이다. 이 경우 문제상황의 재발을 방지하기 위하여 차량 바퀴에 잠금장치를 하는 것은 접수국의 적절한 조치로 볼 수 있을까?

✓ 영사공관에 화재가 발생한 긴급한 상황에서 공관장과 연락이 되지 않고 있다. 이 경우에도 공관지역의 불가침권에 따라 진입할 수 없을까, 아니면 영사공관은 외교공관과 그 성격이 다르므로 진입이 가능할까?

제 3 부
관련 용어 해설

용산 미군기지

◎ 3-1 국가관할권의 행사

1945년 9월 8일 미국은 일본군을 무장 해제시키고 38선 이남에서 군정을 실시하기 위해 육군 제24 군단을 주둔시켰다. 이때 미군은 일제시기 일본군사령부가 사용하고 있던 용산의 군사시설을 인수 하여 사용하였다. 그러다가 미군은 1948년 8월 15일 대한민국 정부가 수립되자 1949년 6월 군사고 문단 500여 명만 남기고 철수하였다. 6·25전쟁이 발발하자 미8군 사령부는 한반도에 다시 상륙하 여 종로구 동숭동에 있던 옛 서울대학교 문리대 건물을 사용하다가 정전협정 체결 직후 용산기지로 이전하였다.

용산 미군기지는 서울의 중심부에 자리 잡고 있어 도시의 발전과 효율적 이용을 가로막는다는 이유 로 이전 논의가 계속 제기되어 왔다. 1989년 국방부장관과 주한미군사령관은 용산기지를 한강 이남 으로 이전하는 것에 기본적으로 합의하였고, 1990년에는 이전에 관한 합의각서와 양해각서를 체결 하였다. 양국 간 이전 협상은 남북관계의 긴장과 이전 비용 문제 등으로 1993년 중단되었다. 그러다 가 2003년 5월 한미 정상회담에서 한미연합사령부와 유엔군사령부를 포함한 미군기지를 평택으로 이전하는 내용의 합의가 이루어졌다. 이후 2013년부터 주한미군 중·대대급 부대 이전이 시작되었 고, 미 8군사령부도 2017년 7월 용산에서 평택으로 이전을 완료하였다.

주한미군 부대가 용산에서 평택으로 이전하게 된 이유는 한국 측의 요구 외에도 미국의 '전략적 유 연성(strategic flexibility)'과도 연관이 있었다. 미국은 2000년 부시(George Walker Bush) 대통령이 당선된 이후 해외주둔 미군을 유연하게 배치해 세계 어디에서든지 신속하게 대응할 수 있도록 '해외 주둔 미군 재배치계획'을 발표하였다. 이 계획은 미국이 21세기 새로운 안보 환경에 맞춰 유사시 해 외에 주둔한 미군을 세계 곳곳의 분쟁지역에 신속하게 파견해 전쟁 임무를 수행할 수 있도록 하는 것이었다. 주한미군의 경우 더 이상 북한의 남침에 대비하는 군대가 아니라 동북아의 신속 기동군 으로서 중국과의 분쟁을 대비하는 방향으로 개편되었다.

2015년 한일 일본군 '위안부' 합의

◎ 3-2 국가면제

2015년 12월 28일 한국과 일본의 외교부 장관 사이에 맺은 일본군 '위안부' 문제에 대한 합의이다. 2011년 헌법재판소는 일본군 '위안부' 피해자에 대한 배상청구권에 대해 한일 양국 정부가 다른 해 석을 하는데도 한국 정부가 해결에 나서지 않는 점은 위헌이라고 결정했다. 이후 한국 정부는 일본 정부와 지속적인 논의를 통해 이 문제를 해결하고자 했다. 박근혜 정부는 집권 초기 일본에게 비타 협적 자세를 취했으나, 2015년 전격적으로 외교부 장관 사이에 전격 합의했다.

일본 기시다 외무상은 "위안부 문제는 당시 군의 관여하에 다수 여성의 명예와 존엄에 깊은 상처를 입은 문제로서 이러한 관점에서 일본 정부는 책임을 통감한다."면서 "아베 내각 총리대신으로서 많은 고통을 겪고 심신에 걸쳐 치유하기 어려운 상처를 입은 모든 분에 대한 마음으로부터의 사죄와 반성의 마음을 표명한다."고 밝혔다. 그러나 이 합의는 재단의 설립이 한일협정으로 인해 피해자 개인에게 배상할 의무가 없다는 것에서 나온 발상이고, 소녀상 철거를 비롯하여 "최종적·불가역적 해결"이었다고 표현한 것 등과 관련해 많은 비판에 직면했다.

이후 집권한 문재인 정부는 2015년 합의가 피해당사자의 의견이 충분히 수렴되지 않았고 인권문제가 일반 외교 현안과 같이 주고받기식으로 이루어졌다며, 일본이 출연하기로 한 10억 엔을 한국 정부 예산으로 충당하겠다고 밝혔다.

한미 방위비 분담금

한미 양국은 1966년 양국 정부가 체결한 주한미군지위협정(SOFA)을 근거로 1991년 '방위비 분담협정'을 맺었다. SOFA 제5조 1항에 따르면, 한국은 주한미군에 시설과 구역을 제공하고 미국은 주한미군 유지 경비를 부담하게 되어 있었다. 그러나 미국은 1980년대 이후 자국의 재정적자 누적과 동맹국의 경제성장을 보며 미군 주둔 비용을 주둔하고 있는 국가에 요청하기 시작했다. 이에 따라 일본은 1987년 '방위비 분담협정'을 체결했고 한국도 1991년 이후 2~5년 단위로 분담금을 지불해 오고 있다.

방위비 분담 항목은 인건비(주한미군 한국인 노동자 보수 지원), 군사건설비, 군수지원비 등으로 구성되어 있다. 인건비는 전액 현금이고, 군수지원은 전액 현물 지원이다. 군가건설비는 제8차 '방위비 분담금 특별협정'부터 현물로 지원하되 설계·감리비는 현금으로 지원하기로 되어 있다. 분담금 규모의 추이는 다음과 같다.

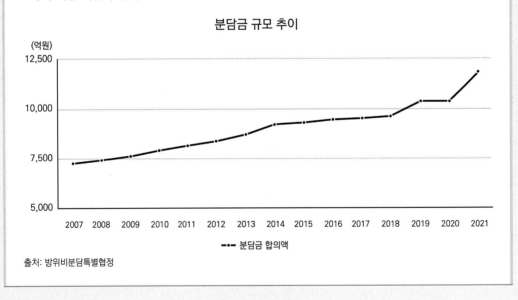

분담금 규모 추이

(억원)

출처: 방위비분담특별협정

국제법을 알면 뉴스가 보인다

TODAY

BRK

LOREM IPSUM

239/8

Lorem Ipsum Dolor Sit Ame

BREAKI

orem ipsum dolor sit amet consectetur adi

World No

KE
CWS

RK 457/3
/3
day TH

BREAKING
NEWS

Lorem ipsum dolor sit amet, consecte
eiusmod tempor incididunt ut labore
Ut enim ad minim veniam, quis nost

제 **4** 부

국가의 '영역주권'은 존중되어야 한다.

제 1 장

영토와 국제법

대한민국의 영토는 한반도와 부속도서이다

이석우

[사설] 北 인권문제 국제사회에서 공론화 주도할 때

2016.03.18. 서울신문 31면[1]

어제 버락 오바마 미국 대통령이 북한 정권의 자금줄을 전방위로 차단하는 제재 조치들을 담은 행정명령을 발동했다. 북과 거래하는 제3국의 개인·기업·은행을 제재할 수 있도록 하는 '세컨더리 보이콧' 등 포괄적 금지 조항이 포함됐다. 특히 북한의 해외 노동자 송출을 금지하는 대목이 눈에 띈다. 유엔인권이사회(UNHRC)에서 새 북한인권결의안을 채택하려는 시점에 나온 '인권 카드'다. 유럽연합(EU)과 일본은 이미 북한의 인권 침해에 대한 책임 규명과 처벌 문제를 다룰 '전문가 그룹' 설립을 권고하는 결의안 초안을 제출했다. 북 인권 문제를 비핵화를 견인하는 수단으로만 바라볼 일은 아닐 게다. 우리는 이를 북한 주민들도 인간으로서 존엄성을 보장받아야 한다는 인류 보편적 잣대로 다룰 때라고 본다.

자유아시아방송(RFA)은 어제 최근 북한이 여성 근로자들을 중국에 대거 파견하고 있다고 보도했다. 유엔 안전보장이사회의 대북 제재 결의 2270호에 해외 근로자 파견 금지 조항이 포함되지 않은 점을 활용하고 있다는 것이다. 오바마 대통령이 북한의 인권 침해를 제재하는 조항을 넣은 행정명령을 발동한 것은 이런 빈틈을 메우려는 수순이다. 그러나 이는 김정은 정권의 자금줄을 죄는 차원 이상의 의미를 지녀야 한다고 본다. 북한이 국외로 송출한 노동자들이 '노예 노동'으로 간주될 정도로 인권 사각지대에 놓여 있다는 건 주지의 사실 아닌가. 중동 지역 북한 노동자들이 "월급의 70~80%를 북한 당국에 상납해야 할 뿐만 아니라 (감시하기 위해 파견된) 검열단에 뇌물까지 줘야 한다."는 RFA 보도 내용이 그 방증이다.

그런데도 우리는 그간 북 인권 문제에 대해 제3자인 국제사회에 비해 미온적이었다. 유엔은 미국이 북한인권법을 제정한 다음해인 2005년부터 매년 북한인권결의안을 채택해 왔지만, 우리 국회는 발의한 지 11년 만에 지난 2월 임시국회에서 북한인권법을 가까스로 통과시켰다. 헌법 제3조는

---

1) https://www.seoul.co.kr/news/newsView.php?id=20160318031004

'대한민국의 영토는 한반도와 그 부속 도서로 한다'고 명시하고 있지 않나. 그렇다면 북 주민들이 당하는 인권 유린을 외면한다면 앞뒤가 맞지 않다. 북 내부에서 벌어진 공개 처형이나 강제 수용소 감금 등을 못 막은 것은 고사하고 배를 굶다 국경을 넘으려던 탈북자들이 가혹한 처벌을 받는 것조차 방치해 왔으니 말이다.

매년 5000만 달러 수준인 유엔의 대북 인도적 지원도 제재 국면에선 늘어나기 어렵다. 북 주민들의 극심한 생활고를 덜려면 김정은 정권이 속히 핵·미사일 개발을 관둬야 할 근거다. 그럼에도 그제 서세평 제네바 주재 북한 대표부 대사는 유엔 인권이사회에서 "우리 공화국 인민들은 날마다 아름다운 꿈을 꾸고 있다."고 인권 침해 사실을 부인했다. 잠꼬대 같은 소리지만, 북 인권을 논의하는 국제회의에 참석하지 않겠다던 북측이 다시 나타난 사실 자체가 이 문제가 김정은 정권의 아킬레스건임을 말한다. 통독 전 서독이 그랬듯이 인권 문제 제기는 늘 주민의 삶보다 체제 유지가 우선인 전체주의 정권을 변화시킬 수 있는 명분 있는 비대칭 무기다. 지구상 최악이라는 북 인권 문제를 우리가 국제사회에서 앞장서 공론화해야 한다.

I. 영토조항과 통일조항의 관계

1948년의 제헌 헌법은 대한민국의 영토를 한반도와 그 부속 도서로 규정하였는데, 제헌 헌법에 따를 경우 북한은 일종의 미수복지구이다. 1948년 12월 12일 채택된 유엔 총회결의 제195호는 "유엔 한국위원단의 감시가 가능한 지역, 즉 38선 이남의 지역에 대해서 관할권을 갖는다 … 그리고 이것은 한반도에서 유일한 그런(합법) 정부임을 선언한다."고 규정하였다. 유엔총회 결의의 해석에 대해서는 북한지역은 관할권이 미치지 않는 지역이므로 대한민국은 38선 이남 지역만을 대상으로 한다는 견해와 단서조항이 대한민국을 한반도에서의 유일한 합법정부로 규정하고 있으므로 북한지역도 대한민국의 영역이라는 견해가 대립한다. 헌법 제3조 영토조항은 북한지역도 대한민국의 영토로 규정하고 있다. 북한지역이 대한민국의 영역이라면 북한 주민들이 당하는 인권 유린문제도 대한민국의 문제이므로 대한민국이 적극적으로 목소리를 높여야 한다는 주장이 가능하다.

영토조항(헌법 제3조)과 통일조항(헌법 제4조)의 관계는 1987년 제9차 헌법개정에서 통일조항이 신설되면서 나타나게 되었다. 영토조항을 강조하는 입장에서는 북한을 대한민국의 영토 중 일부를 불법점령하고 있는 반국가단체로 본다. 반면 통일조항을 강조하는 입장에서는 북한을 독립된 주권국가로 본다. 우리 사법부는 영토조항에 근거하여, "북한이 대한민국의 영토고권을 침해하는 반국가단체가 아니라고 단정할 수 없다."는 판결을 일관되게 내리고 있다. 하지만 국제법적 측면에서 본다면 북한은 국제기구 가입, 조약체결, 외교관계 수립 등의 국가의 지위에서 수행할 수 있는 활동을 수행하고 있으므로 주권국가로 인정되는 것이 타당하다. 영토조항과 통일조항의 관계에 대해 학계에서는 다양한 해석을 제시하고 있으며, 영토조항의 개정론까지 제기되고 있다. 우리 헌법의 영토조항과 통일조항은 어떠한 의미를 가지고 있으며, 어떻게 해석되는 것이 타당할까.

II. 우리헌법의 영토조항은 어떻게 해석되어야 하는가

1. 대한민국 헌법 "영토조항" 일반

우리 헌법 제3조는 "대한민국의 영토는 한반도와 그 부속도서로 한다."고 규정하고 있다. 현행 헌법상 영토조항의 특성은 다음과 같다. 첫째, 1948년 헌법에서부터 존재하였으므로 세계적으로 비교적 오래된 조항이다. 둘째, 영토범위를 비교적 상세히 규정한 경우에 속한다. 셋째, 분단국으로서 사실상 통치권을 행사하지 못하는 지역까지 영토범위에 포함시켜 규정함으로써 영토조항 해석에 논란이 있다는 점을 지적할 수 있다. 논란은 휴전선 이북 한반도를 실효지배하고 있지 않으나 한반도 전체를 영토로 동 조항은 규정하고 있기에, 헌법의 내용이 실제 현상을 반영하고 있지 못한다는 문제가 발생한다. 이에 영토조항의 개정론이 일각에서 제기되고 있다. 영토조항 개정론은 일반적으로 영토조항과 통일조항이 충돌하기 때문에 영토조항을 개정해야 한다는 순수법이론적 주장과 영토조항이 남북통일의 걸림돌이 된다는 이념적론적인 주장이 주로 논거가 된다.

2. 대한민국 헌법 "영토조항"의 개정론

대한민국 헌법상 그 영토는 이미 "한반도" 전체와 그 부속도서로 되어 있는데, "반국가단체"가 점거하고 있는 휴전선 이북 지역을 "통일" 대상으로 여기고 있다. 영토 및 통일과 관련되는 헌법조항들은 다음과 같다.

> 제3조. 대한민국의 **영토**는 **한반도**와 그 부속도서로 한다.
> 제4조. 대한민국은 통일을 지향하며, 자유민주적 기본질서에 입각한 평화적 **통일** 정책을 수립하고 이를 추진한다.
> 제66조. ① 대통령은 국가의 원수이며, 외국에 대하여 국가를 대표한다.
> ② 대통령은 국가의 독립 · **영토의 보전** · 국가의 계속성과 헌법을 수호할 책무를 진다.
> ③ 대통령은 조국의 평화적 **통일**을 위한 성실한 의무를 진다.
> ④ 행정권은 대통령을 수반으로 하는 정부에 속한다.

제69조. 대통령은 취임에 즈음하여 다음의 선서를 한다."나는 헌법을 준수하고 국가를 보위하며 조국의 평화적 통일과 국민의 자유와 복리의 증진 및 민족문화의 창달에 노력하여 대통령으로서의 직책을 성실히 수행할 것을 국민 앞에 엄숙히 선서합니다."

제72조. 대통령은 필요하다고 인정할 때에는 외교·국방·통일 기타 국가안위에 관한 중요정책을 국민투표에 붙일 수 있다.

제92조. ① 평화통일정책의 수립에 관한 대통령의 자문에 응하기 위하여 민주평화통일자문회의를 둘 수 있다.

② 민주평화통일자문회의의 조직·직무범위 기타 필요한 사항은 법률로 정한다.

영토조항 개정론에 관하여는 이미 많은 연구와 주장들이 나와 있다. 지금까지 제시된 영토조항 개정론은 대체로 다음과 같이 정리할 수 있다. (1) 영토조항 삭제론 (2) 북한실체를 인정하는 영토조항 전면개정론 (3) 영토조항의 적용범위를 휴전선 이남으로 제한하는 단서조항 추가론 (4) 개정 불필요론 등 4가지이다.

영토조항의 존재의미는 북한 내 급변사태 발생시 북한지역에 대한 한국의 관할권 행사 문제와 연계된다. 급변사태시 영토조항은 한국의 북한지역에 대한 관할권 행사를 위한 국내법적 근거로 기능하게 된다. 이는 대한민국은 "총선거"가 실시된 38도선 이남의 "유일한 정부"일 뿐 "총선거"가 실시되지 않은 38도선 이북에 대한 권리는 없음을 명시한 UN총회 결의문 제195(Ⅲ)와 충돌할 가능성이 있다. 다만, 뒤늦게 민간차원에서도 헌법청원 등 개헌논의에 가세하면서 영토조항에 대한 논의를 평화주의 차원에서 논의하고 있다.

III. 생각해 볼 문제

✓ 북한은 국제법의 주체로서의 지위가 인정되는가? 만약 인정된다면 어떠한 법논리에 의해 인정되는가?

✓ 북한에 대한 국제법과 국내법(헌법)의 불일치는 어떤 방향으로 해석되어야 할까?

✓ 북한에 대한 국제법과 국내법(헌법)의 불일치는 어떤 방향으로 수정되어야 할까?

샌프란시스코 평화조약과 독도영유권

이석우

점입가경 日정부 '다케시마 동영상' 한국어판 유포

2013.12.12. 서울신문 16면[1]

일본 외무성이 독도 영유권을 주장하는 내용의 동영상과 전단을 9개 국어 버전으로 추가 제작해 유포한 것으로 알려졌다.

11일 외무성은 공식 홈페이지와 동영상 공유사이트 유튜브의 외무성 채널에 '다케시마(독도의 일본식 명칭)-법과 대화에 의한 해결을 지향하며'라는 제목의 1분 27초 분량의 동영상과 전단을 올렸다. 이번에는 한국어, 아랍어, 중국어, 프랑스어, 독일어, 이탈리아어, 포르투갈어, 러시아어, 스페인어 등 9개 국어 버전이다.

앞서 일본 정부는 지난 10월 같은 내용의 일본어 동영상을 인터넷에 유포한 데 이어 지난달에는 영어 버전을 올린 바 있다.

이번에 공개된 한국어판에서는 특히 "샌프란시스코 강화조약에 독도는 일본이 포기해야 할 영토에 포함되지 않았다."며 "17세기에 일본이 독도 영유권을 확립하고 이를 1905년 각의 결정을 통해 재확인했다."고 주장했다. 또 한국이 1952년 이승만 라인을 긋고 국제법에 반(反)하는 불법 점거를 했다는 내용이 포함됐다. 일본에 위치한 다케시마라는 표현도 들어갔다.

정부는 이와 관련해 일본에 강하게 항의했다. 박준용 외교부 동북아국장은 이날 구라이 다카시 주한 일본 대사관 총괄공사를 불러 강력히 항의하고 부당한 독도 영유권 주장을 담은 동영상을 내릴 것을 요구했다. 외교부는 대변인 명의의 항의 논평도 조만간 발표할 예정이다.

지난해 출범한 아베 신조 정권은 '영토주권대책 기획조정실'을 별도로 설치하고 '다케시마의 날' 행사에 처음으로 중앙 정부 당국자를 파견하는 등 영유권 주장을 강화하고 있다.

---

1) https://www.seoul.co.kr/news/newsView.php?id=20131212016020

⚊ 제4부 국가의 '영역주권'은 존중되어야 한다.

I. 샌프란시스코 평화조약이 독도영유권 분쟁의 불씨가 된 배경

연합국에 의한 1943년 12월 1일자 카이로선언, 1945년 7월 26일자 포츠담선언을 통하여 전후 일본 영토의 처리원칙이 정하여졌고, 그 원칙은 1945년 9월 2일자 일본의 항복문서에 수용되었다. 카이로선언, 포츠담선언은 연합국의 일방적인 선언이었으나, 1945년 9월 2일 일본 정부대표와 연합국 대표들이 서명한 일본의 항복문서에서 일본이 포츠담선언을 수락하며 포츠담선언의 규정을 성실히 이행할 것을 약속함으로써 카이로선언, 포츠담선언, 항복문서가 하나의 법적인 구도로 통합되어 연합국과 일본에 대하여 구속력을 가지는 합의서가 되었다. 이들 문서에 명시된 제 원칙 하에서 샌프란시스코 평화조약(일명 대일평화조약)이 1951년 9월 체결되었다.

동 조약은 전후 일본의 영토에 관한 사항을 규정하고 있는데, 동 조약은 1894년을 기점으로 일본이 폭력과 탐욕으로 장악한 영토를 반환할 것을 기본이념으로 하고 있다. 동 조약은 중국(제2조), 소련(제3조), 한국(제4조)에 대한 세부사항을 각각 규정하였다. 한국에 관해서는 조약 초안 입안 당시, 제주도, 거문도, 울릉도, 독도를 포함한 한국 근해의 모든 작은 섬들에 대한 권리(rights)와 권원(titles)에 대한 일본의 포기를 규정하였으나, 이후 조약 입안과정에서 독도가 한국영토에서 누락되게 되었으며, 일부 서류에서는 독도가 일본 영토에 해당한다는 내용까지 나타나게 된다. 한편 한국전쟁을 계기로 일본의 전략적 위상이 아시아지역에서 높아지게 되자, 샌프란시스코 평화조약의 내용도 최대한 일본을 배려하여 일본영토에 대한 구체적 명시를 하지 않는 방향으로 결정되었다. 동 조약은 일본과 연합국 51개국이 참여하였지만, 정작 일본 식민지배의 최대 피해국이자 영토규정의 대상국인 중국, 중화민국, 한국은 참여하지 못한 상태에서 체결되었으며, 소련은 조약의 체결과정에는 참여하였으나 최종 서명은 하지 않았다. 이는 동 조약이 피해국의 입장을 제대로 반영하지 못하였음을 의미하며, 또한 최종 영토조항의 내용은 카이로·포츠담 선언의 정신과 부합하지 않음을 의미한다.

II. 샌프란시스코 평화조약의 해석문제

1. 샌프란시스코 평화조약의 해석에 대한 한일 양국의 입장

독도 문제에 관한 국제사회의 전후처리 조치와 관련된 법적 효력에 대한 이해는 독도 영유권을 둘러싼 한일 간의 법적인 주장 전반을 이해하는 데 있어 매우 중요하다. 이와 관련한 한국과 일본의 공식적인 입장을 살펴보면 다음과 같다.

한국은 1951년 샌프란시스코 평화조약은 제2조(a)에 대해 다음과 같이 주장한다. 동 조는 "일본은 한국의 독립을 인정하고, 제주도, 거문도 및 울릉도를 포함한 한국에 대한 모든 권리, 권원 및 청구권을 포기한다."고 규정하는데, 동 조항은 한국의 3,000여 개의 도서 가운데 제주도, 거문도 및 울릉도만을 예시적으로 서술하고 있다고 주장한다. 따라서 동 조항에 독도가 직접적으로 명시되지 않았다고 하여 독도가 일본에서 분리되는 한국의 영토에 포함되지 않는다고 볼 수는 없다는 입장을 취하고 있다. 또한 1943년 카이로 선언 및 1946년 연합국 최고사령관 각서(SCAPIN) 제677호 등에 나타난 연합국들의 의사를 감안한다면, 동 조약에 따라 일본에서 분리되는 한국의 영토에는 당연히 독도가 포함된 것으로 보아야 한다고 주장한다.

반면, 일본은 다음의 입장을 취하고 있다. 샌프란시스코 평화조약 기안 시에 한국은 일본이 포기해야 할 지역에 다케시마를 추가하도록 미국에 요청했으나 거부당하였고, 1951년 9월에 서명된 샌프란시스코 평화조약 최종안에는 조선의 독립에 관한 일본의 승인을 규정함과 동시에 일본이 포기해야 하는 지역으로 '제주도, 거문도 및 울릉도를 포함한 조선'으로만 제한하여 규정되었다는 점을 주장한다. 1951년 7월 한국이 양유찬 주미한국대사를 통하여 애치슨 미 국무장관에게 제출한 서한에는 "우리 정부는 제2조 a항의 '포기하다'라는 말을 '(일본국이) 조선 및 제주도, 거문도, 울릉도, 독도 및 파랑도를 포함하는, 일본이 조선을 병합하기 전에 조선의 일부였던 섬들에 대한 모든 권리, 권원 및 청구권을 1945년 8월 9일에 포기한 것을 확인한다'로 변경해 줄 것을 요망한다."고 명시되었으나, 미국이 이를 수용하지 않았음을 강조한다. 이외에도 미국이 1951년 8월 러스크 극동담당 국무차관보를 통해 양유찬 대사의 서한에 대해 "…미합중국 정부는 1945년 8월 9일 일본이 포츠담 선언을 수락한 사실이 그 선언에서 언급한 지역에 대한 일본의 정식 또는 최종적인 주권 포기를 구성하는 것이라는 이론을 (샌프란시스코 평화) 조약이 반영해야 한다고는 생각하지 않는다. 독도 또는 다케시마 혹은 리앙쿠르 바위로 알려진 섬에 관해서 말하자면, 통상 사람이 살지 않는 이 바위섬은 우리의 정보에 의하면 조선의 일부로 취급된 적이 결코 없으며, 1905년경부터 일본의 시마네현 오키섬 지청의 관할 하에 있다. 이 섬은 일찍이 조선이 영유권 주장을 했었다고는 볼 수 없다…."는 내용의 서한을 한국으로 회신한 점, 1954년에 한국을 방문한 밴플리트 대사의 귀국보고에서 독도는 일본의 영토이며, 샌프란시스코 평화조약에서 포기한 섬들에는 포함되지 않는다는 것이 미국의 결론이라고 기록된 내용을 이유로 샌프란시스코 평화조약에서 독도가 일본의 영토로 인정되었다고 주장한다.

2. 독도영유권 확립을 위한 연구과제

그러나, 한국의 독립과 제2차 세계대전 이후 연합국의 패전국 일본의 영토처리 과정, 특히 샌프란시스코 평화조약의 영토처리 과정을 분석해 보면, 독도 영유권 문제가 최종적으로 확정되지 않고 당시 정무적인 이해관계의 여파로 비결정(indeterminacy)된 상태로 잔존하게 됨을 알 수 있다. 결과적으로 전승국인 연합국이 패전 일본의 영토를 처분하는 과정에서 문제의 영토가 일본이 폭력과 탐욕에 의해 약취한 한국에 귀속되는 영토인지, 아니면 혼슈, 홋카이도, 큐슈, 시코쿠와 연합국측이 결정하는 부수적 도서에 해당되어 일본에 잔존해야 하는 영토인지에 대한 판단에 대해 한국은 1905년 일본이 독도를 시마네현에 편입하였을 당시에 독도는 한국의 영토였음을 반드시 증명해야 하는 입증책임을 지게 된다. 즉, 일본이 강조하는 1905년 독도의 일본 영토에의 편입은, 그 이전인, 1904년부터 시작된 일본이 한국을 식민지화하는 과정에서 이루어진 조치로서 이해되어야 함을 입증해야 한다.

III. 생각해 볼 문제

✓ 독도영유권 주장과 관련하여 일본이 주장하는 선점이론에 대해 반박해보자.
✓ 제국주의 국제법 시대에서 일본이 폭력과 탐욕에 의해 한국의 영토를 약취하였다는 입증을 위해 고려할 수 있는 접근법은 어떤 것이 있는가?

신(新)한일어업협정은 독도의 영유권을 훼손하는 나쁜 협정인가?

이석우

한일漁協 비준 줄다리기 본격화

1998.12.29. 서울신문 6면[1]

한·일어업협정 비준 동의안 처리를 둘러싼 여야간 힘겨루기가 표면화됐다. 국민회의와 자민련은 내년 1월 7일까지인 이번 임시국회 회기중 비준 동의안을 반드시 통과시켜야 한다는 방침이다. 반면 한나라당은 비준 동의안 처리 불가(不可)의 뜻을 분명히 하고 있어 진통이 예상된다.

28일 국회 통일외교통 상위 전체회의가 비준 동의안의 처리 전망을 가늠케 했다. 이날 비준 동의안을 상정, 본격 심의에 착수한 통일외교통상위는 각계 전문가의 찬반 의견을 청취하며 신경전을 벌였다. 서울대 愼鏞廈교수 등 '반대파'와 朴椿浩 국제해양법재판소 재판관 등 '찬성파'가 여야를 대신해 열띤 '전초전'을 벌였다. 특히 이날 회의에는 광복회와 한국국제법학회 관계자 등이 방청인으로 참석, 사안의 민감성을 반영했다. 그러나 여야간의 이견이 워낙 첨예해 비준 동의안 처리 문제는 해를 넘겨 내년 1월 4일 전체회의로 넘겨졌다.

愼교수는 "새 한·일어업협정에는 독도가 중간수역에 위치하고 있어 독도 영유권이 치명적으로 훼손됐다."며 "국제법상 독도에 대한한국의 실효적 점유를 보장한 연합국 최고사령부 지령 677호와 1,033호의 효력을 소멸시키고 독도를 분쟁지역화하려는 일본의 전략에 말려들었다."고 주장했다. "비준 절차를 6개월~1년 정도 늦춰 정밀 검토작업을 벌여야 한다."는 것이다.

이에 朴재판관은 "이번 협정은 독도 영유권에 영향을 미치지 않으며 어업 측면에서 한일간에 균형을 이룬 것"이라고 전제한 뒤 "독도 영유권은 연합국 최고사령부 지령에 의한 것이 아니라 그 이전에 이미 확립된 것"이라고 반박하며 협정의 조속한 비준을 촉구했다. "독도의 영유권은 이미 확보된 것이므로 굳이 재론, 삼론함으로써 자신이 없다는 인상을 주는 것은 오히려 해로운 결과를 초래한다."는 것이다.

앞서 한나라당 李信範 의원 등은 "최근 일부 의원이 독도를 방문하려 했는데 朴浚圭 국회의장

1) https://www.seoul.co.kr/news/newsView.php?id=19981229006001

과 洪淳瑛 외교통상장관이 자제토록 설득했다.”며 “국회의원의 우리나라 영토 방문에 일본의 눈치를 본 것은 규탄받아 마땅하다.”고 洪장관의 사과와 통일외교통상위 소속 의원 전원의 독도 방문을 주장했다.

I. 어업협정에서의 독도와 EEZ 경계협정에서의 독도

한일 간 독도영유권에 관한 사항은 첨예하게 대립되고 있다. 한국과 일본 모두 200해리 EEZ를 설정하고 있기에, 양국 간 400해리가 되지 않는 해역에서는 EEZ 중첩문제가 발생한다. 양국 간에는 EEZ 중첩문제를 해결하기 위한 EEZ 경계획정 협상의 진행과 함께, 1999년 1월 22일 종료되는 한일어업협정 개정 협상 진행이 현안으로 대두되었다. 위 기사에서처럼 두 협정에 대한 협상진행 전략은 서로 상이하였지만, 결국 두 개의 협상을 별개로 진행하기로 합의하였다.

우선 채택된 신한일어업협정의 협상과정에도 독도는 협상의 장애요인으로 대두되었다. 결국 양국은 협정수역과 중간수역 및 잠정수역으로 구분하였다. 협정수역은 양국이 각자 어업권을 행사할 수 있는 영역으로 상호 조업이 허가되며, 자국의 EEZ 법령이 적용된다. 중간수역은 어업공동위원회가 자원관리방안을 양국에 권고하는데, 이곳은 연안국의 어업에 관한 주권적 권리가 제한되는 공동관리구역이다. 중간수역의 설정으로 인해 한국의 어업권이 제한되었다는 점 때문에, 한국에서는 독도영유권을 훼손한다는 비판이 강하게 제기되었다. 반면 정부의 입장과 사법부의 판결에서는 독도영유권과 신한일어업협정은 무관함을 일관되게 제시되고 있다.

신한일어업협정의 체결과 별개로 양국은 EEZ 경계획정을 위한 회담을 지속하고 있으나, 여전히 해결은 요원한 상태이다. 다만 특이한 점은 양국 모두 독도를 EEZ 경계획정의 기점으로 제시하고 있다는 점이다. 한국은 독도와 일본 오키섬의 중간선을, 일본은 울릉도와 독도의 중간선을 EEZ 경계로 주장한다. 독도는 해양경계획정의 기준이 될 수 있는 섬일까?

II. 해양경계획정의 기준으로서의 섬

1. 섬과 암석은 법적 지위가 다르다

연안국은 일정한 범위 내에서 EEZ과 대륙붕에서 주권적 권리를 행사할 수 있기에, 해양경계획정은 대표적인 국제분쟁의 내용이다. 인접국이나 대향국 간에 해양경계획정 문제로 다툼이 있는 분쟁수역은 전 세계적으로 300건 이상에 달한다. 해양경계획정은 관련 사정을 고려하여 형평한 결과를 도출하여야 하는 데, 관련 사정의 대표적인 요소에 해당하는 것이 섬의 존재이다.

유엔해양법협약상 섬(island)은 바닷물로 둘러싸여 있으며, 만조 시에도 수면 위에 있는, 자연적으로 형성된 육지 지역을 말한다(An island is a naturally formed area of land, surrounded by water, which is above water at high tide)(제121조 1항). 크기의 대소나 지질학적 구성과는 무관하며, 환초(環礁: reef)·사주(沙洲: bank)·모래톱(shoal) 등을 포함한다.

자연적으로 형성되어야 하므로, 인위적으로 만들어진 인공섬과 구별된다. 인공섬·시설·구조물은 자체 영해를 갖지 못하며, 영해나 EEZ 또는 대륙붕의 경계획정에 영향을 미치지 않는다(제60조). 만조 시에도 수면 위에 있어야 하므로, 간조 시에만 드러나는 간조노출지(LTE: Low Tide Elevation)는 설사 그 위에 구조물이 설치되어도 섬이 아니다. 간조노출지는 원칙적으로 영해나 접속수역을 가질 수 없으나, 영해 12해리 내에 위치하면 기선으로 사용할 수 있다. 해저지형(submerged feature)이나 수중 암석(underwater rocks)도 영해를 가질 수 없다.

1958년 『대륙붕에 관한 제네바협약』은 크기, 인간의 거주 여부나 자체적인 생활영위 여부에 관계없이 섬은 영해와 대륙붕을 갖는 것으로 인정하였다. 『유엔해양법협약』 협상 과정에서는 인간이 살지 않거나 연안으로부터 멀리 떨어져 있는 작은 암석이 EEZ나 대륙붕을 갖게 되는 경우 공해나 인류 공동의 유산인 심해저가 크게 축소될 것을 우려하였다. 암석의 크기, 거주 및 위치에 따라 섬을 구별하자는 주장도 있었으나, 결국 거주 가능성과 독자적 경제생활이라는 불명확한 기준을 채택하였다.

인간의 거주나 독자적인 경제생활을 유지할 수 없는 암석(rocks which cannot sustain human habitation or economic life of their own)은 EEZ나 대륙붕을 가질 수 없으며(제121조 3항), 영해와 접속수역만 가진다. 인간의 거주나 독자적인 경제생활을 유지할 수 있는 섬은 영해와 접속수역은 물론 EEZ와 대륙붕을 가진다. 일부 연안국들은 암석이 EEZ나 대륙붕을 갖는 섬이라고 주장하기 위해 학교, 방송국, 병원, 관광 시설, 종교 시설 등을 설치하고 인터넷, 이동 통신망 등도 운영한다.

2. 섬과 암석을 구별하는 기준

니카라과 v. 콜롬비아 영토 및 해양분쟁사건(2012)에서 ICJ는 제121조 1항, 2항 및 3항은 하나의 불가분한 제도(an indivisible regime)로 국제관습법을 구성한다고 판시하였다. 한편, 2016.7. 필리핀 v. 중국 남중국해 중재사건에서 재판소는 섬과 암석 여부에 대해 다음의 구체적인 판단 기준을 제시하였다.

- 암석은 명칭이나 지질적·지형적 특징과는 관계없이 광물이나 유기물의 집합체를 의미한다.
- 섬이냐 암석이냐는 그 지형의 객관적 능력으로 보아 인간의 거주나 독자적인 경제생활을 유지할 수 있는 자연적 역량(natural capacity)이 중요하다. 반드시 실제 거주하거나 독자적인 경제생활을 유지해야만 하는 것은 아니며, 둘 중 하나의 요건만 충족해도 되나, 해양 지형의 법적 지위를 개선하기 위해 외부적으로 증축하거나 변경하지 않아야 한다.
- 인간의 거주는 단기적이 아니라 일정 기간 지속적으로 또는 관습적으로 정주함으로써 안정적인 인간 공동체가 존재하고(일시적 체류자인 군인·경찰·과학자들만의 상주는 제외), 인간의 생명과 건강을 유지하는데 필요한 식수확보나 경작·주거 등이 가능해야 한다; 독자적인 경제생활은 해양 지형 자체의 자원을 이용한 현지인의 경작 활동이 있어야 하며, 일회성 거래 또는 단기간 존속하는 사업, 외부 자원에 전적으로 의존하는 경우 등은 독자적인 경제생활이라 할 수 없다.
- 만조 시에 수면 아래 있는 간조노출지(Mischief Reef, Subi reef)는 영유 대상이 될 수 없고, (중국이) 인공적으로 변형하더라도 지위를 섬으로 변경시킬 수 없다.

3. 신한일어업협정상의 독도영유권 논란

독도 주변 바다를 중간수역으로 설정한 신한일어업협정은 독도영유권과 관련한 논란을 야기하였다.

독도영유권과 무관하다는 입장의 근거는 다음과 같다. 첫째, 중간수역은 독도 영해 12해리 외측에 설정되어 있고, 동 협정은 어업만을 위한 잠정조치이므로 EEZ 경계획정에는 영향을 미치지 않기에 독도 영유권 훼손과는 관련이 없다고 한다. 둘째, 동 협정은 국제법상의 문제와 어업문제의 분리를 명문화하고 있기에(제15조) 영유권 문제와의 배제됨을 주장한다. 셋째, 우리 사법부도 판결에서 일관되게 동 주장을 수용하고 있다.

반면 신한일어업협정이 독도영유권 주장을 약화시킨다는 입장의 근거는 다음과 같다. 첫째, 독도는 해양경계의 기점으로 주장되어야 함에도 동 협정은 불필요하게 중간수역을 설정함으로써, 한국이 배타적으로 지배권을 주장하여야 할 지역을 포기한 것으로 비칠 수 있다고 본다. 둘째, 동 협정 제15조로 인해 국제법상의 문제와 어업문제가 분리된 것이 아니라, 오히려 영토분쟁의 존재를 인정한 것으로 해석될 수 있음을 제기한다.

위와 같은 논란이 있음에도 불구하고 1998년 신한일어업협정이 채택된 이유는 일본이 1965년 한일어업협정의 일방적 종료 통보로 인하여 1년 이내에 협정이 체결되어야 할 필요성 때문이었다. 동 협정의 체결로 어업분야에서의 충돌은 방지하게 되었으나, 독도영유권에 대한 논란은 잠재된 상태에서 봉합되었다. 독도영유권 문제는 한일 양국간 EEZ 경계획정 회담에서 명확히 결정될 수 있는 사안이지만, 양국 모두 독도를 자국의 기점으로 제시하고 있기에 협정을 통한 해결은 요원하다.

III. 생각해 볼 문제

✓ 한일 양국은 EEZ 해양경계획정의 기준이 되는 섬으로 독도를 주장하고 있다. 독도가 해양경계획정의 기준섬이 될 수 있는지를 「유엔해양법협약」을 토대로 검토해보자.

✓ 한일 양국이 진행하고 있는 EEZ 해양경계획정 협상은 과연 해결이 될 수 있는 문제인지 검토해보자.

✓ 신한일어업협정과 독도영유권의 무관성을 확인하는 국내법원의 판결은 국제법적으로 어떠한 의미를 가지는가?

┃ 제4부 국가의 '영역주권'은 존중되어야 한다.

제 2 장

바다와 국제법

서해 5도는 평화의 바다가 될 수 있을까

이석우

서해5도 해상경계 획정 유연해져야

2021.02.19. 서울신문 16면[1]

1982년 체결된 유엔해양법협약은 해양에서의 모든 행위에 대한 법적인 구도를 형성하고 영토 및 영역을 이유로 주장될 수 있는 해양 구역을 규정하고 있다. 영해를 획정하는 일반 규칙은 제15조에 규정돼 있는데, 경계는 두 국가간 중간선으로 한다고 돼 있다. 그러나 이 협약은 EEZ의 경계 획정에 관한 구체적인 방법을 규정하지 않았다. 대향국 간 또는 인접국 간 EEZ경계 획정에 관한 협약 규정은 제74조에 규정돼 있는데 "'공평한 해결'에 이르기 위해 국제법을 기초로 하는 합의에 의해 이뤄진다."고 규정하고 있다.

이에 따라 해양경계 획정 관련 법 규범은 일반적으로 국제사법기관을 통해 형성된 판례를 통해 발전하고 구체화되고 있다. 2009년 루마니아와 우크라이나의 흑해(黑海) 해양경계 사건에서 국제사법재판소(ICJ)가 적용한 해양경계 획정의 소위 '3단계 접근'은 그 뒤 판결들을 통해 일반적으로 해양경계 획정에서 실행 가능한 통상적인 방식으로 인식되고 있다.

3단계 접근법은 첫째 잠정적인 등거리선·중간선 설정, 둘째 형평에 맞는 결과를 도출하기 위해 등거리선·중간선에 조정을 요구하는 요소들이 있는지 여부를 고려, 셋째 조정된 경계선이 각국의 해안선 길이 비율과 각 당사국에 속하게 될 관련 해양 면적 비율 간의 심각한 불균형으로 인해 형평성에 맞지 않는 결과를 도출하지 않도록 점검하는 방식이다.

그렇다면 3단계 접근법을 통해 서해 5도 수역의 최종 해양경계 획정은 어떻게 될 것인가? 첫 단계에서 설정한 가상 중간선이 두 번째 단계와 세 번째 단계에서 어떤 변형을 거쳐 최종적으로 획정될 것인지는 가능성은 거의 없지만 남북한이 국제사법기관에 의뢰하면 분명해질 것이다. 남북이 양자 협상을 해결하려는 경우에도 3단계 접근법은 결과의 예측 가능성을 담보하기 때문에 원용될 가능성이 높다.

---

1) https://peacemaker.seoul.co.kr/news/newsView.php?id=20210218500159

제4부 국가의 '영역주권'은 존중되어야 한다.

그런데 문제는 서해 5도 수역이 남북한만의 문제가 아니라 한중일 3국의 관할권이 중첩되는 수역이라는 점이다. 남북한 사이에 해양 질서의 법적인 지위에 변화를 가하는 어떤 행위라도 양자 간에 해양경계 획정이 이뤄지지 않은 한국과 중국, 북한과 중국의 해양 질서를 법적으로 설정하는 데 영향을 미칠 수 있다. 결과적으로 해당 수역의 관리와 분쟁 해결의 해법을 강구하면서 관할권 확보 및 해양경계 획정을 위한 전통적인 접근에서 유연해질 필요가 있다.

유엔해양법협약 체제는 영해, 접속수역, EEZ, 공해 등으로 공간을 나눠 각 공간에서 연안국과 비연안국의 권리를 기능적으로 분배하는데, 서해 5도 수역은 국가의 관할권이 미치는 수역을 최소화하고, 남북의 이해관계를 조정하면서 통합적으로 관리하는 방안을 강구하는 것이 중요하다.

더욱이 1974년 한일 간 합의된 북부대륙붕 경계선을 제외하고 주변국과의 해양경계 획정이 전무한 현재의 해양 질서는 주변 해양강국들의 역학관계가 낳은 산물로 보는 것이 정확하다. 또 한국이 한반도 수역에서 최소한의 주도적 지위를 확보하기 위해서는 남북한 해양 질서의 안정적 유지 관리가 필수적이다.

정전협정에서 유래한 남북한 해양경계 획정에 대한 정확한 이해를 통해 한반도 해양 질서의 안정적 관리 및 한반도 평화체제의 정착을 위해 서해 5도 수역의 해양 공간 관리와 활용에 대한 인식 제고가 요구된다.

I. 3국의 관할권이 충돌하는 서해 5도

우리나라의 경우 동해안, 제주도, 울릉도, 독도에서는 통상기선을 기준으로 영해를 설정하고, 서해안과 남해안, 동해안의 영일만과 울산만에서는 직선기선을 기준으로 영해를 설정하고 있다. 그러나 서해 5도의 경우에는 남측의 북방한계선(NLL)과 북측 12해리 영해의 중첩 때문에 생기는 군사적 충돌과 어업한계선 남하설정으로 인한 어민피해, 중국의 200해리 배타적 경제수역 범위 포함 및 불법조업의 피해 등 여러 문제가 중첩되어 있는 지역이다.

남북 간의 관할권은 한국전쟁 종전을 위한 정전협정에서 육상경계만을 명시하였을 뿐, 해상경계에 관한 규정이 없었기에 문제가 야기되었다. 해상경계가 규정되지 못한 이유는 해상봉쇄를 우려한 북한의 12해리 주장과 유엔군의 서해 5도를 포함하는 해상분계선 및 3해리 주장이 대립되었기 때문이다. 해상경계에 대한 협상이 진행되는 동안 유엔사는 해상충돌을 방지하기 위하여 NLL을 설정하고 한국에 통보하였는데, 이에 한국은 NLL을 남북 해상경계선으로 인식하고 있다. 반면 북한은 1973년부터 NLL의 무효를 주장하면서, 서해 5도 출입 시 북한당국의 허가를 받을 것을 주장하고 있다.

한국과 중국 간에는 EEZ 및 대륙붕 경계획정의 기준에 대한 입장차이로 인해 관할권 충돌이 발생한다. 한국은 중간선 원칙을 주장하지만, 중국은 어업 등 모든 상황을 고려한 형평하고 합리적인 획정 원칙을 주장한다. 북한과 중국도 EEZ 및 대륙붕 경계획정에 대한 합의를 도출하지 못한 상태이다.

II. 해양경계획정

1. 해양경계획정의 법적 성격

연안국들은 해양관할권의 범위를 가능한 확장하려고 한다. 이에 따라 인접국이나 대향국 간에 해양경계획정 문제로 인한 갈등이 야기되면서 연안국들 간 관할권에 대해 다툼이 있는 분쟁수역은 전 세계적으로 약 300건 이상 달하고 있다. 특히 폭이 400해리 미만의 수역에서 EEZ와 대륙붕 경계획정에서 인접국이나 대향국간 관할권 주장이 중첩되는 수역이 빈번하게 발생하여 논란이 되고 있다.

영국·노르웨이 어업사건(1951)에서 ICJ는 "해양경계획정은 언제나 국제적 측면을 가지고 있어, 국내법에 표시된 연안국의 의사에만 종속될 수 없다. 경계획정은 오로지 연안국만이 할 수 있는 일방적 행위이나, 경계획정의 타 국가에 대한 유효성은 국제법에 달려 있다."고 판시한 바 있다.

2. EEZ·대륙붕의 경계획정 원칙

EEZ·대륙붕의 경계획정 원칙과 관련, 1958년 『대륙붕에 관한 제네바협약』은 "대륙붕의 경계획정은 합의에 의하나, 합의가 없으면 특별한 사정이 없는 한 중간선 또는 등거리선 원칙으로 한다."고 규정하였으며(제6조), 이를 등거리－특별 사정의 원칙이라 부른다. 동 협약은 특별한 사정이 어떤 경우인지에 대해 침묵하고 있다. 그러나 ICJ는 1969년 대륙붕 경계획정에 관한 첫 판결인 북해대륙붕사건에서 대륙붕의 자연적 연장설을 확인하고, 형평의 원칙과 관련 사정의 원칙을 선언하였다.

그 후 1982년 『유엔해양법협약』은 제3차 유엔해양법회의 과정에서 『대륙붕에 관한 제네바협약』에 규정된 중간선 원칙을 주장하는 일본·캐나다 등과 1969년 북해대륙붕사건에서 지지된 형평의 원칙을 주장하는 프랑스 등의 양 그룹은 경계획정방식에 관한 근본적인 입장 차이로 대치하였다. 결국, 협약에 EEZ와 대륙붕의 경계획정 원칙을 명시하지 못하고, "대향국과 인접국 간 경계획정은 형평한 해결에 이르기 위하여 ICJ 규정 제38조에 언급된 국제법을 기초로 하는 합의에 의하여 이루어진다."는 목표만 규정하였다. 개개 경계획정의 결과가 국제법 테두리 내에서 공정하여 구체적 타당성을 갖아야 한다는 것이다.

EEZ와 대륙붕이 적용 대상이 상이하며, EEZ의 폭(제57조)과 대륙붕의 범위(제76조)가 상이한 별개의 제도이기 때문에 제74조 및 제83조에서 별도로 규정하고 있지만 문안은 동일하다. 니카라과 v. 콜롬비아 영토 및 해양분쟁사건(2012)에서 ICJ는 "EEZ 경계획정에 있어 형평한 해결에 의해 도달할 것을 규정한 제74조는 대륙붕의 경계획정에 관한 제83조와 더불어 국제관습법을 반영하고 있다."고 판시하였다.

ICJ는 중간선·등거리 원칙에 개별 사안의 관련 사정들을 유연하게 보완함으로써 경계선 획정에 있어 형평한 결과를 지향하고 있다. 대향국 간 영해 기선 간의 거리가 400해리가 넘는 경우 중복수역이 발생되지 않지만, 400해리 미만의 대향국 간의 중간선(리비아/몰타 대륙붕사건, 그린란드·얀 마엔 해양경계획정사건) 또는 인접국 간 등거리선(튀니지/리비아 대륙붕사건) 획정과 관련한 분쟁들이 주로 국제재판에 회부되고 있다. 400해리 미만 수역의 EEZ와 대륙붕 경계획정의 경우, 국제재판소들은 EEZ와 대륙붕을 단일 경계선으로 획정하는 것이 일반적이다. 예외적으로, 호주와 파푸아뉴기니(1978), 호주와 인도네시아(1997) 간 경계획정에서는 EEZ와 대륙붕이 상이한 경계선을 획정하였다.

ICJ는 리비아/몰타 대륙붕사건 이래 형평한 결과에 도달하기 위한 방법으로 중간선 원칙과 형평의 원칙을 결합한 아래 3단계 방식을 표준방식으로 사용하고 있다. 1단계로 해양경계에 관한 분명한 합의가 없는 한, 적절한 방법으로 대상수역에서의 잠정 경계선을 설정한다. 인접국 간에는 등거리선, 대향국 간에는 중간선을 기초로 잠정 경계선으로 긋는다. 2단계로 형평한 결과를 도출하기 위해 고려해야 할 관련 사정이 있는지 검토하여, 필요하다고 판단되면 잠정 경계선의 위치나 방향을 조정한다. 3단계로 결과의 형평성을 평가한다. 잠정 경계선에 의한 할당 수역의 비율이 당사국 간 관련 해안선의 길이 비율에 비추어 보아 현저하게 불균형되거나 왜곡된 결과를 초래하지 않는지 비교하여 합리적인 수준의 비례성을 확보해야 한다. 해안선의 길이는 관련 해안선의 일반적 방향에 따라 측정한다. ICJ는 리비아/몰타 대륙붕사건에서 해안선 길이의 비율 8:1, 그린란드·얀 마엔 해양경계획정사건에서 비율 9:1의 경우 잠정 경계선의 수정을 요하는 특별한 사정으로 보고 잠정 중간선을 이동하였다. 그러나 흑해경계획정사건에서 해안선의 비율 1:2.8에 대해(수역의 비율은 1:2.1.) 우크라이나는 특별한 사정이라고 주장하였으나 재판소는 이러한 해안선의 비율이 잠정 경계선을 조정할 만큼 현저한 차이가 있는 것은 아니다고 결정하였다.

III. 생각해 볼 문제

✓ 동해와 달리 서해에서 남북 간의 군사적 충돌이 빈번하게 발생하는 이유는 무엇인지를 해양경계획정의 관점에서 생각해보자.

✓ 북한이 NLL의 무효를 주장하는 근거는 무엇이며, 이에 대한 우리의 대응논리는 무엇이 있는지 생각해보자.

✓ 한국, 북한, 중국의 이해관계가 충돌하고 있는 서해 5도 문제를 평화적으로 해결할 수 있는 방법은 무엇이 있을지 생각해보자.

제4부 국가의 '영역주권'은 존중되어야 한다.

북한 선박은 제주해협을 통과할 수 있을까

이석우

[李대통령 대국민 담화] 제주해협 통과 불허… 北 70만弗 손실

2010.05.25. 서울신문 3면[1]

24일 통일부가 밝힌 대북 제재 조치는 개성공단을 제외한 남북 경협·교류 전면 중단을 골자로 한다. 화폐개혁 이후 경제난에 시달리는 북한의 돈줄을 죄어 압박하겠다는 의도다.

통일부는 이날부터 ▲북한 선박의 우리해역 운항 전면금지 ▲개성공단을 제외한 남북교역 중단 ▲개성공단·금강산 지구 이외의 지역에 대한 국민 방북 불허 ▲대북 신규 투자 금지 ▲인도적 차원 외 대북지원 사업을 원칙적으로 보류하겠다고 밝혔다.

이에 따라 제주해협 등 북한 선박의 우리 측 해역 운항이 금지된다. 2005년 발효된 남북해운합의서가 사실상 무효화된 셈이다. 남북해운합의서에 따르면 북한 선박은 2005년 8월15일부터 남북교역 등을 위해 남포, 해주, 고성, 원산, 흥남, 청진, 나진 등 7개 항에서 인천, 군산, 여수, 부산, 울산, 포항, 속초 등 우리 측 7개항을 오갔다. 북한 선박은 지난해 편도기준 717회, 올해 1~4월 416회 우리 측 해역을 이용했다. 2006~2009년에는 연평균 400회가량 운항했다.

우선 북한 상선의 대표적 지름길인 제주해협 통과가 불허된다. 제주해협 통항이 불허되면 북한 선박은 제주 남쪽 공해상을 돌아서 운행할 수밖에 없다. 그동안 북한 상선(1만t 급)은 제주해협 등을 통해 4시간가량 항해 시간을 단축, 한 척당 3500달러의 기름값을 아꼈다. 한해 평균 200여척이 제주해협을 이용한 점을 고려할 때 북한은 연간 70만달러의 손실을 입을 것으로 예상된다.

또 남북교역과 경협을 중단함으로써 북한은 외화수입 손실이라는 직격탄을 맞게 됐다. 통일부에 따르면 지난해 교역규모는 16억 7909만달러로, 인도적 지원을 제외한 순수 상업교역은 2억 5600만달러였다. 특히 일반 교역 반입품목 가운데 높은 비중을 차지하는 북한산 농림수산물교역의 경우 지난해 9만 7500t(2억 200만달러)이 들어왔다. 통일부 당국자는 "북한 경제 규모를 고려하면 이번 조치로 북한의 외화수입이 감소, 대외 무역 및 고용·공급 위축 현상이 나타날 것"이라고 설명했다.

---

1) https://www.seoul.co.kr/news/newsView.php?id=20100525003010

개성공단 체류 인원도 대폭 축소할 예정이다. 또 다른 통일부 당국자는 "개성공단 체류인원이 현재 평일 기준 900~1000명인데 이를 50~60% 수준으로 줄일 계획"이라면서 "이번 주 금요일부터 단계적으로 줄여 약 1주일간에 걸쳐 목표 수준을 유지할 것"이라고 말했다.

한편 통일부는 지난 1월 북한 조선중앙적십자회 요청에 따라 추진해 온 옥수수 1만t(40만달러) 지원도 잠정 중단한다는 입장이다.

I. 제주해협은 영해일까 국제해협일까

해양은 역사적으로 교역을 위한 해상수송로로 중요한 의미를 가져왔다. 연안국은 영해에서 배타적 관할권을 행사하지만, 타국의 선박에 무해통항권이 부여된다. 영해에서의 무해통항권은 해상 항로와 선박 항행의 안전을 보호하기 위해 확립된 국제관습법상의 권리이자, 「유엔해양법협약」상의 권리이다. 국제해협은 두 개의 공해를 연결하는 자연적인 통항수로로, 국제항행에 이용되는 해협을 말한다. 3해리 영해 시대에서는 국제해협에서의 무해통항이 국제관습법상 인정되었으나, 12해리 영해를 규정한 1982년 채택된 「유엔해양법협약」에서는 국제해협의 통항제도로 통과통항권과 정지할 수 없는 무해통항권을 규정하였다.

제주해협은 남해안의 직선기선과 제주도의 통상기선에 의해 수역을 설정할 경우 중첩되어 공해대는 존재하지 않게 된다. 이를 근거로 제주해협을 영해로 볼 경우에는 타국의 선박은 무해통항권을 가지게 되며, 반면 제주해협을 영해가 아닌 국제해협으로 볼 경우에는 통과통항권 또는 정지될 수 없는 무해통항권을 가지게 된다.

우리나라는 2010. 3. 천안함 피격사건 이후 취해진 5. 24조치로 제주해협에서는 북한 선박의 운항 및 입항이 금지하고 있다. 이는 북한 선박의 운항을 연안국의 주권, 영토보전 또는 정치적 독립에 반하거나 「UN 헌장」에 구현된 국제법의 원칙에 위반되는 그 밖의 방식에 의한 무력의 위협이나 행사(유엔해양법협약 제19조 2항 a호)로 보기 때문이다. 제주해협을 영해로 볼 경우에는 5.24 조치는 연안국의 합법적인 권리행사로 볼 수 있지만, 제주해협을 국제해협으로 볼 경우에는 북한 선박의 운항을 정지시키는 조치를 취할 수 없게 된다. 그런데 '영해 및 접속수역법 시행령' 제5조 1항의 해석상 제주해협은 국제해협으로 인식된다. 그렇다면 우리나라가 취한 5.24 조치 중 북한선박에 대한 운항제한 조치는 국제법적 근거가 없는 조치에 해당할까? 아니면 유엔안전보장이사회 결의에 근거한 합법적인 조치에 해당할까?

II. 국제해협에서의 통항권

1. 도입배경

영해가 3해리이던 시기에 Gibraltar, Dover, Hormuz, Malacca 해협 등 주요 국제해협들은 해협국들의 영해 3해리 밖 공해대에서 자유통항을 할 수 있었다. 그러나 협약에 의해 영해가 12해리로 확대되면 해협의 폭이 24해리를 초과하지 않는 이들 국제해협들이 연안국의 영해로 편입되어 무해통항만 가능하게 되므로, 해협 이용국들은 이들 국제해협들이 연안국의 영해로 편입되더라도 무해통항을 대신하는 새로운 통항권을 보장할 것을 요구하였다. 이에 따라 현안국과 해협 이용국간의 타협으로 통과통항이 적용되는 국제해협과 정지될 수 없는 무해통항이 적용되는 국제해협 제도가 협약 제3부에 새롭게 규율되었다.

2. 통과통항이 적용되는 국제해협

협약에 의해 수립된 국제해협의 통항제도는 해협을 구성하는 수역의 내수 또는 영해로서의 법적 지위나 (통항 이외에) 그 수역의 상공·해저 및 하층토에 대한 해협국의 주권이나 관할권에 아무런 영향을 미치지 않는다(제34조). 공해나 EEZ의 일부와 다른 공해나 EEZ 사이를 연결하는 국제항행에 이용되는 해협 내에서, 모든 선박과 항공기는 방해 받지 않는 통과통항권을 향유한다(제38조). 통과통항은 공해(EEZ)와 공해(EEZ)를 연결하고 국제항행에 이용되는 해협으로서, 해협 안에 공해나 EEZ가 없는 폭이 24해리 미만의 해협에 적용된다. 해협의 양안은 다른 국가 또는 동일 국가에 속할 수 있다.

통과통항이 적용되는 대상은 모든 선박과 항공기로, 군함·비상업용 선박 및 잠수함, 군용 항공기를 포함한다. 잠수함의 잠항, 군용 항공기의 상공 비행도 포함되어, 공해에서와 같은 항행 및 비행의 자유를 보장하고 있다. 그러나 통과통항을 향유하는 모든 선박과 항공기는, ① 계속적이며 신속하게 통과할 목적으로 지체 없이 항진해야 하며(단, 불가항력이나 조난인 경우 제외), ② 연안국의 주권, 영토 보존 또는 정치적 독립에 반하거나 또는 유엔 헌장에 구현된 국제법 원칙에 위반한 기타 방법으로 무력에 의한 위협 또는 행사를 삼가고, ③ 연안국의 법령(해상충돌이나 오염방지, 항로대나 분리통항방법, 항공 규칙 등)을 준수해야 한다(제39조). 모든 선박은 해협국의 사전허가 없이 조사활동이나 측량활동을 할 수 없다(제40조).

연안국은 안전을 위해 필요한 경우에는 국제기구(IMO)와의 협의를 거쳐 항로대나 통항분리 방식을 설정하고 공시해야 한다(제41조). 연안국은 통과통항과 관련된 법령을 제정하고 적절히 공표한다(제42조). 연안국은 통과통항을 방해하거나 일시 정지시킬 수 없으며, 항행이나 비행에 관한 위험을 적절히 공표한다. 통과통항은 정지될 수 없다(제44조).

통과통항권은 영해에서의 무해통항보다는 자유롭지만 공해에서 누리는 자유통항보다는 제한된 것으로, 국제관습법화되었다고 볼 수 있다.

3. 정지될 수 없는 무해통항이 적용되는 국제해협

그러나 국제항행에 이용되는 해협으로서, ① 해협국의 본토와 섬으로 이루어지고, 섬 외측에 유사한 편의성이 있는 항로가 공해 또는 EEZ에 있는 해협, 또는 ② 공해나 EEZ의 일부와 외국의 영해 사이에 있는 국제해협에 대해서 해협국은 정지될 수 없는 무해통항을 보장해야 한다(제45조). ①에 해당하는 해협으로 제주해협, ②에 해당하는 해협으로 홍해와 아카바만을 연결하는 Tiran해협을 들 수 있다. 무해통항이므로 잠수함의 잠항이나 항공기의 상공 비행은 금지되지만, 자국 안보상 긴요한 경우라도 일시적으로 통항을 정지시킬 수는 없다.

4. 제주해협의 지위와 통항권

제주해협은 남해안에 적용된 직선기선과 제주도의 통상기선에 따른 수역이 모두 영해로 포함되어 해협 안에 공해대가 없다. 이에 따라 제주해협은 국제해협이 아닌 한국의 영해로서 무해통항이 적용된다는 주장이 있다. 그러나 『영해 및 접속수역법』 시행령 제5조 제1항 후단(통과하는 수역이 국제항행에 이용되는 해협으로서 공해대가 없는 경우에는 외국 군함 또는 비상업용 정부 선박의 3일전 통보를 면제한다)이 적용될 수 있는 해협은 제주해협뿐이므로, 제주해협을 국제항행에 이용되는 국제해협으로 인식한 것이라 할 것이다.

다만, 동 규정은 제주해협이 통과통항이 인정되는 국제해협인지 또는 정지시킬 수 없는 무해통항이 적용되는 국제해협인지에 대해서 침묵하고 있어, 이에 대해 공해와 공해(또는 EEZ와 EEZ)를 연결하는 국제해협으로 주변국들이 오랜 기간 이용해 왔고 직선기선에 의해 내수로 새로이 편입된 수역이라는 점에서 통과통항을 인정해야 한다는 주장과 제주도 남방에 유사편의 항로가 있으므로 정지시킬 수 없는 무해통항이 인정된다는 주장이 있다. 제주도 남방에 제주해협을 우회하는 유사한 편의 항로가 있느냐는 우회로의 항행여건이나 우회 거리나 시간 등을 감안하여 판단할 수 있을 것이다. 제주해협에 어떠한 해협 통항권을 인정할 것인지는 추후 입법을 통해 명확히 해야 할 것이나, 해양안보 차원에서 본다면 외국 군함·잠수함 및 항공기의 통항을 제약하는 정지시킬 수 없는 무해통항이 적용되는 국제해협으로 규정하는 것이 바람직하다 할 것이다.

III. 생각해 볼 문제

✓ 우리나라가 취한 5.24 조치 중 북한선박에 대한 운항제한 조치의 국제법적 정당성에 대해 생각해보자.

✓ 제주해협을 통과통항권이 인정되는 국제해협으로 볼 경우, 이론상 북한의 군함·비상업용 선박, 잠수함, 군용 항공기 등은 제주해협을 통행할 수 있게 된다. 반면 2010년 채택된 남북해운합의서에서는 북한상선만을 적용대상으로 하고 있다. 남북해운합의서를 근거로 북한의 군함 등에 대한 통과통항권을 부인할 수 있을까?

日 원전오염수 방류에 대한 한국의 대응

이석우

文 "日오염수 방류, 해양법재판소 제소 검토하라" 강경 대응

2021.04.15. 서울신문 1면[1]

문재인 대통령은 14일 아이보시 고이치 주한 일본대사를 만나 일본 정부의 후쿠시마 원전 오염수 해양 방류 결정에 대한 우려를 전달했다. 앞서 문 대통령은 참모들에게 "해양 방류 결정과 관련해 국제해양법재판소에 잠정 조치와 함께 제소하는 방안을 적극 검토하라"고 지시했다.

문 대통령은 청와대에서 열린 아이보시 대사 등의 신임장 제정식 직후 환담에서 "이 말씀을 안드릴 수 없다."며 "일본의 원전 오염수 해양 방류 결정에 대해 지리적으로 가장 가깝고 바다를 공유한 한국의 우려가 매우 크다."고 말했다. 그러면서 "한국 정부와 국민의 우려를 잘 알 테니, 본국에 잘 전달해 달라"고 당부했다.

강민석 청와대 대변인은 "신임장 제정식 후 환담 발언으로는 극히 이례적"이라고 강조했다. 그만큼 청와대가 사안을 엄중하게 받아들이고 있다는 얘기다. 2018년 10월 일본 정부가 원전 오염수 처리를 검토하겠다고 발표한 이후 미국과 국제원자력기구(IAEA) 등을 상대로 치밀한 외교전을 펼친 것과 비교해 정부 대응이 미온적이었던 것 아니냐는 비판도 감안한 것으로 보인다. '잠정 조치'란 국제해양법재판소가 최종 판단을 내릴 때까지 효력이 발생하는 일종의 '가처분 신청'을 의미한다고 청와대 관계자는 설명했다.

일본 정부 대변인인 가토 가쓰노부 관방장관은 이날 정례 기자간담회에서 문 대통령의 제소 지시에 대해 구체적인 답변을 하지 않은 채 "(오염수 등을) 안전성 있게 모니터링하고 있다."며 "정확하게 정보를 제공함으로써 국제사회의 이해를 구하겠다."고 밝혔다.

한편 아이보시 대사는 환담에서 코로나로 어려움을 겪는 한국 국민을 위로하고 우호 관계 증진을 희망하는 일왕의 메시지를 전달했다. 문 대통령은 "협력정신과 의지가 있다면 어떤 어려운 문제도 헤쳐나갈 수 있다."고 강조했다.

---

1) https://www.seoul.co.kr/news/newsView.php?id=20210415001014

I. 해양환경보호를 위한 국가주권

유엔해양법협약은 해양환경보호를 국제공동체 전체의 공동이익으로 보고 전 지구적 차원에서 해양환경을 오염으로부터 보호하고 보전하기 위한 포괄적 규범을 제시하고 있다. 특히 각국은 해양환경오염 방지·경감·통제에 필요한 모든 조치를 취하도록 하고, 타국의 환경에 오염피해가 발생하거나 확산되지 않도록 활동하고(제194조), 오염피해를 다른 지역으로 전가하거나 오염형태를 변형시키지 않아야 한다(제195조)고 규정하고 있다.

일본은 2021년 4월 13일 회의를 열고 정부결정으로 해양 환경에 유해할 수 있는 후쿠시마 제1원전 핵시설로부터 나온 핵오염수를 2023년부터 약 30년 동안 바다에 방류하겠다고 발표하였다. 이에 4월 14일 문재인 대통령은 국제해양법재판소에 잠정조치와 함께 제소하는 방안을 적극 검토하라고 지시하였다. 이는 해양환경보호를 위한 국가주권의 실행이라는 관점에서는 타당한 접근이다. 일본의 원전오염수 배출행위는 표면적으로는 해양환경오염을 유발하는 행위에 해당하고, 우리나라 환경에 대한 피해를 야기할 우려가 있다.

다만 소송절차의 진행은 보다 정밀한 대응전략의 수립과 진행이 필요하다. 규범적 측면에서는 단순한 오염원 배출행위로만 일본에 대해 책임을 물을 수 있는 것이 아니라 급박한 위험과 심각한 위해(危害)의 존재라는 법적 요건을 입증하여야만 한다. 국제관습법으로 인정되고 있는 사전 통보나 정보 제공 등 국제협력, 환경영향평가 실시 등 절차적 의무를 부실하게 이행한 것에 대한 입증도 수행되어야 한다. 소송을 통해 오염수 배출중단을 명하는 잠정조치 나아가 일본의 오염수 배출행위의 불법성을 인정하는 본안판결의 결과를 기대하지 못한다면, 해양오염분쟁을 해결하는 데 있어서 소송절차의 선택의 적절성 및 소송전략에 대한 신중한 고민이 필요하다.

II. 해양환경보호와 분쟁해결을 위한 국제규범

1. 유엔해양법협약

1972년 유엔인간환경선언(스톡홀름선언)은 모든 국가는 인간건강을 위태롭게 하거나 해양생물자원을 해치며, 합법적인 해양 이용과 해양오염 방지를 위해 필요한 모든 가능한 조치를 취할 것을 선언하였다(원칙7). 유엔해양법협약도 제12부에서 전 지구적 차원에서 해양환경을 보호하고 보전(protect and preserve)하기 위한 포괄적 규범을 제시하고 있다. 각국은 해양환경을 보호하고 보전할 의무를 진다(제192조). 협약은 해양환경보호를 국제공동체 전체의 공동이익으로 보고, 자국의 관할권 하에 있는 내수·영해·EEZ는 물론 공해에서 해양환경 보호·보존을 국가의 일반적 의무로 규정하고 있다. 각국은 해양환경의 보호·보존을 위해 지구적·지역적 차원에서 협력한다(제197조). 해양은 또한 하나의 거대한 단일 생태계로서 연결되어 있어 해류 이동을 통한 오염은 해양 생태계 전체를 위협하므로 해양환경보호를 위해서는 생태학적·전체적인 접근방식(ecological and holistic approach)이 이루어져야 하기 때문이다.

해양환경오염(pollution of the marine environment)은 생물자원과 해양생물의 손상, 인간의 건강에 대한 위험, 어업 등 해양활동에 대한 장애 등과 같은 해로운 결과를 야기하거나 야기할 수 있는 물질이나 에너지를 해양환경에 들여오는 것을 말한다(제1조 4항). 모든 오염물질은 궁극적으로 해양에 도달하여 축적되지만, 해양의 자정 능력에는 한계가 있으므로, 해양환경을 보호하고 보존하는 인위적인 노력이 따라야만 한다. 각국은 자국이 가진 실제적인 수단을 사용하고 자국의 능력에 따라 해양환경오염을 방지·경감 또는 통제하는 데 필요한 모든 조치를 취한다. 각국은 자국의 관할권이나 통제 하의 활동이 다른 국가와 자국의 환경에 대하여 오염으로 인한 손해를 야기하지 않도록 수행하고, 사고나 활동으로부터 발생하는 오염이 타국으로 확산되지 않도록 보장하는 데 필요한 모든 조치를 취한다(이상 제194조). 각국은 해양환경오염을 방지·경감 또는 통제함에 있어, 피해나 위험을 직접 또는 간접으로 어느 한 지역으로부터 다른 지역으로 전가시키거나 또는 어떤 형태의 오염을 다른 형태의 오염으로 변형시키지 않을 의무가 있다(제195조). 각국이 해양환경오염으로 급박한 위험에 처하거나 현실적 피해를 입은 경우, 영향을 받을 수 있는 다른 국가들과 국제기구들에게 신속히 통보한다(제198조). 이러한 지구적 국제기구로 국제해사기구(IMO), 유엔식량농업기구(FAO), 유엔환경계획(UNEP) 등이 있고, 지역적 기구로는 동북아환경협력계획(NEASPEC), 북서태평양보전실천계획(NOWPAP) 등이 있다.

각국이 계획하는 활동이 해양환경에 실질적인 오염(substantial pollution)이나 중대하고 해로운 변화를 초래할 수 있다고 믿을만한 합리적인 이유가 있는 경우 잠재적 영향평가(assessment of potential effects)를 실시한다(제206조).

2. 유엔해양법협약상의 분쟁해결제도

유엔해양법협약은 해양분쟁으로 인한 국제평화의 위협을 방지하고 해양에서의 국제법의 지배를 위해 분쟁의 평화적 해결 절차를 규정하고 있다. 해양분쟁이 당사국 간의 대화나 조정에 의해 해결되지 않는 경우, 일방분쟁당사자가 요청하면 분쟁은 관할권을 가진 재판소에 회부된다(제26조). 협약에서는 국제해양법재판소, 국제사법재판소, 중재재판소, 특별중재재판소의 재판관할권을 규정한다. 당사국은 이들 중 하나를 선택할 수 있는데, 특별한 규정이 없으면 중재재판소를 선택한 것으로 간주한다.

4개의 재판소는 협약의 해석이나 적용에 관한 관할권을 가진다. 연안국의 주권적 권리 또는 관할권 행사와 관련한 협약의 해석과 적용에 관한 분쟁 가운데, 연안국이 해양환경의 보호와 보전을 위한 국제규칙과 기준을 위반한 경우에는 강제절차가 적용된다. 분쟁당사국이 잠정조치를 신청한 경우 재판소는 판결 전 분쟁당사국의 이익을 보전하거나 해양환경에 대한 실재하고 급박한 위험과 심각한 위해를 방지하기 위하여 신속히 잠정조치를 명령할 수 있다. 재판소의 잠정조치는 법적 구속력이 있으며, 분쟁당사국은 잠정조치 명령을 신속히 이행하여야 한다. 1996년 설립된 국제해양법재판소가 현재까지 다룬 29건의 사건 중 잠정조치가 내려진 것은 12건이다. 협약에서는 국가들이 어떤 재판정에서 분쟁을 해결할지에 대해 합의하지 못하더라도 잠정조치는 국제해양법재판소에서 결정하도록 하고 있다. 최근 분쟁이 난 국가들은 복잡한 국제소송보다는 상대적으로 수월한 잠정조치를 적극적으로 이용하는 경향이 많다. 잠정조치가 절차가 간단하고 중재재판소가 구성될 때까지 신속한 판단을 구할 수 있어서 선호된다. 선박, 선원의 석방이나 해양환경보호 사건이 많다.

III. 생각해 볼 문제

✓ 한국정부가 일본의 핵오염수 방류문제를 해결하기 위해, 국제해양법재판소에 잠정조치를 요청하거나 제소하는 것이 바람직한 결정인지 생각해보자.
✓ 한국정부가 일본을 제소한다면 재판절차가 개시될 수 있을지 생각해보자.

제 3 장

하늘과 국제법

대한민국의 하늘은 어디까지인가? / 박언경

대기권 상공의 법적 체제는 현실을 충분히 반영하여 대응하고 있는가? / 유준구

대한민국의 하늘은 어디까지인가?

박언경

러 군용기 6대, KADIZ 4차례 들락날락

2019.10.23. 서울신문 6면[1]

러시아 군용기 6대가 동·서·남해 한국방공식별구역(KADIZ)을 침범해 군이 대응에 나섰다. 올해만 20번째 침범이다. 합동참모본부는 22일 "러시아 군용기 6대가 이날 KADIZ에 진입하면서 공군 F15K 등 전투기 10여대가 출격해 감시비행과 경고방송 등을 실시했다."고 밝혔다. 합참에 따르면 오전 9시 23분쯤 러시아 조기경보통제기(A50) 1대가 울릉도 북방에서 KADIZ에 진입한 후 9시 30분 이탈했다가 10시 6분쯤 재진입해 10시 13분 이탈했다.

이어 10시 41분쯤에는 러시아 전략폭격기(TU95) 2대와 전투기(SU27) 1대로 이뤄진 편대가 울릉도 북쪽 KADIZ로 진입해 울릉도와 독도 사이를 비행했다. SU27이 먼저 울릉도 동쪽에서 북상해 11시 9분쯤 KADIZ를 이탈했고 나머지 TU95 2대는 계속 남하해 11시 10분쯤 포항 동쪽에서 이탈했다.

하지만 TU95 2대는 일본방공식별구역(JADIZ)으로 비행해 11시 58분쯤 제주도 남쪽에서 KADIZ에 재진입했고, 제주도와 이어도 사이를 지나 서해로 북상하다가 낮 12시 58분쯤 태안 서쪽으로 이탈했다. 이들은 이후 다시 남하해 오후 1시 40분쯤 이어도 서쪽에서 KADIZ에 재진입했고, 오후 2시 44분쯤 해당 편대와 별도로 울릉도 북쪽에서 남하한 SU27 2대와 합류해 3시 13분쯤 최종 이탈했다.

이날 러시아 군용기 6대가 KADIZ에 머문 시간은 총 3시간가량으로, 23·24일 서울에서 열리는 한러 합동군사위원회를 하루 앞둔 시점에서 '기선 제압'을 위한 것이라는 분석이 제기됐다. 외교부는 이날 권영아 유라시아과장이 레나르 살리블린 주한 러시아대사관 참사관을 초치해 유감을 표명하고 재발 방지를 촉구했다고 밝혔다.

그러나 러시아 국방부는 "정례 비행의 일환으로 국제규범을 철저히 준수했다."고 서면으로 일축했다.

---

1) https://www.seoul.co.kr/news/newsView.php?id=20191023006020

I. 우리 정부의 대응조치는 적절하였을까

국가의 영역은 영토, 영해, 영공으로 구성된다. 인간이 다다를 수 없는 공간으로 있던 시대에서는 하늘은 모두에게 개방된 공간으로 인식되었으나, 과학기술이 발달함에 따라 하늘에 대한 통제권은 국가안보와 직접적인 연관을 가지게 되었다. 영공주권의 배타성은 국제관습법에 해당하며, 영공에서는 영해에서 인정되는 무해통항권도 허용되지 않는다. 일반적으로 영공은 영토와 영해의 상공으로 인식되지만, 영공의 수평적 범위에 대해서는 명확한 기준이 확립되지 않은 상태이다. 다만, 영공의 수평적 범위는 지상 100~120km 이내이며 이는 확립된 관행이라는 소련의 주장에 대해 상당수의 국가가 공감을 표명한 바는 있다.

타국의 군용기가 영공을 침범한 경우 영토국은 해당 군용기의 즉시 퇴거 또는 착륙을 요청하는데, 동 요청에 불응할 경우에는 고의적 침범으로 간주되어 무력사용까지 가능한 것으로 해석된다. 문제는 위 사안에서처럼 방공식별구역을 침범한 경우이다. 러시아 군용기가 우리나라의 방공식별구역을 침범하였음에도 불구하고, 우리의 대응조치는 추적 및 감시비행과 경고방송과 함께 러시아 측에 전화를 걸어 이에 대한 항의와 재발방지 촉구 조치만을 실시하였다. 반면 러시아는 방공식별구역 자체를 인정하지 않는 입장을 취하고 있고, 동 사안에서도 한국의 영공을 침범한 것이 아닌 한 국제법상 문제될 것이 없다는 입장을 표명하였다. 국제법적 측면에서 볼 때, 우리나라의 대응조치는 국제법이 허용하는 범위 내에서 최대한의 조치를 취한 것으로 볼 수 있다.

II. 영공과 방공식별구역의 차이

1. 영공의 법적 지위

제1차 세계대전을 계기로 각국은 완전하고 배타적인 영공의 개념을 주장하였다. 1919년 채택된 「항공 규제를 위한 협약」(이하 파리협약)과 1944년 「국제민간항공협약」(이하 시카고협약)에서는 자국 영공에 대한 배타적 주권이 기본원칙으로 규정되었다. 1982년 채택된 「유엔해양법협약」에서도 주권이 미치는 범위로 영해의 상공이 명시되었다. 이에 외국의 항공기는 영토국의 허가 없이 타국의 영공에 진입할 수 없으며, 영토국의 사전허가 또는 조약에 근거하는 경우에만 통항권을 가진다.

타국의 민간항공기가 자국 영역에 허가 없이 진입한 경우, 영토국은 경고, 퇴거, 착륙명령 등 필요한 선행조치를 취할 수 있다. 다만, 특별한 사정이 없는 한 민간항공기를 대상으로 한 무력사용은 허용되지 않는 것으로 해석된다. 반면 타국의 군용기가 자국 영역에 허가 없이 진입한 경우, 영토국은 경고, 퇴거, 착륙명령 등의 선행조치에 불응하는 군용기를 대상으로 무력대응이 가능한 것으로 해석된다.

2. 방공식별구역

방공식별구역(Air Defense Identification Zone: ADIZ)은 영토국이 자국 영공방위에 필요한 항공기의 식별, 위치확인, 통제 등을 위해 영공 외곽에 설정한 구역이다. 방공식별구역의 설정은 국가의 일방적 행위에 기인하는데, 국내법에 근거하여 선포된다. 영토국은 방공식별구역으로 진입하는 모든 항공기에게 위치, 비행항로 등의 비행정보를 사전 제공할 것과 지상 관제소의 통제에 따를 것을 요구한다.

방공식별구역이 공식화된 것은 1950년이다. 미국은 대서양과 태평양 상공을 방공식별구역으로 선포함으로써, 타국의 해안공습을 막고자 하였다. 현재는 약 30여개 국이 방공식별구역을 선포하고 있다. 우리나라는 한국전쟁 당시 미군이 설정한 방공식별구역을 그대로 운용하다가, 2007년 '군용항공기 운용 등에 관한 법률'을 제정하여 국내법상의 근거를 마련하였다. 우리나라 주변국 중 중국, 일본은 방공식별구역을 설정하고 있지만, 러시아는 방공식별구역을 설정하지 않고 있다.

방공식별구역의 국제법적 근거에 대해서는 상공비행의 자유가 인정되는 공역에서 영토국이 외국항공기를 규제하는 것은 국제법적 근거가 없다는 주장과 국가의 고유한 자위권에 근거한 조치로서 다수국가가 묵인함으로써 국제관습법 또는 지역국제관습법으로 성립되었다는 주장이 있다. 이처럼 방공식별구역의 국제법적 지위에 대해서는 아직 명확하게 정립되지 않았기에, 타국의 방공식별구역을 침해하는 행위에 대한 대응조치의 범위에 대해서도 논란이 제기될 수 있다. 자위권의 법리 또는 국가책임법상의 대응조치 법리 등을 고려할 때, 방공식별구역 침해에 대한 즉각적인 무력사용은 국제법 위반의 소지가 다분하다.

III. 생각해볼 문제

✓ 영해 이원의 상공의 법적체제로서의 방공식별구역은 국제법상 근거가 있는가?
✓ 러시아와 달리 중국은 방공식별구역을 선포하고 있음에도, 우리 방공식별구역을 종종 침범하고 있다. 이에 대한 적절한 대응방안은 무엇이 있을까?
✓ 드론 등의 무인 비행기가 영공을 침해하는 경우, 영토국은 어떠한 조치를 취할 수 있을까?

대기권 상공의 법적 체제는
현실을 충분히 반영하여 대응하고 있는가?

유준구

팬암기 폭파 용의자 11년만에 재판

2000.05.04. 서울신문 8면[1]

1988년 12월 스코틀랜드 로커비 상공에서 폭발, 승객과 승무원 259명과 지상에서 11명 등 270여 명의 목숨을 앗아간 팬암기 폭파사건의 용의자 2명에 대한 재판이 3일 사건 발생 11년 5개월 만에 네덜란드 암스테르담 인근에 있는 전 미공군기지 캠프 자이스트에서 막을 올렸다.

스코틀랜드 법에 따라 스코틀랜드 판사가 주재하는 이번 재판에는 모두 1년 정도의 시간이 소요될 것으로 예상된다. 그러나 '누가 팬암기 폭파를 계획·지시했고 그 이유는 무엇인가'라는 최대 의문에 대해서는 대답을 내놓지 못할 것으로 보인다. 용의자로 지명된 압델 바세트 알리 알-메그라히(48)와 라멘 칼리파 피마(44) 두 리비아인이 유·무죄 여부만을 가리기 때문이다.

사건 당시 미국은 그해 7월 3일 미 해군함 빈센스호가 이란 민항기를 전투기로 오인, 미사일을 발사해 격추시킴으로써 290명의 사망자를 낸 사건에 대한 보복으로 이란이 직접 테러를 저질렀거나 팔레스타인 테러조직에 팬암기 폭파를 청부한 것으로 추측했었다. 그러나 사건현장에서 발견된 폭탄의 시한장치가 리비아 테러리스트들이 사용하는 것과 같다는 점 때문에 폭탄이 들어있던 가방이 처음 실린 몰타에 근무하던 이들 2명을 범인으로 지목하게 됐다. 리비아를 비난하는 사람들은 86년 미국이 트리폴리와 벵가지를 폭격한데 대한 보복으로 리비아가 팬암기를 폭파시켰다고 주장하고 있다.

그러나 오랜 조사기간에 걸쳐 1만 5,000여명을 심문하고 18만여건의 증거를 수집, 유죄판결을 이끌어 낼 자신이 있다는 검찰 측 주장에도 불구하고 실제로 이들 2명의 용의자가 유죄판결을 받을지는 확실치 않다. 변호인 측은 검찰 측이 유죄를 단정한 최대 증거로 꼽고 있는 폭탄의 시한장치가 사고 한참 뒤 현장에서 25㎞나 떨어진 곳에서 발견됐다는 점을 들어 리비아에 죄를 씌우기 위해 시한장치를 그곳에 갖다 놓은 것이라고 주장하고 있다. 또 용의자 2명이 리비아 정보요원이

---

1) https://www.seoul.co.kr/news/newsView.php?id=20000504008005

라는 증언도 미국에 망명한 리비아 전 테러리스트가 한 것으로 신빙성이 높지 않은 것으로 지적되고 있다. 게다가 지난 2월에는 주임검사가 재판에서 패배할 가능성이 크다며 사퇴하기도 했다.

희생자 유가족들은 재판을 통해 팬암기 폭파사건의 모든 진상이 밝혀지기를 기대하고 있지만 이들의 기대가 충족될지는 분명치 않다. 재판 참관을 위해 암스테르담에 온 한 유가족은 "나는 진실과 정의가 구현되길 바란다. 그러나 솔직히 2개 중 하나라도 이뤄질 것이라고는 생각지 않는다."고 밝혔다.

무죄를 주장하고 있는 용의자들은 "재판에서 모든 것이 밝혀져 7년간 리비아에 330억달러에 달하는 댓가를 치르게 한 제재 조치가 완전히 해제되기를 기대한다."고 말하고 있다.

한편 이번 재판은 지난달 말 영국 외무부의 존 커 차관이 리비아를 방문, 리비아와의 관계개선을 논의하고 미국도 리비아에 대한 여행금지 해제를 고려하는 등 정치적으로 민감한 때에 열린다.

I. 록커비 사건의 전개

1988년 12월 21일 미국을 출발한 팬암 103편이 스코틀랜드 록커비(Lockerbie) 상공에서 탑재되어 있던 semetex 폭약이 폭발하여 270명이 사망한 중대 항공 보안사고가 발생하였다. 미국과 영국이 사고 원인을 조사한 결과 리비아의 정보기관원들이 폭약을 사전에 항공기에 놓아두었다는 결론을 내린 후 리비아 정부에 혐의자를 인도하도록 요청하였다.

이에 대하여 리비아는 몬트리올협약 제7조에 의하여 인도를 거부하면서 미국과 영국이 범죄 증거를 제시할 경우 자국이 처리하겠다는 의사를 표명하였다. 동 사건은 "국제테러"의 표제로 유엔안보리에 회부되고 안보리는 국제테러 억제를 위한 리비아의 협력을 요청하는 결의(UNSC/RES731(1992))를 채택하면서 리비아 정부에 국제테러를 중단할 것을 요청하였다. 상기 결의에 따라 리비아를 연결하는 모든 항공운항을 중단하며 리비아에 대한 항공 관련 제품과 부품의 수출도 불허하는 것이었다. 이어서 또 하나의 결의(UNSC/RES748(1992))를 채택하여 리비아의 자산도 동결하였다.

리비아는 이에 대해 ICJ에 제소하였는데(Case Concerning Questions of International and Application of the 1971 Montreal Convention Arising from the aerial Incident at Lockerbie, 1998), 이는 유엔 주요 기관 중 하나인 유엔안보리의 결정을 또 다른 주요기관인 ICJ가 심사할 수 있느냐의 본질적인 문제도 제기되었다. 유엔 헌장 제103조는 유엔 헌장과 조약상 의무가 상충될 경우 유엔 헌장이 회원국에게 우월하게 적용된다고 규정하고 있는 바, 이에 근거하여

ICJ는 유엔회원국은 국제조약의 의무보다는 헌장 제25조에 따라 유엔안보리의 결정을 준수하여야 한다고 판결하였다.

II. 민간항공 범죄 규제를 위한 국제법

1. 대기권 상공의 법적 체제

국제법상 항공기 도달설, 실효적 지배설, 대기권설, 인공위성설 등 다양한 견해가 제시되지만, 대기권의 상공과 외기권의 우주를 명확히 구분하는 원칙이 확립되어 있는 것은 아니다. 이 구분에 따라 대기권 상공은 항공법이, 외기권 우주는 우주법이 적용되고 대기권 상공은 국가영역인 영토와 영수의 상공인 영공과 국가영역외의 상공으로 구분된다. 영공은 영토국의 배타적 주권이 미치고 영공주권의 절대성에 의하여 영공에서는 영해에서의 무해통항권과 유사한 권리가 부여되지 않는다(파리협약 제1조 및 시카고협약 제1조). 다만 1919년 파리항공협약 당사국간이나 1944년 시카고협약상 부정기민간항공기에 대해서는 협약상 규정에 의하여 무해통항권이 인정되고 있다. 즉, 1919년 항공의 규제를 위한 협약(1919년 파리항공협약)은 영공주권원칙을 인정하면서 협약당사국은 타당사국의 항공기에 대하여 평시 자국영공에서의 무해통항의 자유를 인정하였다. 1919년 파리항공협약을 대체하여 1944년 체결된 시카고 민간항공협약에서는 민간항공법체제의 기본조약으로 기능하면서 동 협약에 따라 1947년 UN의 전문기구인 ICAO(국제민간항공기구)가 창설되었다.

2. 민간항공범죄와 영역관할권

항공기에서 발생하는 범죄를 처리하는 초기 국가관행을 보면 커먼로 국가는 영토 관할권만을 주장하였으나, 항공기를 영토로 간주하지는 않은 반면 대륙법 국가는 자국 국민이 범한 범죄에 대하여 대부분 관할권을 주장하는 입장이었다. 전체적으로 자국에 등록된 항공기에서 발생한 범죄에 대하여 관할권을 주장하는 국가는 약 20여 개국에 불과하였고 국내법과 양자 조약에 따라 범죄 인도를 하는 국가(프랑스, 이탈리아 등)와 그렇지 않은 국가(영국 등)로 나누어지는 등 항공기 범죄에 대하여 통일적으로 적용할 국제규범이 없는 실정이었다. 이에 대처하여 맨 처음 등장한 조약이 1963년에 채택된 동경협약으로서 협약에서 △항공기상에서 항공안전을 위태롭게 하는 범죄를 규정, △관련 범죄를 행한 범인 인도, △항공 기장의 권한을 명시, △체약국에 범인 처벌을 부과 등을 규정하였다. 그러나 동경협약은 항공기상에서의 단순한 범죄가 아닌 항공기 납치 범죄에 대해 해결책을 제시하지 못한 바, 항공기 납치는 1930년 페루에서 처음 발생한 것으로 기록된 후 1950년대 후반과 60년대 초반에 사회주의 국가인 쿠바를 목적지로 한 항공기 납치가 성행하였다. 이러한 항공기 납치가 국제사회의 경각심을 제고시킨 결과 1970년 「헤이그협약」이 채택되었고 이어서 1971년에 「민간항공의 안전을 위한 몬트리올 협약」이 채택되었다.

1970년 「헤이그협약」은 비행 중에 있는 항공기(군용, 세관용 및 경찰용 항공기는 제외)에서 불법적으로 또는 무력으로 항공기를 장악하거나 이를 기도하거나 동 행위의 공범이 되는 것을 범죄로 규정하였다(제3조 2항). 항공기 납치범 동 혐의자는 항공기가 어디에 착륙하든지 관계하지 않고 협약 당사국 영토상에서 발견되었을 경우 동 당사국이 신병을 확보한 뒤, 기소 또는 범죄인 인도절차를 밟아야 한다(제6조 1항). 범인이 발견된 체약 당사국으로 하여금 범인을 인도하지 않을 경우 "어떠한 예외 없이" 범인 처벌을 위하여 관련 당국에 이첩하여야 하며, 당국은 자국 법률상 중재한 통상 범죄를 다루는 경우에서와 같은 방법으로 사건을 처리하여 한다고 규정하였다(제7조). 헤이그협약의 대상범죄는 항공기등록국, 착륙국, 항공임차인의 주영업관할국이 관할권을 행사한다. 1971년 「몬트리올 협약」은 「헤이그협약」상 관할국 외에 범죄발생지국도 관할권 행사국으로 규정하고 있다. 두 협약은 모두 규제대상범죄를 정치범불인도원칙이 적용되지 않는 범죄로 보아 모두 인도범죄로 규정하고 있다. 또한 당사국 간에 범죄인인도조약이 체결되지 않는 경우에도 동 협약을 인도의 법적 근거로 간주할 수 있고, 혐의자의 체포국은 소추나 인도 중에서 선택할 수 있다.

1973년 8월 로마에서 「시카고협약」을 개정하기 위한 제20차 ICAO 총회와 새로운 협약 또는 의정서 채택을 위한 외교회의가 동시에 개최되었으나 두 회의 모두 실패로 끝났다. 9.11 사태 이후 민간항공기를 이용한 테러행위를 규제하기 위해 2010년 베이징 협약이 채택된 바, 동 협약은 1971년 「몬트리올 협약」을 대체하는 것으로 민간항공기 자체의 무기화, 민간항공기에 대한 공격 행위를 억제하는 내용을 규정하였다.

3. 민간항공기와 영역관할권

「시카고협약」은 민간항공기에만 적용되며 정기국제민간항공과 부정기국제민간항공을 구분하여 취급한다. 동 협약은 협약당사국 상호 간 부정기민간항공에 대해서는 무해통항권을 인정하나, 정기민간항공에 대해서는 무해통항을 인정하지 않고 있다. 정기민간항공에 대해서는 보충협정으로 국제항공업무통과협정(두 개의 자유협정)과 국제항공운송협정(다섯 개의 자유협정)을 채택하여 규율하고 있다. 두 개의 자유협정은 a) 정기국제항공기가 체약국의 영공을 무착륙으로 통과할 권리, b) 운송 이외의 목적으로 체약국의 영토에 착륙할 권리(기술적 착륙)를 부여하고 있다. 국제항공운송협정은 두 개의 자유협정 이외에 c) 기국으로부터 허가국으로 승객·화물·우편물을 운송할 권리, d) 허가국으로부터 기국으로 승객·화물·우편물을 운송할 권리 및 e) 기국을 경유하여 허가국과 타국 사이에서의 승객·화물·우편물을 운송할 권리 등이 추가되어 있다.

시카고협약은 체약국이 여러 가지 방법으로 비행 자유에 대한 제한을 할 수 있는 권리를 부여한 바, 이는 시카고협약 제1조가 배타적 주권을 선언한 영공주권에서 나오는 당연한 결과이다. 또한 협약 제9조에 따라 특정 구역 또는 특정 경우에 비행금지, 제68조에 의한 비행 노선과 이용공항을 지정, 제3조 2와 10조에 따른 지정 공항에 착륙요구, 제7조 국내선 운항을 타국 항공사에게 허용금지, 그리고 제35조 항공기가 특정 물품을 수송하는 데 있어서 이를 금지하고 규제하는 권리 등이다. 또한 협약 제9조 (a)는 체약국이 군사적 필요와 또는 공공안전을 위하여 특정구역의 비행을 제한 또는 금지할 수 있도록 하였다. 다만 동 제한은 자국의 정기 국제민간항공과 타국의 정기 국제민간항공의 비행 사이에 차별을 두지 않아야 하며 비행금지 구역의 종도와 위치가 합리적인 것으로서 항행을 불필요하게 방해하지 않는 것이어야 한다. 협약 제9조(b)는 체약국이 일시적으로 비행금지 구역을 설치할 수 있도록 하였는데, 동 임시 비행금지 구역을 설치할 수 있는 권리는 군사적 필요보다는 비상상황이나 긴급시 발동될 수 있으며, 영토의 전부 또는 일부분을 포함할 수 있으며, 동 권리가 즉각 효력을 발휘할 수 있다. 다만, 제9조 (b)에 따른 비행금지 구역 설치는 일시적이며 모든 외국 항공기를 대상으로 하면서 국적에 다른 차별을 하지 말도록 규정하고 있다.

허가 없이 외국 항공기 특히 민간항공기가 자국 영공에 진입한 경우 영토국은 국제법적으로 어떠한 대응할 할 수 있는지가 문제된바, 과거 영공을 침범한 민간 항공기에 대해 무력을 사용하여 격추시킨 사례가 여러 번 있었다. 1983년 사할린 상공에서 격추된(269명 사망) 대한항공 007기 사건이 대표적인데 동 사건을 계기로 1984년 ICAO 총회는 시카고 협정에 "체약국은 모든 국가가 비행중인 민간 항공기에 대한 무기사용을 자제해야 하며 요격할 경우 탑승자의 생명과 항공기의 안전을 위험에 빠뜨리지 말아야"한다는 조항을 신설했다(제3조 bis(a)). 위 조항은 민간 항공기의 안전을 위한 새로운 법원칙이라기보다는 기존 국제관습의 확인이라 할 수 있다.

III. 생각해볼 문제

✓ 9.11 사태와 같이 커다란 피해를 초래하기 위해 돌진하는 민간 항공기에 대해 국가는 어떻게 대응할 수 있는가?

✓ 항공운항에 있어서 배출가스 규제를 위해 어떠한 법적 문제점이 있고 고려해야 할 법적 요소는 무엇이 있는가?

제4부 국가의 '영역주권'은 존중되어야 한다.

제 4 부
관련 용어 해설

북한인권결의안

○ 4-1 영토와 국제법

'북한인권결의안'은 유엔 인권위원회와 유엔 총회가 북한 주민들의 인권상황에 대한 우려와 개선을 위해 채택한 결의안이다.

북한의 인권상황은 극심한 경제난을 겪은 1990년대 중반부터 본격적으로 국제사회에 알려지기 시작했다. 그 시작은 1992년 유엔 인권위원회 산하 소위원회에 접수된 북한 출신 러시아 벌목공들의 인권침해 사례 접수였다. 유엔 인권소위원회는 이 사안에 대한 검토를 거친 후 1995년 공식적으로 북한 내 인권 문제를 의제로 설정했다.

'북한인권결의안'은 2003년 유엔 인권위원회 제59차 회의에서 처음으로 채택되었다. 결의안의 내용은 북한 당국의 인권 유린 실태를 지적하고 유엔 인권위원회의 권고를 이행할 것을 촉구하는 것이었다. 그러나 북한 인권 문제는 유엔 인권위원회에서 3년 연속 결의안이 채택되었으나 별다른 변화가 없자, 2005년부터 유엔 총회에서 논의되기 시작하였다. 유엔 총회는 공식 결의를 통해 북한 내 정치범 수용소, 강제노역, 공개 처형 등의 문제를 제기하였다. 북한은 매년 인권결의안이 채택될 때마다 외무성 대변인의 담화를 통해 내정 간섭이라고 반발해 왔다.

'북한인권결의안'은 유엔 안전보장이사회가 채택하는 결의와 달리 법적 구속력이 없다는 점에서 한계를 갖고 있다. 그러나 북한으로 하여금 인권에 대안 대응 방안을 모색하도록 만들었다는 점에서 의의가 있다.

서해 5도

○ 4-2 바다와 국제법

서해 5도는 백령도, 대청도, 소청도, 연평도, 우도를 일컫는다. 우도는 현재 군인들만 주둔하고 있기 때문에, 우도 대신 소연평도를 포함시켜 서해 5도라고 부르기도 한다.

이 섬들이 서해 5도라는 이름으로 함께 묶이게 된 것은 분단의 과정과 연관이 깊다. 일제하 백령도, 대청도, 소청도는 황해도 장연군에, 연평도는 벽성군에 각각 속해 있었다. 반면 우도는 경기도 강화군의 섬이었다. 해방 이후 이 섬들이 38선 이남에 위치하게 되면서 황해도에서 경기로도 관할이 바뀐 옹진군에 편입되었다. 이후 옹진군 지역은 6·25 전쟁을 거치며 북한에 재편입되었으나, 5개 섬은 정전협정에서 예외로 인정되어 유엔군 총사령관의 통제하에 두기로 했다. 이후 이 섬들은 서해 5도라고 불리며 하나의 단위로 묶이게 되었다.

분단 이전 서해 5도는 경제와 교류의 중심지였다. 백령도, 대청도, 소청도는 서해 한가운데 중국 산동반도와 마주보며 한반도에서 불쑥 튀어나온 곳에 위치해 있다. 그로 인해 바다를 통해 중국의 베이징이나 랴오둥반도 또는 평양이나 한반도 북부로 가려면 반드시 이곳을 지나야 했다. 이 섬들은 고대로부터 한반도와 중국을 잇는 황해횡단로의 중간 기착지이자, 동남아시아를 비롯한 인도와 중동을 연결하는 해상 실크로드의 거점 도서였다. 황해횡단로는 고대 및 중세시기 당(唐)과 북송(北宋) 간의 교역을 위해 활발히 이용하던 항로였다.

그런데 분단 이후 서해 5도는 교류와 풍요로움 대신 분쟁과 대결의 바다로 변해 버렸다. 1·2차 서해교전, 대청해전, 천안함 사건, 연평도 포격사건 등을 통해 젊은 군인들이 목숨을 잃었고, 섬사람들은 6·25전쟁 이후 처음으로 피난민이 되어야 했다. 서해 5도 주민들은 매일 눈앞에서 중국어선의 불법 어로행위를 목격하면서도 "오늘도 중국어선이 보여서 다행"이라는, 즉 북한의 특이동향이 없다는 '역설'을 안고서 살아가고 있다. 한반도의 평화를 위해 서해 5도를 갈등과 분쟁의 바다에서 평화와 교류의 바다로 만들 필요가 있다.

팬암기 폭파사건

◐ 4-3 하늘과 국제법

1988년 12월 21일 런던 히드로공항을 출발하여 뉴욕으로 향하던 팬암항공 소속 보잉 747기가 스코틀랜드 로커비(Lockerbie) 상공에서 공중 폭발한 사건이다. 일명 '로커비 사건'으로 부르기도 한다. 이 사건으로 탑승객 259명 전원과 마을 주민 11명 등 총 270명이 사망했다. 이 사건은 미국이 1986년 4월 리비아를 공습한 것에 대한 보복으로 알려져 있다.

미국과 영국 합동 수사팀은 1991년 11월 몰타에서 항공사 직원으로 활동하던 리비아 정보원이 카세트에 장착한 폭탄을 터뜨려 팬암기를 폭파한 것으로 드러났다고 발표했다. 영국과 미국은 리비아에 용의자 신병을 인도할 것을 요구했으나, 최고지도자 카다피(Gaddafi)는 이들의 혐의 사실 자체를 부인하다가 재판의 공정성이 의심된다는 이유로 거부하였다.

그러자 유엔은 1992년부터 민간항공기 운항 금지, 무기 및 특정 석유 장비 금수, 해외 자산 동결 등 리비아에 대한 제재에 들어갔다. 리비아 또한 계속되는 신병인도 요구를 거부하고 미국과 영국에 맞섰다. 그러다가 넬슨 만델라(Nelson Mandela) 남아프리카 대통령의 중재로 제 3국인 네덜란드에서 재판을 진행한다는 조건으로 합의에 이르러 1999년 메그라히(Megrahi)와 파히마(Fhimah) 등 2명의 신병이 인도되었다.

첫 재판은 2000년 5월 3일 네덜란드에서 스코틀랜드 법에 따라 개최되었다. 2001년 1월 31일 열린 선고공판에서 메그라히는 유죄, 파히마는 무죄를 선고받았다. 그러나 유죄 선고를 받은 메그라히가 2012년 5월 투병 중 사망하고 카다피 또한 2011년 8월에 사망함으로써 사건에 대한 진실 규명은 막을 내리게 되었다.

국제법을 알면 뉴스가 보인다

TODAY

BRK

239/8

LOREM IPSUM

Lorem Ipsum Dolor Sit Ame

BREAKII

lorem ipsum dolor sit amet consectetur ad

World No

KE
EWS

RK 457/3
/3
day TH

BREAKING
NEWS

Lorem ipsum dolor sit amet, consecte
eiusmod tempor incididunt ut labore
Ut enim ad minim veniam, quis nost

국제분쟁은 '평화적'으로 해결되어야 한다.

제 1장

국제기구와 유엔

유엔회원국이 갖추어야 할 자격은 무엇인가?

이세련

구제불능 불량국 낙인… 전면적 '北 고사 작전'

2016.09.24. 서울신문 5면[1]

22일(현지시간) 윤병세 외교부 장관이 유엔 총회 기조연설에서 북한의 유엔 회원국 자격 문제를 정면 제기한 것은 4차 핵실험 이후 만들어진 '국제사회 대 북한' 구도를 완전히 굳히기 위한 전략으로 풀이된다. 국제사회의 거듭된 경고와 고강도 제재에도 북한이 5차 핵실험을 감행하자 북한을 더이상 구제가 불가능한 완전한 '불량국가'로 낙인찍고 철저히 고립시키겠다는 의도인 셈이다.

남북은 1991년 제46차 유엔 총회를 거쳐 유엔에 동시 가입했다. 이후 1차 북핵 위기를 시작으로 북한이 3차 핵실험을 감행할 때까지도 정부는 회원국 자격을 문제 삼진 않았다. 그러다 올해 초 4차 핵실험과 장거리미사일 발사 직후인 2월 15일(현지시간) 오준 주유엔 대사가 한 공개토의에서 이 문제를 처음 거론했다. 이에 당시 일각에서 정부가 북한을 유엔에서 축출하기 위한 조치에 나선 것 아니냐는 관측이 나오자 외교부는 "축출 계획은 없다."면서 "몇몇 국가가 안보리 결의 위반과 북한의 회원국 자격을 연계시켰지만 확대 해석할 필요는 없을 것"이라고 설명하기도 했다.

이번에는 윤 장관이 이 문제를 직접, 그것도 기조연설 석상에서 공식 제기했다는 점에서 분위기가 달라졌다고 볼 수 있다. 윤 장관은 앞서 AP통신과의 인터뷰에서도 이 문제를 거론했다. 유엔 헌장 2장 5~6조에는 회원국 자격 정지 및 제명에 대한 근거가 명시돼 있다. 하지만 아직까지 이를 근거로 유엔에서 회원국 자격이 정지되거나 제명된 선례는 없다.

만약 북한이 유엔에서 제명되거나 자격 정지를 당할 경우 북한은 국제사회에서 완전한 고립 상태에 놓이게 되며 이에 따라 북한 내부의 체제 불안도 가속될 가능성이 크다. 특히 귀순한 태영호 전 주영국 북한 공사처럼 해외에서 북한 입장을 대변하는 외교관들의 심리적 부담은 폭발적으로 늘어나 엘리트들의 '도미노 탈북'이 이어질 가능성도 작지 않다.

---

1) https://www.seoul.co.kr/news/newsView.php?id=20160924005013

그러나 정부가 북한의 유엔 제명 등을 위해 구체적인 조치에 나설지는 아직 단언할 수 없다. 실제 북한의 회원국 자격 정지 및 제명 등을 추진한다고 해도 중·러의 반발이 뻔해 실현 가능성이 낮기 때문이다. 또 북한이 유엔에서 제명되면 안보리 결의 이행으로부터 자유로워져 오히려 북핵 해결이 더 요원해진다는 반론도 나온다. 외교 소식통은 "다양한 차원의 대북 압박을 위한 정치적 메시지 성격이 강한 것"이라면서 "여기에 여차하면 이를 추진할 수도 있다는 분위기 조성의 의미도 있는 듯하다."고 설명했다.

I. UN 회원국으로서 권리와 특권의 정지 및 제명

2016년 북한이 5차 핵실험을 강행하자 UN 안전보장이사회는 결의를 통해 UN 회원국의 권리와 특권의 행사가 정지될 수 있다는 점을 지적한 바 있다. UN 헌장은 제5조에서 회원국의 자격정지를, 제6조에서 UN 헌장의 원칙을 지속적으로 위반하는 회원국을 제명할 수 있다고 규정하고 있다. 물론 회원국의 권리나 특권의 행사를 정지하거나, 제명하는 경우 모두 안전보장이사회의 권고가 필요하므로 중국과 러시아의 동의 없이 북한에 대해 헌장 제5조와 제6조를 적용하여 이를 현실적으로 실행하기는 어려울 것이다. 2022년 3월 유럽평의회는 러시아가 우크라이나 침공을 비난하며 러시아를 평의회에서 공식적으로 제명한다고 발표하자 러시아는 유럽평의회를 탈퇴하겠다는 의사를 밝혔다. UN도 긴급 특별총회를 열어 인권이사회에서 러시아의 이사국 자격을 정지하는 결의안을 통과시켰다. 러시아는 리비아에 이어 두 번째로 인권이사회에서 자격을 정지당했고 상임이사국 중 UN 산하 기구에서 자격을 정지당한 첫 번째 국가가 되었다. UN 산하기구인 UN 세계관광기구(UNWTO)도 러시아의 침공에 대한 대응으로 회원국 자격 정지에 대한 투표를 진행하자 러시아는 탈퇴 의사를 밝혔고 러시아의 회원국 자격은 즉시 정지되었다. 러시아의 경우 UN 산하 기구에서는 탈퇴하더라도 안전보장이사회의 상임이사국인 러시아에 대해 UN 헌장상 회원국의 특권과 정지 또는 제명을 결의하는 것은 러시아가 자발적으로 동의하지 않는 한 현실적으로 어려울 것이다.

II. UN의 지위와 회원국의 의무

제2차 세계대전 후 국제사회의 평화와 안전의 유지를 위해 설립된 국제연합(UN)은 설립 초부터 미국과 소련의 양강구도와 함께 냉전의 시작을 불러왔다. 1945년 2월 개최된 얄타회담은 전후 처리 문제뿐만 아니라 UN의 설립과 회원국 자격 등을 논의하였다. UN이 설립된 다음 해인 1946년 이란에서는 쿠르드족이 소련의 지원을 받아 일명 '마하바드 공화국'을 수립하였고, 스페인의 프랑코 독재정권은 공포정치를 펼쳤다. 이에 UN은 회원국에게 스페인과 외교관계를 단절할 것을 촉구하였다. 이러한 상황에서 2차 세계대전의 전승국들인 미국, 영국, 소련을 중심으로 자국과 동맹관계에 있는 국가들을 UN에 가입시키려고 노력하였지만, 당시 UN 회원국은 서구국가들이 주를 이루었다. 소련은 거부권을 행사하여 서구의 지원을 받은 국가들의 회원 가입을 막아보려고 했으며 소련의 동맹국들이 회원으로 받아들여지지 않는 경우 계속 거부권을 행사하였다. UN 헌장 제4조는 "국제연합의 회원국 지위는 이 헌장에 규정된 의무를 수락하고, 이러한 의무를 이행할 능력과 의사가 있다고 기구가 판단하는 그 밖의 평화애호국 모두에 개방된다."고 규정함으로써 국가, 평화애호, 헌장 의무수락, 의무이행 능력, 의무이행 의사라는 5가지 요건을 명시하고 있다. 이 조항은 예시조항이 아니기 때문에 위 5가지 요건 이외 정치적 고려와 같은 요건은 배제되어야 한다고 해석된다. 소련의 지속적인 거부권 행사로 대다수 서방 국가들이 UN에 가입할 수 없게 되자, 총회는 UN 헌장 제4조 2항에서 회원국의 승인은 안전보장이사회의 권고에 따라 총회의 결정에 따라 이루어진다는 규정과 관련하여 안전보장이사회가 권고를 아예 안 할 경우 총회에서 결정할 수 있는지 ICJ에게 권고적 의견을 요청하였다. ICJ가 안전보장이사회의 절차규칙과 관행을 살펴봤을 때 회원가입 문제는 실체적 문제로 다루어졌고, 그 결과 소련의 거부권 행사는 정당화될 수 있었다. 제4조 2항 문언 자체만 살펴보면, 안전보장이사회의 권고와 총회의 결정이라는 두 가지 요건이 충족되어야 한다. 총회는 안전보장이사회 권고의 부재는 사실상 부정적인 권고라고 주장했지만 ICJ는 제4조 2항에서 의미하는 권고는 안전보장이사회의 긍정적인 권고를 의미한다고 판단하였고, 결과적으로 총회 단독으로 회원가입 문제를 결정할 수 없게 되었다.

일부 국제기구의 설립조약은 국제기구가 회원국을 제명하거나 회원자격을 중지시킬 수 있는 권한을 부여하고 있다. 국제기구에서 '제명'이란 용어는 사실 낯선 개념이다. 국제기구가 기능을 수행하기 위해 설립이 되었다면 어떤 이유를 막론하고 회원국을 제명한다는 것은 국제기구 본연의 목적을 달성함에 도움이 되는 방법은 아니기 때문이다. 국제기구에서 제명이 흔한 일은 아니지만, 만약 제명해야 한다면 일반적으로 통제할 수 없는 회원이 제명 대상일 것이다. 국제연맹은 소련이 핀란드를 침략했다는 이유로 1939년 소련을 제명한 적이 있었고, 세계은행은 분담금 미납을 이유로 1954년 당시 체코슬로바키아를 제명한 바 있다. 국제기구의 설립조약에 제명과 관련된 조항이 별도로 없다면, 국가들의 관행에 비추어 볼 때 제명은 일반적으로 허용되지 않는 것으로 보는 것이 타당하다. UN 헌장 제6조는 헌장에 규정된 원칙을 끈질기게 위반하는 회원국은 총회가 안전보장이사회의 권고에 따라 기구로부터 제명할 수 있다고 규정하고 있다. 회원국 자격의 정지와 관련하여 UN 헌장 제5조에 의하면 안전보장이사회에 의하여 취하여지는 방지조치 또는 강제조치의 대상이 되는 회원국에 대하여는 총회가 안전보장이사회의 권고에 따라 회원국으로서의 권리와 특권의 행사를 정지시킬 수 있다.

한편, 많은 국제기구의 설립조약에는 기구로부터 탈퇴할 수 있는 권한을 명시하고 있지만, UN 헌장에는 탈퇴와 관련된 규정이 존재하지 않는다. UN의 전신인 국제연맹의 경우, 회원국은 탈퇴의사를 밝힌 후 2년 후 국제연맹에서 탈퇴할 수 있었지만, 탈퇴 당시 국제연맹에 포함된 국제의무를 모두 준수해야 한다는 규정이 있었다. 1924년과 1940년 사이 국제연맹에서 탈퇴한 국가는 독일, 이탈리아, 일본을 포함한 16개국이었으며, 이러한 회원국의 탈퇴는 국제연맹의 보편성과 효율성을 약화시켰다. UN 헌장에 탈퇴규정이 존재하지 않는 이유는 국제연맹의 경험을 통해 얻은 교훈 때문일 것이다. UN 헌장에 탈퇴규정이 없음에도 불구하고 1965년 인도네시아는 말레이시아가 안보리 비상임이사국에 선출된 것에 대한 항의 표시로서 유엔사무총장에서 탈퇴 의사를 통보한 적이 있다. 당시 인도네시아는 UN회의에 참석하지도 않았을뿐더러, 인도네시아 국기와 이름, 그리고 회원국 명단에서도 삭제되었다. 탈퇴 의사를 밝힌 뒤 1년 후인 1966년 인도네시아는 사무총장에게 UN과 협력관계를 재개하고, UN 총회 회의에 참석하겠다고 통보하였다. UN 총회 의장은 이에 대해 "인도네시아 정부의 UN으로부터의 부재는 UN에서 탈퇴한 것이 아니라, UN과의 협력이 중단된 상태"였다고 언급하였다. 이에 대해 그 어떤 회원국도 총회 의장의 의견에 반대하지 않았고, 인도네시아는 1년간 UN에 어떤 활동도 참여하지 않았지만 부재 기간에도 회원자격은 유지되었다고 간주된다. 이와 같이 국제기구의 설립조약에 탈퇴조항이 없는 경우, 모호한 상황이 발생할 수 있다. 하지만 탈퇴조항이 없더라도, 소련의 국제법학자들은 주권국가들의 경우 자신들이 가입한 국제기구로부터 언제든지 탈퇴할 수 있다고 주장하였다. 하지만 국제기구를 설립한 초창기에 회원국들은 탈퇴조항의 삽입 여부를 선택할 자유가 있었기 때문에, 당시에 그러한 조항을 배제한 것은 탈퇴를 허용하지 않도록 의도했기 때문이라고 볼 수도 있다. UN 헌장의 준비문서를 살펴보면 당시 UN은 예외적인 상황에서 탈퇴가 허용되어야 한다는 논의도 있었기 때문에 회원국의 탈퇴도 허용될 수 있다는 해석도 가능하다. 국제기구 설립과 관련한 준비문서 등을 통해 일정한 경우 탈퇴를 허용한다는 논의가 진행되었다 하더라도, 탈퇴 여부에 대해서는 매우 제한적으로 해석되고 있다.

III. 생각해 볼 문제

✓ UN 자격심사위원회의 위원으로서 다음의 가상사례를 심의하게 된다면 어떠한 기준을 적
  용할 것이며, 가입 여부에 대해 어떤 결정을 할 것인가?
  [2022년 A국은 B국 동부에 위치한 X 지역을 침공하여 이 지역에 대해 분리독립을 선언하
  였고, 신생국가로서 'X 공화국'은 UN에 가입신청을 하였다.]

✓ 1974년 UN총회는 안보리에게 남아프리카공화국(남아공)이 세계인권선언과 UN 헌장을 지
  속적으로 위반하자 UN과 남아공 간의 관계를 검토할 것을 요청하였고, 안보리는 헌장
  제6조에 의거하여 남아공을 즉각 제명할 것을 권고하는 결의안을 작성한 바 있다. 영국,
  프랑스 미국은 결의에 찬성하였고, 총회는 남아공 정부 대표단의 신임장을 거절하였다.
  남아공은 1974년부터 인종분리정책이 끝난 1994년까지 UN 총회에 참석하지 않았다.
  1974년 UN의 남아공에 대한 결정은 '제명'과 '회원국의 특권과 권리 행사의 중지' 중 어
  떤 것에 해당하는가?

국제기구가 누리는 특권과 면제에는 예외가 없는가?

이세련

"아이티 콜레라 창궐 유엔軍이 전염 시켜"

2013.10.11. 서울신문 16면1)

매년 1000여명이 콜레라로 숨지는 카리브해 국가 아이티의 한 비영리단체가 발병의 진원으로 유엔 평화유지군(PKO)을 지목해 미국 법원에 제소했다.

BBC 방송에 따르면 아이티의 콜레라 희생자들을 대표하는 '아이티의 정의와 민주주의를 위한 단체'(IJDH)는 9일(현지시간) "2010년 10월 아이티에 파견된 PKO 부대가 콜레라를 전염시켰다. 아이티의 콜레라 감염 희생자 8000명과 이들의 가족을 대표해 미국 뉴욕 맨해튼 연방법원에 고소장을 접수했다."고 밝혔다.

미국 보스턴에 본부를 두고 있는 IJDH는 아이티에서 네팔 풍토병인 콜레라가 창궐한 이유가 유엔이 파견한 PKO 네팔군부대 때문이라고 주장해 왔다. 네팔군은 아이티 중부의 아르티보니트 강과 인접한 미레발레 지역에 주둔했으며 콜레라가 아이티를 휩쓴 시기에 아르티보니트 강으로 이들의 배설물이 대량 유입됐다는 설명이다. 실제로 미국 예일대를 비롯한 법의학계는 2010년 이 같은 내용을 담은 보고서를 잇달아 내놓은 바 있다.

그러나 유엔 관계자들은 아이티의 콜레라를 퇴치하기 위해 최선을 다하겠으나 이번 사태의 책임이 유엔에 있다는 주장은 인정할 수 없다는 입장을 밝히고 있다. 지난 2월 유엔이 "아이티에서 65만명 이상이 콜레라를 앓게 된 경위에 대해 유엔은 법적으로 책임을 지지 않는다."는 입장을 표명하자 IJDH가 강력한 대응을 하고 나선 것으로 보인다.

한편 국제투명성기구는 이날 PKO 등 유엔 관계자들의 부패 사례를 모은 보고서를 공개, 파문이 일고 있다. 보고서는 이들이 콩고민주공화국, 수단, 발칸반도 등에서 뇌물수수, 절도, 유엔 장비 불법 판매, 회계부정 등 광범위한 부패 행위를 저질렀다고 폭로했다.

---

1) https://www.seoul.co.kr/news/newsView.php?id=20131011016019

유엔의 보복? 아이티 평화유지군 돌연 감축

2013.10.12. 서울신문 10면[2]

유엔이 전 국민의 약 7%가 콜레라를 앓는 카리브해 국가 아이티에 콜레라를 전염시킨 주범으로 제소당한 가운데 아이티에 주둔시켰던 평화유지군의 규모를 감축키로 했다.

10일(현지시간) AFP통신에 따르면 유엔 안전보장이사회는 이날 표결을 통해 유엔 아이티 안정화지원단(MINUSTAH)의 평화유지군(PKO) 규모를 줄인다는 내용의 결의안을 채택했다. 이에 따라 유엔 아이티 PKO의 규모는 6233명에서 5021명으로 줄어든다.

유엔의 이 같은 결정은 전날 아이티 콜레라 희생자들을 대표하는 '아이티의 정의와 민주주의를 위한 단체'(IJDH)가 미국 뉴욕 맨해튼 연방지방법원에 유엔이 아이티에서 콜레라를 전염, 확산시킨 책임을 져야 한다며 고소장을 제출한 지 하루 만에 나온 것이다.

IJDH는 미국, 프랑스 등 학계의 보고서를 인용해 PKO 네팔군이 2010년 10월부터 아이티에 주둔한 이래 100년 만에 처음으로 네팔의 풍토병인 콜레라가 아이티를 휩쓸었다고 주장했다. 지난 3년간 콜레라에 감염된 아이티 국민들의 수는 67만 9000명에 이른다.

국제사회에서 유엔이 콜레라 발병의 책임을 회피한다는 논란이 거세지자 유엔 안보리는 이날 반기문 유엔 사무총장의 제안에 따라 "22억 달러의 예산을 들여 아이티 평화유지군의 임무 범위를 콜레라 통제, 제거로 넓힌다."는 내용을 결의안에 포함시켰다.

I. UN이 평화유지군의 법적 책임을 부인한 이유

미국의 인권단체인 IJDH(The Institute for Justice & Democracy in Haiti)는 2010년 아이티에서 발병한 콜레라 피해자들을 대신해 미국 법원에 집단 소송을 제기하였으나 1심과 항소심에서 모두 UN의 면제와 특권이 인정되자, 대법원에 상고하지 않았다. UN에 대한 법적 책임을 물을 수 없게 되었고 UN도 콜레라 사상자들에 대한 책임을 부인하자 UN은 국제사회의 비판에 직면하게 되었다. 당시 반기문 UN 사무총장은 아이티의 콜레라 사태에 대해 아이티 국민들에게 공식적으로 사과를 표명하며 UN의 "도덕적 책임"을 인정하고 피해자에 대해 4억 달러(약 4,500억 원)를 지원하는 방안을 마련하였다. 또한, 사무총장은 지원액의 반은 피해주민과 지역사회에 지원되고, 나머지 금액은 신속대응팀을 구성하고 위생을 개선하는 프로

---

2) https://www.seoul.co.kr/news/newsView.php?id=20131012010009

그램을 구축하는 데 사용될 것이라고 밝혔다. 다만 자금 모금을 위해서는 UN 회원국의 재정 지원이 필수적이었기 때문에 회원국의 자발적 협력을 요청하였다.

II. 국제기구의 특권과 면제

국제기구가 처음 등장하기 시작한 19세기 당시 국제기구의 법적 지위는 명확하지 않았다. 국제기구 직원 대부분은 소재지 국가의 국민으로 구성되었고 소재지국 정부로부터 재정적 지원을 받았다. 국제기구 회의에 참석한 회원국 대표단들은 본국으로부터 재정 지원을 받았다. 이러한 관행은 2차 세계대전까지 지속되었다. 국제연맹규약은 국제연맹기구의 법적 지위나 법인격에 대한 언급이 없었고, 동 규약은 단지 회원국의 대표단에게 외교적 지위를 부여하고 국제연맹 공관에 대한 불가침성과 관련된 내용만 포함하였다. 국가들은 국제기구가 효율적으로 운영되기 위해서는 기구가 소재한 소재지국에서 분리되어야 할 필요성을 점차 느끼기 시작하였다. 현실적으로 국제기구가 효율적으로 운영되기 위해서는 소재지국의 국내법 체계에서 '법적인' 행동을 할 수 있어야 했다. 하지만, 대부분 국내법 체계에서 국제기구에 법인격을 부여하는 국가를 찾기는 어려웠다.

국제법상 국가면제는 주권평등의 원칙을 토대로 일국이 타국의 재판관할권으로부터 면제를 받는다는 것을 의미한다. 국가의 대외기관으로서 외교사절과 영사는 각각 「외교관계에 관한 비엔나협약」과 「영사관계에 관한 비엔나협약」에 의해 일정부분 재판관할권으로부터 면제와 특권을 부여 받고 있다. 국가나 국가의 대외기관이 아닌 국제기구에게 특권과 면제를 부여해야 하는 이유는 무엇인가? 국제기구는 국가와 달리 기구 자체의 영토가 존재하지 않기 때문에 국제기구가 효율적으로 업무를 수행하기 위해서는, 기구가 소재한 소재지국으로부터 기본적인 자유와 법적 안전을 보장받을 필요가 있다. 국제기구는 소재지국의 동의하에 그 영토 내에 위치하고 있기 때문에, 회원국의 공동의 이익을 대표하는 기구가 어느 한 개별 회원국으로부터 간섭을 받게 된다면 국제기구의 독립성이 훼손될 우려가 있기 때문이다.

UN 헌장은 제104조에서 UN은 그 임무의 수행과 그 목적의 달성을 위하여 필요한 법적 능력을 각 회원국의 영역 안에서 향유한다고 규정하고 있다. 헌장 제105조는 유엔이 목적 달성에 필요한 특권과 면제를 각 회원국 내에서 향유하며, UN 회원국의 대표와 기구의 직원은 임무를 독립적으로 수행하기 위해 필요한 특권과 면제를 향유한다고 규정하고 있다. UN 헌장 제104조와 제105조의 이행을 위해 1946년 「유엔의 특권과 면제에 관한 협약」과 1947년 「전문기구의 특권과 면제에 관한 협약」이 채택되었다. UN 회원국은 자동적으로 이들 협약의 당사국이 되는 것은 아니며, 국가들은 이 협약의 적용을 받기 위해서는 별도로 협약에 가입하여야 한다. 「UN 특권면제협약」과는 별도로 UN의 경우 본부가 위치한 미국 및 스위스와는 각각 별도로 본부협정(Headquarter Agreement)을 체결하여 「UN 특권면제협약」의 내용을 실질적으로 적용하고 있다.

「UN 특권과 면제협약」의 주요 내용을 살펴보면 UN의 재산과 자산은 모든 소송으로부터 면제된다. UN의 재산과 자산은 소재지 및 보유자와 관계없이 모든 종류의 현지 법적 절차로부터 면제를 향유한다. 다만, 사법절차의 면제 포기는 강제집행까지 허용되는 것이 아니고, 집행에 대해서는 별도의 포기가 요구된다. UN의 공관은 불가침이며, UN의 문서는 어디에 소재하든 불가침성을 향유한다. 국제기구 행정책임자의 허가 없이 공관지역을 출입할 수 없지만, 공관지역에서도 현지법이 적용되는 경우 일반인이 공관지역에서 범죄를 저지르면 현지 법원에서 처벌을 받을 수 있다. 예를 들어, 화재 등 긴급 상황이 발생하였는데 기구의 책임자와 연락이 안 되는 경우, 현지 공권력이 본부 지역으로 불가피하게 진입하는 데 동의가 있다고 추정하는 조항을 두기도 한다(대한민국과 글로벌녹색성장연구소 간의 본부협정 제3조 2항).

국제기구 직원의 경우 자국 정부의 이익을 대표하는 것이 아니기 때문에 본국을 대표하는 외교관과 국제기구의 소속 직원 간에는 그 역할에 근본적인 차이가 있다. 국제기구의 직원에게 특권과 면제를 부여하는 것은 해당 국제기구의 이익을 위해 부여하는 것이다. UN의 경우 사무총장과 사무차장은 그의 가족까지 포함하여 외교사절에 해당하는 특권과 면제가 부여된다. 「UN 특권과 면제협약」은 제5조에서 UN 직원의 면제에 대해 상세하게 규정하고 있다. 일반 UN 직원에게는 공적 업무에 대해서만 면제가 인정되지만, UN 직원에게 부여되는 일반적인 물적 면제와 관련하여 어떤 행위가 공적 행위인지에 대해 누가 판단하여야 하는지가 문제될 수 있다. 일반적으로 형사범죄는 공적 행위에 해당되지 않기 때문에 면제는 발생하지 않을 것이지만, 이외의 다른 행위에 대해서는 법정지국과 UN 간에 의견이 다를 수 있을 것이다. 기구 직원이 현지근무 중 가장 일상적으로 범하는 위법행위는 교통사고일 것이다. 가해자가 기구 직원이라는 이유로 피해자가 아무런 보상을 받을 수 없다면 현지에서 문제가 생길 가능성이 크다. 이에 최근 국제기구가 체결하는 본부협정에는 직원의 교통사고에 대해서는 민사책임의 면제를 인정하지 않는 경우도 있다(대한민국과 국제백신연구소 간의 본부협정 제12조 2항, 대한민국과 글로벌녹색성장연구소 간의 본부협정, 제7조 3항, 제13조 2항, 제14조 2항). UN의 경우 사무총장이 직원에 대한 면제를 포기할 수 있으며, UN 사무총장은 직원에게 주어지는 면제가 사법의 진행을 저해하고 UN의 이익을 침해하지 않고 포기될 수 있다고 생각하는 경우 이들의 면제를 포기할 권리뿐만 아니라, 의무를 갖는다. 반면, UN 사무총장에 대해서는 안보리가 면제 포기를 결정할 수 있는 권리를 갖는다(UN 특권과면제협약 제20조).

　국가면제의 법리는 과거에는 절대적이지만, 상업적 행위에 대해서는 면제를 인정하지 않는 제한적 면제이론으로 바뀌게 되었다. 그러면, 국제기구에 대해서도 원칙적으로 절대적 면제가 부여되지만, 상업적 행위에는 적용하지 않을 수 있는가? 국제기구의 본부협정에서 공적 행위와 사적 행위를 구별해 면제의 범위를 달리 규정한 예는 거의 찾기 어렵다. 그럼에도 불구하고 제한적 면제론을 적용한다면, 본부협정에 반하는 결과가 초래될 것이다. 국가의 입장에서 보면 상업적 활동에 해당하더라도, 국제기구의 특성상 임무 수행에 필요하여 면제가 부여될 필요가 있는 경우도 있기 때문이다. 따라서, 명시적으로 이를 허용하는 규정이 없는 한, 국제기구에 대한 제한적 면제론의 적용이 국제관습법이라고 보기는 어렵다.

III. 생각해 볼 문제

✓ 국제기구에게 명시적으로 국내 법인격을 부여하는 국가를 발견하기 어려운 이유는 무엇인가?

✓ 국제기구에게 특권과 면제를 부여하는 본질적인 이유는 무엇인가?

✓ 국가면제는 절대적 면제에서 제한적 면제로 발전되어왔지만, 국제기구의 경우 국가와 비교할 때 여전히 제한적 면제를 적용하는데 소극적인 이유는 무엇인가?

✓ 국제통화기금(IMF)은 1997. 11. 21. 대한민국으로부터 구제금융신청을 받고 대한민국과 제5차 의향서를 체결하였는데, 그 내용은 자기자본비율(BIS) 기준이 미달인 은행에 대한 재무구조개선계획을 제출하고 금융기관 폐쇄 등에 대한 입법을 마련하도록 하는 것 등이었다. 이에 따라 금융감독위원회가 5개 은행을 퇴출은행으로 선정함으로써 청구인들은 직장을 잃게 되었다. 청구인들은 국제통화기금의 본래의 목적 범위를 벗어난 불법행위로 인하여 직장을 잃는 등 피해를 입었다며, 국제통화기금을 상대로 서울지방법원에 손해배상 소송을 제기한 뒤, 국제통화기금 혹은 전문기구의 재산과 자산에 대한 사법절차 면제 및 그 직원의 공적 행위에 대한 사법절차 면제를 규정한, 국제통화기금협정(Articles of Agreement of the International Monetary Fund) 제9조 제3항, 제8항 및 전문기구의특권과면제에관한협약(Convention on the Privileges and Immunities of the Specialized Agencies) 제4절 본문, 제19절 (a)의 위헌 여부를 제청신청하였으나(99카기16507) 기각되자, 헌법소원을 청구하였다. 헌법재판소는 국제통화기금조약 제9조 3항 등에 관한 위헌소원(2000헌바20 2001.9.27.)을 다음의 사유로 기각하였다: 국제통화기금 또는 전문기구가 그 목적 범위 내

에서 자신에게 부여된 임무를 수행하기 위하여 행하는 공식적인 행위(국가의 주권적 행위에 준하는 행위) 및 국제통화기금 또는 전문기구의 임직원이 공식적인 자격으로 행한 행위는 국제통화기금 또는 전문기구의 각 회원국의 재판권으로부터 면제되도록 함으로써, 국제통화기금 또는 전문기구의 공적인 활동을 보호하려는 것이므로, 이것이 헌법 제27조 제1항에 의하여 보장된 재판을 받을 권리의 본질적 부분을 침해하는 것이라고 보기 어렵다고 헌법재판소는 판단하였다. 국제기구의 공적인 행위로 야기되는 불법행위에 기한 손해배상에 대하여 재판권 면제를 인정하지 않는다면 발생할 수 있는 문제점은 무엇인가? 헌법재판소가 언급한 바와 같이 국제기구의 '공적 행위'는 국가의 주권적 행위에 준하는 행위이므로 국제통화기금의 면제를 국가면제와 동일한 기준으로 적용해야 하는가?

국제기구가 위법한 행위를 한 경우
책임은 누구에게 있는 것인가?

이세련

스레브레니차 8000여명 학살 25년이 흘렀지만 여전한 생채기

2019.07.20. 서울신문[1]

"아무도 해치지 않을 겁니다. 걱정들 마세요."

정확히 25년 전인 1995년 7월 11일 보스니아 세르비아계 부대의 사령관 라트코 믈라디치는 스레브레니차 마을을 떠나려는 무슬림 주민들을 안심시켰다. 경무장한 유엔 평화유지군 병력이 안전지역이라고 선포하고 주변에 있었던 것도 무슬림 주민들이 마음을 놓은 이유였다.

그 뒤 세르비아군은 열흘 동안 성인 남성과 소년들 8000명 이상을 살육했다. 평화유지군은 멀거니 바라만 보고 있었다. 2차 세계대전 종전 후 민간인 학살로 최대 규모다. 코피 아난 당시 유엔 사무총장은 "스레브레니차의 비극은 유엔 역사를 내내 괴롭힐 것"이라고 말했다.

1990년 옛 유고 연방을 이끌었던 강력한 지도자 티토가 사망한 뒤 여러 갈래의 분쟁과 내전이 잇따랐는데 그 중 보스니아 내전 와중에 일어났던 참극이 이 마을의 살육극이었다. 보스니아헤르체고비나 사회주의 공화국은 보스니아계 무슬림, 정교회를 신봉하는 세르비아, 가톨릭을 믿는 크로아티아계 주민들이 복잡하게 얽혀 있었다. 국민투표를 거쳐 1992년 독립을 선포해 곧바로 미국과 유럽 정부들의 승인을 받았지만 국민투표를 보이콧한 세르비아계 주민들은 세르비아 정부의 지원을 등에 업고 새 정부를 공격해 내전이 시작됐다. 대 세르비아 깃발 아래 보스니아계를 몰아내겠다는 이른바 인종청소가 저질러졌다.

세르비아 부대는 1992년 이 마을을 점령했다가 곧바로 보스니아 군대에 내줬다. 그 뒤 줄곧 대치하며 교전을 벌였다. 이듬해 4월 유엔 안보리는 이 지역을 안전지대로 선포해 어떤 무장공격이나 적대 행위도 없을 것이라고 공언했다. 하지만 대치는 이어졌다. 민간인들에 대한 보급이 막히기 시작했고 네덜란드 국적 평화유지군 병사들이 적은 병력이나마 주둔하고 있었다. 보스니아 주민들 사이에 굶어죽는 이가 나오기 시작했다.

---

1) https://www.seoul.co.kr/news/newsView.php?id=20200711500048

1995년 7월 세르비아 군이 다시 스레브레니차를 공격했다. 유엔군은 퇴각해 마을을 떠났다. 그리고 북대서양조약기구(NATO) 공습이 이어졌다. 도움의 손길은 미치지 않았다.

포위 닷새 뒤에 블라디치는 개선하듯 다른 장군들과 함께 마을에 걸어 들어갔다. 이미 2만명에 이르는 난민들이 네덜란드군 기지로 피신한 뒤였다. 다음날부터 살육이 시작됐다. 무슬림 난민들이 피난 가려고 탄 버스들을 에워싼 뒤 남성과 소년들을 골라 세운 뒤 총으로 쏴죽였다. 수천명이 처형당했고 불도저로 흙을 파낸 뒤 묻어버렸다. 일부는 산 채로 생매장 됐고 일부 어른들은 아이들이 숨져가는 모습을 바라봐야 했다. 여성들과 소녀들은 피난 줄 밖으로 나오라고 해 강간했다. 거리에는 시신들로 그득했다. 네덜란드 군인들은 5500명의 무슬림 피난민을 내주고 세르비아인들의 잔학한 행동을 팔짱낀 채 바라봤다. 무장이 미약했다지만 너무 비겁한 일이었다.

헤이그 전범재판소는 세르비아인들이 살육을 행하기 위해 치밀한 계획을 했다는 사실을 밝혀냈다. 블라디치를 전범으로 유죄 판결한 재판부는 판결문을 통해 "군대에 갈 만한 아이들과 남자들을 사로잡기 위해 치밀한 작업이 진행됐다. 여성들과 어린이들이 탄 버스들을 체계적으로 수색해 남자를 찾아냈다. 때로는 군대에 갈수도 없는 어린 소년들과 나이 든 남성들까지 처형했다. 25년이 흐른 지금도 새로운 유해들이 이 마을 근처에서는 파헤쳐지고 있다.

2002년 네덜란드 정부와 군 간부들이 살육을 저지하는 데 실패한 것을 지적하는 보고서가 발간됐다. 이 보고서 여파로 내각 전체가 물러났다. 지난해 네덜란드 대법원은 스레브레니차의 350명 죽음에 네덜란드가 부분적 책임이 있다는 판결에 대한 항소를 기각했다.

2017년 헤이그 전범재판소는 블라디치를 학살과 다른 잔학행위들로 유죄 판결을 내렸다. 그는 1995년 내전 종결과 함께 자취를 감췄다가 2011년 세르비아 북부 사촌 집에서 발각돼 체포됐다. 세르비아 정부는 그 뒤 전범 행위에 대해 사과했지만 대량 학살이 저질러졌다는 점을 여전히 부인하고 있다.

I. 희생자 가족이 국가책임을 주장한 이유

A국에서 B국 국적의 UN 평화유지군이 임의적으로 민간인을 구금한 경우 어떤 문제가 제기될 수 있는가? 임의적 구금에 대해 국제법상 UN이 책임을 져야 하는지 여부 및 임의적 구금 행위는 어떤 실체의 행위로 귀속되는지 여부가 문제될 수 있다. 전통적으로 국제사회의 질서는 '국가 중심'으로 이루어졌고, 19세기를 기점으로 국제사회에 새로운 비국가행위자가 등장했는데 이중 국제기구는 새로운 국제질서의 형성에 중요한 역할을 수행해 오고 있다. UN을 중심으로 국제기구의 활동 영역이 확대되면서 국제기구의 책임문제가 발생하기 시작했다. 초창기에는 주로 UN평화유지활동과 관련하여 문제들이 제기되었고, 1985년 국제주석

위원회 사건 등을 통해 국제기구의 책임에 대한 논의가 본격화 되었다.

기사에 언급된 사건은 네덜란드 대법원이 2002년 스레브레니차 학살행위가 자국 군대의 유엔 평화유지 활동으로 야기되었음을 인정한 사례이다. 국제법상 특권과 면제를 향유하는 국제기구를 대상으로 배상소송을 진행할 수 없기에, 동 사건의 피해자들은 당시 행위국인 네덜란드에서 국가를 대상으로 배상책임을 주장하였고 법원에서는 이례적으로 자국의 배상책임을 인정하였다.

II. 국제기구의 책임

국제기구는 언제나 '기능적인 실체'로서 언급되고 있다. 그 이유는 국제기구는 회원국에 의해 설립되어 구체적인 기능을 수행하며, 궁극적으로 회원국에 의해 통제가 되는 실체이기 때문이다. 국제기구는 구체적인 권한을 설립헌장을 통해 부여받거나, 기능을 수행하기 위해 필요한 권한이 묵시적으로 주어지기도 한다. 이러한 국제기구의 권한은 각각 한계가 있으며 이를 초월하여 권한을 행사하게 된다면 월권행위로 간주되어 국제기구의 행위나 결정은 유효하지 않게 된다. 다만, 국제기구는 현실적으로 회원국의 통제에서 벗어날 수 없다. 예를 들어 회원국이 분담금 납부를 철회하거나, 사무총장 교체 등과 같이 조직을 변경하거나 또는 국제기구를 탈퇴한다면 국제기구는 본연의 기능을 수행할 수 없을 것이다. 이렇게 국제기구가 실질적으로 회원국의 통제를 받고 있는 상황에서 국제기구는 과연 어떤 위법행위를 할 수 있는 것인가? 국제기구가 위법행위를 하는 경우, 비판의 대상은 국제기구가 아닌 주로 회원국이었다. 따라서 국제기구의 책임은 회원국의 책임과 연계하여 논의되었다.

국제기구에서는 주로 어떤 문제들이 발생할 수 있는가? 국제기구 내부적으로 직원이 부당하게 해고당하는 경우, 국제기구가 업무 수행을 위해 제3자와 계약을 체결했지만 계약상 의무를 위반하여 피해가 발생한 경우, 국제기구의 직원이 자동차 사고 등으로 개인에게 피해를 입힌 경우, 국제기구가 파산하여 채무 불이행에 빠진 경우, 군사작전 수행 중 접수국 국민에게 재산상 피해를 입히는 경우 등이 있을 것이다. 국제기구의 특권과 면제에서 살펴본 바와 같이 국제기구는 통상 국내법원에서 재판관할권으로부터 면제를 부여받는다. 따라서 국제기구가 자발적으로 면제를 포기하거나 스스로 책임을 인정하지 않는 경우 피해당사자는 적절한 구제를 받을 수 없는 사례가 종종 발생하고 있다. 이에 피해당사자나 피해당사국은 자신들이 입은 피해에 대한 배상을 회원국에게 요청할 수밖에 없었다.

국제기구의 행위로 발생한 피해에 대해 회원국이 단지 회원이라는 이유로 책임을 부담할 수 없다는 것이 지배적인 입장이다. 그 이유는 국제기구는 회원국과 구분되는 독립된 법인격을 갖기 때문에 국제기구도 국제법상 유효한 법률행위를 할 수 있다는 것을 의미하기 때문이다. 이러한 국제기구의 법인격을 바탕으로 국제기구의 의무 위반으로 발생한 피해에 대한 책임이 국제기구에 귀속되며 회원국은 원칙적으로 책임을 부담하지 않는다는 '회원국 책임배제원칙'이 수립되었다.

국제기구가 갖는 구조적인 특징을 고려하지 않고 국제기구의 법인격 차원에서만 책임문제를 접근하는 경우 현실적으로 어려운 문제들이 발생한다. 국제기구는 회원국과 구분되는 별개의 법인격을 갖는 국제법의 주체이지만, 동시에 국가들이 공동의 목적을 위해 창설한 하나의 수단이라는 성격을 갖기 때문이다. 국제기구의 창설, 운영, 그리고 해체까지 모든 과정에 회원국이 중요한 역할을 담당하고 있기 때문에 국제기구의 운명은 회원국의 손에 달려있다고 볼 수 있다. 그 결과 국제기구가 독자적인 법인격을 갖는다고 해서, 회원국과 완벽하게 분리하는 것은 어려운 일이다.

국제기구의 행위로부터 발생하는 피해에 대하여 회원국이 책임을 부담할 수 있는가에 대해 여러 논의가 있었고, 국제기구 회원국의 책임을 부정하는 것이 지배적인 입장이었다. 하지만 지속적으로 국제기구의 책임이 문제가 되자, 국제기구의 책임 이행 확보를 위한 회원국의 의무와 역할이 필요하다는 데 의견이 모아졌다. 이후 2011년 국제기구 책임 초안의 작성과정에서 회원국의 책임문제가 다시 다루어졌는데, 회원국 책임배제원칙을 견지하면서 동시에 회원국 책임에 관한 논의를 반영하기 위한 노력을 한 결과 2011년 국제기구책임초안 제5부(제58조 내지 제62조)는 국제기구의 행위에 대해 회원국이 책임을 부담하는 경우를 제시하고 있다.

III. 생각해 볼 문제

✓ 국제기구가 위법행위를 하는 경우 비판의 대상이 국제기구가 아닌 주로 해당 회원국인 이유는 무엇인가?

✓ 영국작가 메리 셸리의 소설, 「프랑켄슈타인」에서 프랑켄슈타인 박사는 인간만이 주도하는 세계를 개선시키기 위해 괴물을 창조했지만, 그 괴물을 통제할 수 없었고 비극적인 결말을 맞게 되었다. 이와 비슷하게 국가들은 국가들만으로는 달성할 수 없었던 국제협력을 강화하기를 희망하면서 자신들이 추구하고자 하는 목적에 순종하기를 원하는 '국제기구'를 만들었다. 하지만 국가에 의해 '창조'된 많은 국제기구들은 각각의 국가들이 기대하는

것과 달리 행동할 수 있다. 때로는 국제기구가 국가의 이익에 도움이 되기보다는 피해를 끼칠 수도 있는 잠재적인 위험도 존재할 수 있다. 국제기구가 위 소설처럼 '괴물'로 변해 국가들이 통제할 수 없는 경우에 대해 생각해보자.

✓ 2001년 ILC 국제위법행위에 관한 국가책임에 관한 초안과 2011년 ILC 국제기구책임에 관한 초안의 유사점과 차이점을 비교해보자.

제 2 장

국제분쟁의 평화적 해결

국가는 국제분쟁을 해결해야 할
국제법상 의무가 있는가?

이세련

정부 '외교적 노력' 헌법적 의무 확인

2011.08.31. 서울신문 10면[1]

헌법재판소는 정부가 위안부 문제해결에 적극적으로 나서지 않는 것은 행정권력의 부작위(不作爲)라고 판단했다. 국가의 마땅한 의무를 다하지 않았다는 의미다.

이번 헌법소원 심판의 쟁점은 재외국민을 보호하기 위한 국가의 '외교적 보호권'이 어디까지인가였다. 피청구인인 외교통상부는 "외교적 보호권의 행사 여부와 방법에 대해서는 국가의 광범위한 재량권이 인정된다."면서 "분쟁해결 수단의 선택은 국가가 국익을 고려해 외교적으로 판단할 문제"라는 의견을 냈다. 일본의 반인도적 불법행위가 협정만으로 해결된 것은 아니지만 양국 간 외교문제와 소모적인 법적 논쟁으로 이어질 수 있다는 점에서 이 문제에 대해 구체적인 조치를 취하기는 어렵다는 입장을 견지해 온 셈이다.

실제 정부가 위안부 문제를 적극적으로 해결할 수 있는지에 대한 현실성도 정부 측 입장을 뒷받침했다. 국가가 어디까지 국민을 보호해야 하는지, 외교적 보호권에 대한 국가의 재량권이 어디까지인지도 선을 긋듯 결정하기 어려운 것도 사실이다. 전쟁 이후 피해 사실과 규모를 일일이 조사해 규명하기란 사실상 어렵기 때문에 국가 간에 일괄적으로 청구권 문제까지 타결하는 것이 국제사회에서의 일반적인 협정 관행이라는 주장은 이러한 현실론을 근거로 한다. 정부는 일본에 철저한 진상규명과 역사교육, 사죄 등을 요구했던 만큼 그 의무를 다했다고 봤다.

그러나 헌재는 정부가 피해자의 기본권을 침해했다고 판단했다. 한일청구권협정 제3조는 '협정의 해석 및 실시에 관한 분쟁이 있을 경우 우선 외교상의 경로를 통해 해결해야 하며, 이에 실패했을 때 중재위원회에 회부한다.'고 규정하고 있지만 정부가 이러한 절차를 밟지 않았다는 것이다. 또한, 배상청구권은 단순한 재산권 문제가 아닌 인간의 존엄과 가치의 침해와 직접적인 연관이 있는 만큼 국가가 이를 외면할 수 없다고 판단했다. 헌재는 "청구인들의 인간으로서의 존엄과 가치, 재

---

1) https://www.seoul.co.kr/news/newsView.php?id=20110831010018

산권 등 기본권의 중대한 침해 가능성, 구제의 절박성 등을 고려하면 피청구인(정부)은 이러한 작위 의무를 이행하지 않을 재량이 있을 수 없다."고 밝혔다. 또 헌재는 정부가 외교 관계의 불편이라는 '매우 불분명하고, 추상적인 사유'를 이유로 피해자 구제를 외면하고 있다고 지적했다. 헌재 관계자는 "정부에 특정한 방식의 절차를 요구하거나 법적인 강제 의무를 부과한 결정은 아니다."라며 "하지만 정부가 외교적 노력을 다해야 한다는 헌법적 의무가 있음을 확인한 데 의미가 있다."고 말했다.

한편 외교통상부는 헌재 결정과 관련, "해결 방안을 종합적으로 검토하겠다."고 밝혔다. 외교부는 보도자료를 통해 "헌재의 결정을 겸허히 받아들인다."면서 "한·일 외교 채널 등을 통해 일본 측의 책임 있는 대응을 계속 요구할 것"이라고 설명했다.

I. 일본군 위안부 문제에 관한 정부의 분쟁해결의무

일제에 의하여 강제로 동원되었던 일본군 위안부 피해자들은 2006년 7월 5일 헌법재판소에 "한일청구권협정과 관련해 외교적 보호권을 행사하지 않는 국가의 부작위로 헌법상 인간의 존엄과 가치를 침해받았다."며 헌법소원심판을 청구하였다. 이 사건의 심판대상은 1965년 6월 22일 체결된 「대한민국과 일본국 간의 재산 및 청구권에 관한 문제의 해결과 경제협력에 관한 협정」("청구권협정")이었다. 청구권협정의 해석 및 이행에 관하여 양국 간 분쟁이 발생하는 경우 청구권협정 제3조의 분쟁해결절차에 따라 1차적으로는 외교적 경로를 통하여 해결하고, 외교적으로 해결하지 못하는 경우 중재에 회부해야 한다. 헌법재판소는 위 분쟁해결절차를 진행하지 않은 피청구인 국가의 부작위가 청구인들의 기본권을 침해하여 위헌임을 확인한다는 결정을 내렸다.

II. 국제분쟁의 해결수단

1. 분쟁의 의의

국제사법재판소(ICJ)의 전신인 상설국제사법재판소(PCIJ)는 분쟁의 개념을 "법 또는 사실관계에 관하여 법적 견해 또는 이해관계의 충돌하는 것"으로 정의한 바 있다(Mavrommatis Concession, 1924). 또한, ICJ는 분쟁의 존재는 객관적인 판단을 요구하는 사안으로 단지 분쟁의 존재를 부인하는 것만으로 충분하지 않다고 판단한 바 있다(평화조약 해석에 관한 권고적 의견, 1950).

2011년 8월 30일 선고된 위 2006헌마788 결정에서 헌법재판소는 먼저 청구권협정과 관련한 해석상 분쟁의 존재 여부를 판단하였다. 청구권협정 제2조 1항("양 체약국 및 국민의 재산, 권리, 이익 및 그 국민 간의 청구권에 관한 문제가 완전히 그리고 최종적으로 해결된 것이 된다는 것을 확인한다.")에 대해 일본은 일본군 위안부 피해자의 일본에 대한 배상청구권이 소멸되었다는 입장인 반면, 우리 정부는 일본군 위안부 피해자의 배상청구권은 이 사건 협정에 포함되지 않았다는 입장이었다. 헌법재판소는 이러한 한일 양국 간의 입장 차이가 청구권협정의 분쟁해결조항인 제3조상의 '분쟁'에 해당된다고 강조하였다.

국제법상 국가들은 분쟁을 평화적으로 해결할 의무를 부담하고 있다. 분쟁의 평화적 해결이란 무력의 위협이나 사용을 동반하지 않고 국제평화·안전·정의를 위태롭게 하지 않는 방법으로 분쟁을 해결하는 것을 의미한다. 국가들은 분쟁의 해결을 위한 수단을 선택함에 완전한 자유를 향유하고 있다. UN 헌장 제33조는 분쟁의 해결수단으로 교섭, 사실심사, 중개, 조정, 중재재판, 사법적 해결, 지역적 기구나 협정의 이용 또는 당사자들이 선택하는 다른 평화적 수단을 예시하고 있다. 기타 당사자들이 선택한 수단이란 결국 당사국 간의 합의를 필요로 하는 것을 의미한다. 일반적으로는 사법기관에 의한 분쟁해결이 가장 효율적이겠지만, 당사국의 합의가 필요한 국제법의 기본 구조와 강제관할권이 부여된 재판소의 부재 등으로 인해 분쟁해결에 있어 사법기관의 역할은 제한적일 수밖에 없다.

2. 비사법적 수단

사법기관의 역할이 제한적이기 때문에 국가들은 분쟁해결을 위해 비사법적인 수단을 우선적으로 활용할 수밖에 없으며 가장 대표적인 비사법적 수단은 교섭이다. 그런데 한일 간의 분쟁에서 살펴봤듯이 각 국가가 교섭에 임했는지 여부를 판단하는 것은 어려운 일이다. 많은 조약에서 조약의 해석문제가 발생하면 ICJ나 기타 국제재판소에 분쟁을 회부하기로 하면서, 전제조건으로 분쟁당사국간에 교섭을 거칠 것을 요구하고 있다. 즉, 교섭이 이루어지지 않았다고 판단하면, 재판소의 관할권이 성립하지 않는다는 것을 의미한다. ICJ는 "교섭이란 단순한 항의와 구별되고, 당사자 간의 법적 견해나 이해에 대한 단순한 반대, 비방의 존재, 주장을 넘어, 일방 당사자가 분쟁을 해결하기 위해 타방 당사자의 협의에 임하는 최소한의 시도가 필요하다."는 점을 언급하며 러시아의 선결적 항변을 수락한 바 있다(그루지아 v. 러시아, 2011.4.1.). 앞서 살펴봤던 외교적 경로로서 교섭이 중재의 전제였던 한일 청구권협정의 분쟁조항이 만약 국제재판에 회부되었다고 가정하면, 절차적인 요건으로서 진정한 의미의 교섭이 존재했는지 여부는 중요한 쟁점 중 하나가 될 것이다.

당사국 간의 교섭에 의한 해결이 원활하지 않는 경우, 국가들은 주선, 중개, 조정, 사실심사 등 제3자의 개입을 통해 분쟁해결을 모색할 수 있다. 일반적으로 이러한 비사법적 수단은 구속력이 없지만, 당사국이 달리 합의한다면 구속력을 부여할 수도 있다. 주선은 제3자가 당사국 간 교섭의 기회를 마련하지만 교섭에 직접 개입하지 않는 것을 말하며, 중개는 분쟁 당사국들이 동의한 제3자가 참여하여 분쟁 당사국 간의 이견을 조정하거나 해결방안을 제시한다. 사실심사는 제3자로 이루어진 심사위원회에서 분쟁의 원인이 된 사실을 객관적으로 조사하여 보고하는 방식이다. 조정의 경우 조정위원회가 수립이 되어 위원회에서 사실을 규명하지만, 사실심사와 다른 점이 있다면 조정위원회는 단순한 객관적 사실만을 규명하는 것이 아니라 분쟁해결을 위해 해결책까지 제시하기 때문에 중개와 사실심사가 결합된 방식으로 볼 수 있다.

3. 사법적 수단

사법심사를 통한 분쟁해결 방법은 크게 중재재판과 사법재판으로 구분되며 이들 재판소의 결정은 분쟁당사국에게 구속력이 있다는 점에서 비사법적 수단과 차이가 있다. 여기에서 의미하는 중재재판은 국가 간의 중재를 의미하며, 사인 간의 중재에 해당하는 국제상사 중재와는 구분할 필요가 있다. 중재재판과 사법재판의 차이는 중재재판의 경우 분쟁당사국이 합의하여 중재재판부를 구성하고, 중재재판에 적용해야 할 준거법을 분쟁당사국이 합의할 수 있고, 중재재판소의 판정은 법적 구속력을 갖지만, 많은 조약에서 중재재판소의 판결은 권고적 효력만을 갖는다고 규정하고 있기도 하다. 반면, 사법재판은 재판소의 구성과 재판소가 적용해야 할 법에 대해 분쟁당사국이 통제할 수 없다.

III. 생각해 볼 문제

✓ ICJ에서 분쟁당사국들이 주장하는 선결적 항변이란 무엇인가? 대부분 국가들이 선별적 항변을 주장하는 무엇인가?
✓ 분쟁의 해결수단은 사법적 수단과 비사법적 해결수단으로 구분되지만, 양자는 본질적으로 동일한 것으로 볼 수 있는가?

독도 영유권 문제를 국제사법재판소에 회부할 수 있는가?

이세련

한일 관계 복원 시도에 결 다른 ICJ 제소 주장

2021.02.18. 서울신문 4면[1]

문재인 정부가 한일 관계 복원에 나선 가운데 일본군 위안부 문제를 유엔 국제사법재판소(ICJ)를 통해 해결하자는 주장이 제기되면서 정부 측 대응에 관심이 쏠린다. 일단 정부는 "신중 검토" 입장을 내놓았지만 '검토'보다는 '신중'에 방점이 찍혀 있다는 해석이 나온다.

• 이용수 할머니 재차 요구… 정부 신중론

위안부 피해자 이용수 할머니는 17일 하버드대 아시아태평양법대학생회(APALSA)가 연 온라인 세미나에서 "문 대통령이 스가 요시히데 일본 총리와 함께 ICJ에 가서 위안부 문제를 완벽하게 따져 달라"고 호소했다. 전날 기자회견에 이어 이튿째 ICJ 제소 필요성을 강조한 것이다. 강경 일변도인 일본 정부를 설득해야 하고 피해 당사자의 주장도 외면할 수 없는 정부로서는 난감할 수 있다.

정부 관계자는 이날 신중 검토 입장과 관련해 "특정 방향을 염두에 둔 것은 아니다."라고 말했다. 전문가들도 ICJ 제소는 한일 간 외교 전쟁을 불사하겠다는 뜻이나 다름없어 정부가 받아들일 가능성은 낮을 것으로 본다. 정부가 ICJ 제소를 하려고 해도 일본 정부가 응해야 하며, 나아가 어떤 걸 쟁점으로 삼을지에 대한 양국 합의가 이뤄져야 한다. 일본 측은 위안부 문제뿐 아니라 강제징용, 독도 문제도 함께 다뤄 보자고 할 수 있는데, 한국 정부 입장에선 받아들이기 힘든 요구다.

• "日, 독도 걸고 넘어질 수도… 외교 절실"

우선 독도는 "영유권 분쟁이 존재하지 않는다."는 게 공식 입장이다. 강제징용은 일제 식민지배

---

1) https://www.seoul.co.kr/news/newsView.php?id=20210218004015

의 불법성 여부를 따질 수밖에 없는데, ICJ가 당시 열국들이 외교적으로 승인했다는 주장을 받아들여 '합법'이라고 판단할 가능성도 완전히 배제할 수 없다. 정부도 강제징용 판결 이후 ICJ 제소 관련 득실 관계를 검토했다가 이런 이유들로 인해 접은 것으로 알려졌다. 이원덕 국민대 교수는 "과거사 문제로 전체적인 외교 입지가 좁아지고 있다."면서 "우리의 요구는 배상이 아니라는 점을 분명히 하고 도덕적 우위에 선 외교를 펼쳐야 할 때"라고 말했다.

I. 독도 영유권과 국제사법재판소

일본은 독도에 관한 대한민국의 영유권을 인정하지 않고 이를 한·일간의 영유권에 관한 법적 분쟁으로 보고 국제사법재판소에 부탁하여 해결할 것을 주장해오고 있다. 기사에서 언급된 바와 같이 일본이 독도 문제를 국제사법재판소에 회부하더라도 우리 정부가 동의하지 않는 이상 국제사법재판소는 한·일간의 독도의 영유권 귀속문제에 대해 관할권을 갖지 않는다. 하지만 일본이 일방적으로 국제사법재판소에 제소할 경우 대한민국의 명시적 및 묵시적 동의 등을 통해 국제사법재판소에 확대관할권이 부여될 수 있는 것인가? 국제법에서 사용되는 강제관할권이란 용어는 국가의 동의를 기초로 한다는 점에서 국내 재판소에서 사용하는 재판소의 강제관할권과 그 의미와 차이가 있다. ICJ의 관할권은 국가들이 판결을 구하는 재판관할권과 국제기구들이 권고적 의견을 구하는 권고적 관할권으로 구분된다. 재판관할권의 경우 모든 사건에서 소의 허용성 문제는 제기되는 것이 아니고, 관련된 쟁점이 있는 경우에 검토가 필요하다. 따라서 재판관할권이 존재하는지 여부와 소의 허용성 여부는 별개의 문제로서 접근해야 한다.

II. 국제사법재판소(ICJ) 개관

국제사법재판소(ICJ)가 설립되기 전인 1921년부터 1946년까지 존재했던 상설국제사법재판소(PCIJ)는 국제연맹규약에 의해 설치되었지만 국제연맹 자체에 속한 주요 기관은 아니었다. 반면, 유엔의 설립조약인 유엔 헌장은 ICJ를 유엔의 주요 사법기관으로 정하고, ICJ규정이 헌장의 불가분을 이룬다고 규정하고 있다(헌장 제92조). PCIJ와 ICJ는 각각 설립규정이 다르지만, 그 본질상 ICJ는 PCIJ의 계속으로 볼 수 있는데 그 이유는 ICJ의 규정이 PCIJ 규정을 기초로 하기 때문이다. 모든 유엔 회원국은 ICJ규정의 당연 당사국이며, 유엔의 비회원국이라도 안보리의 권고에 의해 총회가 결정하는 것을 조건으로 ICJ 규정의 당사국이 될 수 있다 (헌장 제93조).

1. 재판소 구성

ICJ의 재판관은 9년 임기의 판사 15명으로 구성되며, 판사는 안보리와 총회에서 각각 절대 다수로 선출하며, 상임이사국의 거부권은 적용되지 않는다. 재판부에 분쟁 당사국의 국적 재판관이 없는 경우, 분쟁 당사국 일방 혹은 쌍방은 당해 사건에 한하여 자국민 또는 제3국인 재판관을 임시 재판관으로 지명할 수 있다.

2. 준거법

일반적으로 국제법의 법원으로 알려진 ICJ 규정 제38조 1항은 재판의 준칙 또는 재판소의 준거법에 해당되는데, 재판소는 부탁된 분쟁을 국제법에 따라 결정함에 있어, 조약, 법으로 수락된 일반관행의 증거로서 국제관습, 법의 일반원칙과, 법칙을 결정하는 보조수단으로서 사법판결과 국제법 학자들의 학설을 적용해야 한다.

3. 관할권

ICJ는 재판소에 회부된 사건을 결정하기 위한 재판관할권과 유엔의 기관과 전문기구 등에 대해 법적 자문을 제공하는 권고적 권할권을 갖는다. 재판소가 특정 사안에 대해 관할권이 존재하는지 여부에 관하여 분쟁이 있는 경우 그 문제는 재판소 스스로 결정에 의하여 해결된다(ICJ규정 제36조 6항). ICJ 규정에 의하면 오직 국가만이 당사자 능력을 가지며, 이 규정에 따라, 유엔회원국은 자동적으로 ICJ 규정의 당사국이기 때문에 기본적으로 UN회원국들에게는 개방이 되었다고 볼 수 있다. 하지만 헌장 제93조 2항에서 국제연합의 비회원국도 당사국이 될 수 있는 방법이 규정되어 있기 때문에 요건이 충족된다면 비회원국도 ICJ에 사건을 회부할 수 있다. 하지만, ICJ 규정의 당사국이라 하더라도 ICJ의 재판관할권이 바로 성립하는 것이 아니라, 어떤 방식으로든 국가의 동의가 전제되어야 한다. 국가가 ICJ의 관할권에 동의를 부여할 수 있는 방법은 다음과 같다.

1) 합의에 의한 동의(ICJ 규정 제36조 1항)

분쟁이 발생한 이후 분쟁 당사국들이 특정 사건은 ICJ에 부탁하기로 별도로 합의하는 경우 관할권이 성립한다. 제36조에 의하면 ICJ는 국가들에 대해 일반적 관할권을 행사하지 못하며, 관련 국가들이 재판소의 개입에 동의한 각 특정 사건을 결정하는데 필요한 범위 내에서 단지 제한된 관할권을 행사한다는 것을 의미한다. 특정 사건이 재판소에 회부되기 위해서는 국가들은 특별협정을 체결하여 특정 분쟁을 ICJ에 회부하기로 합의할 수 있다.

2) ICJ 규정(제36조 2항)

ICJ 당사국은 선택조항으로 알려진 제36조 2항을 수락함으로써 재판소의 관할권을 미리 수락해 놓을 수 있다. 국가들은 아무런 조건없이 선택조항을 수락할 수 있지만, 일정한 유보를 조건으로 수락할 수도 있다. 이 조항에 의하면 규정당사국들은 동일 의무를 수락하는 다른 국가들에 대한 관계에 있어서 선택조항을 수락할 수 있으며 이는 상호주의 원칙을 반영하고 있다. 선택조항의 수락은 그 행위 자체가 일방적이긴 하지만, 동일한 강제관할의무를 수락하는 다른 국가들과의 양자 간 약속을 수립하는 것이기 때문에, 국가 간 양자 합의를 창설하는 효과와 같다.

3) 조약 내 합의조항

많은 양자조약과 다자조약에서 발견되듯이 장래에 조약의 해석과 관련하여 분쟁이 발생하는 경우 ICJ에 회부하기로 조약에 소위 재판규정을 미리 규정하고, 이를 통해 분쟁을 ICJ에 회부할 수도 있다. 조약 자체에 ICJ 회부조항이 포함될 수도 있고, 조약과 별도로 분쟁해결에 관한 의정서를 채택하는 방법도 있지만 이는 모든 사안이 아니라, 그 특정 조약의 해석과 적용에 관한 분쟁에 대해서만 적용이 된다.

4) 확대관할권

일방 분쟁 당사국이 소를 제기하면, 일반적으로 피제소국이 앞서 설명한 동의 또는 합의를 표시하지 않은 이상 응소의 의무가 없다. 그런데 응소 의무가 없는 국가가 재판소의 관할권을 부인하지 않고, 소송에 참여할 의사로 간주될 수 있는 행위, 예를 들어 재판소에 출정하거나, 서면을 통해 재판소의 관할권을 수락하는 경우 확대관할권이 성립할 수 있다. 다만, 단지 재판관할권을 부인하기 위한 목적으로 출정한 경우에는 확대관할권이 성립되지 않는다.

III. 생각해 볼 문제

✓ ICJ의 판결에 선례구속의 원칙이 적용되는가?

✓ 소의 허용성과 재판관할권의 차이점을 비교해보자. Corfu 해협 사건에서 당시 알바니아가 ICJ규정의 당사국이 아니었음에도 관할권이 성립하게 된 이유는 무엇인가?

✓ 확대관할권(forum prorogatum)은 종종 논란의 대상이 되는데 그 이유에 대해 생각해보자.

유엔은 어떤 방식으로 국제분쟁해결에 기여할 수 있는가?

이세련

한미일 외교 "北 규탄"… 유엔 무용론 속 북·중·러 압박

2022-05-30 서울신문 5면[1]

중국과 러시아의 거부권 행사로 유엔 안전보장이사회의 대북 추가 제재가 무산된 가운데 한미일 외교장관이 북한을 규탄하는 공동성명을 냈다. 유엔 무용론이 불거지는 상황에서 한미일 공조를 통한 북중러 압박 기조가 강화하고 있다.

• 공동성명 5년 만… 北 협상 복귀 촉구

박진 외교부 장관, 토니 블링컨 미국 국무부 장관, 하야시 요시마사 일본 외무상 등 3국 외교장관은 27일(현지시간) 공동성명에서 "최근 북한의 탄도미사일 발사를 강력히 규탄한다."며 "유엔 안보리가 북한의 노골적이고 반복적인(안보리 결의) 위반에 대응한 결의를 채택하지 못한 데 대해 깊은 유감을 표한다."고 밝혔다. 전날 열린 안보리에서 북한 내 유류 반입량 축소, 담배 반입 금지 등이 포함된 제재안에 대해 15개 이사국 가운데 중러를 제외한 13개국이 찬성해 과반을 넘었지만 상임이사국 중 하나라도 반대하면 결의안이 부결되는 구조가 발목을 잡았다. 안보리의 대북 추가 제재가 불가능하다는 것이 확인된 셈이다.

• "안보리, 대북 결의 불발에 유감"

이에 따라 한미일 3국 장관은 이례적으로 회담 개최 없이 긴급 공동성명을 내고, 북한 도발에 대한 강경 대응 기조를 분명히 했다. 이들은 공동성명에서 "미국은 확장 억제를 포함해 한일에 대한 확고한 방위 공약을 재확인했다."며 "북한의 불법적 행동에 대응해 최근 한미·미일 군사훈련을 실시했다."는 점을 강조했다.

---

1) https://www.seoul.co.kr/news/newsView.php?id=20220530005004

다만 한미일은 "전제조건 없이 북한과 만나는 데 대해 지속적으로 열린 입장임을 강조한다."며 외교적 해법의 우선 기조는 유지했다. 또 북한의 코로나19 확산을 언급하며 "북한이 국제사회의 지원 제의에 호응하길 기대한다."고 밝혔다.

한미일 3국 장관은 지난 2월 미 하와이 회담 직후 5년 만에 대북 규탄 성명을 낸 바 있다. 또 다음달 3일부터 한미일 북핵수석대표 협의와 한미일 차관 협의가 차례로 예정돼 있고, 중하순에는 한미·한일 외교장관 회담 가능성이 있다. 다음달 29~30일에는 스페인 마드리드에서 열리는 나토(북대서양조약기구) 정상회의에서 한미일 정상 간 회동 가능성도 있어 3국 공조를 통한 대북 압박 기조는 더욱 강화할 것으로 전망된다.

- 美 대북 독자제재… 러 은행 2곳 포함

미국은 대북 독자 제재에도 나섰다. 미 재무부 해외자산통제국(OFAC)은 27일 제2자연과학원(현 국방과학원) 산하기관 소속의 북한 국적자 1명과 북한 고려항공 무역회사가 북 미사일 개발을 도왔다며 제재 대상에 올렸다.

또 안보리 제재 대상인 북한 조선무역은행에 금융상품 및 용역을 제공했다며 러시아의 극동은행·스푸트니크은행도 제재 명단에 추가했다.

I. 유엔 안전보장이사회 결의의 법적 성격

UN 회원국은 UN 헌장 제33조에 규정된 교섭, 심사, 중개, 조정, 중재재판, 사법적 해결, 지역기구나 지역협정 또는 당사자가 선택하는 다른 평화적 수단에 따라 분쟁을 해결하지 못하는 경우 분쟁을 안전보장이사회에 회부해야 한다(헌장 제37조 1항). UN 안전보장이사회의 문서는 대언론성명(Press Statement), 의장 성명(Presidential Statement), 결의(Resolution) 등으로 구분되는데 UN 헌장에 의한 안보리의 공식 결정(decision)으로서 법적 구속력을 갖는 것은 "결의"가 유일하다. UN 안보리 결의는 회원국을 법적으로 구속하지만, 결의의 이행을 위해서는 회원국들의 국내적 이행이 확보되어야 한다. 안보리가 최종적으로 분쟁을 해결하는 기관은 아니며, 분쟁의 해결에 있어 당사국의 동의가 기본적으로 전제가 되어야 한다는 점을 유의해야 한다.

우리 정부도 그동안 안보리 결의가 채택되면 남북교류협력법, 대외무역법, 관세법 등에 근거하여 안보리 결의를 집행해왔다. 이와 같이 안보리 결의를 이행하기 위한 각 부처의 행정입법은 단일법률에 의한 위임 근거 없이 이루어지고 있는데, 각 부처가 안보리 결의 내용에 부합하는 적당한 개별법률을 찾아 그 법률에 근거하여 고시 등을 제정하고 있는 상황이다. 이에 UN 안보리가 채택한 결의를 이행하기 위하여 정부의 조치사항 및 대책 수립절차와 방법 등에 관한 사항을 규정하는 2021년 2월 '국제연합 안전보장이사회 결의의 이행에 관한 법률안'이 발의된 바 있다.

II. UN을 통한 국제분쟁의 해결

UN의 주요 기관인 안보리와 총회는 국제평화와 분쟁의 평화적 해결을 위해 국가 간의 분쟁에 개입을 할 수 있다. 분쟁의 평화적 해결의 표제 하에 UN 헌장 제6장은 안보리 또는 총회가 분쟁당사국의 의사에 관계없이 국제평화와 안전의 유지를 위태롭게 할 우려가 있는 일체의 분쟁의 해결을 위해 토의나 권고를 할 수 있음을 규정하고 있다. UN이 개입할 수 있는 분쟁의 범위는 법적 분쟁뿐만 아니라 정치적 분쟁도 포함이 된다는 것을 의미하지만, 법적 분쟁은 국제사법재판소에서 해결함이 원칙이다(UN 헌장 제36조 3항).

1945년 UN의 창설은 집단안보체제의 시작을 의미하였다. 이론적으로 집단안보는 중앙 집권적 형태와 유사한데 그 이유는 침략과 평화에 대한 위협에 대응하기 위해 강제적인 무력의 사용이 허용되기 때문이다. UN 헌장을 작성하는 과정에서 국가들은 다음의 기능을 안보리에게 부여했음을 알 수 있다. 첫째, 국가들이 전쟁을 개시하거나, 기타 다른 형태의 무력을 사용할 수 있는 자유는 UN 헌장을 통해 엄격히 금지된다(헌장 제2조 4항). 둘째, 그럼에도 불구하고, 안보리에게 헌장 제42조를 통해 평화에 대한 위협, 파괴행위 그리고 침략행위에 대해 군사적 조치를 취할 수 있는 권한이 주어졌다. 셋째, 헌장 제51조 자위권을 통해 예외적으로 허용되는 무력사용은 안보리가 국제평화를 유지하고 회복하는데 필요한 조치를 취할 때까지만 유지될 수 있다. 즉, 국가의 자위권은 국가들이 별도로 숙고할 시간없이 무력공격이 발생한 경우에 한정되며 발동할 수 있으며, 안보리가 평화와 안보회복에 필요한 조치를 취할 때까지만 무력으로 대응할 수 있다. 따라서, UN체제하에서 안보리는 무력사용과 관련하여 독점적 권한을 갖으며 무력사용을 규율하고 통제할 권한을 부여받았을 뿐만 아니라 지역적 국제기구가 군사적 강제조치를 강행하도록 승인할 수 있는 권한도 주어졌다(헌장 제53조).

대부분 국제기구의 설립조약은 일정한 강제 수단은 마련하고 있지만, 강력한 제재조치를 언급한 경우는 찾아보기 어렵다. UN 헌장에서 제재(sanction)란 용어는 발견되지 않는다. 하지만 UN 헌장 제7장은 안보리가 회원국에 대해 취할 수 있는 다양한 제재조치를 포함하고 있다. 안보리는 헌장 제7장에 근거하여 조치를 취하기 위해서는 먼저 평화행위에 대한 위협, 평화의 파괴 또는 침략행위의 존재 여부를 판단해야 한다. 평화에 대한 위협은 반드시 국가

간의 충돌을 전제로 하지 않으며, 한 국가 내의 폭력사태도 평화에 대한 위협으로 간주될 수 있다. 평화에 대한 파괴는 일반적으로 복수국가 간의 군사적 적대행위를 의미하며, 이라크의 쿠웨이트 침공과 아르헨티나의 포클랜드 침공이 이에 해당된다. 침략은 타국의 주권과 영토적 보존을 침해하기 위한 무력사용을 의미하며, 이라크의 쿠웨이트 침공은 평화에 대한 파괴뿐만 아니라, 침략행위에도 해당이 된다.

UN 헌장 제7장에서 엄격한 의미의 강제 행동은 비군사적 행동과 군사적 행동으로 구분된다. 안보리는 헌장 제41조에 근거하여 경제관계의 단절, 통신시설의 단절, 외교관계의 단절 등 병력의 사용이 수반되지 않는 조치를 취할 수 있으며, 이러한 비군사적 조치가 불충분하다고 판단되면, 안보리는 제42조를 근거로 회원국의 병력을 통한 시위, 봉쇄 및 기타 작전을 수행할 수 있다. 다만, 현실적으로 UN 자체의 상비군이 없기 때문에, 회원국의 병력을 동반하기 위해서는 안보리와 회원국 간에는 특별협정을 체결해야 한다. 국제평화와 안전의 유지 및 회복을 위해 군사력이 사용이 필요한 경우, 안보리는 직접 '무력사용'을 허가하기 보다는 헌장 7장에 근거한 조치를 명시하고 회원국에게 필요한 모든 수단을 허가한다는 표현을 사용하고 있다. 안보리는 무력사용이 통상적으로 위법한 경우에 해당된다 하더라도, 제39조와 제42조의 조건이 충족된다면, 회원국들에게 무력을 사용할 수 있는 권한을 부여할 수 있다는 의미이며, 안보리는 회원국들의 동의 없이 군사적 조치를 담은 안보리 결의를 실천에 옮기도록 구속할 수는 없다.

냉전 이후 일정 기간 국제사회는 긴장상태가 지속되었다. 이 기간 동안 안보리는 구속력 있는 여러 경제적 제재조치를 취했다. 유고, 리비아, 아이티 등에 대해서는 제한적이었던 금수조치에서 시작하여 점차 포괄적 제재조치로 확대하였고, 1990년 이라크가 쿠웨이트를 침공 시 이라크에 대해서 즉각적으로 포괄적 경제 제재조치가 취해졌다. 포괄적 제재조치가 제재대상이 되는 국가의 국민들에게 불가피하게 미치는 영향으로 인해, 안보리는 점차 표적 제재조치(targeted sanctions) 또는 smart sanctions를 도입하였다. 일명 표적 제재조치의 대상은 대부분 안보리가 행동의 변화를 요구하는 특정 국가의 지도자들에 국한되었다. 안보리는 국제법을 위반하거나 또는 국제평화와 안보에 대한 위협에 책임 있는 개인이나 실체에 대해 재정, 외교, 무기, 여행, 교역 등에 대한 제재조치를 취했다. 이러한 조치는 국제법상 국가책임을 보완하기 위한 수단으로서 지도자의 위법행위로 인해 무고한 일반 국민들이 처벌되는 것을 방지하기 위한 목적을 포함하고 있다. 또한, 안보리의 제재조치는 국제법 위반에 대한 조치가 아니라 국제공공질서에 대한 위협에 대응하기 위한 수단으로 주로 채택되었다.

III. 생각해볼 문제

✓ 안보리가 표적 제재조치를 취하는 경우 제재를 면제하기 위해 예외적으로 고려할 수 있는 경우는? 인도적 또는 종교적 사유를 제재의 예외로 고려하는 것은 적절한지 생각해보자.

✓ 안보리의 표적 제재조치는 제재대상자의 등록 및 해제 과정에서 당사자에게 통고되지 않는 등 절차적 문제로 인해 인권침해의 문제가 제기되기도 한다. 제재조치 목적의 달성과 제재조치로 인해 발생하는 인권문제를 절충할 수 있는 방안에 대해 생각해보자.

제 3 장

국제사회에서의 무력사용

국제평화의 파수꾼, 유엔안전보장이사회

정민정

[데스크 시각] 대북 제재의 추억

2018.10.23. 서울신문 30면[1]

2016년 2월 박근혜 정부가 개성공단 폐쇄를 발표한 직후 만났던 한 전직 외교관은 이렇게 털어놓았다. 유엔 외교 현장에서 활동했던 그는 유엔의 대북 제재는 어쩔 수 없지만 남북경협 상징인 개성공단까지는 닫을 수 없다는 신념에 안보리 이사국들의 폐쇄 요구를 오랫동안 저지하는 데 노력했다고 밝혔다. 그러나 북한의 핵실험과 미사일 발사 등 도발이 이어지면서 박근혜 정부는 결국 유엔 제재 동참을 이유로 들며 하루아침에 개성공단의 문을 닫아버렸다.

박근혜 정부와 마찬가지로 대북 강경 정권이었던 이명박 정부도 요즘 논란이 되고 있는 5·24 조치로 대표되는 대북 제재에 앞장섰다. 이명박 정부는 2008년 관광객 박왕자씨 피살사건으로 금강산 관광을 중단했으며, 이어 2010년 천안함 피격사건의 책임을 묻기 위해 5·24조치를 발표, 개성공단 등을 제외한 모든 남북 교류를 중단했다. 한국 정부가 취한 가장 강한 대북 제재로 꼽히는 5·24조치에서도 개성공단은 빠졌었다. 그러나 몇 년 후 국제사회의 개성공단 폐쇄 요구를 한국 정부가 결국 수용한 것이다.

이명박·박근혜 정부의 각종 대북 제재는 남북관계 악화는 물론, 한국 기업 등에 적지 않은 부담으로 작용했다. 그러나 북한의 도발이 이어지면서 국제사회의 대북 제재는 더욱 강화됐고, 한국 정부도 이 같은 분위기에 편승했다. 한국 정부는 특히 2013~2014년 안보리 비상임이사국으로 활동하면서 국제사회의 대북 제재에 찬성표를 던지며 압박의 목소리를 높였다.

유엔 안보리의 대북 제재 역사도 10년이 넘었다. 2006년 7월 북한의 미사일 발사 직후 채택된 대북 제재 결의 1695호를 시작으로, 지난해 12월 제재 결의 2397호까지 굵직한 제재가 11개나 채택됐다. 안보리 결의상 대북 제재 대상은 개인·단체 120개가 넘는다. 또 미국 정부의 대북 독자 제재는 경제·인권 제재뿐 아니라 '세컨더리 보이콧'(제3국 제재)까지 포함돼 안보리 제재보다 더

---

1) https://www.seoul.co.kr/news/newsView.php?id=20181023030002

강력하다는 평가도 받는다.

그렇다면 5·24조치로 상징되는 한국 정부의 대북 제재와 유엔 안보리의 대북 제재, 미 정부의 대북 제재는 얼마나 효과를 거뒀을까. 유엔 안보리 산하 대북제재위원회에서 활동했던 한 전직 외교관은 "제재 효과 여부는 진짜 효과가 날 때까지 알기 어렵다."고 했다. 그는 그동안 각종 대북 제재가 나올 때마다 효과에 대한 논란이 항상 있었지만, 효과를 산술적으로 계산하기는 어려워도 결국 어떤 방법으로든 효과는 나타날 수 있다고 밝혔다. 이란이 핵협상에 나섰듯 북한이 올 들어 협상에 나선 배경에도 제재의 영향이 없다고는 볼 수 없다는 것이다.

국제사회 또는 한 국가가 다른 국가에 가하는 제재는 외교적 방법으로 문제를 해결하려는 유용한 수단이다. 제재를 통한 경제적 불이익뿐 아니라 심리적 타격도 상당하기 때문에 협상에 나설 가능성이 높다. 그렇다면 남북, 북·미 협상 국면에서 강경화 외교장관의 5·24조치 해제 검토 발언과 문재인 대통령의 유엔 제재 완화 제안은 제재 부과와 '동전의 양면'인 제재 해제라는 또 다른 외교적 방법을 쓰자는 것이다.

올 들어 열린 남북 정상회담과 북·미 정상회담의 골자는 '북한의 비핵화와 이에 상응하는 체제 안전 보장'이다. 대북 제재 해제는 체제 보장의 핵심인 경제 발전과 관계 정상화, 평화 협정으로 가기 위한 필수 과정이다. 그동안 한국 정부가 국제사회의 대북 제재에 동참했다면 '비핵화 운전대'를 잡은 만큼 이제는 국제사회의 제재 해제 동참도 이끌어야 할 것이다.

I. 남북 경협과 유엔 안보리 대북제재 결의

북한 핵문제와 장거리 미사일 발사로 인해 경색되었던 남북관계는 2018년 4월 27일 판문점에서 개최된 남북 정상회담을 계기로 정상화될 것으로 기대되었다. 판문점 선언에서 남북한 정상은 경의선과 동해선 철도 도로연결 및 현대화에 합의하였다. 이에 중단되었던 금강산관광사업과 개성공단 사업이 재개되고, 동해와 서해 및 접경지역을 중심으로 교통, 건설, 자원, 에너지 공단, 농수산 협력 등의 프로젝트가 진행될 수 있을 것이라고 기대되었다.

하지만 남북한 경제협력과 국제협력을 결합하는 일은 쉽지 않았다. 비핵화에 대한 북한의 입장이 개선되지도 않았고, 유엔 안보리와 미국이 주도적으로 부과해온 대북제재가 완화될 기미도 보이지 않았다. 유엔 안보리 대북제재가 완화·해제되지 않는 한, 남북한 경제협력은 제약을 받을 수밖에 없다. 따라서 사전에 우리가 유엔 안보리 대북제재를 준수하고 있는지, 유엔 안보리 대북제재 위반 인정에 따른 불리한 법적 결과에 직면할 가능성은 없는지 충분히 검토할 필요가 있다.

II. 유엔 안보리 대북제재 결의 내용과 위반 효과

1. 유엔 안보리 대북제재 결의 내용

북한은 여섯 차례에 걸쳐 핵실험을 하였고, 유엔 안보리는 북한의 핵개발과 장거리미사일 개발을 막기 위한 방안으로 유엔 헌장 제41조에 따른 조치인 경제제재 조치를 비롯한 각종 대북제재 조치에 대한 10개의 결의를 하였다.

2006년 1차 핵실험 이후 채택된 유엔 안보리 결의 제1718호에서는 유엔 안보리 15개국 회원국으로 구성된 대북제재위원회를 설치하였다. 2009년 2차 핵실험 이후 채택된 유엔 안보리 결의 제1874호에서는 WMD와 관련된 무기수출입을 금지하고, 금융통제를 강화하였다. 2013년 3차 핵실험을 전후하여 채택된 유엔 안보리 결의 제2087호와 제2094호에서는 북한의 핵·미사일 개발에 사용될 수 있는 대량현금의 대북 이전을 금지하였다.

2016년 4차 핵실험 이후 채택된 유엔 안보리 결의 제2270호에서는 기존 대북제재 결의에서 채택한 조치를 강화하고 전면적 화물검사와 무기금수조치, 광물수출금지조치와 같은 새로운 강력한 제재조치를 다수 포함시켰다. 2016년 5차 핵실험 이후 채택된 유엔 안보리 결의 제2321호에서는 기존 '표적 제재(targeted sanction)'의 방식에서 '포괄적 제재(comprehensive sanction)'의 방식으로 변화하였다.

2017년 6차 핵실험을 전후하여 채택된 유엔 안보리 결의(제2356호·제2371호·제2375호·제2397호)에서는 결의 제2321호의 제재 대상 리스트에 개인·단체 등을 추가하여 그 범위를 확대하였다. 지금까지는 북한의 핵무장과 탄도미사일 개발을 막기 위하여 이전 결의보다 한층 강화된 제재를 채택했다.

2. 10개 유엔 안보리 대북제재 결의 간 관계

유엔 안보리 결의는 하나의 완결된 규범적 문서가 아니고, 동일한 상황이나 대상에 대하여 지금과 같이 복수의 결의가 이루어지는 경우 이들 결의들은 상호 연결되면서 해당 사안에 입체적으로 적용된다. 조약법을 포함한 일반적 국제법규범에 적용되는 후법 우선의 원칙 또는 특별법 우선의 원칙이 유엔 안보리 결의에는 적용되지 않으며, 특정 사안에 대한 모든 결의의 규정이 유효한 상태로 존재한다.

따라서 특정 시기 이후의 유엔 대북제재 결의가 아니라 제1718호부터 결의 2397호까지 총체적으로 파악해야 한다.

3. 유엔 안보리 대북제재의 완화·해제 방식

유엔 안보리 대북제재의 완화 또는 해제 방식과 관련하여서는 크게 두 가지 방안이 언급되고 있다. 하나는 기존 결의안의 테두리 안에서 유엔 안보리 대북제재의 완화·해제를 인정받는 방식이다. 유엔 안보리 결의는 제재 사안별로 결의 제1718호에 따라 설치된 제재위원회(이하 "제재위원회")에서 면제를 받을 수 있는 경우에 대하여 규정하고 있다. 제재위원회의 권한 규정에 근거하여 제재위원회로부터 사안별 해제·면제를 받아 유엔 안보리 결의의 대북제재를 단계적으로 해제할 수 있다. 예를 들면, 유엔 안보리 결의 제2397호 제25항에 따라 제재위원회에게는 북한 내에서 대북제재 결의의 목적을 달성하기 위한 국제기구 또는 NGO의 활동을 원활하게 하거나 그 밖에 대북제재 결의의 목적에 합치하는 관련 사업에 대하여 사안별로 제재의무 면제·교류협력 허용 결정을 할 수 있는 권한이 있다.

다른 하나는 기존 유엔 안보리의 대북제재 결의를 완화·해제하기 위하여 새로운 유엔 안보리 결의를 채택하는 방식이다.

4. 유엔 안보리 대북제재 결의 위반 효과

유엔 헌장 제25조는 "국제연합회원국은 안전보장이사회의 결정을 이 헌장에 따라 수락하고 이행할 것을 동의한다."고 규정하고 있다. 일반적으로 유엔 안보리 결의는 회원국을 대상으로 구속력이 있다고 해석된다.

안보리 결의가 담고 있는 개별적 내용의 문언을 검토해 보면, 북한에 대하여 구속력 있는 의무를 부과하고 있다. 그리고 만약 북한이 의무를 준수하지 않고 추가도발을 감행하는 경우 안보리의 권고에 따라 총회에서 회원국의 지위를 행사하지 못하여 회원국으로서의 권리와 특권이 정지될 수 있다(결의 제2321호 제19항). 그리고 유엔 안보리의 대북제재 결의에서는 안보리가 북한의 준수 상황을 지속적으로 검토한 후 해당 조치의 강화, 변경, 정지, 해제할 수 있다고 규정하고 있다(결의 제2397호 제28항). 따라서 북한의 준수 위반 사항이 발견되는 경우 유엔 제재의 완화 또는 해제의 구체적 시기가 늦어질 수밖에 없다.

안보리 결의를 위반한 다른 회원국은 안보리의 북한제재위원회의 보고서에 등재된다.

III. 생각해볼 문제

✓ 2018년 4·27 판문점 선언과 9·19 평양공동선언에서 합의한 남북경협 재개 시 유엔 안보리 대북제재 결의 위반 여부가 문제될 수 있다는 지적이 있다. 유엔 안보리 대북제재 결의와 남북경협 재개를 양립시킬 수 있는 방안은 무엇인가?

국군 부대의 이라크전쟁 파병 결정은
사법심사의 대상이 될 수 없나?

정민정

"이라크파병 정치적 결단 사법적 심판대상 아니다."

2004.04.30. 서울신문 9면[1]

　　헌법재판소 전원재판부(주심 이상경 재판관)는 29일 국군 자이툰 부대를 이라크에 파병키로 한 결정의 위헌확인사건에 대해 "대통령의 정치적 결단을 사법적으로 심판하는 것은 자제돼야 한다."며 각하 결정을 내렸다.이번 결정은 헌재가 대통령과 국회의 정치적 결단을 존중해야 한다는 '통치행위 사법처리 불가론'을 받아들여 사건을 각하한 최초의 사례라는 점에서 주목된다.

　　재판부는 결정문에서 "파병은 군인의 안전뿐만 아니라 국제사회에서 우리나라의 지위와 역할, 동맹국과의 관계, 국가안보 등 고도의 정치적 결단이 요구되는 사안"이라면서 "현행 대의민주제 통치구조 하에서 대의기관인 대통령과 국회가 내린 파병 결정은 존중돼야 한다."고 밝혔다. 재판부는 "파병 결정이 국익에 이로운지, 이라크전쟁이 침략 전쟁인지 여부에 대해 헌재가 판단하는 것은 국민의 신뢰를 확보하기 어렵다."면서 "파병 결정은 대통령과 국회가 헌법과 법률이 정한 절차에 따라 결정한 것이므로 헌재가 사법적 기준만으로 심판하는 것은 자제돼야 한다."고 설명했다. 재판부는 또 "대통령과 국회의 결정은 선거를 통해 평가받으면 된다."고 덧붙였다.

　　윤영철 헌재소장과 김효종 · 김경일 · 송인준 재판관 등 4명은 별개 의견을 통해 "청구인은 이라크에 파병될 당사자도 아니고 파병으로 기본권을 침해받는 자가 아니므로 헌법소원을 낼 수 있는 당사자로서의 자격이 없다."며 각하 의견을 냈다.

I. 이라크 파병 결정과 사법심사

　　2001년 9월 11일 미국을 대상으로 이슬람 무장단체인 '알카이다'가 행한 것으로 추정되

---

1) https://www.seoul.co.kr/news/newsView.php?id=20040430009008

는 동시다발적 테러 공격이 발생하였다. 이에 대응해 미국은 즉각 위 단체를 지원하였다는 이유로 아프가니스탄에 대한 무력공격을 개시하였다. 이어서 미국 및 동맹국에 테러를 가할 위험이 있다는 이유로 2003년 3월 20일 이라크에 대한 대규모 공습과 함께 이라크전쟁을 개시하였다.

한국은 이라크전쟁 시작 직후 대통령의 대국민담화를 통해 미국 등의 이라크 공격에 대해 지지한다는 입장을 표명하였고, 이후에 소집된 임시 국무회의에서 미국과 동맹국군의 기지 운용 및 진료를 지원하기 위한 600여 명 규모의 1개 건설공병지원단과 100여 명 이내의 의료지원단을 이라크 현지에 파견하는 것을 내용으로 하는 "국군 부대의 대이라크 전쟁 파견동의안"을 의결하였다. 2003년 4월 2일 국회는 출석의원 256명 중 179명이 찬성(68명 반대, 9명 기권)하여 "정부가 제출한 파견동의안을 의결하였다. 이와 같은 국군 부대의 이라크 전쟁 파견 결정을 전후하여 사회적으로 많은 논쟁이 있었고, 일부 시민단체와 민주노동당 등 정치권에서는 이와 같은 파견 결정이 헌법과 국제법에 위반된다는 주장을 하였다.

실제 이라크전쟁 파견 동의안에 대한 헌법소원이 청구되었지만 2003년 12월 18일 청구인들이 이라크전쟁 파견 결정에 대해 적법하게 헌법소원을 제기할 수 있는 자기관련성이 없어 각하되었다. 2003년 10월 18일에 있었던 두 번째 파병결정에 대해서도 헌법소원이 청구되었지만 2004년 4월 29일 이라크전쟁 파견 결정은 고도의 정치적 결단을 요하는 통치행위라는 이유로 각하되었다.

II. 이라크전쟁 파견 결정의 위헌 여부

1. 헌법상 '침략전쟁 부인'의 입법 연혁

1948년 헌법 제정 당시 입법자들은 '전쟁 포기에 관한 조약', 즉 1928년에 체결된 '켈로그-브리앙 조약'(Treaty Providing for the Renunciation of War as an Instrument of National Policy: Kellog-Briand Pact)의 취지를 도입하여 침략적인 전쟁을 부인한다는 원칙을 헌법에 규정하였다. 동 조약의 서문 제1문에서는 "전쟁을 국가 정책의 수단으로 사용하는 것을 포기하여야 한다."고 명시하고 있고, 제1조는 "조약체결국들은 상호관계에서 국가 정책 수단으로서의 전쟁을 포기한다."고 하여 같은 취지의 규정을 두고 있다. 헌법안 제6조의 전신으로 생각되는 유진오 초안 제6조에는 "국가의 수단으로서의 모든 침략적인 전쟁을 부인하고 포기한다."고 규정하고 있으므로 조약의 기본적인 취지를 그대로 반영하고 있다.

그리고 그 내용은 현행 헌법까지 이어져 왔다. 따라서 헌법 제5조 제1항의 해석을 위해서는 동 조약의 취지와 함께 국제법상 침략전쟁에 대한 논의가 어떻게 이루어져 왔는지를 살펴보는 것이 중요하다.

2. 국제법상 침략전쟁의 금지

국제연맹체제에서 시작된 전쟁의 제한은 '전쟁 포기에 관한 조약'에서 정책수단으로서의 전쟁포기를 거쳐 국제연합헌장에 이르러 자위권의 행사와 국제연합의 결의에 의한 무력행사를 제외한 모든 무력행사가 금지되는 것으로 발전하였다. 한편 세계대전을 거치면서 침략전쟁은 단순한 불법행위가 아닌 범죄로서 그 책임자들은 형사 처벌의 대상이 된다는 인식이 일반적으로 받아들여졌다.

그럼에도 불구하고 침략행위에 대하여 아직까지 확정적인 개념정의가 이루어지고 있지 않고 있다. 하지만 침략전쟁뿐 아니라 그만큼 중대하지 않아도 일정한 수준을 넘는 무력행위의 경우 침략행위에 해당하며 불법이라는 점에 대해 국제사회 일반의 컨센서스가 형성되어 있다.

3. 국군 부대의 이라크전쟁 파견에 대한 법적 평가

헌법상의 '침략전쟁 부인'규정은 정책적인 판단에 의한 정식의 전쟁뿐 아니라 침략 행위까지도 허용하지 않는 규정이라 보아야 하며, 제5조 제2항의 규정과 결합되어 국군을 파견하는 경우 다른 나라의 침략전쟁 또는 침략행위에 참여하여 무력행사에 실질적으로 관여하면 이는 헌법에 위반된다고 보아야 한다.

이라크전쟁의 정당성에 대해서는 국제법적으로 견해가 엇갈리고 있다. 적극적으로 국제법상 침략전쟁으로 보기 어렵다고 해도 그것이 현재 국제법상 허용되는 무력사용이 아니라고 해석하는 견해도 있다. 이 견해에 따르면 이라크전쟁에 대한 국군 부대의 파견 결정은 국제법적으로 허용되지 않는 무력행사에 동참한 것이 된다. 다만 국군 부대의 이라크전쟁 파견의 경우 건설공병대와 의료지원단만이 파견되었으므로 그 자체로 침략행위로 보기 어렵다. 반면에 전투병을 주축으로 한 국군 부대가 파견되어 이라크 현지에서 실제로 전투에 참여하는 경우에는 헌법의 침략전쟁 부인 규정에 위반될 소지가 있다.

다만 헌법 규정의 의미가 위와 같다 하더라도 이를 현실적으로 어떻게 구현하여야 할 것인지는 다른 차원에서 논의되어야 한다. 국군의 해외파견이나 선전포고, 강화 등에 관한 결정은 국민의 생명과 신체의 안전뿐 아니라 크게는 국가의 사활이 걸려 있는 매우 중요한 것으로서 바람직한 결정을 위해서는 국제정치관계, 사회·경제적 사정 등 당시 주변의 여러 가지 상황들에 대한 종합적 분석과 함께 앞으로의 국제관계의 변화와 그 속에서의 한국의 바람직한 위치, 국가가 앞으로 나아가야 할 방향 등 미래를 예측하고 목표를 설정하는 국제적·역사적 시각이 필요하다. 따라서 그 결정은 많은 사람들의 지혜를 모으고 수많은 논의를 거쳐 이루어져야 하며 이를 위해 대한민국 헌법과 헌법재판소는 국민의 대의기관인 대통령과 국회에게 이를 맡겨서 상호견제 속에서 토론과 숙고를 통하여 결정하도록 하고 있다.

III. 생각해볼 문제

✓ 대한민국의 헌법재판소는 두 차례의 국군 부대의 이라크전쟁 파병 결정에 대해 본안판단을 하지 않고, 첫 번째는 자기관련성이 없다는 이유로 두 번째는 고도의 정치적 결단 문제에 해당한다는 이유로 헌법소원이 부적법하다고 하여 각하하였다. 이의 당위성·부당성에 대해 검토해 보자. 참고로 독일의 보스니아 파병 관련 결정이 권한쟁의심판 사건으로 다투어졌을 때, 독일 연방헌법재판소는 관련 독일 기본법 규정을 해석하여 본안판단을 하였다.

평화적 생존권은 헌법상 기본권이 아니야

정민정

"한·미 군사훈련 생존권 침해 아니다."

2009.06.04. 서울신문 8면[1]

　평화적 생존을 할 수 있도록 국가에 요청할 수 있는 권리는 헌법상 기본권이 아니라는 헌법재판소의 판단이 나왔다. 이는 '평화적 생존권'을 구체적 기본권으로 인정했던 종전의 헌재 결정을 스스로 뒤집은 것이다.

　헌재 전원재판부는 한·미연합 군사훈련이 평화적 생존권을 침해한다며 '평화와 통일을 여는 사람들(평통사)'이 제기한 헌법소원 심판을 재판관 6(각하)대 3(별개의견 각하)의 의견으로 각하했다고 3일 밝혔다.

　평통사는 지난 2007년 3월 대통령이 한·미연합 군사훈련의 일환으로 '2007 전시증원 연습'을 하기로 결정하자 "이 연습이 한반도의 전쟁발발 위험을 고조시켜 헌법상 보장된 평화적 생존권을 침해했다."고 헌법소원을 냈다.

　재판부는 이에 대해 "평화적 생존권에서 이야기하는 평화는 헌법의 이념 내지는 목적으로 추상적인 개념에 불과하다."면서 "평화적 생존권은 헌법상 보장된 기본권이 아니므로 헌법상 기본권 침해가 있었음을 전제로 하는 이 청구는 부적법하다."고 각하 결정했다.

　또 "평화가 전쟁 없이 적국에 예속되는 것을 감수하는 평화를 의미한다고 볼 수 없는 이상, 전쟁에 대비한 군사훈련을 하지 말아야 한다는 명분이 되어서는 안 된다."면서 "청구인들이 주장하는 평화적 생존권을 굳이 구체적 기본권으로 정해 이를 근거로 전시에 대비한 국가의 군사훈련까지 저지할 수 있도록 인정할 이유는 없다."고 설명했다.

　앞서 지난 2003년 헌재는 평화적 생존권을 '침략전쟁에 강제되지 않고 평화적 생존을 할 수 있도록 국가에 요청할 수 있는 권리'로 규정하고 구체적 기본권으로 인정한 바 있다.

---

1) https://www.seoul.co.kr/news/newsView.php?id=20090604008014

이에 대해 조대현·목영준·송두환 재판관 등 3명은 별개의견을 내고 "국민은 국가에 대해 테러 등의 위해를 받지 않으면서 평화적으로 살 수 있도록 요청할 수 있는 권리를 갖고 있으며, 이는 헌법에 명시되어 있지는 않아도 구체적 기본권"이라고 종전 입장을 유지했다.

하지만 평통사의 청구에 대해서는 "전시증원연습이 평화적 생존권을 침해하지 않는다."면서 역시 각하 의견을 냈다.

I. 국제관계에서의 평화주의와 평화적 생존권의 도입

헌법재판소는 2006년 평택미군기지 이전협정 위헌확인소송에서 침략전쟁이 강제되지 않고, 전쟁에 휩싸이지 않을 것을 내용으로 하는 평화적 생존권이 헌법에 열거되지 않은 권리로 인정된다고 판시하였다. 다만 심사대상이 되는 대외적 행위가 개인의 기본권을 직접, 현재 침해하고 있음을 입증하지 못하였다고 보아 당사자적격이 없음을 이유로 각하하였다.

그러나 2009년 '2007년 전시증원연습 등 위헌확인' 결정에서는 평화적 생존권이 헌법상의 기본권이 아니라고 판시하여 그간의 입장을 변경하였다.

II. 국제평화주의와 평화적 생존권

1. 무력행사 일반의 헌법적 한계

한국은 세계 유일한 민족분단국가로서 헌법에 그 어느 나라보다도 평화에 대한 많은 규정을 두고 있다. 특히 제5조 제1항에서 대한민국이 국제평화에 기여하는 국가가 되어야 함을 요구하는 한편 동시에 전쟁과 무력사용에 있어서는 침략전쟁을 부인하도록 한계를 정하고 있다.

2. 침략전쟁의 부인

유엔 헌장 제2조 제4항에서 "모든 회원국은 그 국제관계에 있어서 다른 국가의 영토 보전이나 정치적 독립에 대하여 또는 국제연합의 목적과 양립하지 아니하는 어떠한 기타 방식으로도 무력의 위협이나 무력행사를 삼간다."고 규정하고 있다. 헌법의 국제법 존중주의를 감안할 때 헌법상의 침략전쟁 부인조항은 국제사회에서 인정된 국제법 규범과 결합하여 해석되어야 한다. 이에 헌법 제5조 제1항의 '침략전쟁'은 일반적으로 다른 국가의 주권이나 영토의 보전 또는 정치적 독립을 훼손하는 무력의 행사로 해석된다. 보다 광의의 의미에서는 국가 정책을 관철하기 위한 수단이 되는 무력의 위협을 가리킨다고 해석된다.

3. 자위권 행사의 허용

자위권 행사로서의 방위전쟁은 침략전쟁에서 제외된다. 유엔 헌장 제2조 제4항은 무력의 위협이나 사용을 금지하고 있지만, 제51조는 무력공격에 대해 자위권을 행사할 수 있다고 규정하고 있다. 여기서 자위권이라 함은 타국의 무력공격을 받은 국가가 이를 격퇴하기 위해 무력을 사용할 수 있는 권리이다. 유엔 헌장 제51조는 자위권이 국가의 고유의 권리임을 인정하면서도, 무력공격이 발생한 경우에만 행사할 수 있으며, 자위권은 안전보장이사회가 국제평화와 안전을 유지하기 위해 필요한 조치를 취할 때까지 행사할 수 있으며, 그 조치 내용은 즉각 안전보장이사회에 보고되어야 한다고 규정하고 있다. 그리고 자위권의 행사는 무력공격에 비례하고 대응조치에 필요한 범위 내에서만 정당화될 수 있다.

유엔 헌장 제51조는 개별적 자위권과 함께 집단적 자위권 역시 국가의 고유한 권리로 인정하고 있다. 집단적 자위권이란 한 국가가 무력공격을 받은 경우, 타국이 피침국을 원조하여 함께 무력사용을 통한 자위의 조치를 취할 수 있는 권리이다. 이에 따르면 국가의 무력행사 가운데 개별적 또는 집단적 자위권 행사는 합헌이고 침략전쟁 또는 무력공격은 위헌으로 보아야 할 것이다.

4. 평화적 생존권의 도입 문제

국가의 무력행사와 관련하여 헌법상 국민에게 주관적 공권으로서 평화적 생존권을 인정하여야 하는가 하는 문제가 있다. 평화적 생존권이란 국가 및 국제사회에 대하여 평화적 생존을 위협하는 간섭의 배제를 요청하고 이를 위해 연대할 수 있는 권리이다. 평화란 전쟁이 없는 상태를 뜻하지만, 우리 헌법이 추구하는 평화주의는 소극적인 비(非)전쟁상태 만을 의미하지 않고 평화적 생존을 보장할 수 있는 적극적인 평화주의의 구축까지 의미한다. 이에 따르면 평화적 생존권은 국민이 침략전쟁 또는 무력공격의 피해자가 되지 않을 권리까지 포함하고 있다. 타국으로부터 국제법상 위법한 무력공격이 있고 이에 의해 국민의 생명, 자유가 침해되거나 침해될 가능성이 있는 경우 국가는 이에 대응하여야 할 의무가 있고 국민은 국가에 대해 자위권 행사를 요구할 수 있는 권리가 있다.

우리 헌법은 직접 평화적 생존권을 명문화하고 있지는 않다. 하지만 2006년 2월 23일 미군의 서울 지역으로부터의 이전에 관한 협정 등 위헌확인(각하) 사건에서 헌법재판소는 "오늘날 전쟁과 테러 혹은 무력행위로부터 자유로워야 하는 것은 인간의 존엄과 가치를 실현하고 행복을 추구하기 위한 기본전제가 되는 것이므로 헌법 제10조와 제37조 제1항으로부터 평화적 생존권이라는 이름으로 이를 보호할 것이 필요하며, 그 기본 내용은 침략전쟁에 강제되지 않고 평화적 생존을 할 수 있도록 국가에 요청할 수 있는 권리라고 볼 수 있다."고 하여 평화적 생존권의 권리성을 인정하였다.

하지만 헌법재판소는 2009년 5월 28일 전시증원연습 등 위헌확인(각하) 사건에서 "평화적 생존권은 이를 헌법에 열거되지 아니한 기본권으로 특별히 새롭게 인정할 필요성이 있다거나 그 권리 내용이 비교적 명확하여 구체적 권리로서의 실질에 부합한다고 보기 어려워 헌법상 보장된 기본권이라 할 수 없다."고 판시하여 기존의 판례를 변경하였다. 그 결과 이제 국민들이 평화적 생존권의 침해만을 이유로 헌법소원을 제기하기는 어렵게 되었다.

III. 생각해볼 문제

✓ 2009년 헌법재판소가 평화적 생존권의 권리로서의 성격을 부정한 논거는 다음 다섯 가지이다. 첫째, 전쟁이 없는 평화 상태는 세계 각국이 노력해야 달성할 수 있는 것이고 한 국가의 노력만으로 이루어질 수 있는 것이 아니기 때문에 한 국가에 대하여 평화를 주장하는 권리도 인정될 수 없다. 둘째, 침략적 성격과 군사연습 간의 구별이 사실상 쉽지 않다. 셋째, 평상시의 군사연습과 군사기지의 건설이 침략으로까지 나아가는 경우는 거의 없다. 넷째, 일본 헌법에서 명시적으로 평화적 생존권을 언급하고 있음에도 불구하고 일본 최고재판소가 그와 같은 권리를 인정하지 않고 있다. 마지막으로 평화적 생존권을 침해할 가능성이 있는 공권력이란 거의 통치행위이므로 사법부가 그 법적인 판단을 자제할수밖에 없고 따라서 평화적 생존권을 공권으로 인정하는 실익이 크지 않다. 이 다섯 가지 논거가 평화적 생존권을 헌법상 기본권으로 보았던 이전의 판결을 뒤집을 만큼 설득력이 있는 논거인지 생각해보자.

핵무기는 사용할 수 있는 무기인가?

유준구

지구상 핵무기 완전추방 첫발／포괄핵금조약 유엔통과 의미와 전망

1996.09.12. 서울신문 7면[1]

모든 형태의 핵실험을 「원천봉쇄」하려는 CTBT(포괄핵실험금지조약)의 유엔총회 채택 결의는 핵군축 이행이 가시권에 들어왔음을 뜻한다. 세계군축사의 새 장을 연 이번 유엔총회에서의 CTBT 채택 결의는 지구상의 핵무기 완전철폐로 가는 중요한 진전으로 평가된다.

그러나 CTBT가 공식 발효되려면 IAEA(국제원자력기구)에 이미 보고된 원자로시설 보유국인 44개국 서명과 비준이 필요하다. 44개국 중 어느 한 나라가 조약에 서명하지 않고 핵실험 금지를 준수하지 않으면 이 조약 역시 사문화할 위험성이 있다. 가장 우려되는 것은 조약 의무서명국인 인도가 기존의 반대 입장을 굽히지 않고 조약서명을 끝내 거부할 가능성이다.

인도는 이 조약에 기존 핵보유국의 핵무기 폐기 일정과 폭발형식을 빌리지 않고 핵실험을 할 수 있는 방법 금지도 포함시킬 것을 요구하고 있다. 특히 44개국 비준을 조약발효의 전제로 한 것은 조약서명 의사가 없는 국가에 대한 주권침해라고 주장하고 있다. 인도의 속사정은 실제 핵실험이 필요할 때 독자적 실험권리를 확보하기 위한 것으로 관측되고 있다. 인도와 관계가 껄끄러운 파키스탄도 인도의 서명 거부를 이유로 들어 서명 비준 절차를 거부할 움직임이다.

따라서 미국 등 기존 5대 핵강대국의 타협으로 CTBT는 오는 24일 51차 유엔총회에서 조약서명식을 갖더라도 조약의 발효까지는 시일이 필요할 것 같다. 그러나 인도 등 비서명국가들이 서명 비준 거부에 관계없이 조약 정식발효 전이라도 서명국가들은 조약정신에 위배되는 행위를 하지 않는다는 것이 국제관례라 일단 전면적 핵실험은 한고비를 넘겼다 할 수 있다.

조약은 특히 조약서명식이 끝난 뒤 3년이 경과하도록 조약이 발효되지 못하면 조약서명 당사국회의를 열어 조약을 조속히 발효시키는 조치를 취하도록 규정하고 있어 비서명 국가들에게 또 하나의 압력수단이 되고 있다. 이와 함께 핵실험금지 규정에 대한 준수 이행을 확인할 수 있는 검

---

1) https://www.seoul.co.kr/news/newsView.php?id=19960912007004

증체제를 도입하고 이를 위해 국제 탐지체제 구축, 상호협의 및 해명, 신뢰구축장치 시행 등의 방법을 동원하고 있는 등 현 단계로선 최선의 핵실험 방지장치를 마련했다고 평가받고 있기 때문에 서명비준 압력은 더할 것으로 보인다.

이번 CTBT 채택결의는 94년 1월 제네바에서 CTBT 채택을 위해 사상 처음으로 모든 핵무기 보유국들이 참석한 가운데 열린 다자간 군축회의 이후 2년 8개월 만에 얻은 국제사회 노력의 결실이다. CTBT가 정식 발효되면 지구에서는 물론 우주 등지에서도 평화적 용도 형태의 핵실험까지도 불가능해진다. 이 때문에 이 조약은 70년에 발효된 핵무기확산금지조약(NPT)과 함께 비핵보유국가들의 핵무기 보유 길을 차단해 핵 보유국들과 비 핵보유국들의 갈등을 높일 우려가 있다는 지적도 나온다. 그러나 이 조약은 핵사용에 관한 각종 조약에 비해 구속력이 강할 것으로 보여 지구촌의 안전에 큰 기여를 할 것임에는 틀림없다.

I. 핵무기 위협이나 사용의 적법성에 대한 ICJ의 권고적 의견

1993년 5월 WHO는 "건강과 환경적 영향의 측면에서 전쟁 또는 여타의 무력분쟁시 국가가 핵무기를 사용하는 것은 WHO 헌장을 포함한 국제법상의 의무와 충돌되는가?"에 관한 권고적 의견을 ICJ에 요청하기로 결정했다. UN총회 역시 1994년 12월 "어떠한 상황에서의 핵무기의 위협 또는 사용이 국제법상 허용되는가"에 관한 권고적 의견을 ICJ에 요청하기로 결의하였다.

ICJ는 전자에 대해서는 권고적 의견의 부여를 거부했고 총회의 요청에 대해서는 다음과 같이 답변하였다. (i) 핵무기의 위협이나 사용을 허가하는 특정 국제법은 존재하지 않는다. (ii) 핵무기의 위협이나 사용 자체를 포괄적으로 그리고 보편적으로 금지하는 국제법도 없다. (iii) 유엔 헌장의 무력사용금지원칙에 위배되고 자위권행사 요건에도 어긋나는 핵무기의 위협이나 사용은 불법이다. (v) 이러한 요건들에 비추어 볼 때 핵무기의 위협이나 사용은 그 특수성 때문에 무력충돌법, 특히 국제인도법 원칙에 일반적으로 위배될 것이다. 그러나 국제법의 현 상태에 비추어 볼 때, 국가의 생존이 걸려 있는 자위권행사의 극단적 상황에서 핵무기의 위협이나 사용이 합법인지 불법인지 명확하게 결론내릴 수가 없다. (vi) 국가들에게는 엄격하고 효과적인 국제적 통제 하에 핵군축협상을 성실하게 추진하고 결론지어야 할 의무가 존재한다.

기사에서는 CTBT가 핵사용에 관한 각종 조약에 비해 구속력이 강할 것으로 보여 지구촌의 안전에 큰 기여할 것으로 예측하였으나, 동 조약은 이스라엘, 이란, 인도, 이집트, 중화인민공화국, 미국, 조선민주주의인민공화국, 파키스탄 8개국이 비준하지 않았기 때문에 2022년 현재까지도 발효되지 못한 상태이다.

II. 무력사용금지의 원칙과 국제인도법

1. 인도주의원칙에 의한 무력사용의 제한

제2차 세계대전 이후 UN체제가 형성되고 나서 비로소 무력행사 전반에 대한 금지가 확립된 바, UN 헌장 제2조 제4항은 다른 국가의 영토보전이나 정치적 독립에 반하거나 UN 목적과 양립할 수 없는 무력의 위협 또는 사용을 금지하고 있다. ICJ는 오늘날 이러한 무력사용 금지원칙이 UN 헌장이라는 조약상의 의무는 물론 국제관습법으로 확립되었다고 판시하였다(ICJ 니카라과 사건, 1986). UN 헌장에서 예외적으로 인정되는 무력사용으로는 자위권에 의한 무력행사, UN 헌장 제7장에 의한 강제조치, 지역적 기구에 의한 강제조치 및 국적국조항에 의한 무력사용 등이 있다.

비록 UN 헌장에서 인정하는 무력사용의 경우도 전통적 의미의 전쟁법 혹은 무력충돌법상 일정한 제한이 있는바, 무력분쟁에 의해 영향을 받는 사람과 재산을 보호하고, 분쟁당사자들 간에 서로 상대를 공격하는 수단과 방법이 제한된다. 또한, 과학기술의 급격한 발전으로 무력분쟁에 따른 희생자, 특히 민간인 피해자가 급증하고 재산적 피해도 심각해지자 무력충돌시 인간의 고통을 경감시키기 위한 인도주의적 고려가 있어야 한다. 무력분쟁에서 군사적 필요성만이 강조된다면 승리를 위한 어떠한 행위도 합리화되며, 교전자는 완전한 행동의 자유를 향유할 수 있다. 무력충돌 상황을 규제하는 국제인도법은 이 같은 군사적 필요성과 인도주의적 고려가 동시에 교차하는 중간점에 위치해 있다 할 것이다.

전쟁법(무력충돌법)은 1899년, 1907년 헤이그 만국평화회의에서 채택된 교전규칙들에 관한 일련의 조약들이 소위 '헤이그법'으로 집대성되었고, 국제인도법은 주로 제네바의 국제적십자위원회의 적극적 역할에 힘입어 '제네바법'으로 집약되었다. 일반적으로 헤이그법과 제네바법을 포괄하여 오늘날 국제인도법으로 규정하고 있다. 전쟁법(무력충돌법)의 중요한 원칙인 구별(distinction)의 원칙에 따라 국제인도법에서는 전쟁 민간인, 군사목표물과 민감목표물을 구별하여 민간인과 민간목표물을 대상으로 하는 공격을 금지시키고 있다.

이 두 개의 법체제의 핵심 내용인 인도주의적 제한은 주로 무기, 공격 대상 및 방법의 규제를 통해 구체화된다. 또한 인도주의적 원칙은 전투수행에 관한 조약규정이 존재하지 않는 경우에도 무력충돌 당사국은 확립된 관행, 인도상의 제 원칙 및 공중양심에 입각한 국제법의 제원칙에 의하여 여전히 규제받는다는 마르텐스조항(Martens Clause)이 적용된다. 동 조항의 목적은 법규의 부존재를 이유로 하는 비인도적 행위를 방지하려는 목적인바, 조약 혹은 국제관습에 의하여 금지되지 않는 것은 합법이라는 소의 '금지이론' 등을 전쟁법 분야에서는 제한하려는 시도이기도 하다.

2. 무기의 규제

무력충돌에서 가장 핵심적인 기능을 담당하는 무기는 과학기술의 발전과 무력분쟁의 성격에 따라 개발, 생산, 사용된 바, 신무기를 개발한 국가는 이에 대한 규제를 회피하려 하기 때문에 무기사용의 법적 통제는 국제인도법의 핵심적 분야에 해당된다. 무기사용 규제와 관련 가장 일반적인 원칙은 불필요한 고통을 야기하는 전투수단의 사용금지인바, 특정무기를 사용해서 얻을 수 있는 군사적 효과에 비해 피해자에게 미치는 고통이 큰 불필요한 고통을 야기하는 전투수단은 금지된다. 헤이그 육전규칙은 불필요한 고통을 야기하는 무기, 투사물, 기타 불질의 사용을 금지했다(제23조 e호). 제네바 협약 제1추가의정서 역시 무력충돌에 있어서 전투수단을 선택할 당사국의 권리는 무제한적이 아니며, 과도한 상해와 불필요한 고통을 초래할 성질의 무기, 투사물, 물자, 전투수단의 사용을 금지하고 있다(제35조 2항). 따라서 군사목표물뿐만 아니라, 민간인과 비군사 목표물에도 무차별적 피해를 수반하는 무기는 사용이 허용되지 않는다.

20세기 후반 핵무기와 생화학무기 등 대량파괴무기가 등장하여 이에 대한 규제가 시급한 과제로 등장하였다. 이에 대해 국제사회는 UN총회의 결의를 통해 핵무기가 국제법 규칙과 인도법과 모순될 뿐만 아니라 그 사용은 인류와 문명에 대한 범죄행위라고 선언하면서 사용 금지를 결의하거나 별도의 조약을 통해 금지하고 있다(생물무기, 화학무기). 또한 현대 과학기술의 비약적 발전에 따라 오늘날에는 사이버무기, 우주무기, 인공지능 및 자율살상무기 등 새로운 형태의 무기에 대한 국제법 및 국제규범 적용 및 창설에 대한 논의가 UN 등 국제기구 차원에서 새롭게 부상하고 있다. 새로운 무기에 규제에 대한 국제사회의 노력에도 불구하고 국제정치의 진영 간 대립으로 인해 조기에 가시적인 성과가 도출될 가능성은 낮아 보인다. 다만, 새로운 무기를 규제하는 보편적으로 합의된 국제법 및 국제규범이 부재하고 국제법 및 국제규범의 창설이 어려운 상황에서, 기존 국제법 특히 국제인도법을 새로운 무기체계의 어떻게 적용할지를 중심으로 논의가 진행되고 있는 현실이다. 이와 관련 제1추가의정서 제36조에서는 사전 적법상 차원의 검토 의무를 국가들에게 부과하고 있다. 즉 제36조는 법적 검토의무와 관련 "신무기, 전투수단 또는 방법의 연구, 개발, 획득 및 채택에 있어서 체약당사국 등은 무기 및 전투수단의 상용이 본 의정서 및 체약당사국에 적용 가능한 국제법의 다른 규칙에 의하여 금지되는지의 여부를 결정할 의무가 있다."고 규정하고 있다. 상기 무기의 규제에 관한 제네바의정서상의 일련의 규정들은 국제관습법상의 지위를 갖고 있다고 일반적으로 인정된다.

3. 공격대상의 규제

교전국이 전투수단을 무제한적으로 선택할 수 없는 것과 동일하게 적대행위를 수행하는 장소 역시 무제한적이지 않고 국제인도법상 일정한 제약이 존재한다. 교전국은 분쟁 당사국의 영역과 공해 및 그 상공에서 적대행위를 할 수 있으나, 반면 중립국 영역이나 남극과 같이 국제법상 적대행위가 금지된 장소에서는 할 수 없다. 또한 적대행위를 할 수 장소의 경우에도 모든 대상을 공격대상으로 삼을 수는 없는데, 기본적으로 전투원과 비전투원, 군사목표물과 비군사물을 구별해 적대행위의 직접적인 영향으로부터 민간인과 비군사물을 보호해야 한다. 일반적으로 전투원이란 충돌 당사국의 의료 및 종교 인력을 제외한 군대 구성원을 지칭하는바, 원칙적으로 이들만이 합법적으로 전투에 참여할 수 있다. 그러나 현대전에서는 충돌 당사국의 민간인들 역시 직간접적으로 군사행동에 참여하게 되고 비군사시설 역시 군사작전에 기여 또는 이용되는 경우가 많기 때문에 공격목표의 구별을 위한 동 원칙의 적용이 쉽지 않다. 실질적으로 현대전에서 상기 구별이 유효한가에 대해서 논란이 있으나, 제1추가의정서는 여전히 "충동당사국은 항시 민간주민과 전투원, 민간물자와 군사목표물을 구별"하고 "작전은 군사목표물에 대해서만 행하여지도록 한다."는 원칙을 천명하고 있다(제48조). 군사목표물이 아닌 모든 물건은 민간물자에 속하며, "민간물자는 공격이나 복구의 대상이 되지 아니한다."(제52조 1항).

4. 공격방법의 규제

특정 무기가 국제인도법상 무기의 규제 및 공격대상의 규제에 부합할 경우라도 또 다른 조건인 공격방법의 적법성이 요구된다. 즉, 적법한 무기의 사용 및 전투행위라도 특정 상황과 조건에서 국제인도법상 금지되는 전투행위가 될 수 있다. 다시 말해 특정 공격행위가 전투수단을 제한하는 무기규제의 원칙과 공격대상을 제한하는 구별의 원칙을 충족하더라도 비례성의 원칙(proportionality) 및 사전주의 원칙(precautions)에 따라 공격방법이 제한된다.

먼저 비례성의 원칙의 경우 군사목표를 공격함에 있어서 군사적 필요성과 이로 인해 발생하는 부수적인 민간인 피해를 비교형량하여 군사적 필요성이 월등히 커야만 적법한 군사행위가 된다는 원칙이다. 제1추가의정서 제51조 5항에 따르면 "우발적인 민간인 생명의 손실, 민간인에 대한 상해, 민간물자에 대한 손상 또는 그 복합적 결과를 야기할 우려가 있는 공격으로서 소기의 구체적이고 직접적인 군사적 이익에 비하여 과도한 공격"은 무차별적인 공격으로 간주한다(제1추가의정서 제51조 5항(b)). 또한 제1추가의정서는 "우발적인 민간인 생명의 손실, 민간인에 대한 상해, 민간물자에 대한 손상 또는 그 복합적 결과를 야기할 우려가 있거나 또는 구체적이고 직접적인 소기의 군사적 이익과 비교하여 과도한 모든 공격의 개시를 결정하는 것은 피해야 한다."고 규정하고 있다(제1추가의정서 제57조 2항(a)(iii)).

공격방법을 제한하는 또 다른 국제인도법상 원칙으로 사전주의 의무가 있는바, 제1추가의정서는 "군사작전 수행에 있어 민간주민, 민간인 및 민간물자가 피해를 받지 아니하도록 하기 위하여 부단한 보호조치가 취해져야 한다."고 사전적 예방조치 의무를 규정하고 있다(제1추가의정서 제57조 1항). 또한 동조 제2항 및 3항에서는 "공격목표가 민간인이나 민간물자가 아니고 특수 보호대상도 아닌 군사목표임을 검증하기 위한 실현가능한 모든 것을 하여야 하며, 비례성 원칙이 침해될 것이 명백한 경우 공격을 최소화하고 민간인에게 영향을 미칠 수 있는 경우 상황이 허용되는 한 민간주민에게 이에 대하여 유효한 사전경고를 하여야 한다."고 규정하고 있다.

III. 생각해볼 문제

✓ 국제인도법상 제 원칙들의 국제관습법상 지위가 일반적으로 인정되는가?

✓ 무기를 소유하거나 보유하는 것에 대해서도 적법성 검토(제1추가의정서 제36조)가 적용되는가? 또한 사전적법성 검토의무를 미준수한 국가에 대한 실질적 이행조치가 있는가?

✓ 무엇이 과도한 상해인지, 어떠한 것이 불필요한 고통을 야기하는 것인지에 대한 기준은 있는가?

✓ 과학기술에 발전에 따른 사이버, 우주, 자율무기 등 새로운 무기체계가 등장함에 따라 기존 국제인도법 제 원칙들이 어떻게 적용될 수 있는가?

제5부
관련 용어 해설

보스니아 내전

● 5-1 국제기구와 유엔

유고슬라비아연방의 해체 과정 중 보스니아-헤르체고비나공화국에서 1992년부터 1995년까지 종교 갈등으로 인해 벌어진 분쟁이다. 유고슬라비아는 6개의 공화국과 2개의 자치주로 이루어진 연방이었다. 유고슬라비아는 제2차 세계대전 당시 빨치산 투쟁을 이끈 요시프 티토(Josip Tito)의 지도력으로 통합 국가를 유지해 왔다. 그러나 1980년 티토가 사망하고 1980년대 말 동유럽 국가들이 붕괴하자 분리독립의 분위기가 조성되었다. 1991년 슬로베니아, 크로아티아, 마케도니아가 독립했고, 1992년에는 보스니아-헤르체고비나가 국민투표를 통해 독립을 선언했다.

그런데 보스니아-헤르체고비나 주민들은 다양한 종교를 갖고 있었다. 주민들 중 무슬림을 믿는 보스니아계가 43%, 로마 가톨릭을 믿는 크로아티아계가 18%, 세르비아 정교를 믿는 세르비아계가 35%를 각각 이루고 있었다. 1991년 보스니아계와 크로아티아계는 연대를 통해 유고슬라비아연방으로부터 분리·독립할 것을 선언하였다. 반면 세르비아계는 국민투표 참가 자체를 거부하고 오히려 보스니아로부터의 분리·독립을 주장하는 등 갈등이 불거지면서 내전으로 이어졌다.

1992년 4월 6일 EU가 보스니아의 독립을 인정하자 본격적인 내전이 벌어졌다. 세르비아 공화국의 지원을 받는 보스니아 내 세르비아계는 내전 초기 영토의 70%를 점령하였다. 그러자 유엔은 세르비아 공화국에 대한 전면적인 금수조치, 항공봉쇄, 자산동결 등의 제재조치를 취했다. 반면 세르비아계는 휴전에 동의하지 않은 채 전쟁을 계속하면서 '인종청소' 등의 만행을 저질렀다. 유엔은 1992년 8월 평화유지군 파견을 통해 내전에 개입했으나 세르비아계의 무력을 막기에는 역부족이었다.

1995년 11월 보스니아, 세르비아, 크로아티아 등 내전 당사국들과 미국, EU, 러시아 등 중재자들이 미국 데이튼(Dayton)에서 모여 평화협상을 개최하였고 12월 협정에 서명하였다. 이로써 20만 명 이상의 희생자와 230만 명의 난민을 초래한 보스니아 내전은 종결되었으나, 그 후유증은 그대로 남아 민족 간, 종교 간 갈등이 지속되고 있다.

2018년 대법원 강제징용 판결

● 5-2 국제분쟁의 평화적 해결

대법원이 2018년 10월 30일 일제하 강제징용 피해자들의 일본 기업에 대한 손해배상 청구 소송에 1인당 1억 원씩을 배상하라고 최종 확정한 판결이다.

1997년 12월 일제 강제징용 피해자들이 일본제철(당시 신일철주금)을 상대로 오사카 지방재판소에 강제징용 피해 보상 및 임금 배상을 위한 소송을 제기했다. 그러나 2003년 일본 최고재판소는 1965년 한일 양국이 맺은 청구권협정에 의해 개인에게 배상할 책임이 없다고 1심 판결을 확정했다. 그러자 피해자들은 2005년 2월 서울중앙지방법원에 손해배상 소송을 냈다. 1, 2심 판결은 일본 재판의 효력이 인정된다는 것이었다. 하지만 대법원이 2012년 5월 이 사건을 서울고등법원으로 파기 환송했다. 2013년 서울고등법원은 피해자 1인당 1억 원씩을 지급하라고 판결했다. 일본 기업이 불복하자 사건은 다시 대법원으로 가서 최종 판결을 받게 되었다.

대법원은 2018년 10월 30일 일제 강제징용 피해자들에 대한 일본 기업의 손해배상 책임을 인정해 원고 승소 판결을 확정하고 피해자들에게 1인당 1억 원씩을 지급하라고 판결했다. 대법원 전원합의체는 일본 기업의 불법행위를 전제로 한 강제동원 위자료 청구권은 1965년 한일 청구권협정 대상에 포함된다고 볼 수 없으므로 일본 기업을 상대로 위자료를 청구할 권리가 있다고 판단했다. 피해자들의 청구권은 일본 침략 전쟁의 수행과 직결된 반인도적 행위에 대한 것이기 때문에 개인의 청구권에 적용될 수 없다고 판시한 것이다.

5·24 조치

○ 5-3 국제사회에서의 무력사용

2010년 5월 24일 이명박 정부가 천안함 피격사건의 책임을 물어 북한에 가한 대북 제재조치이다. 당시 이명박 대통령은 대국민 담화를 통해 천안함 피격을 "대한민국을 공격한 북한의 군사도발"이라고 규정짓고 '5·24 조치'를 직접 발표하였다. '5.24 조치'는 ① 북한 선박의 남한 해역 운항 전면 불허 ② 남북교역 중단 ③ 우리 국민 방북 불허(개성공단, 금강산관광지구 제외) ④ 북한에 대한 신규 투자 불허 ⑤ 대북 지원 사업의 원칙적 보류 등의 내용으로 구성되었다.

'5·24 조치'에 따라 직접적인 규제대상이 된 일반 교역과 위탁가공 교역이 중대한 타격을 입게 되었다. 당시 남북교역은 북한 대외 무역의 1/3 정도를 차지하고 있었고, 이와 관련된 남한 기업은 1,200여 개에 달했다. 2010년 기준 남북한 사이의 일반 교역과 위탁가공 교역 총액은 약 4억 3,500만 달러 정도 되었다. '5·24' 조치는 북한의 도발에 대응하기 위한 취지였음에도 불구하고, 전격적으로 단행되었던 만큼 남북경협에 참여했던 우리 기업들도 피해를 입게 되었다.

한편 '5·24 조치' 결과로 북중 무역의 비중이 급격히 증가했다. '5·24 조치' 시행 전후 5개년간 북한의 교역 점유율을 살펴보면 남한의 경우 2007년 28.2%에서 2013년 13.4%로 낮아졌다. 반면 중국은 2007년 41.9%에서 2013년 77.2%로 늘어났다. 중국의 비중을 금액으로 환산하면 2007년 4,000만 달러에서 2013년 73억 4,000만 달러로 약 250% 상승한 것이다. 그만큼 북한의 대중국 무역의존도를 높여주게 되었고 우리 기업도 피해를 입게 되었다.

국제법을 알면 뉴스가 보인다

제 **6** 부

'공동의 목적과 이익'을 위해 국제법은 확장되고 있다.

국제인권법

유엔은 국제인권법의 발달에 어떤 역할을 하였는가?

이세련

"양심적 병역거부 실형자 보상을" 유엔, 정부에 권고 파장

2006.12.09. 서울신문 1면[1]

유엔 인권기구가 우리 정부에 종교적 양심에 따른 병역 거부로 실형을 선고받고 복역한 한국인 두 명에 대해 보상할 것을 권고해 파장이 예상된다.

이번 위원회의 권고는 구속력은 없지만 우리 정부는 90일 안에 재발 방지의무 등 어떤 개선 조치를 취했는지를 위원회에 제출해야 한다. 특히 이번 권고를 계기로 양심적 병역거부로 형사처벌을 받은 사람들의 개인청원이 쇄도할 가능성이 적지 않아 정부가 위원회의 이 같은 권고에 대해 어떠한 조치를 내릴지 주목된다.

유엔 시민적·정치적 권리위원회(Human Rights Committee)는 최근 양심적 병역 거부로 징역 1년 6개월의 형을 선고받고 복역한 윤모·최모씨의 진정 사건에 대한 심의 결과를 통보하며 이같이 권고했다. 윤씨와 최씨는 2004년 10월 18일 위원회에 각각 개인청원을 제기했다.

위원회는 한국 정부가 양심적 병역 거부자를 형사처벌한 것은 '시민적·정치적 권리 규약' 제18조가 보장하는 양심의 자유와 종교의 자유에 위반한다며 재발 방지 의무와 함께 구제 조치를 취할 것을 요구했다.

특히 위원회는 우리 정부가 국가 안보 차원의 불가피성을 주장한 데 대해 제18조를 존중할 경우 구체적으로 군 복무제도에 어떤 문제점이 발생하는지 충분히 입증하지 못했다고 지적하고 군복무자와의 형평성 문제는 대체복무제도를 통해 제거하는 것이 가능하다고 강조했다.

양심적 병역거부자에 대한 논란은 2004년 5월 서울 남부지법 이정렬 판사가 병역 거부로 구속 기소된 '여호와 증인' 신자 2명에게 무죄를 선고하면서 불거졌다. 그러나 같은 해 8월 헌법재판소가 양심적 병역거부 처벌에 대해 합헌 결정을 내리며 일단락됐다.

이후 지난해 12월 26일 국가인권위원회에서 대체복무제를 국회의장에게 권고했으며, 국방부에

---

1) https://www.seoul.co.kr/news/newsView.php?id=20061209001007

제6부 '공동의 목적과 이익'을 위해 국제법은 확장되고 있다.

서는 지난 4월부터 민·관공동연구위원회를 구성, 대체복무 제도에 대한 연구를 진행 중이다.

국방부는 유엔 권고에 대해 "현재 위원회 내부에서 찬·반 의견이 팽팽히 맞서 내년 6월까지 연구 일정을 연장했으며, 연구결과가 나오면 국방부 장관에게 보고해 대체복무 도입 여부를 결정하게 될 것"이라고 밝혔다.

한편 국방부가 국회에 제출한 국감자료에 따르면 종교 및 양심의 자유 등을 이유로 병역을 거부한 의무자는 3654명(현역 대상자 3346명, 보충역 대상자 308명)이었으며 이 가운데 '여호와 증인'이 3627명으로 절대 다수를 차지했다.

I. 국제법으로 보호되는 개인의 권리

양심적 병역거부란 개인의 종교적 신념이나 양심 등의 이유로 병역의무를 거부하는 것을 의미한다. 1990년대 탈냉전 이후 징집제가 폐지되는 나라가 늘어남에 따라 1997년 UN 인권위원회는 병역거부자에 대해 정치·종교적 이유로 차별을 금지할 것을 결의한 뒤, 관련 국제인권협약의 당사국들에게 대체복무 입법을 촉구해 왔다.

2004년 시민적·정치적 권리에 관한 국제인권규약 위원회에 양심적 병역거부와 관련하여 한국인들이 개인청원을 하면서 한국의 양심적 병역거부 문제가 국제사회의 주목을 받게 되었다. 시민적·정치적 권리에 관한 국제인권규약 위원회는 2015년 제4차 한국의 정기보고서를 검토한 후 양심적 병역거부자 전원을 즉각 석방 및 사면하고 대체복무제를 도입할 것을 권고하였다. 우리 대법원은 2017년까지 명시적으로 양심적 병역거부를 부정했으며 헌법재판소도 마찬가지로 2004년과 2011년의 위헌법률심판에서 대체복무제 입법을 포함해 "국가 안보라는 공익의 실현을 확보하면서도 병역거부자의 양심을 보호할 수 있는 대안이 있는지" 검토할 것을 권고하였다. 2018년 6월 헌법재판소는 양심적 병역거부자에 대한 처벌조항은 헌법에 어긋나지 않지만, 대체복무 규정이 없는 「병역법」 조항의 헌법불합치 판결을 내렸다. 이어 같은 해 11월 대법원이 종교와 양심에 따른 병역거부가 정당한 병역거부 사유에 해당한다며 무죄판결을 내렸다. 이러한 일련의 판결에 대한 후속 조치로서 2019년 12월 양심적 병역거부자에 대한 대체복무역의 신설과 관련된 「병역법」 개정안이 국회에서 통과되었다. 2020년 6월부터 시행된 개정 병역법에 따라 대체복무 신청을 하고 심사를 거친 대체복무자들은 교정시설에서 36개월을 복무하게 되었다.

II. 인권의 국제적 보호체제와 개인통보제도

오늘날 인권문제는 더 이상 국내문제에 국한되지 않으며 국제법의 한 분야인 국제인권법의 체제로 편입되었다. 인권의 국제적 보호체제는 UN기관의 주요 활동을 중심으로 한 UN 헌장 체제와, UN 헌장과는 별도로 국가들 간 체결된 다자조약체제를 기반으로 하고 있다.

1. UN 헌장 체제

UN 헌장 체제하에서 인권보호는 UN의 다양한 기관을 통해 이루어지고 있다. 특히 총회는 1948년 세계인권선언 등을 포함하여 수많은 인권관련 선언과 조약을 채택해 국제인권규범을 정립하는데 기여하였다. 세계인권선언은 법적 구속력이 없는 정치적 문서이지만 진영에 관계없이 모든 국가가 수호해야 할 보편적인 가치를 공식화하고 컨센서스를 통해 채택되었다는 점에 의의가 있다. 이후 국제공동체는 세계인권선언에 포함된 원칙들을 시민적·정치적 권리에 관한 국제규약과 경제적·사회적·문화적 권리에 관한 국제규약 등과 같이 법적 구속력있는 문서로 발전시켰다.

UN은 경제사회이사회의 보조기관으로 인권위원회(Human Rights Committee)를 설치하여 운영하였지만 동 위원회는 2006년 총회 산하의 인권이사회(Human Rights Commission)로 대체되어 그 역할이 강화되었다. 본래 경제사회이사회 산하의 인권위원회는 인권문제를 전담하는 기관으로서 인권 보호를 위한 각종 프로그램 및 인권위반 사태를 처리하는 절차와 제도를 마련하였다. 하지만 총회 산하의 인권이사회는 47개 UN 회원국으로 구성되며 중대하고 체계적인 인권침해 사태가 인권이사국에서 발생하는 경우 총회는 출석하여 투표하는 회원국의 2/3 다수결을 통해 해당 인권이사국의 권리를 정지시킬 수 있다. 또한 인권이사회는 모든 회원국의 인권상황을 매 4년마다 정기적으로 점검하는 보편적 정례 검토(Universal Periodic Review: UPR)제도를 도입하였다.

2. UN주도의 다자조약 체제

다자조약 체제는 다양한 국제인권조약을 포함하며 대부분이 UN의 주도하에 채택되었다. 대표적으로 시민적·정치적 권리에 관한 국제인권규약('자유권 규약'), 경제적·사회적·문화적 권리에 관한 국제인권규약('사회권 규약'), 인종차별철폐협약, 여성차별철폐협약, 고문방지협약, 아동권리협약 등이 있으며 이러한 협약들의 이행을 위해 각각의 위원회가 설치되었다. 각 협약에 따라 설립된 개별 위원회는 해당 조약의 이행에 관하여 당사국들이 제출한 보고서를 심의하고 평가한다. 대부분의 인권조약상의 기구는 당사국의 조약위반의 책임을 추궁하기 보다는 당사국들이 스스로 인권보장의 수준을 개선하는 것을 목표로 하고 있다. 오늘날 국제인권조약의 주요 특징은 당사국의 보고 의무 이외에도, 개인이 국제기구에 대해 직접 권리구제를 청원할 수 있는 개인통보제도를 도입하였다는 점이다. 자유권규약 제1선택의정서, 사회권 규약, 인종차별철폐협약, 고문방지협약, 여성차별철폐협약, 이주노동자권리협약, 장애인권리협약, 아동권리협약은 이러한 개인통보제도를 도입하였지만, 해당 조약의 당사국이 자국을 상대로 한 개인통보가 제기되는 것을 사전에 수락한 경우에만 이러한 통보제도를 이용할 수 있다.

대표적으로 자유권 규약의 개인통보제도는 자유권 규약과는 별개의 조약인 선택의정서를 통해 도입되었기 때문에 사전에 선택의정서를 비준한 국가만을 상대로만 개인통보가 제기될 수 있다. 개인통보의 주체는 권리를 침해받아 피해를 주장하는 개인이어야 하며 자연인이 아닌 단체의 통보는 받아들여지지 않는다. 또한, 통보를 제기할 수 있는 사람은 반드시해당 국가의 국민에 국한되지 않으며, 자유권 선택의정서 당사국 내의 외국인도 권리에 침해가 발생하면 개인통보를 제기할 수 있다. 하지만, 권리침해가 발생하였다고 해서 사건을바로 자유권 인권이사회에 회부할 수는 없으며, 침해가 발생한 국가에서 인정되는 국내구제절차를 완료해야 한다. 통상적으로 국내에서 밟아야 할 구제절차는 법원에서 소송의 제기이며, 형식적으로 구제조치가 존재하더라도 구제절차에 대한 불합리한 제한이 있거나, 국내절차가 실효성이 없는 경우 국내구제절차가 완료된 것으로 간주된다. 일반적인 국내소송과 달리 인권이사회의 개인통보심사는 증거가치의 인정에 있어 유연한 기준이 적용된다. 이는 국가에 의해 권리침해가 발생한 경우 해당 사건에 관하여 국가만이 가장 정확한 자료를 보유하고 있으며 개인은 그 같은 증거자료를 입수하는데 어려움이 있기 때문이다. 인권이사회는통보자와 당사국이 제출한 모든 증거를 바탕으로 최종 견해(view)를 제시하며 위원들의 개별의견도 첨부할 수 있다. 다만, 사형집행과 같이 국가의 행동이 피해자에게 회복할 수 없는피해를 야기할 우려가 있는 경우 인권이사회는 최종 견해를 제시하기 전에 임시조치를 요청할 수도 있다.

자유권규약 선택의정서의 개인통보제도는 사법적 절차에 따라 심리되지 않으며 인권이사회의 성격과 구성으로 볼 때 엄격한 의미에서 사법기관으로 보기 어렵다. 그럼에도 불구하고 자유권규약상의 개인통보제도는 빈번히 활용되고 있으며 인권이사회의 견해가 비록 법적 구속력은결여된다 할지라도, 인권이사회의 개인통보사건의 결정문은 국내법제에 영향을 미치며 국제인권법의 발전에 기여를 하고 있다.

III. 생각해볼 문제

✓ 국가가 UN인권이사회의 국가보고의무제도와 자유권규약의 이행감독장치인 개인의 국가고발제도를 통해 의견을 통보받는 경우 중, 어떤 방법이 국가의 태도 변화에 더 큰 영향을 미치는 지 생각해보자.

✓ 국제인권조약기구상 국가의 보고의무 또는 개인청원제도에 있어 특히 비정부단체(NGO)의 역힐이 중요한 이유는 무엇인가?

✓ UN내 다양한 기관들은 인권관련 활동을 수행하고 있는데, 인권과 관련하여 UN내 다양한 주체가 참여하는 것과 일원화된 제도의 운영 중 어떤 방법이 궁극적으로 인권의 국제적 보호에 도움이 된다고 생각하는가?

✓ 다양한 인권조약의 해석에 있어 각국의 문화와 전통은 어떤 영향을 미치는가?

┃ 제6부 '공동의 목적과 이익'을 위해 국제법은 확장되고 있다.

국가는 자국민을 보호할 권리를 가진다

이세련

이란 · 영국 국적 여성, 이란서 5년 복역 마쳤지만… 런던 송환 불확실

2021.03.08. 서울신문[1]

이란에서 체제 전복 혐의로 5년 동안 복역한 영국 · 이란 이중국적 여성인 나자닌 자가리-랫클리프가 7일(현지시간) 가택연금을 마쳤다고 AP통신이 보도했다. 그러나 자가리-랫클리프는 또 다른 혐의로 재판을 받아야 하는 처지다. 영국 외교당국은 자가리-랫클리프 송환에 적극 나서고 있지만, 양국 간 42년 전의 미지급 전차대금 정산 문제와 자가리-랫클리프 송환 문제가 연동돼 해결 기미가 잘 보이지 않고 있다.

지난 2016년 4월 딸과 함께 이란의 친정에 방문했던 자가리-랫클리프는 영국으로 돌아가려다 공항에서 체포됐다. 이란 혁명수비대는 '조용한 전복' 혐의를 자가리-랫클리프를 적용했다. '조용한 전복'이란 무력이 아닌 반(反)이슬람 · 반정부 선동을 인터넷이나 소모임으로 유포하는 행위를 말한다.

자선단체인 톰슨로이터재단 활동가로 일하던 자가리-랫클리프는 혐의를 부인했지만, 5년형을 받고 고문으로 악명이 높은 이란의 에빈 교도소에 수감됐다. 독방 수감과 같은 혹독한 감옥 생활 끝에 자가리-랫클리프는 지난해 2월 교도소를 나와 전자발찌를 차고 테헤란의 친정에 가택연금됐다. 코로나19로 교도소 과밀 해소가 시급해지면서, 수감형이 가택연금형으로 바뀐 덕분이었다.

자가리-랫클리프에 대한 이란의 처우가 부당하다고 주장해 온 영국 정부는 2019년 그에 대해 '외교적 보호'를 개시했다. 재외국민보호 장치인 외교적 보호는 자국민이 외국에서 불법적인 취급을 당할 때 외교기관을 통해 항의, 자국민을 구제하는 조치이다. 그러나 이중국적을 인정하지 않는 이란은 자가리-랫클리프를 자국민으로 보고 영국의 요구에 불응해왔다. 이란은 또 지난해 9월 반체제 선동 혐의로 자가리-랫클리프를 추가 기소했다.

물밑에선 이란이 영국으로부터 4억 파운드(약 6200억 원)를 받는 조건으로 자가리-랫클리프를

---

1) https://www.seoul.co.kr/news/newsView.php?id=20210308500075

석방하는 협상이 진행 중인 것으로 알려졌다. 4억 파운드는 이란이 1976년 영국에서 전차 1500대를 도입하기로 하고 지불했다가 떼인 금액이다. 계약 이후 영국이 185대까지 전차를 인도했지만, 1979년에 이란혁명이 발발하며 전차 인도가 중단됐다. 이란은 이후 미인도분 대금 환급 요구를 이어갔고, 2002년 영국 법원에 공탁이 이뤄지기도 했다. 그러나 대이란 경제제재가 가동되는 상황이어서 이 돈이 이란으로 어떻게 전달될 지 오리무중이다. 양국은 공식적으로는 자가리-랫클리프 석방과 42년 전의 전차대금 환급 협상은 별도의 문제라고 선을 긋고 있다.

I. 국적문제가 국제법에서 논의되는 이유

개인의 국적은 기본적으로 개인이 속하는 국가의 국내법에 의해 결정되며 개인의 국적에 대한 국제법상의 기준은 존재하지 않는다. 세계화 추세에 따라 국경 간 개인의 이주와 이동이 증가하고 다국적기업이 등장함에 따라 국적의 결정 또는 국적의 포기 문제는 국내법뿐만 아니라 국제법적 측면에서도 중요한 기능을 수행한다. 예컨대, 개인이 외국이 국가기관 또는 국가의 지위를 갖는 사람으로부터 피해를 받은 경우, 피해자의 국적국가는 청구국적의 원칙에 따라 가해국에 대해 국제청구를 제기하는 국제법상 외교적 보호권을 행사할 수 있는데, 만약 피해자가 여러 개의 복수 국적을 보유한 경우 이중 어떤 국가가 국제청구를 제기할 수 있는지 문제가 발생할 것이다.

대한민국은 2011년 1월 1일부터 시행된 개정 「국적법」에 따라 제한적으로 복수국적을 허용하고 있다. 기존에는 외국인이 대한민국 국적을 취득하거나 출생 등의 사유로 대한민국 국적과 외국 국적을 함께 가지게 된 복수국적자가 우리나라 국적을 선택한 경우 외국 국적을 완전히 포기해야만 대한민국 국적을 상실하지 않고 계속 보유할 수 있었다. 개정된 국적법에 따르면 외국 국적을 포기하는 대신 외국 국적을 행사하지 않겠다는 서약서를 제출하면 우리나라 국적을 계속 유지할 수 있게 함으로써 우리나라 국적과 외국 국적을 함께 보유할 수 있게 되었다. 현행 국적법상 복수국적자란 출생 등을 포함 국적법에 따라 대한민국 국적과 외국 국적을 함께 보유한 사람으로서 복수국적자는 우리법의 적용에 있어 대한민국 국민으로만 처우된다. 복수국적을 가진 사람은 일정 기간 내에 하나의 국적을 선택해야 하는 국적선택의무가 있다. 기본 국적선택기간은 출생 및 기타 사유로 20세가 되기 전에 복수국적을 가지게 된 사람은 만 22세 전까지, 20세 이후에 복수국적을 가진 사람은 그때로부터 2년 내이다. 다만, 병역법에 따라 병역준비역에 편입된 사람은 편입된 때부터 3개월 이내에 하나의 국적을 선택해야 하며, 현역·상근예비역·보충역 또는 대체역으로 복무를 마치거나 마친 것으로 보게 되는 경우, 전시근로역에 편입되거나 병역면제처분을 받은 경우에는 그때부터 2년 이내에 하나의 국적을 선택해야 한다. 국적선택의무가 있는 복수국적자가 선택기간 내에 국적선택을 하지 않는 경우 기존에는 국적이 자동상실되었으나, 2010년 5월 4일 이후에 선택 기간이 종료된 사람이 법무부장관으로부터 하나의 국적을 선택을 하도록 국적선택명령을 받은 경우, 대한민국 국적을 선택하려면 외국 국적을 포기해야 한다. 국적선택명령을 받고도 1년 내에 선택을 하지 않으면 우리 국적은 상실된다.

II. 국제법상 국적을 갖는 실체

국제법상 국적이 부여되는 대표적인 실체로 개인, 선박 및 항공기를 예로 들 수 있다. 전통국제법상 개인은 국가의 지배하에 놓여 있었기 때문에 국제법상 개인의 지위는 전적으로 국가의 국내법에 의해 결정되었다. 전통국제법의 시각에서 국제법은 개인에게 직접적인 권리와 의무를 창설하지 않기 때문에 개인에게 부여되는 국적은 국내법을 기반으로 하고 있다. 국제법에서 국적 문제는 국가의 외교보호권 행사와 역외입법관할권의 행사를 위한 기초로 기능한다는 점에서 중요한 의미를 갖는다. 즉, 국가는 원칙적으로 자국민에 대해서만 외교적 보호를 행사할 수 있으며 해외에 있는 자국민에게 적용되는 법률을 제정할 수 있다는 것을 의미한다. 국적의 부여와 박탈에 대한 국제법의 시각은 「국적법 충돌의 일정 문제에 관한 헤이그협약」에 반영되어 있다. 이 협약은 국적의 부여와 박탈은 원칙적으로 국내법에 유보되어 있는 사항이지만, 국적을 부여할 수 있는 국가의 권리는 무제한적이 아니며 국제법과 법의 일반원칙에 제한을 받는다고 규정하고 있다. 또한, 1948년 UN총회에서 채택된 세계인권선언은 모든 사람에게 국적을 가질 권리를 가지가 있고 그 누구도 자의적으로 국적을 박탈당하거나 국적을 변경할 권리를 거부당하지 않는다고 천명하고 있다.

각국의 국내법은 일반적으로 국적취득 및 국적부여는 출생, 혼인, 귀화, 입양 등 다양한 방법을 통해 국적을 부여한다. 대한민국 국적법은 출생, 인지, 귀화 등을 통해 국적을 부여하고 있다. 우리나라의 경우 출생에 의해 국적을 취득하는 경우, 국적법이 개정되기 전에는 부계혈통주의에 근거하여 국적이 부여되었으나, 개정된 후에는 출생 당시 부(父)또는 모(母)가 대한민국 국민이면 대한민국 국적을 부여하고 있다. 또한, 부모를 모르거나 부모가 모두 국적이 없는 경우에는 대한민국에서 출생한 자로 인정된다. 이와 같이 국적의 부여는 기본적으로 국가의 국내관할권에 속하기 때문에 각국의 상이한 국적법의 충돌로 인하여 복수국적의 문제가 발생할 수 있다.

국적은 국내법의 문제이면서 동시에 국제법상의 문제이기도 하다. 전통국제법 체제에서 발전한 외교적 보호권은 자국민이 외국의 국제위법행위로 인해 피해를 입은 경우 가해국을 상대로 책임을 추궁하는 것을 의미하며, 한 국가의 '자국민'에 해당되는지 여부는 그 국가의 국내법에 의해 결정되기 때문이다. 국제법상 외교적 보호권의 행사는 국가의 권리이지만 개인이 제한적인 범위 내에서 점차 국제법상의 권리 주체로 발전해 나가는 점을 반영하여 국제법위원회(ILC)는 2006년 '외교적 보호에 관한 초안'을 마련하였다. 외교보호 초안에서 주목할 점은 외교적 보호를 국가 자신의 권리 또는 국가의 피해라는 표현을 사용하지 않았다는 점이다. 외교보호 초안은 특별히 중대한 피해가 발생한 경우에는 외교적 보호의 행사 여부 및 배상의 내용에 관해 피해자의 의견을 가능한 한 고려하고, 배상금 수령 시 합리적인 소송 비용을 공제한 후 피해자에게 지급할 것을 권고하고 있다. 외교적 보호의 행사와 관련하여 이중국적자의 경우 국적국을 어떤 기준에서 판단하는지 문제가 되기도 한다. 외교보호 초안은 이중국적자의 경우 우세한 국적국이 다른 국적국에 대해 외교적 보호권을 행사할 수 있다고 제시하고 있다. 우세성에 대한 판단은 상주거소, 가족관계, 직장 등과 같이 실효적 생활의 실태 등이 포함된다.

한편, 선박에 근무하는 외국인 승무원이 피해를 입은 경우 선박의 국적국가인 기국과 승무원의 국적국가 중 어떤 국가가 외교적 보호권을 행사할 수 있을까? 외교보호 초안은 이와 관련하여 몇 가지 원칙을 제시하고 있다. 먼저 원칙적으로 승무원의 국적국가는 당연히 외교보호를 행사할 수 있다. 선박의 국적국은 선박이 등록된 기국인데, 기국은 외교보호권을 행사할 수 있는 것이 아니라 외국인 승무원이 입은 피해에 대해 배상을 구할 권리를 갖는다. 다만, 위 사안에서 승무원의 국적국가가 외교보호를 행사할 권리와 선박의 국적국가가 배상을 구할 권리 간에는 우열관계가 존재하지 않으며, 양측 모두 행사될 수 있다. 한편, 외교보호 초안에 따르면 무국적자의 경우 국가는 피해 시 또는 공식적인 청구제기 시 그 국가에 합법적으로 상주하고 있는 무국적자에 대해 외교보호를 할 수 있다.

전통국제법상 개인이 국가의 소유물이라는 인식은 UN을 통한 국제인권법의 발전과정에서 국가는 개인에 대해 자국민이라 하더라도 자의적으로 대할 수 없다는 인식으로 점차 변화해오고 있다. 오늘날 개인은 국제법상 권리를 제한적인 범위에서 향유한다. 다만 개인은 때로는 국제법 위반에 대한 의무가 부여되기도 하며 이를 위반 시 책임을 직접 지기도 한다. 이 경우 개인은 자신의 국적국가를 통해 처벌을 받지 않고 국제형사재판소 관할범죄에 해당되는 범죄를 저지른 경우 국제법상 직접 처벌을 받게 될 수도 있다.

III. 생각해 볼 문제

✓ 일부 국가에서는 국적 이외에 시민권을 부여하기도 한다. 국적과 시민권(citizenship)의 차이점은 무엇인가?

✓ 출입국 문제는 본질적으로 국가주권의 문제에 해당하지만 국가는 자국의 영토에서 외국인을 추방하는 경우 반드시 절차적 보장을 제공해야 하는가?

✓ 독일인이었던 노테봄(Nottebohm)은 과테말라로 이주하여 사업을 하던 중 2차 세계대전이 발발하였다. 노테봄은 과테말라에 있는 자산의 재산이 몰수당할 위기에 처하자 일시적 방문을 통해 리히텐슈타인에 귀화하고 국적을 취득하였다. 과테말라가 노테봄의 재산을 몰수하자 리히텐슈타인은 과테말라를 ICJ에 제소하였고, ICJ는 노테봄과 리히텐슈타인과의 진정한 유대성(genuine link)의 요건이 없음을 이유로 리히텐슈타인의 외교적 보호 행사를 인정하지 않았다. 위 사건은 귀화에 한정하여 적용된 사례이긴 하지만, 개인이 복수의 국가에서 다양한 형태로 교류하는 오늘날 진정한 유대성의 기준이 일반적으로 적용되는 경우 발생할 수 있는 문제점에 대해 생각해보자.

난민보호 문제, 어떻게 바라보아야 할까?

이세련

"난민도 그냥 보통 사람이에요" 마주보고 그리며 편견 지우다

2018.12.13. 서울신문 10면[1]

　예멘 출신 난민 수백명이 제주도로 입국해 들썩였던 지난여름. 제주의 한 카페에서 예멘인 25명과 도민 25명이 1대1로 짝을 지어 나란히 앉았다. 탁자에는 종이와 목탄이 놓여 있었다. 두 사람은 서로의 얼굴을 그려나갔다. 서로에게 하고 싶은 말을 담은 편지도 썼다. 예멘 청년 얼굴의 이목구비를 유심히 관찰한 8살 한국인 여자아이는 우리말로 "예멘은 위험하니 우리나라에 있다가 가요"라고 적은 뒤 발음하는 방법과 의미를 가르쳐줬다. 예멘 청년은 아랍어로 "한국 사람들과 친구가 되었다."고 적었다. 지난 8월 이틀간 '제주 컬러풀 워크숍'이라는 이름으로 열린 이 행사는 최소연(50) 미술가와 수단 출신 난민 아담(31)이 기획했다. 예멘 난민에 대한 사회적 관심과 더불어 혐오가 거세지는 것을 목격한 최씨는 선입견 없이 서로 만나 소통하는 자리를 만들기로 마음먹고 친구인 아담에게 프로젝트를 함께 추진하자고 제안했다. 언어가 넘지 못하는 소통의 벽을 그림으로 넘을 수 있다고 믿었다.

　두 사람은 서울과 제주를 오가며 워크숍을 준비해 나갔다. 소셜네트워크서비스(SNS)로 행사를 알리고 예멘인 숙소를 직접 뛰어다니며 참여를 독려했다. '난민 선배'이자 아랍어를 구사하는 아담이 나서자 예멘인들도 하나둘씩 모여들기 시작했다. 예멘 난민이 10명 정도 모일 것이란 예상과 달리 첫날에만 두 배를 넘어 25명이 모였다. 이 때문에 그림을 그릴 재료를 추가로 공수해야 했다. 둘째 날까지 모두 50명의 예멘인이 프로젝트에 참여했다.

　최씨는 그림 재료로 목탄을 선택한 이유에 대해 "전쟁으로 불타버린 집에서 목탄 하나를 건졌다고 가정하고 기록을 남겨보자는 취지"라고 설명했다. 서로 눈을 마주치는 것도 낯설어하던 참가자들은 시간이 흐르면서 점점 가까워졌다. 언어로는 대화가 통하지 않았지만 손짓, 발짓으로도 의사소통은 충분했다. 최씨는 이틀간 그린 그림과 편지를 엮어 내년 초쯤 책으로 출간할 예정이다.

---

1) https://www.seoul.co.kr/news/newsView.php?id=20181213010022

▌제6부　'공동의 목적과 이익'을 위해 국제법은 확장되고 있다.

이 행사가 열린 이후 난민에 대한 제주도민들의 생각도 크게 바뀌었다. 도민들은 "뉴스로 접한 난민의 모습과는 확연히 다르다.", "우리와 다르지 않은 그들이 함께 안전한 삶을 살았으면 좋겠다."고 했다. 행사 첫날 의심의 눈초리로 지켜보던 이웃 할머니는 다음날 떡을 만들어 찾아오기도 했다. 최씨는 "막상 만나니 막연한 두려움도 눈 녹듯 사라졌다."면서 "종이와 목탄만으로 서로 무장해제 될 수 있다는 게 예술의 힘인 것 같다."고 했다.

예멘인들의 얼굴에도 미소가 번졌다. 한국어라는 벽에 막혀 자신의 목소리를 내지 못했던 그들은 "평화롭게 살고 싶다." "한국인들에게 도움이 되고 싶다."는 등 메시지를 적어내려 갔다. 워크숍의 결과물을 자신의 SNS에 올리는가 하면 한국어로 쓴 자신의 이름을 사진으로 찍어 간직하는 난민도 있었다. 지금도 행사에 참여한 한국인과 연락을 주고받는 예멘인도 적지 않은 것으로 알려졌다.

한국에 온 지 7년 만인 지난 6월 난민으로 공식 인정받은 아담은 행사에서 통역을 전담했다. 아담은 "제 경험을 바탕으로 난민을 돕고, 한국 사회에도 난민이 그냥 '보통 사람'이라는 것을 알리는 다리 역할을 하고 싶었다."면서 "한국인들도 난민을 직접 만나 질문해 보고 소통해 보면 편견을 버리게 될 것"이라고 말했다.

두 사람은 난민에 대한 기록을 쌓아가겠다는 목표를 세웠다. 그 일환으로 '다우알가말(아랍어로 '달빛') 도서관'이라는 이름으로 책을 엮고 작업물을 관리하고 있다. 최씨는 "보이지 않는 사람일수록 그들이 존재했다는 기록을 남기는 것이 중요하다."면서 "밤하늘 달빛처럼 캄캄한 현실 속 한 줄기 빛이 되자는 뜻을 담았다."고 전했다.

I. 난민보호, 이상과 현실

2018년 제주도에 입국한 예맨인들의 난민 지위에 인정에 대한 찬반 논쟁은 사회적 갈등으로 이어지면서 국내에서 난민문제가 본격적으로 이슈화 되는 계기가 되었다. 당시 난민신청을 한 484명의 예맨인 중 2명이 난민으로 인정을 받았고, 412명은 인도적 체류를 허가받았으며, 단순 불인정되거나 출국한 사람은 70명이었다. 우리나라는 1992년 「난민의 지위에 관한 협약」('1951년 난민협약') 및 「난민의 지위에 관한 의정서」에 가입하였으며, 출입국관리법에 관련 규정을 신설한 후 2001년 에디오피아인에 대해 최초로 난민 지위를 인정한 바 있다. 1994년 국내에서 난민심사제도가 시작된 이후 국제사회에서 인권의 보편성과 인권보호에 관한 국제적 위상의 제고 등을 고려하여 독립된 난민법 제정이 필요하다는 논의가 시작되었다.

1951년 난민협약은 난민의 지위를 인정받은 자에 대해 일정 수준의 대우를 해줄 것을 규정하고 있지만 난민 지위의 인정 절차에 관한 규정은 포함하고 있지 않다. 이는 난민 지위의 결정은 각 체약국의 국내법에 맡겨져 있다는 것을 의미한다. 1951년 난민협약의 국내적 이행수단으로 제정된 「난민법」은 2013년 7월 1일부터 시행되었다. 현재 우리나라의 난민신청절차는 대한민국 내에서 신청절차와 출입국항에서 신청절차로 이원화 되어 있다. 다만, 후자의 경우 난민인정절차로 회부할 수 있는지 여부를 결정하는 별도의 심사를 거쳐야 한다. 우리 난민법은 1951년 난민협약상 난민의 개념을 그대로 반영하고 있으며 난민인정자의 경우 난민 지위에 관한 협약에 따른 처우를 받도록 규정하고 있다.

II. 난민의 국제적 보호

국제사회에서 난민문제가 등장한 배경은 1919년 러시아 혁명 이후 유대인과 터키인에 대한 시민권 박탈로 인해 발생한 대량 난민에 대한 보호 문제였다. 국제연맹은 난민고등판무관사무소를 설립하고 난센을 초대 고등판문관으로 임명하였다. 난센은 특히 러시아 난민들에게 일정한 이동의 자유를 보장하고, 난민들이 체류하는 국가에게 여행증명서로 인정되도록 각국 정부에 '난센여권'의 발급을 요청하였다. 이후 난센여권은 러시아 난민뿐만 아니라 터키 등을 포함한 일부 중동 지역의 난민에까지 적용이 확대되었다. UN 총회는 UN난민고등판무관사무소(Office of the United Nations High Commissioner for Refugees: UNHCR 또는 유엔난민기구)를 총회의 보조기관으로 설립하는 결의를 채택하였고 1950년 유엔난민기구가 창설되었다. 유엔난민기구는 설립 당시에는 1951년부터 3년 동안 운영되는 것으로 결정되었으나, 2003년 UN총회에서 기구의 기한이 무기한 연장되는 결의가 채택됨에 따라 영구적인 기구로 거듭나게 되었다. 유엔난민기구의 주요 임무는 인도주의적 차원에서 난민에 대한 구호사업 및 난민문제해결을 위한 국제협력을 도모하는 것이다. 유엔난민기구의 행정비용은 UN의 예산으로 재정을 충당하지만, 기구의 활동과 관련한 기타 모든 비용은 UN회원국, 민간단체 및 개인 등의 자발적 기부금으로 충당한다.

국제법상 최초로 난민에 대한 일반적인 정의가 포함된 1951년 「난민의 지위에 관한 협약」은 난민의 국제적 보호에 초석을 마련하였다. 이후 「무국적자의 지위에 관한 협약」(1957)과 「난민의 지위에 관한 의정서」(1967)가 채택되었다. 특히 난민의정서는 난민 지위에 관한 협약에 규정된 난민 발생의 시간적 제한(1951.1 이전)과 유럽에서만 발생한 사건을 다룬 지리적 제한을 제거함으로써 난민의 범위를 확대하였다. 위와 같은 난민의 보호에 관한 보편적인 국제규범 이외에도 아프리카난민협약, 카타헤나선언, 아랍세계에서 난민과 피난민에 대한 보호에 관한 선언 등 지역적인 차원에서도 난민의 보호를 위한 다양한 문서가 채택되었다. 난민의 지위에 관한 협약상 난민은 인종, 종교, 국적, 특정 사회집단의 구성원신분 또는 정치적 의견을 이유로 박해를 받는다는 충분히 근거 있는 우려로 인하여 자신의 국적국 밖에 있고, 국적국의 보호를 받을 수 없거나 보호를 받기를 원하지 않는 자로 정의 내려진다.

일반국제법상 국가는 자국의 영토에 어떤 외국인이 입국하고 체류할 수 있는지에 대해 온전한 주권을 가지고 있다. 입국거부는 국가의 권리이지만, 추방의 경우 「난민의 지위에 관한 협약」은 국가안보 또는 공공질서를 이유로 하는 경우를 제외하고는 추방할 수 없다고 규정하고 있다. 또한, 동 협약은 공공질서나 국가안보를 이유로 난민을 추방할 경우 적법절차에 따라 내려진 결정에 의해야 한다고 규정하고 있다. 「난민의 지위에 관한 협약」은 강제송환금지 원칙을 포함하고 있는데 인종, 종교, 국적, 특정사회집단의 구성원 신분, 정치적 의견으로 인해 생명이나 자유가 위협받을 우려가 있는 영토의 국경으로 추방하거나 송환하는 것을 금지하고 있다. 다만, 이와 동시에 강제송환금지 원칙은 예외조항도 규정하고 있는데 현재 체류 중인 국가의 안전을 위협하는 인물로 볼만한 합리적인 사유가 있거나, 중대한 범죄를 저질러 최종 유죄판결을 받아 체류하고 있는 국가의 공동체에 대하여 위험한 존재가 되는 경우 강제송환금지 원칙의 예외를 적용할 수 있다. 오늘날 강제송환금지 원칙은 「난민의 지위에 관한 협약」이외에도 여러 인권 조약 및 국가관행 등을 통해 국제관습법으로 발전하였다.

III. 생각해 볼 문제

✓ 아프리카, 남미, 아랍 지역의 난민보호체제는 난민을 각각 어떻게 정의하고 있는가? 예를 들어, 카타헤나선언의 경우 대규모 인권침해의 경우도 난민으로 인정하고 있다. 이처럼 보편적인 난민의 정의와는 별개로 지역적 차원에서 난민의 정의가 다른 이유는 무엇인가? 이로 인하여 발생할 수 있는 문제점에 대해 생각해보자.

✓ 내전 또는 국가 간 전쟁이 발생하여 본국을 떠난 사람들이 보호를 요청하는 경우 난민지위에 관한 협약상 난민의 사유에 해당하는가?

✓ 전 세계적으로 난민의 숫자는 급격히 증가하고 있는 추세이다. 국가의 영토주권과 국제법상 난민의 보호 문제는 잠재적으로 충돌 가능성이 늘 존재하는데 이를 해결할 수 있는 방안에 대해 생각해보자.

제 2 장

국제환경법

국경을 넘는 환경문제, 국경을 넘는 협력으로 해결합시다 / 이세련

뜨거워지는 지구, 녹고 있는 빙하 / 이세련

인류를 위해 멸종위기종을 보호합시다 / 이세련

국경을 넘는 환경문제,
국경을 넘는 협력으로 해결합시다

이세련

한 · 중 · 일 '미세먼지' 개선 방안 찾는다

2018.11.23. 서울신문 16면[1]

고농도 미세먼지 발생과 관련해 중국에 대해 책임을 물어야 한다는 비판 여론이 높은 가운데 한 · 중 · 일 3국 전문가가 모여 '장거리 이동 대기오염물질'에 대한 개선 방안을 찾는다. 최근 중국에서 고농도 미세먼지가 발생하면 2~3일 후 우리나라도 대기질이 악화되면서 오염물질의 월경 문제가 심각해지고 있다.

22~23일 이틀간 서울 강서구 메이필드호텔에서 진행되는 '제21차 동북아 장거리 이동 대기오염물질 3국 전문가 회의'에는 국립환경과학원과 중국 환경과학연구원, 일본 대기오염연구 아시아센터(ACAP) 전문가 30여명이 참석했다. 장거리 이동 대기오염물질은 중국과 한반도, 일본 등 아시아 동북부 국경을 넘어 이동하는 미세먼지(PM10), 질소산화물(NOx), 황산화물(SOx) 등을 말한다. 3국 전문가들은 장거리 이동 대기오염을 개선하기 위한 연구 결과와 향후 추진 방안을 논의한다.

이날은 동북아 배출량 목록(인벤토리)과 국가별 모델링 보고서를 검토했다. 23일에는 올해부터 2022년까지 추진할 '5단계 2차연도 연구계획' 등을 논의한 후 승인한다. 3국은 2000년부터 동북아 지역 장거리 이동 대기오염물질에 대한 공동 조사 사업을 해왔는데, 5단계에선 지역 간 상호 영향을 분석해 규명할 계획이다.

조명래 환경부 장관도 중국발(發) 미세먼지와 관련해 국내 연구 부족을 인정했다. 조 장관은 한 언론 인터뷰에서 "중국 미세먼지 소스가 어떤 경로로 한반도에 유입되는지에 대한 연구가 부족해 정확한 진단과 처방을 내리는 데 한계가 있다."고 말했다.

그러면서 중국의 지방자치단체들과 다양한 연대를 통해 비상저감조치 정책을 공조하는 방안을 강조했다. 한 · 중 협력뿐 아니라 미국과 일본을 포함한 다자 논의의 필요성도 거론했다. 조 장관은 "중국은 생태 문명국가를 지향하기에 미세먼지를 비롯해 환경문제를 시인하는 것은 정책 실패를

---

1) https://go.seoul.co.kr/news/newsView.php?id=20181123016012

| 제6부 '공동의 목적과 이익'을 위해 국제법은 확장되고 있다.

인정하는 셈이 되기에 어려움이 있다."면서 "외교적인 노력과 더불어 학계, 지자체, 다자협력 등 입체적인 해결 방안을 추진해 나가겠다."고 밝혔다.

지난 13일 취임한 조 장관은 첫 업무로 환경부 각 부서가 참여하는 미세먼지 태스크포스(TF) 구성을 지시했다. 조 장관은 "그동안 미세먼지 저감을 위해 중국과 꾸준히 협력했지만 체감할 정도의 성과를 올리지 못했다."며 "지난 6월 베이징에 문을 연 한·중 환경협력센터를 통해 다양한 협력과 신규 사업을 추진할 계획"이라고 말했다.

I. 국제협력 없이는 예방이 불가능한 환경문제

매년 봄이나 겨울이면 우리나라는 편서풍의 영향으로 중국발 황사와 연기와 안개가 섞인 일명 스모그 현상이 발생하여 외출이나 실외 활동을 자제할 것을 보도하는 뉴스를 종종 접하게 된다. 대기의 오염뿐만 아니라 2021년 일본이 후쿠시마 제1원전 탱크에 보관 중인 오염수를 장기간에 걸쳐 바다에 방류하겠다는 결정이 보도되자 해양을 통한 방사능 오염물질의 국내 유입을 우려하는 문제도 제기되었다. 이처럼 국경을 초월해 발생할 수 있는 환경문제는 국민의 건강과 일상에 큰 영향을 미치기 때문에 환경문제 예방 및 해결을 위한 국가 간 긴밀한 협력은 필수적이다.

동북아시아 국가들 간에는 구속력 있는 환경협약 대신 환경 유엔환경계획(UNEP)의 아시아태평양지역 사무소를 중심으로 환경문제에 관한 다자협력과 우리나라의 주도로 1993년 동북아 지역의 환경 이슈 관련 협력을 위해 출범한 동북아환경협력프로그램(NEASPEC: North-East Asian Subregional Programme for Environmental Cooperation) 등이 존재한다. 동북아환경협력프로그램은 구체적으로 자연보전, 월경성 대기오염 문제, 사막화와 토지 황폐화, 저탄소 도시, 해양보호지역에 중점을 두고 공동연구 및 정책 공유를 통해 협력을 추진하고 있다. 반면, 동남아시아의 경우 2002년 「아세안연무방지협정」(ASEAN Agreement on Transboundary Haze Pollution)이 체결되었고 아세안 10개국 모두가 비준함으로써 지역적 난제인 연무 문제를 해결할 수 있는 법적 틀이 마련되었다.

II. 국경을 초월하는 환경문제에 대한 국제사회의 대응

환경문제는 주로 오랜 기간에 걸쳐 발생하며 때로는 국경을 초월하여 인접국에 영향을 미친다. 중국발 미세먼지가 우리나라에 피해를 주는 현상 및 인도네시아 산불로 인한 연무 문제는 한 국가 내에서 벌어지는 행위가 국경을 초월하여 타국의 환경에 영향을 주는 사례에 해당한다. 국제사회에서는 주권국가의 동의 없이 국제법규의 제정이나 국제분쟁의 평화적 해결이 불가능하기 때문에 국가 간 합의가 이루어지지 않는 경우 유사한 환경피해가 반복적으로 발생할 수밖에 없다.

국제환경법 발전과정 초기 단계에 발생한 트레일 스멜터(Trail Smelter) 중재사건은 캐나다에 건설되어 가동 중인 제련소에서 배출된 배기가스가 인접국인 미국 워싱턴주와 주민에게 재산적 및 신체적 손해를 초래하여 발생한 분쟁이었다. 이 사건의 중재재판부는 "어떠한 국가도 매연으로 다른 국가의 영토 또는 그 영토 내의 사람과 재산에 대하여 손해를 야기시키는 방법으로 영토를 이용하거나 이용하도록 허용할 수 없다."고 판시하였다. 이 판결은 국제환경법의 중요한 기본원칙인 국가 간 환경손해를 야기하지 않을 책임원칙으로 발전하였다. 하지만, 위 판결이 내려졌을 당시에는 국경을 초월하여 발생한 오염에 대한 국제적인 차원에서 구체적인 규제는 논의되지 않았다. 1950년대와 1960년대에 걸쳐 미국, 서유럽 그리고 일본에서 발생한 스모그와 매연, 중금속 오염, 농약이나 유해 폐기물에 의한 토질과 하천의 오염 등 여러 다양한 환경문제가 발생하면서 산업화로 인한 환경문제와 생태학적 환경보존의 필요성에 대해 국제사회에서 구체적인 논의를 시작하는 계기가 마련되었다.

환경문제에 대한 국제적 대응의 첫 시도로서 '자원의 보전과 이용에 관한 UN회의'가 개최되었다. 이후 산업화를 주도했던 국가들은 환경보호에 관련된 다양한 국내 정책과 법규를 마련하고 환경 의식 제고를 위한 프로그램을 운영하였다. 이러한 산업화 국가들의 노력은 환경문제에 대한 정보와 인식의 공유 및 국제협력의 필요성을 강조한 1972년 스톡홀름 환경회의로 결실을 맺었다. 스톡홀름 환경회의는 비록 구속력이 부여되지 않았지만, 환경문제가 국제사회의 의제로 최초로 설정되었다는 점에서 의의가 크다. 스톡홀름 환경회의에서는 국제환경규제를 위한 26개의 주요 원칙을 천명한 스톡홀름선언과 109개의 권고를 담은 실천계획을 각각 채택하였다. 스톡홀름선언은 "국가는 UN 헌장과 국제법 원칙에 따른 자국의 환경정책에 따라 자국의 자원을 이용할 주권적 권한을 가지며 그 관할권 또는 통제 하의 활동이 타국 또는 국가관할권의 한계 이원지역에 손해를 야기하지 않도록 보장할 책임이 있다."고 선언하면서 자연자원이용에 대한 국가주권의 원칙과, 그에 대한 책임으로서 영토이용에 따른 환경손해를 야기하지 않을 책임을 부과하고 있다.

이후 1992년 브라질 리우에서 개최된 환경과 개발에 관한 UN회의에서는 총 27개의 환경원칙을 담고 있는 리우선언이라는 상징적인 결의문이 채택되었다. 리우선언은 스톡홀름선언과 마찬가지로 구속력 있는 합의는 아니지만, UN 및 국제사회에서 그동안 환경에 관한 인식과 접근의 변화를 보여주는 중요한 국제문서이다. 스톡홀름선언과 마찬가지로 리우선언도 국가들은 자국 관할권이나 통제 내에서의 활동이 타국의 환경이나 국가관할권 범위 밖의 지역의 환경에 손해를 끼치지 않도록 보장할 책임을 제시하고 있다(제2원칙). 리우선언은 각국의 개발에 관한 주권이 현재 및 미래의 필요를 충족시킬 수 있는 방향으로 행사되어야 한다고 밝힘으로써 지속가능한 발전의 의미도 명시하였다(제3원칙). 또한, 환경문제의 사전주의적 접근, 오염자 비용부담원칙, 공동의 그러나 차별화된 책임 원칙, 사전통보 및 협력의무, 환경영향평가, 환경관련 의사결정과정에서 관련 시민의 참여 보장 등의 내용이 리우선언에 포함되었다.

리우회의 이후 성과와 미비점을 점검하고 이에 대한 대안을 모색하기 위해 2002년 남아프리카 요하네스버그에서 리오+10 정상회의가 개최되었다. 리오+10 정상회의에서도 구속력 있는 문서는 도출되지 못했지만, 요하네스버그 실천계획은 빈곤퇴치, 보건위생 개선, 자원 및 에너지 관리 등에 관한 내용을 포함하고 있다. 특히, 위 회의는 리우선언에서 제시된 '공동의 그러나 차별화된 책임'이 강조되었는데 구체적으로 선진국의 공적개발원조를 늘리고 국제무역에서 개도국에게 더 많은 예외 조항을 적용해 줄 것을 제시하였다.

국제환경법의 발전과정에서 채택된 일련의 국제문서와 중재판결 등을 통해 수립된 국경을 초월한 대기오염과 관련한 국제관습법상 국가는 자국 내 활동이 타국의 환경에 영향을 미치지 않도록 사전예방적 조치를 취할 의무와 타국의 환경에 영향을 받을 우려가 있는 경우 환경영향평가를 수행하고 관련 국가에게 통지해야 할 의무를 부과하고 있다. 국경을 넘어 발생하는 대기오염의 문제는 자국의 주권 내에서의 활동으로 타국의 영토 주권을 제한해서는 안 된다는 주권평등원칙과 관련이 있다. 이는 국가가 전통적으로 국가주권과 연관되어 사실상 무제한적으로 인정받았던 경제활동을 할 권리가 오늘날에는 타국의 환경에 영향을 미치는 경우에는 제한될 수 있다는 것을 의미한다.

III. 생각해 볼 문제

✓ 국제환경법의 토대가 되는 문서들이 대개 법적 구속력이 결여된 이유는 무엇인가? 환경 분야에서 구속력 있는 문서를 마련하기 어려운 이유에 대해 생각해보자.

✓ 미국의 생물학자 개릿 하딘(Garrett Hardin)은 공유재의 비극(The Tragedy of the Commons)이라는 논문에서 합리적으로 자기 이익을 추구하고자 하는 개인들의 행동이 집합적으로

는 바람직하지 못한 결과를 가져오게 되는 상황을 비극으로 묘사하였다. 그는 환경문제가 발생하게 되는 과정의 본질을 설명하기 위해 목동들이 자유롭게 이용가능한 목초지를 예로 들었다. 목동들은 각자 자신의 가축을 목초지에 방목시킴으로써 이득을 얻게 될 것이다. 하지만 개개의 목동들이 적절한 수의 가축보다 더 많은 가축을 키운다면, 개개의 목동들은 개개의 이익을 극대화 할 수 있지만 이를 통해 발생하는 비용은 공동으로 부담하게 된다. 이러한 이익의 극대화는 결국 목초지의 파괴를 초래한다는 것이다. 환경문제와 관련하여 우리 주변에서 개인의 합리적 선택이 집단적으로는 바람직하지 못한 결과를 가져오는 사례를 생각해보자.

✓ 일찍이 산업화를 이룬 선진국들에게 기존의 산업공해 발생에 대한 이유로 추가적인 의무를 부담하거나 특별한 책임을 부여하는 것은 타당한가?

ᛁ 제6부 '공동의 목적과 이익'을 위해 국제법은 확장되고 있다.

뜨거워지는 지구, 녹고 있는 빙하

이세련

열강들 영유권 분쟁 속 中도 '알박기'… 북극해 지도 바뀌나

2020.08.11. 서울신문 18면

북극해 중에서도 캐나다와 덴마크 쪽에서 러시아 시베리아 쪽으로 가로지르는 1700㎞가량의 '로모노소프 해령'이 영유권 문제를 복잡하게 만들고 있다고 영국 BBC가 최근 보도했다. 바닷속 산맥 같은 지형인 해령의 최정상은 해저에서 3.4㎞ 높이다. 1948년 옛 소련 학자들이 북극점을 탐험하다 수심이 매우 얕은 바다를 탐지하면서 해령을 발견, 극지 연구에 혁혁한 공을 세운 제정 러시아의 석학 미하일 로모노소프(1711~1765)의 이름을 따 해령의 이름을 붙였다.

통상 지도에는 표시되지 않는 이 로모노소프 해령이 영유권 주장의 출발점이다. 러시아는 로모노소프가 시베리아 군도의 연장선이라고 주장한다. 러시아는 2001년 유엔에 처음으로 이 같은 주장을 담은 서류를 제출했으나, 유엔 대륙붕한계위원회는 증거가 부족하다며 러시아의 주장을 일축했다. 러시아는 같은 주장을 2015년에 다시 유엔 제출하며 북극해 탐사 활동을 적극적으로 펼치고 있다. 또 2007년 8월 2일 잠수함을 이용해 북극점 바닥에 티타늄으로 만든 러시아 국기를 심어두기도 했다.

캐나다는 2008년부터 2년간 미국과 함께 로모노소프 해령이 북미 대륙의 연장선이라는 주장을 입증하기 위해 공동 조사를 했다. 캐나다는 이 해령이 에스키모 자치구인 누나보트에 있는 엘즈미어섬의 연장이라며, 연구 성과와 함께 유엔에 영유권을 주장하는 서류를 제출했다. 미국도 역시 해령이 알래스카 연장선이라고 맞대응하고 있다. 덴마크는 그린란드 자치령의 연장이라며 2014년 유엔으로 달려갔다. 덴마크는 해저 3㎞의 로모노소프 해령에서 채취한 갈색 돌이 "덴마크 대륙의 연장 증거"라고 주장하면서 해령 좌우의 북극해 89만 5000㎢의 영유권을 주장한다. 이 해령은 발견된 지 70년이 넘었지만 여전히 의문투성이다. 강력한 레이저로 투사해도 겨우 몇 백m밖에 파악하지 못할 정도로 해령의 해상도가 매우 낮다. 해령의 골짜기와 마루, 능선을 따라 지도를 그린다 해도 이 땅이 어느 나라에 속하는지 알기는 역부족이다. 이에 각국은 해령의 지리적 특질을 밝혀내기 위해 전문가를 동원해 해령 바위 조각을 떼어 조사한다. 그러나 각국이 인양한 돌 조각들이 정말로 해령의 일부인지, 아니면 빙하에 떠밀려와 바다에 깔린 '드롭 스톤'인지 확인하기도 쉽지 않다. 덴마크가 제시한 갈색 돌이 해령에서 나온 것인지, 아니면 빙하를 타고 들어와 가라앉은 것인지 구별하기 쉽지 않다는 의미다.

지금까지 북극해 영유권 주장은 '정중한' 편에 속했다. 남중국해 영유권 논란처럼 거친 언사의 외교, 군함이 동원되는 것이 아니라 증거를 찾는 과학 탐사 위주였다는 뜻이다. 이는 북극해 특유의 혹독한 환경, 쇄빙선 이용에 하루 25만 달러 이상의 고비용이 드는 점 등으로 인해 여러 국가들이 협업하기 때문이라고 BBC가 전했다. 치열해질 수도 있는 영유권 분쟁에 대비해 러시아, 캐나다, 덴마크 등 3개국에 미국, 노르웨이를 합친 '북극 5개국(AF)'이 2018년 10월 '북극 경계에 관한 질서 있는 해결'에 서명했다. 필립 스타인버그 영국 더럼대 정치지리학 교수는 "러시아는 이 문제에 대해 실제로 진중하게 접근하고, 영유권 주장을 해령에 따라 연장하지 않고 북극에서 멈췄다."고 말했다. 그러나 이런 협력이 얼마나 지속될지는 불투명하다.

이들 국가가 영유권을 주장하는 것은 연안에서 200해리(370㎞)까지인 배타적경제수역(EEZ)과 직결되기 때문이다. 유엔 해양법협약에 따르면 EEZ에서는 고기잡이 활동 및 구조물 설치와 함께 천연자원 채굴도 허용된다. 특히 EEZ 해역이 자국 대륙에서 연장된 것이 확인되면 이를 더욱 확대할 수도 있다. 로모노소프 해령이 자국의 영토에서 연장된 것이라고 확인하면 북극해 거의 전체에 대한 영유권 주장으로 이어질 수 있다는 의미다.

북극해의 영유권 주장을 원만히 해결하는 방법이 없는 것은 아니다. 우선 각국 연안과 마주 보는 연안을 따라 중간선을 그리는 방법이 있다. 이럴 경우 북극점은 덴마크령이 된다. 이런 문제점을 해결하기 위해 북극을 남극처럼 '국제적인 극점'으로 두는 방안도 있다. 캘리포니아대 샌타바버라 캠퍼스의 오런 영 정치학과 교수는 이에 대해 "좋은 방안"이라고 말했다. 최근에는 북극해와 영토 연관성이 전혀 없는 중국까지 적극 나서고 있다. 북극해에는 전세계 천연가스의 30%, 석유의 13%가 매장된 것으로 추정된다. 지구 온난화로 빙하층이 줄어들면 자원 채굴과 어로 활동이 가능해진다. 또 아시아와 유럽을 잇는 새로운 항로가 개척되면 기존 수에즈 노선보다 운항 일정을 2~3주가량 단축할 수 있다. 식량과 에너지 수입을 주로 해상 루트에 의존하는 중국으로서는 매우 긴요한 통로가 되는 셈이다. 이에 중국은 자국이 북극에서 '불과 800마일' 떨어진 '근북(近北) 국가'라고 주장하며 북극해에 연안이 접한 국가로 구성된 '북극 평의회' 정규 회원 가입 신청서를 냈다. 2016년 미국·캐나다·러시아·덴마크·노르웨이·핀란드·스웨덴·아이슬란드 8개국으로 구성된 평의회는 북극에 연안이 없는 비(非)영토 국가에 회원 자격을 준 선례가 없다고 퇴짜를 놓았지만, 중국은 북극해에 많은 투자를 통해 최소한 '초청 국가'라도 되겠다는 속셈을 갖고 있다.

중국의 북극해 진출 의지는 덴마크 자치령인 그린란드에 있는 중국 대사관 직원 수를 보면 알 수 있다. 영국 익스프레스에 따르면 인구 5만 6000명의 그린란드에 중국은 외교관과 직원 500명을 파견하고 있다. 반면 미국은 70명 규모에 불과하다. 중국 정부는 2017년 북극 해로를 '북극 실크로드'에 공식적으로 포함한 데 이어 중국 최초의 쇄빙선이 캐나다 쪽 바다인 북서해로를 과학탐사 목적으로 운항하기도 했다. 2018년엔 북극해에서 더 많은 역할을 하겠다는 정책 목표와 의지를 담은 '북극 정책 백서'를 발간했다. 중국은 러시아에서 퍼올린 석유를 올해 처음 북극해 북서해로를 이용해 들여왔다.

중국의 북극 진출 이면에는 경제 시설 보호를 명목으로 향후 군사활동을 정당화하려는 야망이 있다는 우려가 나온다. 이미 북극권에 미사일 추적이 가능한 위성 수신 및 군사 통신 감청 시설이 포함된 과학기지를 운영하고 있다. 아직까진 중국 군함이 북극해를 항해하지 않았지만 향후 중국 잠수함이 북극해를 운항할 가능성도 높다. 미국 국방부는 "중국이 민간 연구시설 보호를 핑계로 핵 공격 잠수함 전개를 포함해 북극에 군사 주둔을 강화할 수 있다."고 경고했다. 러시아가 중국의 군사적 영향력 확대를 방관하진 않겠지만 연안 개발을 중국 자본에 의존하면서 일정 부분 중국의 파트너로 변모한 측면도 있다.

한편 미국은 전통적으로 북극해 개발에 큰 관심을 두지 않았다. 도널드 트럼프 행정부에서는 기후변화와 지구 온난화 문제는 뒷전이기도 했다. 그러나 바버라 배럿 미 공군 장관은 지난달 22일 애틀랜틱 카운슬 주최 토론회에서 "북극은 미사일 방어의 시작점"이라며 중국의 북극 군사력 주둔 강화를 경계했다. 미국이 태평양이나 대서양과 같은 완충지대로 여긴 북극에 중국의 전략적 진출을 경계하기 시작한 것이다.

I. 지구온난화와 기후변화

2021년 7월 독일 베를린에서 개최된 페테스베이크 기후대화는 기후위기 문제를 다루는 장관급 회의로 구테흐스 UN 사무총장은 영상메시지를 통해 "인류의 절반이 홍수, 가뭄, 극단적 폭풍, 산불의 위험지역에 살고 있으며, 그 어떤 국가도 예외가 없다."는 사실을 언급하며 "집단행동"(Collective Action)인지 "집단 자살"(Collective Suicide)의 선택은 국제사회의 몫이라며 기후위기 문제의 심각성을 지적하였다. 환경오염으로 인한 3대 글로벌 환경문제는 지구온난화, 오존층 파괴, 환경호르몬 문제로 알려져 있다. 오존층의 감소와 환경호르몬 문제는 인류의 건강과 농업 및 어업 생산성에 막대한 영향을 미쳐 미래세대에게 회복할 수 없는 피해를 물려주게 된다. 특히 지구온난화는 온실가스 배출량이 늘어 지구 지표면의 평균 기온이 상승하는 것을 의미한다. 기후변화 등을 포함한 지구온난화의 효과가 전 세계적인만큼 오늘날 국제사회가 직면한 가장 중요한 문제 중 하나에 속한다. 지구의 기후체제는 모든 국가에 영향을 미치며, 지구온난화를 완화하려면 광범위한 국제협력이 필수적이다. 반면, 주목해야 할 점은 비록 기후변화로 인해 발생하는 환경문제는 전 지구적 차원의 성격을 지닌다고 하더라도 각국의 지리적 위치, 주변 환경, 적응 능력의 정도에 따라 각국에 미치는 효과는 차별적일 수 있다는 사실이다. 위 기사는 기후변화로 인해 초래되는 글로벌 차원의 문제는 비단 환경오염과 자원의 고갈뿐만 아니라 북극 해빙에 따른 항로의 개발과 같은 새로운 기회가 나타남에 따라 발생할 수 있는 국가 간 경쟁구도가 심화될 수도 있다는 점을 보여주고 있다.

II. 기후변화 규율을 위한 국제규범의 발전과정: 유엔기후변화골격협약에서 파리협정까지

지구온난화는 대기 중에 누적된 이산화탄소 등을 포함한 온실가스의 배출이 증가함에 따라 기후변화 등을 초래함으로써 인류의 생산과 생활방식에 근본적인 변화를 도입해야 하는 포괄적이고 장기적인 환경문제이다. 기후변화가 국제사회의 의제로 발전하면서 1988년 기후변화에 관한 정부간 협의체(Intergovernmental Panel on Climate Change: IPCC)가 설립되어 기후변화 교섭준비가 본격적으로 시작되었다. 1990년에는 기후변화골격협약을 채택하기 위한 협상위원회가 구성되었다. 이 과정에서 특히 선진국과 개도국의 입장차이가 커서 절충점을 찾기가 어려웠다. 1992년 브라질 리우데자네이루에서 개최된 환경과 개발에 관한 UN회의에서 채택된 유엔기후변화골격협약(UN Framework Convention on Climate Change: UNFCCC)은 기술 이전 및 재정적 차원에서 선진국의 주도적인 역할과 온실가스 배출감소와 개도국의 의무를 동시에 강조하는 신중한 접근법을 선택하였다. 그 결과 UNFCCC는 실제 감소해야 할 배출목표량이나 선진국의 지원 범위에 대한 구체적이고 구속력 있는 내용은 포함하지 않았다.

기후변화협약의 구체적이고 구속력 있는 이행을 보완하기 위해 기후변화협약의 추가의정서가 1997년 일본 교토에서 채택되었다. 교토의정서는 기후변화에 대응하기 위한 구체적인 목표와 수단을 정하였다. 온실가스감축의 수단으로서 일명 교토메커니즘에는 국제배출거래제, 공동이행제도, 청정개발체제를 제시하고 있다. 국제배출거래제는 온실가스 감축의무국 상호간 의무를 이행하고도 여유 있는 배출량 의무를 이행하지 못한 국가에게 상품이나 권리증서와 같이 매매할 수 있도록 하는 제도를 의미한다. 공동이행제도는 기후변화협약 부속서 I 국가 상호간 온실가스 감축사업을 공동으로 수행하는 것을 인정하는 것으로 한 국가가 다른 국가에 투자하여 감축한 온실가스 감축량의 일부분을 투자국의 감축실적으로 인정하는 제도이다. 반면 청정개발체제는 공동이행제도와 달리 부속서 I 국가와 부속서 I에 기재되지 않은 국가들 상호간의 공동사업을 통해 온실가스 배출 감소를 도모하는 제도이다. 이러한 교토메커니즘은 온실가스배출감소와 경제성장이라는 상관관계를 고려하여, 규제적 접근보다는 시장의 기능을 통해 온실가스를 감축하고자 하는 방법을 취하고 있다. 교토의정서는 2012년까지 교토메커니즘에 따른 온실가스 감축에 의존하고 있어서 2012년 이후 부속서 I 국가들의 온실가스 감축 의무에 따른 대책이 마련되지 않은 상황이었다.

이에 따라 2012년 이후 새로운 대응체제를 모색한 결과 당사국들은 법적 구속력이 없는 정치적 합의 성격의 코펜하겐 합의문 채택으로 이어지게 되었다. 코펜하겐 합의는 기후변화 문제의 심각성, 온실가스 감축, 적응, 재원 및 새로운 기구의 창설에 관한 내용으로 구성되어 있다. 이후 기후변화 대응에 진전이 없자 2011년 남아프리카공화국 더반에서 채택된 '더반 합의문'에 따라 신기후체제를 위한 협상이 시작되었다.

2015년 12월 기후변화협약 제21차 당사국총회(COP 21)에서 EU 및 195개국이 참여하여 파리협정이 채택되고 이 협정은 2016년 11월 발효하였다. 파리협정은 선진국과 개도국 모두가 국가별 기여방안(NDC: Nationally-Determined Contribution)제출을 통해 자발적으로 감축목표를 설정하고 정기적으로 이행점검을 받도록 하는 국제법적 기반을 마련하기 위한 것이었다. 파리협정은 UN기후변화협약을 토대로 발전한 국제적 합의였지만 기후변화협약의 의정서 형식으로 채택된 것이 아니며, 교토의정서와는 별개의 신기후체제로 간주된다. 다만, 파리협정은 기후변화협약의 기본원칙들을 전문에서 재확인하면서 공동 그리고 차별적인 책임원칙, 당사국들의 개별 역량 및 국가별 상황을 함께 고려해야 한다는 점을 강조하고 있다. 파리협정은 각국의 NDCs 주기, 보고, 검토, 점검 등 새로운 기후변화체제에 대한 기본 구조에만 합의를 하였고, 보고, 검토, 배출권거래와 관련된 여러 규칙을 구체화해야 한다. 교토의정서와 마찬가지로 기본 규범에 먼저 합의를 하고 추후 구체적인 내용을 협상하는 방식이 파리협정에서도 적용됨에 따라, 점진적이고 소프트(soft)한 규범형성은 유엔기후체제의 전형적인 특징이 되었다.

III. 생각해 볼 문제

✓ UN기후변화골격협약의 채택과정에서 선진국과 개발도상국의 상반된 입장을 살펴보고 그 이유를 생각해보자.

✓ 기후변화와 연계된 기술은 공공재로 간주될 수 있는가? 특정 기술은 환경문제를 해결하는 데 도움이 되지만 특정 기술은 오히려 환경문제를 악화시킬 수도 있다. 선진국이 기술이전을 하는 경우 환경문제를 해결에 기여할 수 있는지 생각해보자.

✓ 기후변화로 인해 북극의 해빙이 급속도로 빨라지면서 북극항로의 경제적 이용 가능성이 높아지고 파괴속도도 가속화 될 것으로 우려되고 있다. 우리나라는 북극의 환경이슈에 대해 어떤 입장을 취하여야 하는가?

인류를 위해 멸종위기종을 보호합시다

이세련

한라산 이상기후에 구상나무 열매도 잘 안 열린다

2021.10.25. 서울신문 10면[1]

멸종위기에 처한 한라산 구상나무가 올해는 열매도 잘 안 열려 보존 및 복원 대책이 시급한 것으로 나타났다.

산림청 국립산림과학원은 한라산 구상나무 열매 결실량에 대한 모니터링 결과 열매가 맺힌 나무가 거의 없으며 달린 열매마저도 해충 피해가 심각해 대책 마련이 시급하다고 24일 밝혔다.

매년 결실이 양호한 백록담, Y계곡, 백록샘, 남벽분기점, 장구목, 진달래밭 등 한라산 전 지역에서 유사한 양상을 보였다. 한라산 영실 지역의 구상나무 45그루(나무 높이 1.5m 이상)를 심층 조사한 결과 15그루만이 평균 34.8개(1~123개)의 열매를 맺었으며, 이마저도 해충 피해가 심각한 것으로 나타났다. 지난해에는 27그루 중 26그루가 건전했으며, 평균 69개(8~272개)의 열매가 달린 바 있다.

국립산림과학원은 이러한 현상은 봄철 이상기후와 연관이 있는 것으로 추정했다. 구상나무는 암수한그루로 암꽃은 대개 5월에 달리며 수분이 이뤄지면 열매가 돼 10월까지 익는다. 그러나 올해 5월 초 한라산 기온이 급강하고 상고대가 맺히는 등 이상기후 현상이 있었다. 구상나무는 신생대 3기부터 수백만년 동안 혹독한 환경을 견뎌온 한국 특산수종이다. 한라산·지리산·덕유산·태백산 등에서 자라는데 한라산에 가장 넓게 분포한다. 한라산 구상나무 숲은 1997년부터 2016년까지 20년 사이에 33.3% 감소했고 2011년 세계자연보전연맹(IUCN)은 구상나무를 '위기종'으로 분류했다.

국립산림과학원은 기후변화로 잦아진 태풍과 봄철 온도상승 및 건조, 숲의 노령화 등이 구상나무 고사를 부채질해 구상나무 숲이 줄어들고 있다고 설명했다. 제주도는 지난 2017년부터 한라산 영실등산로 주변 집단고사 지역에 구상나무 묘목을 시험 식재하는 등 구상나무 숲 복원사업을 본

---

1) https://go.seoul.co.kr/news/newsView.php?id=20211025010004

격 추진 중이다. 시험 식재 지역은 한라산 영실등산로 해발 1,630m 일대 0.5ha로 이곳은 최근 10년간 구상나무가 대량 고사해 숲이 사라진 곳이다.

도는 2026년까지 국비 45억9000만 원을 투입, 한라산 구상나무의 쇠퇴와 고사원인 규명 등 6개 연구분야, 구상나무 양묘와 현지 내 복원 등 3개 사업분야, 구상나무 복원 매뉴얼 개발 등의 사업을 진행하고 있다.

2050년 생선이 사라진다
"2050년 바다에서 물고기가 사라진다."

2006.11.04. 서울신문 14면2)

해양생물 서식지 파괴와 무분별한 수산물 어획이 현재와 같은 속도로 진행된다면 생선 등 모든 해양생물의 개체수가 사라질 것이라는 충격적인 연구 보고서가 나왔다. 스티브 패럼비 미 스탠퍼드대학 교수와 캐나다 댈하우지대학의 보리스 웜 박사 등으로 구성된 연구팀은 12개 해안지역의 생태계 변동을 연구한 결과 지난 50년 동안 생선과 조개류, 해양식물 등 29%의 식용 생물이 이미 준멸종(collapse) 상태에 이른 것을 확인했다고 영국 BBC 등 외신들이 전했다. 연구팀에 따르면 홍합과 대합, 참치, 황새치 등과 생선은 이미 멸종 단계에 진입한 것으로 나타나 충격을 안겨주고 있다.

더욱 충격적인 사실은 멸종 단계에 돌고래와 범고래 등 해양 포유류까지 포함된다는 점이다. 종의 90% 이상이 사라지면 '붕괴 단계'인 준멸종 상태로 판정된다. 이 추세라면 2048년에 식탁에 오르는 모든 해양 생물이 거의 멸종할 것으로 과학자들은 보고 있다. 인류의 '바다 먹을거리' 대부분이 무참하게 사라질 위기에 처한 것이다. 패럼비 교수는 BBC에 "이번 세기가 해산물을 맛보는 마지막 세기가 될 것"이라고 경고하고 있다.

I. 멸종위기종 보호의 필요성

2021년 멸종위기종의 보존 가치를 알리고 국민의 인식을 제고하고자 매년 4월 1일이 "멸종위기종의 날"로 선포되었다. 4월 1일로 정해진 이유는 1987년 4월 1일 국내 최초로 멸종위기의 생물들을 보호하기 위해 당시 "환경보전법"(現 야생생물보호 및 관리에 관한 법률)에서 특정야생동물을 지성하고 고시한 날이었기 때문이다. 환경변화와 산업화로 인해 자연이 훼

---

2) https://www.seoul.co.kr/news/newsView.php?id=20061104014011

손되면서 야생에서 살아가는 많은 생물종이 멸종위기에 처했다. 생물종들이 점차 사라지게 되면 생태계의 균형을 유지하는 핵심종도 연쇄적으로 멸종위기에 처하게 될 것이며, 궁극적으로 생태계 시스템의 일부인 인간의 삶에도 큰 영향을 미칠 것이다. 최근 우리 환경부는 "멸종위기 야생동물 보존 종합계획"(2017~2021)을 수립하여 기존의 개체 수 중심의 보호에서 서식지 보호로 정책방향을 전환하였다.

동식물을 포함한 자원의 국제적 관리는 한 국가의 관할 영역에서 일어나는 행위가 타국 및 타국민의 안위에 영향을 미치는 환경문제와 같이 국경을 초월한 문제로 간주된다. 예를 들어 전 세계의 탄소흡수대 역할을 제공하는 대규모 삼림을 보유한 국가들이 자국의 영토 내에 있다는 이유로 무차별적으로 벌목이나 개발하는 경우, 그 효과가 해당 국가에만 미치는 것은 아니기 때문이다. 또한 국가들은 각 국가의 관할하에 있는 영토에 서식하는 특정 멸종위기종의 살상과 거래를 금지함으로써 지구적 차원에서 생태계 보존을 위해 협력해야 한다.

II. 생물다양성의 손실

1. 생물다양성 파괴 원인

생물다양성은 지구상의 무수한 식물, 동물, 미생물뿐만 아니라 유전자, 종, 생태계, 자연경관 등 모든 수준의 다양성을 포함한다. 식량농업기구(FAO)에 따르면 농작물에서 발견되는 유전적 다양성의 약 75%가 상실되었고 6,300여 가축 중 1,350여 종이 멸종위기에 있거나 멸종되었다. 또한, 어류의 경우 75% 이상이 과다 이용되거나 지속가능한 한계를 넘어 2050년까지 모든 종의 25%가 사라질 것이라고도 추정되고 있다. 영국 리즈대와 옥스퍼드대 공동연구팀은 "사람들이 먹거리와 생산 방식을 바꾸지 않으면 향후 몇십 년 안에 광범위한 생물다양성의 상실을 직면하게 될 것"이라고 연구 결과를 발표하였다. 이러한 생물다양성의 파괴는 자연적인 현상에 의하기도 하지만 오염을 발생시키는 산업활동, 비료 및 농약에 의존하게 된 농업 활동으로 인한 서식지의 상실과 환경변화 및 국제관계의 긴밀화로 인한 외래종의 유입 등과 같은 인간 활동으로 발생하기도 한다. 생물다양성의 위협요인으로는 열대우림의 파괴, 산림, 습지의 파괴, 종과 생태계에 대한 무지, 자원분배의 부적절 및 생물다양성의 가치에 대한 고려 실패가 원인으로 제시되고 있다.

2. 관련 규범

생물다양성을 보존하기 위한 국제규범은 국제환경법 초기 발전단계부터 조약 또는 연성법의 형태로 채택되어왔다. 생물다양성 문제를 규율하는 조약은 모든 생물을 범세계적으로 보호하기 위한 조약으로서 「생물다양성협약」(CBD)과 「멸종위기에 처한 야생 동·식물종의 국제거래에 관한 협약」(Convention on International Trade in Endangered Species of Wild Fauna and Flora: CITES)이 있다. 이외에도 일정한 지역 내의 모든 생물을 보호하기 위한 지역적 협정, 개별 생물종 또는 서식지 보호를 위한 협약 등이 있다.

「멸종위기에 처한 야생 동·식물종의 국제거래에 관한 협약」(CITES)은 국제자연보호연맹의 주도로 1963년 체결되었다. 이 협약은 멸종위기에 처한 동식물종 중 국제거래로 영향을 받거나 받을 수 있는 종으로서 부속서 I에 멸종위기종, 부속서 II에 현재 멸종위기에 처해 있지는 않지만 국제거래를 엄격하게 규제하지 않으면 멸종위기에 처할 수 있는 종, 부속서 III에 멸종위기종 국제거래협약의 당사국이 이용을 제한할 목적으로 자국의 관할권 내에서 규제받아야 하는 것으로 확인되고 국제거래 규제를 위해 타국의 협력이 필요한 종을 각각 정하고 있다. 이 협약은 규제대상 생물종을 목록화하여 부속서에 기재하는 규제기술과 허가제를 도입하여 효율적인 거래규제를 가능하게 하였다. 반면, CITES는 서식지 파괴 등과 같이 야생동물의 생존을 위협하는 다른 요소는 포괄적으로 다루지 못하고 국제거래에만 중점을 두고 있다.

「생물다양성협약」(Convention on Biodiversity)은 생물다양성 보존에 대한 가장 보편적이고 포괄적인 조약으로 간주된다. 「생물다양성협약」은 기본 원칙으로서 UN 헌장과 국제법 원칙에 따른 자국의 환경정책에 따라 자국의 자원을 개발할 수 있는 주권적 권리와 자국의 관할 또는 통제지역 안에서의 활동으로 다른 국가의 환경 또는 자신의 관할권 이원지역의 환경에 피해가 발생하지 않도록 보장할 책임을 규정하고 있다. 자원에 대한 주권적 권리가 반영되었다는 점은 유전자원이 인류의 공동유산이라고 주장하던 선진국의 입장이 거부된 것으로 볼 수 있다. 「생물다양성협약」은 개체별 생물체에서 유전자원에까지 확대되었는데 유전자원에 대한 접근(제15조)과 생명공학의 관리 및 그 이익의 분배(제19조)도 포함하고 있다. 유전자원을 인류의 공동유산으로 간주하던 시대에는 개발도상국내 열대우림지역의 유전자원에 대한 접근이 자유롭게 이루어졌다. 하지만 유전자원의 경제적 가치가 인식되고 개발도상국의 자국영토 내 천연자원에 대한 주권의식이 커지면서 유전자원에 대한 규제가 주장되었다. 「생물다양성협약」은 유전자원에 대한 주권적 권리를 인정하면서도 원칙적으로 체약당사국의 사전통보 하에서만 접근이 이루어지도록 하고 있지만, 접근에 대한 법적 규제는 여전히 당사국의 국내입법에 위임하고 있다. 유전자원에 대한 접근과 이익공유에 관한 규범을 제정하기 위한 노력은 2010년 「나고야의정서」의 채택으로 이어졌고 동 의정서는 2017년 8월 발효되었다. 우리나라는 「나고야의정서」의 국내 이행을 위해 '유전자원의 접근·이익 및 이익공유에 관한 법률'을 제정하였고 동 법률은 2018년 8월 발효하였다. 이처럼 생물다양성 보존을 위한 국제적 규제를 위한 시도가 있었음에도 불구하고 다양한 동식물의 소멸을 막지 못하는 원인으로 국제의무 준수보장 장치의 부족, 원인규명과 대응을 위한 과학적 지식의 부족, 권고적인 국제규범의 성격 등이 지적되고 있다.

III. 생각해볼 문제

✓ 고래에 관한 자원연구조사 및 보호를 위해 설립된 국제포경위원회는 상업적 목적의 포경을 금지하고 연구 목적 등의 일부 예외만 허용하고 있다. 2014년 국제사법재판소는 호주와 일본 간의 포경 분쟁에 대해 일본의 과학 연구 목적의 포경을 금지하였으나 일본이 남극해에서 행하는 고래잡이는 과학적 조사 목적이 아니라며, 이 프로그램이 개선될 때까지 포경허가를 내주는 것을 중단하기로 결정한 바 있다. 이후 2019년 6월 일본은 국제포경위원회를 공식 탈퇴하고 상업 포경을 재개하였다. 일부 국가들은 포경금지 협약에 서명을 하지 않고 상업 포경을 지속하고 있다. 멸종위기종에 처란 고래의 보존을 위해 국제사회는 어떠한 조치를 취할 수 있는지 생각해보자.

✓ 멸종위기종인 호랑이에 대한 보호는 국가 간, 지역적, 국제기구와 비정부기구를 통한 협력 등 다양한 방식의 협력이 이루어지고 있는 대표적인 사례이다. 2010년 러시아, 중국 등 13개 국가는 호랑이 정상회의를 열어 2022년까지 전 세계 야생호랑이 개체 수를 두배로 늘리자는 호랑이 보호캠페인을 벌인 바 있다. 또한, 중국과 러시아는 2013년 백두산 호랑이 보호를 주로 내용으로 하는 협약서에 서명하기도 했다. 유럽에서 불법 호랑이 농장이 운영되는 실태가 공개됨에 따라 유럽연합은 호랑이의 상업적 거래를 금지하고 엄격한 조치를 취할 것을 촉구한 바 있다. 온라인으로 판매되는 멸종위기종에 대한 웹사이트 감시는 야생동식물 온라인 거래 수준과 범위를 이해하는 데 필수이다. 국제 야생동식물거래 조사기구(TRAFFIC: Trade Records Analysis of Flora and Fauna in Commerce)는 2012년 1월 주요 불법 야생동식물 제품을 파악하기 위해 중국의 웹사이트를 추적하여 20개의 사이트에서 상아, 호랑이 뼈, 표범 뼈 등을 지칭하는 암호를 추적하게 되었다. 감시 시작 후

첫 1개월 동안 불법 야생동식물 상품에 대한 약 3만 건의 광고가 발견되기도 하였다. 하지만 이러한 온라인 거래가 소셜 미디어만으로 모니터하기 어려운 이유는 무엇인가?

✓ 유전자원의 보호와 관련하여 유전자원 보유국과 유전자원 이용국 간 대립된 입장을 보인 이유는 무엇인가? 이러한 대립된 입장을 절충하기 위한 방안은 무엇인가?

제6부 '공동의 목적과 이익'을 위해 국제법은 확장되고 있다.

제 3 장

국제경제법

소주와 위스키의 세율이 같은 이유

박언경

[외언내언] 酒稅率 조정

1999.09.16. 서울신문 7면[1]

정부와 여당이 소주세율을 현행 35%에서 80%로 인상하기로 합의함으로써 내년부터 소주값이 크게 오를 전망이다. 많은 국민들이 마시는 소주는 고려후기 몽고에서 전래된 것으로 전해진다. 페르시아를 정복한 칭기즈칸의 몽고군이 알코올 증류법을 배워와 술을 만들어 마시다 고려를 침략할 때(1274년) 가져온 것이다. 몽고군이 주둔했던 제주도에서는 소주를 노주(露酒ㆍ밑술을 고아서 이슬같이 받아낸 술이란 뜻)라고 불렀다. 아랍어로는 알코올을 아라그(Arag)라고 발음하고 해방 전까지 개성에서는 소주를 아락주라고 불렀다고 한다.

고려 때는 사찰이 여행자의 숙박지로 이용되었을 뿐 아니라 술을 판매하는 풍습이 있어 사찰을 중심으로 다양한 술들이 개발되면서 술로 인한 폐해가 심하자 고려 현종(1140년) 때는 사찰에서 술을 빚고 마시는 것을 금지한 일도 있다.

이번에 소주값 인상원인이 된 위스키(양주)는 19세기 조선조 말에 외국과 교역이 이뤄지면서 도입되었다. 위스키가 우리나라에 들어온 지 거의 1세기가 지난 지금 소주와 양주를 놓고 통상분쟁이 일어나 주세조정을 하지 않을 수 없게 된 것은 아이러니다. 유럽연합(EU)과 미국이 지난 97년 한국이 소주 세율 35%, 위스키 세율은 100%로 차등 적용하고 있는 것은 잘못이라며 세계무역기구(WTO)에 제소, 한국이 패소함으로써 세율을 동일하게 조정할 수밖에 없게 되었다. 이에 따라 정부와 여당은 소주와 위스키 세율을 똑같이 80%로 결정한 것이다.

그동안 주세조정을 둘러싸고 여러가지 이유가 나왔다. 정부는 '고도주 고세율' 원칙에 따라 소주세율을 올려야 한다고 밝혔다. 조세연구원은 알코올 도수가 높은 술을 마심으로써 야기되는 각종 사회적 비용을 감안해서 도수가 높은 술에 대해서 높은 세율을 매겨야 한다고 주장했다. 정부가 '고도주 고세율' 원칙을 지키려면 소주 세율을 올리면서 저도주인 맥주 세율을 소주 세율보다 낮게 책

---

1) https://www.seoul.co.kr/news/newsView.php?id=19990916007003

정했어야 사리에 맞다. 그런데 맥주 세율은 현행 130%에서 내년부터 10% 포인트씩 내려 2002년 100%가 되도록 한다는 것이다. 2002년에 가서도 맥주 세율이 소주 세율보다 높다는 것은 '고도주 고세율' 원칙에 맞지 않는다.

또 술로 인한 폐해를 감안해서 소주 세율을 올려야 한다고 주장하는 것도 설득력이 약하다. 정부는 WTO 판정에 따라 소주 세율과 위스키 세율을 같게 해야하기 때문에 세율인상이 불가피하고 이로 인해 소주값이 오르게 됐다며 국민들에게 설득하는 것이 궁색하지 않은 설득 방법이 아닐까.

I. 국산제품과 수입제품 간의 차별은 없어야 한다

국제통상규범의 핵심기본원칙은 비차별이다. WTO는 여러 타국 제품들에 대한 대우에 있어서, 특정국의 동종제품을 다른 국가의 동종제품보다 불리한 대우를 하지 않도록 하는 최혜국대우(Most Favored Nation Treatment) 원칙과 국산 동종제품과 외국산 동종제품 간의 차별적인 조치를 하지 않도록 하는 내국민대우(National Treatment) 원칙을 규정하고 있다. 사실상 관련되는 모든 분야에 적용되는 동 원칙들은 공정한 경쟁조건(Level Playing Field)을 보장하기 위한 핵심요소이다.

기사의 사건에서 유럽연합(EU) · 미국 등 제소국은 한국이 소주에 부과하는 내국세(교육세, 주세)가 수입술인 보드카 · 위스키 · 브랜디류에 부과하는 내국세보다 혜택을 부여함으로써 국내 산업을 보호하고 있음을 주장하였다. 한국은 차등과세에 대해서는 인정하였지만, 국내에서 생산하는 소주는 희석식 소주이고 보드카는 증류식 소주이므로 동종제품이 아니며, 두 술은 직접경쟁 및 대체관계에 있지 않기에 내국민대우 위반이 아님을 주장하였다. 소주와 위스키 · 브랜디류의 술에 대해서도 동일한 취지로 주장하였다. 반면 제소국들은 제품의 물리적 특성, 소비용도, 음용장소, 판매 및 유통경로, 소비자의 수요는 제품들의 가격변동에 긴밀히 반응하며, 교차가격탄력성이 존재함을 이유로 직접경쟁 및 대체가능한 제품이라고 주장하였다. 내국세 부과의 경우 직접경쟁 및 대체관계에 있는 제품의 경우에는 국내산업보호의 목적으로 유사하지 않은 방식으로 과세를 부과하는 경우 내국민대우 위반에 해당하게 된다. 패널과 상소기구에서는 한국의 주세제도가 내국민대우 위반임을 결정하였다.

II. 내국민대우의 기본원칙과 예외

1. 개념

최혜국대우 원칙이 타국 제품들에 대한 대우에 있어서의 비차별을 내용으로 하는 반면, 내국민대우 원칙은 타국제품과 국산제품 간의 비차별을 의미한다. 비차별에는 법률상의 비차별뿐만 아니라 사실상의 비차별도 존재하여서는 안 된다. 회원국은 ① 내국세 및 기타 모든 종류의 내국과징금, ② 상품의 국내판매, 판매를 위한 제공, 구매, 운송, 유통 또는 사용에 영향을 주는 법률·규정·요건, ③ 특정 수량 또는 비율로 상품을 혼합하거나 가공 또는 사용하도록 요구하는 내국의 수량적 규정 등의 국내조치가 자국 상품을 보호하도록 적용하여서는 안 된다. 또한 다른 회원국에 수입되는 WTO 회원국의 상품은 국내 판매, 판매를 위한 제공, 구매, 운송, 소비를 위한 분배 또는 사용에 영향을 미치는 모든 법규 및 요건에 관하여 수입국 내의 동종상품에 부여된 대우보다 덜 유리한 대우가 부여되어서는 안 된다.

2. 동종상품에 대한 판단

다른 회원국의 영토 내로 수입되는 상품은 수입국 내의 동종상품에 부여된 대우보다 불리하지 않은 대우를 부여받아야 한다. 동종상품의 판단기준에 대해서는 확립된 원칙이 없으며, 패널 및 상소기구에는 제품성질설(또는 상품성질설), 목적효과설(또는 조치목적설), 시장기반설을 사안에 따라 적용한다. 제품성질설은 제품의 물리적 특성, 성질, 최종용도, 관세분류 등의 객관적 요소를 심사요소로 한다. 목적효과설은 해당 조치를 통해 달성하고자 하는 목적을 고려하여 심사하도록 한다. 시장기반설은 대상 시장에서 안정적으로 유지되어 온 소비자의 기호 및 습관 등 시장환경적 요소를 고려하여 심사하도록 한다.

3. 내국세 또는 기타 과징금 부과시 고려사항

세금의 부과는 제품의 가격에 직접적으로 영향을 미치는 조치이다. 이에 내국민대우 원칙은 내국세 또는 기타 과징금 등의 재정조치에 대해서는 별도의 규정을 두고 있다. WTO 회원국의 상품이 다른 회원국에 수입될 경우, 수입국은 국내의 '동종상품(like product)'에 부과된 조세 또는 기타 과징금보다 '초과하는' 과세를 수입품에 부여하여서는 안 된다. 여기서 '초과하는'의 의미는 어떠한 조세율의 차이도 허용되지 않는다는 의미이다. 초과하는 과세가 부여되는 경우, 그 자체로 내국민대우 원칙을 위반한 것이 된다.

동종상품은 아니지만, 직접경쟁 및 대체관계의 제품의 경우에는 국내산업의 보호를 목적으로 유사하지 않은 과세를 부여한 경우 내국민대우 원칙을 위반한 것이 된다. 여기서 '유사하지 않은'의 의미는 최소허용기준을 넘지 않는 조세율의 미소한 차이는 허용된다는 의미이다.

즉 내국세 또는 기타 과징금의 부과에 있어서, 국산 동종제품에 비해 수입 동종제품에게 높은 과세가 부과되는 경우에는 그 자체로 내국민대우 원칙을 위반한 것이 되며, 국산 제품과 수입제품이 동종제품은 아니지만 직접경쟁 및 대체관계에 해당하는 경우에는 국내산업 보호를 목적으로 유사하지 않은 과세를 부과하는 경우에는 내국민대우 원칙을 위반한 것이 된다.

4. 예외

최혜국대우 원칙, 내국민대우 원칙, 수량제한금지 원칙 등은 자유무역을 실현하기 위한 WTO 협정의 핵심원칙이지만, 회원국들은 자국의 환경·노동·인권에 관한 국내 정책적 필요에 따라 자유무역에 위반되는 국내규정을 제정할 필요성이 생길 수 있다. 이에 WTO 협정은 GATT 제20조에 10가지 예외규정을 두고 있다. 이 중 환경보호와 관련한 예외조항이 인간 및 동식물의 생명 또는 건강을 보호하기 위하여 필요한 조치(b호), 유한천연자원의 보존에 관한 조치(g호)이며, 공중도덕 보호에 우선권을 부여할 수 있도록 한 것이 공중도덕을 보호하기 위하여 필요한 조치(a호)이다. 단, 이들 개별요건에 해당한다고 하여 회원국의 조치가 정당화되는 것은 아니다. 해당 조치가 i) 자의적이거나 정당화할 수 없는 차별의 수단이 아니거나 ii) 국제무역에 대한 위장된 제한을 구성하는 방식으로 적용되지 않아야 그 정당성이 인정된다.

III. 생각해볼 문제

✓ 내국민대우 원칙과 함께, 최혜국대우 원칙도 자유무역을 지향하는 WTO 협정의 기본원칙이다. 최혜국대우 원칙을 개정하기 위해서는 모든 WTO 회원국이 만장일치로 동의할 것을 요건으로 할 정도로 WTO 협정의 핵심원칙이다. 그런데, WTO 협정에서 최혜국대우 원칙을 규정하고 있는 이유는 무엇일까?
✓ A국은 환경보호를 위하여 종이컵과 플라스틱컵에 대한 차별과세, 청소년의 건강보호를 위하여 맥주의 알콜도수에 따른 차별과세, 환경보호를 위하여 고급승용차와 저가승용차의 조세차별 조치 등의 정당성을 주장하고자 한다. 이때, A국은 동종제품의 분류기준에 대한 학설 중 어떤 학설을 주장하는 것이 유리할까?

자원의 무기화, 통상규범으로 정당화 될 수 있을까?

박언경

지구촌 '희토류 전쟁' 불붙었다

2010.12.31. 서울신문 6면[1]

2011년 지구촌은 희토류 전쟁터가 될 것으로 전망된다. 중국이 내년 상반기 희토류 수출 쿼터를 대폭 축소키로 하면서 수급 불안에 대한 우려가 세계 곳곳으로 확산되고 있다. 각국 전자업계 등 관련 업체들이 물량확보를 위한 대책 마련에 나서는 등 '자원 전쟁'에 들어갔다고 로이터 등 외신들이 30일 전했다.

특히 중국 정부가 희토류 합금류와 경금속 및 중금속 등에 대해서도 별도의 수출쿼터를 부여하는 방안을 검토하고 있는 것으로 알려져 해당업체들의 대응 행보가 더욱 빨라지고 있다. 앞서 지난 28일 중국 상무부는 성명을 통해 내년 상반기 국내외 31개 기업에 희토류 1만 4446t의 수출을 허가하겠다고 밝혔다. 이는 올해 상반기 2만 2282t보다 약 35% 줄어든 규모다.

- 中 "희토류 관리 강화는 환경 보호차원"

중국이 자국 내 수요 증가, 자원 보존 및 환경문제를 들어 더 이상 헐값에 희토류를 대량 공급하지 않겠다고 선언하자 미국은 즉각 민감하게 맞섰다. 이달 초 중국의 희토류 수출규제 움직임에 대해 이미 세계무역기구(WTO)에 제소할 뜻을 밝혔던 미 무역대표부(USTR) 캐럴 거스리 대변인은 "우리는 중국의 희토류 수출 제한을 매우 우려하고 있으며, 이 같은 입장을 중국 측에 전달했다."고 밝혔다. 그러나 중국의 장위(姜瑜) 외교부 대변인은 30일 정례브리핑에서 "중국 정부의 희토류 개발, 생산관리 강화는 환경과 수요를 보호하려는 것이며 WTO 규정에 부합한다."며 "다른 희토류 보유국가들도 적극적인 개발과 공급의무를 져야 하고 선진기술을 가진 국가들은 관련 기술을 중국에 제공해야 한다."고 대응했다. 애플, 소니 등 첨단제품을 생산하는 미국과 일본업체들은 충격에 빠졌다. 중국 이외의 지역에서 희토류 물량을 확보하기 위한 전쟁에 돌입했다고 외신들은 전했다.

---

1) https://www.seoul.co.kr/news/newsView.php?id=20101231006013

이미 대체소재 개발에 들어간 소니는 희토류 활용을 최대한 줄이는 방안을 다각적으로 검토할 계획이다.

희토류에 굶주린 일본은 산업폐기물로 간주되는 폐(廢)유리 조각 수입에 특히 열을 올리고 있다. 회수기술을 이용, 폐유리 조각 등에서 란타늄, 세륨 등 희토류를 추출할 수 있기 때문이다. 이와 관련, 유리를 녹여 희토류를 뽑아내기 위해 최근 미쓰이 등 일본 종합상사들이 중국으로부터 폐유리 조각 수입량을 대폭 늘렸다고 해방일보 등 중국 언론들이 이날 보도했다. 중국 언론들은 일본이 겉으로는 중국의 희토류 수출 제한에 크게 반발하면서 뒤에서는 몰래 중국 희토류 확보에 혈안이 돼 있다고 비판했다. 일각에서는 이 같은 폐유리 조각 수입을 일종의 '밀수행위'로 지목하기도 한다. 중국 상무부와 세관이 지난 11월 1일부터 폐유리 조각의 수출을 금지시켰기 때문이다.

• 日, 폐유리서 란타늄·세륨 등 추출

정밀기기나 TV, 자동차 등에 사용되는 특수유리에는 란타늄 등 다양한 희토류 원소가 포함돼 있으며, 추출이 그다지 어렵지 않아 일본의 종합상사들이 폐유리 수입에 주목했던 것으로 알려졌다.

중국은 미쓰이, 이토추 등 일본 종합상사 직원들이 중국 내에서 열리는 각종 희토류 관련 대형 국제회의 등에 몰려드는 것도 곱지 않은 시선으로 지켜보고 있다. 정부를 대신해 희토류 관련 정보 수집 등을 하고 있는 게 아니냐는 지적이다. 실제 지난 10월 초 간 나오토 일본 총리가 수흐바타린 바트볼드 몽골 총리와 몽골 내 희토류 개발 지원 등을 논의할 때 일본의 종합상사 대표들이 대거 배석하기도 했다. 현재 전 세계 희토류 수요는 연간 11만t으로 중국이 이 가운데 약 75%를 차지하고 미국, 유럽 등이 뒤를 잇고 있다. 2015년 세계 희토류 수요는 지금의 2배 이상 늘어난 25만t에 이를 것으로 전망된다.

I. 통상규범은 다양한 예외를 가진다

특정한 방식을 준수하지 않음을 이유로 수입을 규제하는 조치는 수량제한금지 원칙(GATT 제11조)을 위반하는 것이지만, GATT 제20조의 예외요건인 동식물의 생명 및 건강보호와 유한천연자원 보호에 해당하고 자의적이거나 부당한 차별 또는 위장된 무역제한 조치에 해당하지 않는 경우에는 조치의 정당성이 인정될 수 있다. 또한 국가안보와 관련된 경우에도 무역규제 조치는 정당성이 인정될 수 있다.

전 세계 희토류 생산량의 90% 이상을 차지하는 중국은 2010년 반도체, 하이브리드차와 휴대전화 등 첨단제품에 필수 불가결한 재료인 희토류를 비롯하여 텅스텐, 몰리브덴 등에 대한 수출통제 조치를 실시하였다. 중국은 희토류, 텅스텐, 몰리브덴 등 관련제품에 대해 수출관세, 수출쿼터 등의 무역제한조치를 취하였고, 관련 수출기업에 수출실적 보고 요구 및 등록자본금 제한규정 등을 적용하였다. 중국의 조치에 대응하여 미국, 유럽연합, 일본 등은 공동으로 2013년 희토류를 포함한 중국의 원자재 수출제한에 대해 WTO에 제소하였다. 중국은 관련 조치가 GATT 제20조의 예외요건 중 하나인 환경보호를 위한 조치이고 국내산업 보호를 위한 목적이 아님을 주장하였으나, 2014년 8월 WTO 상소기구는 희토류, 텅스텐, 몰리브덴 등 제품에 실시한 수출제한조치가 WTO협정 위반됨을 최종 결정하였다.

II. 수량제한금지 원칙과 예외

1. 수량제한금지 원칙

수량제한금지 원칙이란 수출입상품에 대한 수량할당, 수출입허가 등 그 형태에 상관없이 관세나 조세 또는 기타 과징금을 제외한 금지 또는 제한을 수출입상품에 부과하는 것을 금지하는 원칙으로, 상품 무관련 공정 및 생산방법(NPR-PPMs: Non-Product-Related Process and Production Methods)에 따른 수입제한조치도 이에 포함된다.

수량제한금지 원칙도 일정한 요건에 해당하는 경우에는 예외적으로 허용된다. GATT 제11조에서는 i) 식료품 또는 수출체약국에 불가결한 산품의 위급한 부족을 방지하거나 완화하기 위하여 일시적으로 취해지는 수출제한(제11조 2항 (a)), ii) 국제무역에 있어 상품의 분류, 등급 또는 판매에 관한 기준 또는 규칙의 적용을 위해 필요한 수출입제한(제11조 2항 (b)), iii) 국내농산물시장의 안정을 위한 정부조치로서 필요한 농수산물 수입에 대한 제한(제11조 2항 (c))을 규정하고 있으며, GATT 제20조는 일반적 예외를 GATT 제21조는 국가안보 예외를 규정하고 있다.

2. 일반적 예외

최혜국대우 원칙, 내국민대우 원칙, 수량제한금지 원칙 등이 GATT의 기본적인 의무규정이라면, 이들 의무에 대한 예외를 정당화하는 법적 근거를 제공해 주는 것이 GATT 제20조의 일반적 예외이다.

GATT 제20조는 두문과 개별요건으로 구성되어 있는데, 10가지 예외요건에 해당하더라도 두문 요건까지 충족하여야 예외의 정당성이 인정된다.

회원국은 환경보호를 위하여 무역제한 조치를 취할 수 있다. 인간, 동식물의 생명 또는 건강 보호를 위하여 필요한 조치(b호)와 유한천연자원의 보호와 관련된 조치(g호)가 환경보호와 관련된 조치이다. (b)호의 필요한 조치의 의미는 필수불가결한의 의미로, 덜 무역제한적인 조치가 없는 경우를 의미한다. (g)호의 유한천연자원의 의미는 고갈가능한 자원을 의미하는데 멸종위기종의 생물뿐만 아니라 대도시의 맑은 공기도 유한천연자원에 해당하는 것으로 본다. 또한 (g)호의 관련된 조치의 의미는 조치와 보호목적 간의 관련성만 있으면 넓게 인정된다.

회원국은 공중도덕(public moral)의 보호를 위하여 필요한 조치를 취할 수 있다. 공중도덕이란 공동체 또는 국가에 의해서나 공동체 또는 국가를 대신해서 유지되는 옳고 그른 행위의 기준으로 해석된다. 도박서비스 행위에 대한 규제, 자국(중국)의 문화에 벗어나는 출판 및 시청각 제품에 대한 규제, 비인도적 방식으로 사냥되는 바다표범제품에 대한 규제 등이 공중도덕의 보호를 위한 규제로 인정되었다.

일반적 예외조항은 자의적 또는 부당한 차별의 수단이 되거나 국제무역에 대하여 위장된 제한 조치의 수단이 되어서는 안 된다. 패널과 항소기구의 사례를 보면 자의적 또는 부당한 차별의 수단인지에 대서는 ① 차별의 예견가능성, 교섭 등 해결노력의 존재 여부, ② 일방적 질문, 심리 반론기회의 미제공, 개별적 서면통보절차의 미비, 재심 및 상소의 부정 등을 기준으로 판단하고 있으며, 위장된 무역제한 금지는 ① 조치의 경직성, 조치의 공개성, 교역제한 의도의 존재 여부, ② 조치가 적용되는 방식, 국제무역에 제한이 되는 방식으로의 적용여부 등을 기준으로 판단하고 있다.

3. 안보예외

자유무역과 공정무역을 이념으로 하는 GATT/WTO체제는 자국의 안보에 위해가 되는 경우에는 예외적인 조치를 취하도록 규정하고 있다. 자국의 국가안보가 그 무엇과도 바꿀 수 없는 가치이자 해당국가의 고유한 권리임에는 의문의 여지가 없다. 또한 국제통상규범 내에서 국제평화와 자국의 국가안보를 보호하기 위한 최후의 조치라는 점에서 안보예외는 반드시 존중되어야 할 규범이다. 그러나 WTO 체제의 예외조항이 위장된 통상정책 목적의 수행, 정치적 의도에 의한 수출통제 행위까지 허용하는 것은 아니다.

WTO 협정에서 규정하는 안보예외의 요건은 a) 공개 시 자국의 중대한 안보이익에 반한다고 간주되는 정보의 비공개, b) 회원국의 중대한 안보이익의 보호를 위하여 필요하다고 간주되는 조치로 핵물질과 관련된 조치, 군수물자 거래 및 군사시설에의 보급, 전시 또는 국제관계에 있어서의 기타 비상시에 취해진 조치 등이 있으며, c) 국제평화와 안보유지를 위하여 유엔 헌장상의 의무이행을 위한 회원국의 조치 등이다. 반면 최근 각국이 체결하는 자유무역협정에서는 상기 (b)호의 개별요건 들이 삭제된 내용으로 규정되는 모습들이 확인된다.

2019년 러시아－통과운송(Russia-Transit) 사건은 WTO 분쟁해결제도 하에서 안보예외가 원용된 사건에서 패널 보고서가 채택된 최초의 사건이다. 다수의 통상분쟁에서 안보예외가 원용된 적은 있었으나, 당사국들은 패널의 결정을 기다리지 않고 합의를 통해 제소를 취하하였기 때문에 안보예외에 대한 사법심사가 내려진 적은 없었다. 동 사건에서는 WTO 패널이 심리권한을 가지고 있는지에 대한 쟁점도 다투어졌다. 안보예외 조항의 원용과 관련하여 주로 조치를 취하는 국가들은 한 국가의 안보조치에 관련한 사항은 그 자체로 '안보예외'에 해당하기 때문에 WTO 패널의 심리대상이 되지 않는다는 주장을 펼치는 반면, 조치의 상대국은 안보예외의 무제한적 적용을 부정하며 위장된 안보예외에 대한 판단을 WTO 패널이 할 수 있다는 입장을 견지한다. 동 사건에서 패널은 (b)호의 개별요건에 대해서는 WTO 패널의 사법심사권이 있음을 확인하였다.

III. 생각해볼 문제

✓ 환경오염이 심해지고 있는 상황에서, 대도시의 맑은 공기를 유한천연자원으로 보고 수입규제조치를 취한다면 정당화 될 수 있을까?

✓ 미국은 멸종위기에 있는 바다거북을 보호하기 위하여, 바다거북탈출장치를 부착하지 않은 방식으로 잡은 새우 및 새우제품에 대해 수입규제조치를 실시하고 있다. 동 조치의 정당성에 대해 생각해보자.

✓ 2019년 7월 1일, 일본은 한국을 대상으로 3대 품목 수출규제 발표하고, 8월 2일에는 백색국가에서 배제하였다. 이는 한국 대법원의 징용배상 판결에 대한 대응조치로 의심된다. 이 통상분쟁에서 양국이 주장할 수 있는 내용들은 어떤 것들이 있는지 생각해보자.

자유무역이 우선인가, 국민건강과 안전이 우선인가

박언경

후쿠시마 수산물 수입 안 된다… WTO, 韓 손 들어줘

2019.04.12. 서울신문 21면[1]

한국의 일본 후쿠시마 주변산 수산물 수입금지 조치를 둘러싼 한일 무역 분쟁에서 한국이 예상을 깨고 사실상 승소했다.

세계무역기구(WTO) 상소기구는 11일(현지시간) 일본이 제기한 후쿠시마 수산물 수입금지 조치 제소 사건에서 1심 격인 분쟁해결기구(DSB) 패널의 판정을 뒤집고 한국의 조치가 타당한 것으로 판정했다.

무역 분쟁의 최종심 격인 WTO 상소기구는 한국의 수입금지 조치가 자의적 차별에 해당하지 않으며 부당한 무역 제한도 아니라고 판단했다. 1심에서 일본의 손을 들어줬던 가장 중요한 두 가지 결정을 뒤집고 모두 한국의 손을 들어준 것이다.

상소기구는 세슘 검사만으로 적정 보호 수준을 달성할 수 있는데도 수입금지와 기타 핵종 추가 검사를 요구한 조치는 무역 제한이라고 본 1심 패널 판정을 파기하면서 과도한 조치가 아니라고 봤다. 1심 패널은 지난해 2월 한국의 수입 규제 조치가 WTO 위생 및 식물위생(SPS) 협정에 불합치된다며 일본의 손을 들어줬는데, SPS 관련 분쟁에서 1심 결과가 뒤집힌 것은 이번이 처음이다.

상소기구는 다만 한국 정부가 수입금지 조처와 관련해 일본에 충분한 정보를 제공하지 않았다며 절차적인 부분만 일본의 손을 들어줬다. 이에 따라 2013년 9월 일본 후쿠시마현을 포함한 인근 8개 현에서 잡힌 28개 어종의 수산물에 대해 내려진 수입금지 조처는 계속 유지될 수 있을 전망이다.

상소기구 판정을 앞두고 1심 판결이 대부분 유지될 것이라는 관측이 나왔지만 막상 일본에 유리하게 판정됐던 핵심 쟁점들이 줄줄이 파기됐다. 일본은 2011년 3월 후쿠시마 원전 사고 이후 수

---

1) https://www.seoul.co.kr/news/newsView.php?id=20190412021043

산물 수입금지 조처를 한 50여개국 중 한국만을 상대로 2015년 5월 WTO에 제소했다.

　　정부 당국자들은 12일 분쟁 승소에 대해 '다행스럽다'며 일본 식품에 대한 기존 검역절차가 그대로 유지될 것이라고 밝혔다. 산업통상자원부 관계자는 "그동안 SPS 협정 관련 소송에서 이긴 적이 없었기 때문에 비관적 분위기가 있었는데 다행스럽게도 1심 판정이 뒤집혔다."며 안도했다. 해양수산부도 "전적으로 다행이라고 본다."다."며 "이번 판정을 계기로 원산지 표시제를 강화하는 등 조치를 꾸준히 추진할 것"이라고 말했다.

I. 인간 및 동식물의 생명 또는 건강을 보호하기 위한 조치

　　2011년 3월 동일본 대지진으로 후쿠시마 원전의 방사능 누출 사고가 발생하였다. 동 사고는 인근 해역의 수산물이 방사능에 오염되었을 수도 있다는 우려가 확산되었다. 이에 한국 정부는 이 지역의 수산물과 농산물의 수입을 금지하는 잠정조치를 취하였다. 잠정조치의 내용은 다음과 같다. ① 후쿠시마 주변 8개현의 모든 수산물 수입금지, ② 일본산 식품에서 세슘 미량 검출 시 추가 17개 핵종 검사증명서 요구, ③ 국내외 식품에 대한 세슘 기준 강화 (370→100Bq/kg). 일본은 한국 정부의 조치 중 ②와 ③이 WTO 협정을 위반함을 이유로 2015년 5월 세계무역기구(WTO)에 제소하였다.

　　일본 정부는 한국 정부의 조치가 차별성, 무역제한성, 투명성, 검사절차 등에서 WTO 협정을 위반하였음을 주장하였으나, WTO 상소기구에서는 투명성 중 공표의무를 제외하고는 한국 정부의 수입규제조치에 대해 정당성을 인정하였다. 동 사건은 1심인 패널에서는 한국이 패소하였으나, 법률심인 상소기구에서 한국 조치의 정당성이 확인되었다.

II. 정당한 위생검역조치의 기준

1. 위생검역조치의 의의

　　위생검역조치란 인간이나 동식물의 생명 또는 건강을 위해 취하는 조치이다. WTO 위생검역협정에서는 i) 병해충, 질병매개체 또는 질병원인체의 유입, 정착 또는 전파, ii) 식품, 음료 또는 사료내의 첨가제, 오염물질, 독소 또는 질병원인체, iii) 동·식물 또는 동·식물로 만든 생산품에 의해 전달되는 질병이나 해충의 유입, 정착 또는 전파 등으로 인하여 발생하는 위험으로부터 동·식물의 생명 또는 건강의 보호와 iv) 해충의 유입, 정착 또는 전파로 인한 기타 피해의 방지 또는 제한을 목적으로 적용되는 '모든 조치'(any measure)를 위생검역조치로 규정한다.

위생검역조치는 인간이나 동식물의 생명 또는 건강을 보호하기 위한 필요한 조치이지만, 회원국들이 자국시장 및 산업의 보호를 위해 자의적으로 운영함으로써 비관세장벽의 모습을 나타내기도 한다.

WTO 체제에서는 위생 및 검역 조치의 남용을 방지하기 위해서, 위생 및 검역조치의 표준 및 기준, 위해성 평가 및 위해성 관리 방법, 과학적 정당성과 투명성 등의 상세요건을 위생검역협정에 규정하여, 개별국가들이 자의적인 통상규제수단으로 사용하는 것을 방지하고 있다.

2. 국제표준에의 부합

각 회원국은 자국의 위생 및 검역조치를 국제표준에 기초하여야 한다. 국제표준에 부합하는 위생 및 검역조치는 인간이나 동·식물의 생명 또는 건강보호에 필요한 것으로 간주되며, WTO 협정에 부합하는 것으로 추정된다. 다만 회원국은 자국의 위생검역기준을 관련 국제표준에 절대적으로 합치시킬 의무는 없으며, 국제표준의 관련 요소를 부분적으로 적절히 참조하는 것으로 그 의무를 이행한 것으로 판단된다.

3. 과학적 정당성

위생 및 검역조치가 정당성을 가지기 위해서는 충분한 과학적 증거에 근거하여 유지되어야 한다. 과학적 증거가 결여된 조치는 필요한 범위 밖에 있는 조치로 인정되어, 회원국의 조치는 WTO 협정을 위반한 것으로 판정될 수 있다. 국제표준에 부합하는 조치는 과학적 정당성을 충족하는 것으로 추정된다.

4. 자의적 차별 금지

회원국의 조치는 자의적이거나 정당화하지 아니한 차별 또는 국제무역에 대한 위장된 제한을 가해서는 안 된다. 동일한 또는 유사한 조건을 갖추고 있음에도 불구하고, 특정 물품에 대하여 규제조치를 취하는 것은 자의적 차별에 해당하게 된다.

5. 적정보호수준의 유지

회원국의 조치가 불필요한 무역제한 조치에 해당하지 않기 위해서는 적정보호수준

(Appropriate Level Of Protection: ALOP)을 달성하여야 한다. 회원국은 적절하다고 판단하는 경우 국제표준보다 높은 적정보호수준을 자체적으로 설정할 수 있다. 적정보호수준의 설정은 회원국의 특권에 해당한다. 단, 회원국이 설정하는 적정보호수준의 정당성이 인정되기 위해서는 과학적 증거가 제시되어야 한다.

6. 잠정조치

과학적 증거가 불충분한 경우에도 회원국은 일정 요건 하에서 잠정조치를 취할 수 있다. 잠정조치가 허용되기 위해서는 1) 관련된 과학적 증거가 불충분한 상황이고, 2) 입수가능한 적절한 정보에 근거하여 채택되고, 3) 회원국이 더욱 객관적인 위험평가를 위해 필요한 추가적인 정보를 찾기 위해 노력하고, 4) 합리적 기간에 위생 및 검역조치를 재검토 할 것을 충족하여야 한다. 이들 조건이 모두 충족될 때, 잠정조치의 정당성이 인정된다.

7. 투명성 - 절차상 조치의 불명확성 여부

투명성의 원칙은 회원국의 조치를 투명하게 공개함으로써, 회원국의 조치로 인하여 타국이 예측하지 못한 손해를 입는 것을 방지하는 것을 목적으로 한다. 회원국은 위생 및 검역조치의 변경의 고지의무, 관련 문의처의 설치, 이유 설명 등의 의무를 부담한다.

III. 생각해볼 문제

✓ 기존의 과학적 증거에 대하여 소수의 반대의견이 제시되는 경우, 회원국은 소수의 반대의견에 근거하여 잠정조치를 취할 수 있을까?
✓ 유전자변형(GMO) 상품에 대해 수입금지 조치를 취하는 것은 가능한가?
✓ 위생 및 검역조치가 비관세장벽으로 남용되는 것을 방지하기 위한 방안으로는 어떠한 것이 있을까?

제 4 장

국제형사법

내 아이를 내가 데려가는 것도 잘못이야?

정민정

국제결혼 후 빼앗긴 자녀 찾아오는 '헤이그협약' 가입 법안 추진 논란

2012.02.24. 서울신문 10면[1]

경남 지역에 사는 A(33)씨는 빈집에 들어설 때마다 가슴이 시린다. 지난해 고향 나들이를 떠났던 베트남인 아내가 세 살배기 딸과 함께 돌아오지 않아서다. A씨의 아내(27)는 "아이라도 보고 싶다."는 남편에게 돈을 달라며 재촉만 했다. 대신 전화를 받던 젊은 남성을 친구라고 둘러대더니 이후엔 아예 휴대전화를 꺼놨다. 마지막 남긴 말은 "한국에 가기 싫다."였다. 그때부터 소식이 끊겼다. 수소문 결과 아내가 아이만 베트남에 두고 최근 몰래 귀국해 취업했다는 얘기를 들었다. 그러나 A씨는 다시는 딸을 만날 수 없었다.

국내 결혼 이민자가 20만 명을 넘어선 상황에서 A씨처럼 "아이를 찾고 싶다."며 국제결혼 피해자지원센터와 관련 온라인 게시판에 올라온 사연은 수백 건이 넘는다.

현행법상 친권자인 외국인 아내에게 빼앗긴 자녀를 되찾아올 수 있도록 하는 법률은 없다. 때문에 정부는 이혼했거나 이혼 소송 중인 한쪽 부모가 배우자의 동의 없이 아이를 본국으로 데려갔을 경우 강제로 데려와 양육 재판을 하게끔 하는 '헤이그 국제아동탈취협약' 가입 시도를 본격화하고 있다. 협약 이행을 위한 구체적 법률안은 국회 법제사법위원회에 계류 중이다.

그러나 결혼 이주여성이 자녀를 데리고 출국했을 경우 속수무책인 한국인 남편을 위한 대책차원에서 추진하고 있는 이 협약 가입 및 법안 추진을 두고 "이주여성에게 불리하다."며 또 다른 분쟁이 생길 수 있다는 우려의 목소리도 나오고 있다. 홍규호 서울 해비치 다문화센터 팀장은 "사기 결혼의 폐해 방지 등 법안의 기본적 취지엔 찬성하지만 가정폭력이 있는 경우에는 적용되지 않도록 예외조항이 있어야 한다."면서 "결혼이주 여성이 상대적 약자일 가능성이 높고 국내법 실정에 어둡다는 점도 고려돼야 한다."고 지적했다. 박복순 한국여성정책연구원 박사는 "법 제정 시 모국인의 입장만 대변해선 안 된다."고 강조했다.

---

1) https://www.seoul.co.kr/news/newsView.php?id=20120224010008

제6부 '공동의 목적과 이익'을 위해 국제법은 확장되고 있다.

실효성이 크지 않을 것이라는 분석도 있다. '헤이그협약'이 효력을 발휘하려면 당사국 모두가 가입해 있어야 하는 까닭에서다. 현재 미국·프랑스·독일 등 전 세계 86개국이 가입돼 있고 아시아에선 태국·싱가포르·홍콩만 해당된다. 결혼이주 여성들이 많은 베트남, 필리핀 등은 협약을 따를 필요가 없는 것이다.

그러나 지지하는 입장도 만만찮다. 안동현 한양대학교병원 신경정신과 교수는 "아동 입장에서 봤을 때 급작스러운 환경 변화는 큰 부담이 된다."면서 "양육권을 누가 갖느냐를 두고 따지는 건 당연히 모국에서 해야 정당하다."고 강조했다. 협약은 국제결혼 부부가 이혼했을 때 그 자녀는 더 오랜 기간 살았던 나라에서 양육권 재판을 받도록 규정하고 있다.

I. 국내 형법 해석에서 국제협약의 고려 여부

한 사회에 외부로부터의 이주가 증가하면 그 속에 다양한 문화가 형성된다. 다문화주의는 현행 법률에 대한 새로운 도전을 의미하고 형사법도 예외는 아니다. 국내에 정착한 이주민이 출신국과는 다른 환경으로 인해 문화적 충격을 경험하는 것처럼, 출신국의 법률과는 상이하기 때문에 법률의 착오를 일으키기도 한다. 즉 출신국에서는 위법이 아니기 때문에 위법인 줄 모르고 위법을 행하기도 한다. 이러한 현상은 우리나라에서도 종종 발생한다. 2010년 대법원은 다문화가정에서 동거하던 부부 일방이 상대방 일방의 동의 없이 자녀를 데리고 베트남으로 출국한 행위에 대해 무죄로 판결한 원심을 확정하였다(2010도14328). 동 판결의 다수의견은 종전의 보호, 양육상태가 유지되었다고 보아 약취행위로 볼 수 없다고 판단하였다.

한국은 2012년에 「국제적 아동탈취의 민사적 측면에 관한 협약」에 가입하였고, 동시에 그 이행법률인 「헤이그 국제아동탈취협약 이행에 관한 법률」을 제정하여 2013년 3월 1일부터 시행하였다. 2010년 대법원 판결은 국외이송약취 및 피약취자 국외이송죄의 해석에서 동 협약을 고려해야 할지와 어느 정도 고려해야 할지에 관한 입장을 정립하였다는 데 의의가 있다. 이러한 쟁점이 대법원 전원합의체에서 다루어진데다가 일부 반대의견이 존재하면서 그에 관한 상세한 논거가 판결문으로 남게 된 것도 큰 의의가 있다. 이는 앞으로 한국 사회가 다문화사회로 나아가는 과정에서 법률가들이 동 협약과 관련하여 어떠한 입장을 가지고 사건을 대하여야 할지에 대한 중요한 참고판례가 될 수 있다. 대상판결은 다문화가정과 국제결혼 및 국제적 아동탈취라는 주제 이외에도 다른 여러 사회 현상과 관련된 국제 조약을 국내법률 해석에 반영하는 준거를 제시하고 있다.

II. 국내 형법 해석에서 「국제적 아동탈취의 민사적 측면에 관한 협약」의 고려 여부와 정도

1. 2010년 대법원 판결의 쟁점

2010년 대법원 판결의 쟁점 중 하나는 부모의 일방이 공동친권자의 동의 없이 공동양육 중인 자녀를 데리고 국외로 이전한 행위를 국외이송약취·유인죄로 처벌할 수 있는지 여부를 판단하면서 「국제적 아동탈취의 민사적 측면에 관한 협약」을 어떻게 고려해야 하는가이다.

국외이송약취 및 피약취자 국외이송 부분의 쟁점은 주로 피고인의 행위가 구성요건 해당성이 있는가에 관한 점이다. 동 판결의 다수의견은 구성요건 해당성이 있다고 보았고, 반대의견은 구성요건 해당성이 없다고 보아 다른 결론에 도달하고 있다. 다른 결론에 이르게 된 논거는 여러 가지가 제시되었으나, 여기에서는 그중 한국이 이미 가입한 「국제적 아동탈취의 민사적 측면에 관한 협약」을 어떻게 고려해야 하는지에 관한 관점 차이에서 기인한 것으로 보이는 견해 대립 부분에 초점을 맞추어 살펴보기로 한다.

2. 구성요건 해당 여부 측면

동 판결의 다수의견과 반대의견은 부모의 일방이 공동친권자의 동의 없이 공동양육 중인 자녀를 데리고 국외로 이전한 행위를 약취 행위에 해당한다고 볼 수 있겠는가에 대하여 결론을 달리 한다.

먼저 다수의견은 이러한 행위가 약취 행위에 해당하지 않는다고 보고 있다. 그리고 이와 같이 판시하면서 특별히 「국제적 아동탈취의 민사적 측면에 관한 협약」을 고려하였는지 여부에 대해 언급하지 않고 있다. 한편 반대의견은 이러한 행위가 특별한 사정이 없는 한 약취 행위에 해당한다고 보고 있으며, 동 협약이 구성요건 해당 여부를 판단하는 데에 어느 정도 영향을 미쳤다. 이에 다수의견은 보충의견을 통하여 이를 반박하였다.

반대의견은 "부모 중 일방이 상대방 단독 양육의 자녀를 탈취하여 자신의 지배하에 옮긴 행위"와 "상대방과 공동 양육하는 자녀를 상대방의 의사에 반하여 자신의 단독 지배하에 옮긴 행위"는 모두 "정당한 절차와 방법을 거치지 않고 상대방의 자녀에 대한 보호·양육권을 침해하였다는 점에서 그 본질이 같다."면서 그 근거로서 「국제적 아동탈취의 민사적 측면에 관한 협약」을 들고 있다. 동 협약에서 "아동에 대한 부모의 단독 보호·양육 상태를 침해하는 행위와 공동 보호·양육 상태를 침해하는 행위를 모두 불법적인 아동탈취행위로 규정하고 있는 점"을 고려하건대 법률상 두 행위 유형을 구별할 실익이 없다는 것이다.

이에 대해 보충의견에서는 동 협약에서 두 행위 유형을 모두 불법적인 아동탈취행위로 규정한 민사적 측면과 그러한 행위가 형법상 약취죄를 구성하느냐의 문제는 전혀 별개의 문제로 다루어야 한다고 반박하였다. 형벌 법규는 엄격하게 해석해야 하고, 특히 명문 규정의 의미를 피고인에게 불리한 방향으로 확장해석하거나 유추해석하는 것을 죄형법정주의 원칙에 어긋난다고 보았다.

3. 형사정책적 측면

동 판결은 형사정책적 측면, 즉 피고인의 행위에 대한 처벌의 실효성 차원에서 본격적으로 「국제적 아동탈취의 민사적 측면에 관한 협약」의 적용범위를 고려하고 있다. 동 판결의 다수의견은 본문에서 이에 관한 입장을 표명하지 않았으나, 반대의견이 이 문제를 제기하자 보충의견을 통해 이를 반박하는 입장을 표시하였다.

반대의견이 다수의견을 비판하는 골자는, 다수의견이 형사정책적으로 국가의 자국민 보호에 대한 기본적 책무를 소홀히 하는 해석론이라는 것이다. 그러한 논거의 하나로 「국제적 아동탈취의 민사적 측면에 관한 협약」에 따른 구제도 가입국에 대해서만 가능하기 때문에 일단 아동이 비회원국으로 떠나버린 다음에는 되찾아올 방법이 없다는 점을 들고 있다.

이에 대해 보충의견은 구체 수단의 실효성 유무가 범죄 성부의 기준이 될 수 없다는 취지로 판시하고 있다. 그리고 "형법의 원래 임무와 기능에 속한다고 볼 수 없는 문제의 해결을 위하여 입법자와 전체 법체계가 의도한 바와는 달리 형법상 미성년자 관련 약취죄의 가벌성을 확장하려는 시도" 대신 근원적이고 종합적인 대책이 될 만한 다른 대안을 제시하고 있다.

III. 생각해볼 문제

✓ 동 판결의 보충의견에서는 「국제적 아동탈취의 민사적 측면에 관한 협약」에서 불법적인 아동탈취행위로 규정되어 있는 행위가 자동적으로 국내 형법상 약취죄를 구성하는 것이 아니라고 보고 있다. 이와 같은 견해는 타당한가? 동 협약은 아동의 복리보다는 사실상 행사되던 양육권의 보호에 비중을 두고 있으므로, 미성년자 약취·유인죄의 보호법익과

구성요건은 동 협약과는 별도로 우리 입법자가 결정할 사안이라고 하는 견해에 대해서는 석광현, "국제아동탈취의 민사적 측면에 관한 헤이그협약과 한국의 가입", 「서울대학교 법학」, 제54권 제2호, 2013, p. 128, 각주 204 참조.

테러범과 정치범은 하늘과 땅 차이

정민정

[사설] 주목되는 정치범 인도 거절 첫 판결

2006.07.28. 서울신문 31면[1]

국내 법원에서 외국인에 대한 '범죄인 인도(引渡) 거절' 첫 판결이 나왔다. 서울고법은 어제 베트남인 우엔 후 창(55)씨에 대해 인도심사를 벌여 사상 처음으로 '인도거절' 결정을 내렸다. 베트남 정부는 지난 5월 사업차 내한했다가 우리 당국에 체포된 우엔씨가 베트남내 폭발물 투척기도 등 범죄를 저질렀다며 범죄인 인도를 강력히 요청해 왔다. 법원은 그러나 우엔씨를 국제법(범죄인인도법 제7조4항)상 '절대 넘겨서는 안 되는 정치범'으로 인정, 이같이 결정한 것이다.

우리는 법원이 베트남과의 경제적·외교적 관계에도 불구하고 국제법의 기본원칙에 따라 엄정하게 결정했다고 판단한다. 특히 '정치범 불인도'라는 국제관례와 원칙을 지킨 첫 사례이며, 인권국가의 면모를 보였다는 점에서 높이 평가하고자 한다. 사실 우엔씨는 현 베트남 정부에서 보면 '테러리스트'로 간주될 수 있다. 그러나 그가 1982년 베트남을 탈출한 뒤 망명정부를 결성하고 '반정부 민주투사'로서 활동해왔다는 점이 이번 판결에서 고려됐다고 한다. 따라서 우엔씨에 대한 송환을 거절하고 제3국으로 출국을 허용한 것은 인권과 정의 차원의 적절한 조치라고 하겠다.

다만, 이 판결로 인해 한해 50억달러에 이르는 한·베트남 교역과, 어렵게 구축한 정치적·외교적 우호관계가 손상돼서는 안 될 것이다. 정부는 또한 이를 계기로 까다롭고 지지부진한 난민인정 부분에 대해서도 국제관례를 충실히 따름으로써 외국인 인권문제에 보다 적극적으로 접근하기 바란다.

---

1) https://www.seoul.co.kr/news/newsView.php?id=20060728031017

I. 정치범 불인도의 원칙

2006년 7월 27일 서울고등법원 제10형사부는 서울고등검찰청이 청구한 베트남인 우엔 우 창(Nguyen Huu Chanh)에 대한 범죄인인도심사청구 사건에서 범죄인의 인도를 허가하지 않는다고 결정하였다. 범죄인인도심사 및 그 청구와 관련된 사건은 서울고등법원과 서울고등검찰청의 전속관할이고(「범죄인인도법」 제2조), 그 심사결정에 대해 다툴 수 없으므로 우엔 우 창은 곧바로 석방되었다.

범죄인 우엔 우 창은 1950년 베트남에서 출생하여 부모를 따라 미국에 건너가 미 영주권을 취득하고, 1992년 베트남에 입국한 후 1995년 4월 자유베트남 혁명정부를 조직하여 스스로를 내각총리로 지명한 후 베트남 사회주의 공화국 전복을 목적으로 태국 주재 베트남대사관 및 호치민 방송국과 같은 공공시설에 폭탄을 설치하고, 다수가 운집하는 광장에 폭탄을 투척하기로 모의하는 등의 범죄행위를 하였다.

이 사건에 관한 결정은 우리나라 최초의 정치범 인도 청구 사건에 관한 결정이라는 점에서 의미가 있다. 그리고 정치범 불인도 원칙에 관한 국제법의 발전·진화, 국제사회의 동향과 학설을 잘 담아낸 판결로 평가받고 있다.

II. 테러범이 정치범 불인도의 예외사유에 해당하는지 여부

1. 재판부의 불인도 결정 이유

대한민국은 2004년 2월 9일 폭탄테러범죄를 범죄인 불인도 대상인 정치범죄로 간주하지 않는다고 규정한 「폭탄테러행위의 억제를 위한 국제협약」에 가입하였고, 「범죄인 인도법」 제8조 제1항 제2호에서 "다자간 조약에 의하여 대한민국이 범죄인에 대하여 재판권을 행사하거나 범죄인을 인도할 의무를 부담하고 있는 범죄"는 정치범 불인도의 예외사유로 정하고 있어 폭탄테러행위를 저지른 범죄인에 대해 인도결정을 할 수 있었다.

하지만 동 사건의 재판부는 신법우선의 원칙, 특별법 우선의 원칙 등의 법률해석 원칙과 "범죄인 인도에 관하여 인도조약에 이 법과 다른 규정이 있는 경우에는 그 규정에 따른다."고 규정한 「범죄인 인도법」 제3조의2에 따라 다른 결론에 도달하였다.

1) 「폭탄테러행위의 억제를 위한 국제협약」이 정치범 불인도의 예외사유에 해당하는지 여부

이 사건의 「대한민국과 베트남사회주의 공화국 간의 범죄인 인도조약」 제3조 제2항 나

제6부 '공동의 목적과 이익'을 위해 국제법은 확장되고 있다.

목에서 '양 당사국이 모두 당사자인 다자간 국제협정에 의하여 당사국이 관할권을 행사하거나 범죄인을 인도할 의무가 있는 범죄'만을 정치범 불인도의 예외사유로 하고 있는데, 베트남은 다자간 국제협정인 「폭탄테러행위의 억제를 위한 국제협약」에 가입하지 않고 있었다. 이에 재판부는 위 조약이 양 당사국이 모두 당사자인 다자간 국제협정이 아니므로 이를 근거로 정치범 불인도의 예외를 인정할 수 없다고 판단하였다.

2) 유엔 안전보장이사회 2001.9.29.자 제1373호 결의가 정치범 불인도의 예외사유에 해당하는지 여부

미국 9·11 테러 직후에 채택된 '유엔 안전보장이사회 2001.9.29.자 제1373호 결의'에서는 테러범죄자에 난민의 지위가 악용되거나 테러행위에 정치적 동기가 있다는 이유로 범죄인 인도요청이 거부되지 않도록 보장할 것 등을 규정하고 있다. 동 사건에서 재판부는 대한민국과 청구국 모두 유엔 회원국으로서 동 결의의 구속을 받지만, 동 결의는 당사국에게 구체적인 범죄인 인도의무를 부과하는 국제협정은 아니라고 판단하였다.

3) 「범죄인 인도법」 제8조 제1항 제3호가 적용되는지 여부

「범죄인 인도법」 제8조 제1항 제3호의 '다수인의 생명·신체를 침해·위협하거나 이에 대한 위험을 야기하는 범죄'를 정치범 불인도 예외사유로 열거하고 있다. 하지만 동 사건에서 재판부는 「대한민국과 베트남사회주의 공화국 간의 범죄인 인도조약」에서 이를 예외사유 중의 하나로 열거하지 않고 있으므로 「범죄인 인도법 제8조 제1항 제3호를 적용하여 인도를 허가할 수는 없다고 판단하였다.

2. 반테러협약과 정치범 불인도 원칙의 예외사유 간 관계

국제법 발전역사상 정치범죄자는 난민대우 혹은 범죄인 불인도 등으로 국제적으로 보호해야 하고, 테러범죄는 국제적 범죄로서 보편적 사법권의 형식으로라도 처벌해야 할 범죄이지만 테러범죄는 많은 경우 정치적 성향을 띠고 있어 소위 '정치범죄'에서 '테러'를 분리해 내는 작업이 중요하다.

정치범 인정 여부는 피청구국이 판단하므로 자국의 이해관계에 따라 해석할 수 있고, 그러한 해석에 따른 범죄인 불인도가 국제사회의 평화와 안전에 심대한 영향을 미치는 사례가 없지 않다. 따라서 국제사회는 소위 반테러협약을 통하여 국제사회가 합의하는 일정한 범죄 양상에 대하여는 정치적 성향을 띠는 정치범죄라 하더라도 인도 혹은 처벌(aut dedere aut punire)에 따라 처리하는 국제적 컨센서스를 이루어, 반테러협약상의 범죄행위는 국제사회가 합의한 국제테러행위로 규정할 수 있다(예컨대, 항공기테러억제협약(1970), 외교관 등에 대한 테러방지협약(1973), 인질방지협약(1979) 등).

국내 법원은 범죄인 인도 등 국제성을 보유한 사건에 대하여 국내법은 물론이고 국제법 원리에도 부합하는 판단을 하여야 한다. 특히, 국제테러는 해당 국가에 대한 범죄일 뿐만 아니라 국제사회 전체에 대한 범죄이므로 헌법과 해당 법률은 물론, 관련 성문 국제법은 물론이고 관습법, 국제법의 일반원칙, ILC 등이 확인하고 있는 강행규범(ius cogens) 혹은 국제사회 전체에 대한 의무(erga omnes)와도 조화롭게 해석할 필요가 있다.

III. 생각해볼 문제

✓ 재판부는 최소한 폭탄테러행위가 정치범 불인도 예외범죄인 「폭탄테러행위의 억제를 위한 국제협약」상 범죄임은 인정하고 있다. 이러한 국제테러범죄는 국제사회 전체에 대한 범죄행위이고, 이를 억제하고 처벌하는 것은 국제사회 전체의 의무임에도 불구하고, 대한민국이 「대한민국과 베트남사회주의 공화국 간의 범죄인 인도조약」의 해석에 따라 청구국이 폭탄테러억제협약 당사자가 아니라는 이유로 테러행위자를 자유롭게 놓아준 것이 적절한가?

제6부 '공동의 목적과 이익'을 위해 국제법은 확장되고 있다.

계급장만큼 무거운 책임,
지휘관의 책임은 어디까지?

정민정

ICC, 민주콩고 '터미네이터'에 징역 30년 첫 최고형

2019.11.08. 서울신문 10면[1]

국제형사재판소(ICC)가 7일 수많은 전쟁 범죄와 반인륜 범죄를 저지른 혐의로 기소된 콩고민주공화국 반군 지도자 보스코 은타간다(46)에게 징역 30년을 선고했다고 AP통신이 보도했다. 징역 30년은 ICC가 선고할 수 있는 최고 유기징역으로, 은타간다는 이 같은 최고형을 받은 첫 사례가 됐다.

'터미네이터'(종결자)라는 별명으로 알려진 은타간다는 2002~2003년 콩고민주공화국 종족분쟁에서 민간인을 포함해 최소 800명을 살해하는 데 관여하고 강간과 성노예, 소년병 강제동원 등 전쟁범죄를 저지른 혐의로 기소됐다. 이번 선고는 성노예 범죄로 ICC에서 유죄 판결을 받은 첫 번째 사례이기도 하다.

르완다 출신의 은타간다는 10대 때부터 르완다와 콩고에서 반군 활동을 했으며 2006년 소년병 모집 혐의로 처음 기소돼 2013년에 ICC로 신병이 넘겨졌다.

ICC, 소년병 출신 우간다 반군 사령관에 유죄 선고

2021.02.05. 서울신문[2]

소년병 출신 우간다 반군 사령관에게 국제형사재판소(ICC)가 유죄를 선고했다. 반군에 납치돼 소년병이 된 '피해자'이긴 하지만, 성인이 된 뒤 그가 저지른 살해·고문·강간 등의 끔찍한 악행

---

1) https://www.seoul.co.kr/news/newsView.php?id=20191108010025
2) https://www.seoul.co.kr/news/newsView.php?id=20210205500038

엔 책임져야 한다고 ICC는 밝혔다.

　　ICC 제9재판부는 4일(현지시간) 2002년 7월부터 2005년 12월 우간다 북부 일대에서 전쟁범죄와 반인도적 범죄를 저지른 도미니크 옹그웬(45)에 대해 유죄를 선고했다. 옹그웬은 우간다 반군인 '신의 저항군'(LRA) 내 4개 여단 중 '시니아 여단' 사령관으로, 민간인을 살해·고문하고 여성들을 강제로 자신과 자신의 병사들의 배우자로 삼고 강간한 혐의를 받는다. 자신도 9살 때 납치돼 소년 병이 됐지만, 옹그웬은 15세 미만 소년을 징집하는 일에도 직접 나섰다고 ICC는 밝혔다.

　　재판 과정에서 변호사는 "옹그웬이 가해자인 동시에 피해자"라고 주장했지만, 검사는 "자신이 어릴 때 겪은 끔찍한 범죄들을 이후 스스로 저지른데 대해 책임을 져야 한다."고 했다. 베르트람 슈미트 주심 재판관은 검사 측 주장을 수용해 "이번 재판은 옹그웬이 완전히 책임질 수 있는 20대 중후반의 성인이 된 이후 LRA 사령관으로서 저지른 범죄에 관한 것"이라고 판시했다.

　　LRA는 1986년 우간다 정부에 대항해 봉기해 우간다와 중앙아프리카공화국, 수단, 민주콩고 등지에서 10만 명 이상을 살해하고 어린이 6만 명을 납치해 소년병을 만든 무장단체다. LRA 총사령관인 조셉 코니는 아직 잡히지 않았다. 옹그웬은 2015년 1월 중앙아프리카공화국 주둔 미군에 투항해 ICC에 인계됐다.

I. 국제범죄 지휘책임과 책임주의 형법의 조화

　　전통 국제법 체제에서 개인은 국제법의 주체가 아니었기에, 국제법의 직접적인 적용대상이 아니었다. 이러한 형식적 논리로 인해 국제법을 위반한 개인, 즉 전쟁범죄자에 대한 단죄는 국제법에 의한 것이 아니라 개별 국가의 국내법에 의해 진행될 수밖에 없었다. 그러나 제2차 세계대전을 겪은 국제사회는 국제군사재판소를 설치하여 독일 및 일본의 전범에 대한 처벌을 실행하였다. 이후 UN 안전보장이사회 결의에 근거하여 구유고국제형사재판소, 르완다 국제형사재판소를 설치하여 제노사이드 등의 행위에 대한 재판이 실시되었다. 국제사회는 제노사이드, 전쟁범죄 등에 대한 적극적인 대응을 위하여 1998년 국제형사재판소 규정(일명 "로마규정")을 채택하고 상설국제형사재판제도를 도입하게 되었다. 국제형사재판소의 출범은 국제범죄행위에 대해서 개인에게 직접적인 책임을 묻는 법적장치가 마련되었음을 의미한다.

II. 상관의 지휘책임

1. 지휘책임의 개념

지휘책임(command responsibility 또는 superior responsibility)은 자신의 지휘를 받는 하급자가 범죄를 범하려고 하거나 또는 범할 것을 상급자가 알거나 알 만한 이유가 있었음에도 불구하고, 그와 같은 행위를 막지 않았거나 또는 그와 같은 범죄자를 처벌하기 위하여 필요하고도 합리적인 조치를 취하지 않은 경우에 상급자에게 인정되는 형사책임을 말하는 것으로서, 하급자에 대하여 실효적인 통제를 제대로 하지 못한 결과에 대한 책임이라 할 수 있다.

지휘책임을 별도로 규정한 이유는 무력충돌이 있을 때 포로·부상자·민간인 등 보호대상자와 보호대상물의 보호를 포함한 국제인도법의 기본원칙을 효과적으로 집행하도록 하려함에 있다. 연혁적으로 1945년 마닐라 미군법회의와 1946년 미국 연방대법원에서 일본의 필리핀 주둔 사령관이었던 야마시타는 광범위하고 조직적으로 발생한 부하들의 범죄를 알지 못하였기 때문에 교수형에 처해졌다. 이후 1949년 제네바 제협약에 대한 1977년 제1추가의정서 제86조 제2항, 구유고국제형사재판소(ICTY)규정 제7조 제3항, 르완다국제형사재판소(ICTR)규정 제6조 제3항, 「국제형사재판소에 관한 로마규정」(Roman Statute of the International Criminal Court, 이하 "ICC 규정") 제28조에 성문화되었다.

2. 지휘책임의 법적 성질

지휘책임의 법적 성질에 관하여는 독립범죄설과 책임형식설이 대립하고 있다. 책임형식설은 상급자가 부하의 범죄에 부작위에 의해 가담·참여한 공범의 일종이라고 보는데 반하여, 독립범죄설은 부하의 범죄에 대하여 필요한 조치를 취하지 않은 상급자의 부작위에 대한 형사책임으로 부하의 범죄와는 독립된 범죄라고 이해한다. 물론 상급자라고 하더라도 어떠한 범죄의 계획, 선동, 실행, 교사, 방조에 가담한 경우에는 지휘책임이 아니라 개인이 직접 책임을 부담하게 된다.

3. 지휘책임의 요건

지휘책임의 객관적 요건은 부하에 대한 상급자의 실효적 통제(상급자－하급자 관계), 부하의 범죄에 관한 상급자의 의무 불이행(부작위), 부하의 국제범죄의 발생이다. 주관적 요건은 부하의 범죄에 대한 인식 또는 인식의 실패이다. 국가의 개입이나 묵인이라는 국제범죄의 집단범죄성은 상급자가 부하의 국제범죄를 통제할 수 있는 실질적 능력, 즉 상급자의 부하에 대한 '실효적 통제'라는 요건에 반영된다.

4. 지휘책임의 유형

ICC 규정 제28조는 '군지휘관'(commanders)의 책임과 '군지휘관이 아닌 기타 상급자'(other superiors)의 책임을 구분하여 규정하고 있다. 군지휘관이 아닌 기타 상급자로는 대통령, 수상, 국방부장관 등을 들 수 있다(ICC 규정 제27조 참조).

1) 군지휘관의 형사책임

군대가 ICC 관할 범죄를 범하고 있거나 또는 범하려 하는 상황에서 그 군대를 실효적으로 통제하는 군지휘관 또는 사실상 군지휘관으로서 행동하는 자(이하 "군지휘관")가 그러한 상황을 알았거나 정황상 알 수 있었음에도, 그 범행을 방지하거나 억제하기 위하여 또는 그 사항을 수사 및 기속의 목적으로 권한 있는 당국에 회부하기 위하여 또는 그 사항을 수사 및 기소의 목적으로 권한 있는 당국에 회부하기 위하여 자신의 권한 내의 모든 필요하고 합리적인 조치를 취하지 않은 경우, 그 군대를 적절하게 통제하지 못한 결과로서의 형사책임을 진다(ICC 규정 제28조 가호).

2) 군인 아닌 상관의 형사책임

군대 조직이 아닌 경우라도 하급자가 ICC 관할 범죄를 범하고 있거나 범하려 하는 상황에서 그 하급자를 실효적으로 통제하는 상급자가 그러한 상황을 알았거나 이를 명백히 보여주는 정보를 의식적으로 무시하고, 그 범행을 방지하거나 억제하기 위하여 또는 그 문제를 수사 및 기소의 목적으로 권한 있는 당국에 회부하기 위하여 자신의 권한 내의 모든 필요하고 합리적인 조치를 취하지 않은 경우, 그 범죄가 상관의 실효적인 책임과 통제범위 내의 활동과 관련된 것에 한하여, 그 하급자를 적절하게 통제하지 못한 결과로서의 형사책임을 진다.

이전에는 군인 아닌 상관의 형사책임은 군 지휘관에 비하여 엄격한 객관적·주관적 구성요건을 규정하고 있다고 보았지만, 2018년 동 판결에서는 군 지휘관에 대해서도 책임주의·죄형법정주의에 입각한 엄격한 객관적·주관적 구성요건 해당성을 요구하고 있다.

5. 명령에 따라 범한 국제범죄의 면책 여부

정부의 명령이나 군대의 상관 또는 민간인 상급자의 명령에 따라 ICC 관할 범죄를 범한 경우에는 ① 부하에게 그러한 명령에 따라야 할 법적 의무가 있고, ② 그가 명령이 불법임을 알지 못하였으며, ③ 명령이 명백하게 불법적이지 않았던 경우에 한하여 형사책임이 면제된다(ICC 규정 제33조 제1항 참조). 그런데 집단살해죄 또는 인도에 반한 죄를 범하도록 하는 명령은 명백하게 불법이므로(동규정 제33조 제2항 참조), 전쟁범죄의 경우에만 이러한 면책이 원용될 수 있다.

III. 생각해볼 문제

✓ 자신의 지휘·통솔 하에 있는 하급자가 대량 살상, 강간 등 반인륜적 범죄를 저질렀을 때 단순히 이를 몰랐다는 이유로 지휘관이 자동면책되어서는 안 된다. 그러나 죄형법정주의와 책임주의를 기초로 한 국내 형법의 기준과 원칙이 국제범죄의 처벌에도 준수되어야 하지 않을까?

✓ 지휘책임이 책임주의 위반의 소지가 있음에도 불구하고 국제형법에서 이 원칙이 성립되고, 동 판결 이전에 광범위하게 확산된 이유는 무엇일까? 선진 각국은 이렇게 논란이 되는 원칙을 자국의 형법에 왜 도입하였을까?

제 **5** 장

국가책임법

국가는 민간인의 행위에 책임을 지는가?

오승진

시위대 "정복했다."… 추가인질 가능성

2011.11.30. 서울신문 18면[1]

핵개발 의혹을 둘러싼 이란과 서방측 갈등이 테헤란 주재 영국대사관에서 폭력사태로 분출했다.

영국이 이란을 겨냥해 경제제재 조치를 취한 것에 분노한 이란 대학생들이 주축이 된 시위대 수천명은 29일(현지시간) 영국 대사관에 난입해 대사관 직원 6명을 인질로 잡고 영국 국기와 각종 기물을 파괴했다고 영국 공영 BBC방송과 일간 가디언 등이 보도했다.

30여년 전 발생했던 미국인 인질사건이 재연되는 것 아니냐는 우려가 나온다.

이란 인질사건이란 1979년 11월부터 1981년 1월까지 444일 동안 미국인 50여명이 이란 주재 미국 대사관에서 인질로 억류돼 있던 사건을 말한다. 팔레비 독재 왕정의 친미 노선과 그에 대한 미국의 지원에 반발하며 발생한 이슬람 혁명 이후 반미감정이 폭발하면서 과격파 학생 시위대가 일으킨 이 사건은 이후 30여년에 걸친 양국 갈등의 뿌리가 됐다.

가디언에 따르면 시위대는 대사관을 "정복했다."고 표현했으며, 일부는 영국 여왕 상징물을 떼어 내 버리고 영국 국기에 해골을 그리거나 영국 국기를 불태우고 짓밟았다.

영국대사관은 정상 업무 시간은 끝났지만 대사관 내에 얼마나 많은 직원이 남아 있는지 알 수 없으며, 6명 외 추가적으로 내부에 갇힌 직원 있을 가능성이 있다고 가디언은 전했다.

이란 관영 파르스통신은 이번 시위 배경에는 1년 전 이스라엘 정보기관 모사드가 암살한 이란 핵 과학자 마지드 샤흐리아리에 대한 추모가 자리 잡고 있다고 보도했다. 영국 국기를 불태운 시위대가 이 과학자의 사진을 들고 있었다는 것이다. 파르스통신에 따르면 이란 정부는 영국대사관을 폐쇄하고 영국 외교관들을 추방하는 조치를 취할 예정이었다.

초유의 사태를 맞은 영국 정부는 국제법 위반을 언급하며 강력한 분노를 표현했다. BBC방송에

---

1) https://www.seoul.co.kr/news/newsView.php?id=201111130018010

따르면 영국 외무부 관계자는 "그것은 잔인무도한 짓이다."면서 "용납할 수 없는 사태다."라고 규탄했다. 이어 "이란 정부는 국제법적으로 현지에 있는 대사관과 외교관들을 보호할 의무가 있다. 시위를 즉각 중단시키기 위한 조치를 취할 것을 촉구한다."고 말했다.

I. 민간인의 행위에 대한 국가책임

국가가 국제의무를 위반하는 경우에 국가책임을 부담하는데, 이는 국내법의 민사책임과 유사하다. 국가책임이 성립하기 위해서는 국가의 행위가 국제의무를 위반해야 한다. 여기서 말하는 국가의 행위라는 것은 국가가 직접 어떠한 행위를 해야 한다는 의미가 아니라 특정한 주체의 행위를 국가에게 귀속될 수 있는 사정이 존재해야 한다는 의미이다. 국가기관의 행위는 당연히 국가의 행위가 된다. 국가기관이 권한을 초과하여 한 행위도 국가의 행위가 된다. 그 외에 사인이나 민간단체가 사실상 국가의 지시에 의하거나 국가의 감독 또는 통제에 따라 행동하는 경우에도 국가의 행위가 된다. 새 정부를 구성하는 데 성공한 반란단체의 행위, 국가가 자신에게 귀속될 수 없는 행위를 자신의 행위로 승인하고 채택하는 경우에도 국가의 행위가 된다.

이란의 대학생들이 테헤란의 미국 대사관을 점거하고 미국 외교관들을 인질로 억류한 것은 이란 국가기관의 행위가 아니다. 따라서 원래 이란 정부가 이들의 행위에 대하여 책임을 부담할 이유는 없다. 다만, 이란 정부가 이들의 행위를 고무하고 방치함으로써 이란 정부의 행위로 승인하고 채택하여 이란 정부의 행위로 귀속될 수 있다.

II. 국가책임의 법리

1. 국가책임의 성립요건

국제법상 국가에 귀속될 수 있는 작위 또는 부작위가 국제의무를 위반하면 국가의 국제위법행위가 성립하며, 국가책임이 발생한다. 국가책임이 성립하기 위해서는 국가의 행위와 국제위법행위라는 요건이 필요하며, 추가적으로는 위법성조각사유가 존재하지 않아야 한다. 국제법위원회(ILC)의 2001년 '국제위법행위로 인한 국가책임법초안(ILC Draft Articles on Responsibility of States for Internationally Wrongful Acts, 국가책임법초안)'은 조약이 아닌 초안의 형태이지만 국제관습법상 국가책임법의 내용을 잘 보여주고 있으며, 국가책임에 관한 설명에서 항시 인용된다. 국가책임에 관한 매우 중요한 문서이다.

2. 국가의 행위

국가는 스스로 행동할 수 없으므로 국가의 행위란 특정한 실체의 행위를 국가의 행위로 보는 것이다. 당연히 국가와 긴밀한 관계가 있는 사람의 행위를 국가의 행위로 본다. 국가책임법초안은 여러 유형의 행위를 국가의 행위로 본다.

첫째, 국가기관의 행위이다. 국가는 국가기관을 통하여 행위를 하므로 국가기관의 행위를 국가의 행위로 보는 것은 당연하다. 여기에는 입법부, 행정부, 사법부 및 중앙정부, 지방정부가 모두 포함된다(국가책임법초안 제4조, 이하 동일). 국회가 국제의무를 위반하는 입법을 하거나 그러한 법률을 행정부가 집행하거나 사법부가 국제의무를 위반하는 판결을 내리는 것 등은 모두 국가의 행위가 된다.

둘째, 국가기관은 아니지만 법에 의하여 정부권한을 행사할 권한을 부여받은 개인 또는 단체의 행위이다. 다만, 그 개인 또는 단체가 구체적 경우에 그러한 자격으로 행동하는 경우에 한한다(제5조). 예를 들어, 교도소 운영이나 출입국 등을 민간회사에 위탁하여 운영하는 경우에 이러한 회사의 행위는 국가의 행위가 된다.

셋째, 국가기관 또는 정부권한의 행사를 위임받은 개인 또는 단체의 행위는 그 기관, 개인 또는 단체가 그 자격으로 행동하는 경우, 그 행위자가 자신의 권한을 넘어서거나 지시를 위반한다고 하더라도 국제법상 그 국가의 행위로 간주된다(제7조). 예를 들어, 경찰관이 사람을 고문하는 것은 금지되는 것으로 경찰관의 권한 내에 속하지 않는 것이지만 경찰관이 외국인을 고문한 경우에 그 행위는 국가의 행위가 되며, 국가책임이 발생한다.

넷째, 사인 또는 사인단체가 국가의 지시를 받거나 그 지시 또는 통제 아래에서 행동하는 경우에 국제법상 그 국가의 행위로 간주된다(제8조). 예를 들어, 민병대가 군대의 지시 또는 통제 아래에서 행동하는 경우에 그 민병대의 행위는 국가의 행위가 된다. 국가가 어느 정도로 사인 또는 사인단체의 행위를 통제한 경우에 이들의 행위가 국가의 행위가 되는가에 대하여는 논란이 있다. ICJ의 니카라과 사건에서는 니카라과 정부를 전복시키기 위해서 활동하던 콘트라 반군의 행위에 대하여 미국이 책임을 부담하는가 여부가 쟁점이 되었다(Military and Paramilitary Activities in and against Nicaragua(Nicaragua v. United States of America), Merits, Judgment, I.C.J. Reports 1986, p. 14). ICJ는 미국이 콘트라 반군의 행위를 전반적으로 통제하였다는 점만으로는 반군의 행위를 미국에 귀속시킬 수 없으며, 미국이 실효적으로 통제하였다는 점이 입증되어야 한다고 보았다.

다섯째, 사인 또는 사인단체가 공적기관의 부재 또는 직무이행이 불가능하여 정부권한의 행사가 요구되는 상황에서 사실상 그러한 권한을 행사하는 경우에 이들의 행위는 국가의 행위로 간주된다(제9조).

여섯째, 국가의 신정부를 구성하게 되는 반란단체의 행위는 그 국가의 행위로 보며, 기존 국가의 영토의 일부 또는 그 국가의 관할하의 영토에서 신생국 수립에 성공한 반란단체 또는 기타 단체의 행위는 그 신생국의 행위로 본다(제10조). 따라서 국가가 반란에 대응하는 과정에서 외국인을 보호하는 데에 적절한 노력을 기울였다면 반란단체의 행위에 대하여 책임을 부담하지 않는다.

일곱째, 국가로 귀속될 수 없는 행위라도 국가가 문제의 행위를 자국의 행위로 인정하고 수락하는 경우에 그 범위 내에서 그 국가의 행위로 본다(제11조). 이 원칙이 적용된 대표적인 사례가 위에서 언급된 테헤란 인질사건이다. ICJ는 이란 시위대가 테헤란 소재 미국대사관을 점거하고 외교관들을 억류한 것은 원래 이란의 행위가 될 수 없지만 이란 정부가 이를 자국의 행위로 인정하고 수락하여 이란 정부의 행위로 귀속된다고 보았다.

3. 국제의무의 위반

국제관습법이나 조약 등 의무의 연원이나 성격을 묻지 않고 국가의 행위가 국제의무에 의하여 요구되는 바와 합치되지 아니하는 경우에 국제의무를 위반하게 된다(제12조). 그러나 행위의 발생시 국가가 당해 의무에 구속되지 아니한다면 국가의 행위는 국제의무 위반에 해당하지 아니한다(제13조).

지속적 성격을 갖지 않는 국가행위로 인한 국제의무의 위반은 그 행위가 수행된 시점에 발생한다(제14조 1항). 지속적 성격을 갖는 국가행위로 인한 국제의무의 위반은 그 행위가 지속되고 국제의무와 합치하지 않는 상태로 남아 있는 전 기간 동안에 걸쳐 연장된다(제14조 2항). 국가에게 일정한 사건을 방지할 것을 요구하는 국제의무의 위반은 사건이 발생하는 때에 발생하며, 그 의무와 불합치하는 상태로 남아 있는 전 기간 동안에 걸쳐 연장된다(제14조 3항).

4. 타국의 위법행위에 관여한 경우

국가는 타국의 위법행위에 관여한 경우에도 책임을 진다. 3가지 상황이 있을 수 있다. 첫째, 어느 국가가 타국의 국제위법행위를 지원하거나 원조하는 경우에 당해 국가(지원국)가 국제위법행위의 상황을 인식하면서 같이 행동하며, 그 국가(지원국)가 실행하였더라도 그 행위가 국제적으로 위법한 경우에는 국가책임을 부담한다(제16조). 이 경우에 주된 책임은 지원을 받은 국가이며, 지원국은 지원에 따른 책임을 부담한다. 예를 들어, A국이 타국을 불법적으로 침략하는 데에 B국이 군사기지를 제공하는 등의 방법으로 지원하면 B국도 지원에 대한 책임을 부담한다. 둘째, 어느 국가가 타국이 국제위법행위를 실행하도록 타국을 지시하고 통제한 경우에는 당해 국가(통제국)가 그 국제위법행위의 상황을 인식하면서 같이 행동하며, 당해 국가(통제국)가 실행하였다고 하더라도 그 행위가 국제적으로 위법한 경우에 책임을 부담한다(제17조). 통제국과 통제를 받은 국가가 모두 그에 따른 책임을 부담한다. 예를 들어, B국이 타국을 무력으로 침공하는 데에 A국이 실질적으로 통제하는 역할을 하는 경우에 A국도 책임을 부담한다는 뜻이다. 이 경우는 통제국이 피통제국의 국제위법행위를 통제하여 실행하였지만 피통제국이 어느 정도 재량을 가진 경우이다. 셋째, 어느 국가가 타국에 대하여 국제위법행위를 강제한 경우에는 강제국이 책임을 부담한다(제18조). 이 경우에 피강제국은 선택의 여지가 없이 도구로 사용된 경우이므로 원칙적으로 강제국만 책임을 부담한다.

5. 위법성 조각사유

국제의무를 위반한 경우에도 일정한 사유가 있으면 국가책임이 발생하지 않는다. 국가책임법초안은 6개의 위법성 조약사유를 규정하고 있다. 첫째, 타국의 행위에 대하여 동의가 있으면 그 동의의 범위 내에서 위법성이 조각된다(제20조). 둘째, 국가의 행위가 UN 헌장에 부합하는 자위권의 행사이면 국가행위의 위법성이 조각된다. 셋째, 국가의 행위가 타국에 대한 국제법상 허용되는 대응조치에 해당하는 경우, 그 범위 내에서 위법성이 조각된다(제22조). 넷째, 의무의 불이행이 불가항력, 즉 의무이행을 실질적으로 불가능하게 만드는 국가의 통제를 넘어서는 저항할 수 없는 힘 또는 예상하지 못한 사건의 발생에 기인한 경우에는 위법성이 조각된다(제23조). 다섯째, 행위자가 위난 상황에 처하여 자신이나 그의 보호 하에 맡겨진 다른 사람들의 생명을 구하기 위한 다른 합리적 방법이 없는 경우, 위법성이 조각된다(제24조). 여섯째, 중대하고 급박한 위험으로부터 국가의 본질적 이익을 보호하기 위한 유일한 방법으로 의무이행의 상대국 또는 국제공동체 전체의 본질적 이익을 심각하게 훼손하지 않는 경우, 위법성이 조각된다.

다만, 일반 국제법의 강행규범을 위반하는 국가의 행위에 대하여는 위법성이 조각되지 않는다(제26조). 위법성 조각사유가 더 이상 존재하지 않으면 그 범위 내에서 의무를 이행해야 하며, 국가행위로 발생된 모든 실질적 손실을 보상해야 한다(제27조).

6. 국가책임의 내용

국가책임이 발생하면 유책국은 위반행위를 중지하고 재발방지에 관한 적절한 보증 및 보장을 제공해야 한다(제30조). 유책국은 국제위법행위로 인한 피해에 대하여 완전한 배상의무를 진다(제31조 1항). 피해는 위법행위로 인한 물질적 또는 정신적 손해를 모두 포함한다(제31조 2항).

피해에 대한 완전한 배상은 원상회복, 금전배상, 만족의 형식으로 단독 또는 복합적으로 될 수 있다(제34조). 원상회복은 유책국이 위법행위가 실행되기 전에 존재하던 상황을 회복하는 것을 말한다(제35조). 원상회복이 실질적으로 불가능하거나 원상회복에 따른 이익에 비하여 그 부담이 현저히 불균형한 부담을 수반하는 경우에는 원상회복이 허용되지 않는다. 유책국은 원상회복에 의하여 전보되지 않는 손해에 대하여 금전배상을 해야 하며, 이는 일실이익을 포함하여 금전적으로 산정될 수 있는 모든 손해를 포함한다(제36조). 원상회복 또는 금전배상으로 전보될 수 없는 손해에 대하여는 위반의 인정, 유감표시, 공식사과 기타 적절한 방식으로 만족을 제공해야 한다(제37조). 만족은 피해와 불균형을 이루어서는 아니 되며, 유책국에게 모욕이 되는 형태가 될 수 없다(제37조).

III. 생각해볼 문제

✓ 강제징용 사건과 위안부 사건에서 가해자는 어떠한 점에서 차이가 있는가?
✓ 국내법상 책임 이행의 방법과 국가책임의 이행 방법 사이에는 어떠한 차이가 있는가?

국가책임의 내용은 무엇인가?

오승진

경찰 피해 4층서 뛰어내린 인신매매 이주여성

2021.12.06. 서울신문[1]

경찰 체포 과정에서 추락해 다친 이주여성을 사고 당일 무리하게 조사하고 인신매매 피해자인지 여부를 가리지 않은 것은 기본권 침해라는 국가인권위원회 판단이 나왔다.

12일 인권위에 따르면 경찰은 지난해 2월 8일 오전 0시쯤 불법 성매매가 이뤄지고 있다는 신고를 접수하고 사건 현장인 오피스텔로 출동했는데, 당시 내부에 있던 피해자는 4층 높이 창문에서 뛰어내려 온몸에 골절상을 입는 등 크게 다쳐 병원으로 이송 돼 입원 치료를 받게 됐다.

이후 관할서 수사관이 사고가 난 당일 오전 11시 7분부터 12시 55분까지 피해자가 입원 중인 6인실 병실을 찾아 '미등록 체류 및 성매매 혐의'로 피의자 신문을 약 1시간 30분간 진행했다. 이 과정에서 함께 병실에 있던 환자를 포함한 6명이 피해자가 성매매 여성임을 알게 됐다.

인권위는 "경찰이 부상을 당해 육체적·정신적으로 피폐해 있던 피해자를 상대로 다수가 있는 입원실에서 무리하게 피의자 신문을 하고 신뢰관계인의 동석, 영사기관원 접견·교통에 대한 권리고지 절차도 준수하지 않았다."고 밝혔다.

또 "공개된 장소에서 피해자의 성매매 혐의 조사를 진행한 것은 피해자에게 수치심을 느끼게 하는 인권침해 행위"라며 경찰이 신뢰관계인 동석과 대사관 통지 등 권리고지 절차를 준수하지 않은 것도 신체의 자유 침해라고 판단했다.

인권위 조사에서 해당 여성은 성매매 일을 하는 동안 에이전시에게 여권 등을 빼앗긴 채 성매매 일을 해온 것으로 새롭게 파악됐다.

이 여성은 한국나이로 19살 때인 2018년 8월 27일 한국에 처음 입국해 2018년 11월 24일자로 90일 단기 체류 자격이 만료된 미등록 이주민이다. 그는 에이전시에게 소개비 500만 원을 내고 월급 150만 원에 10%를 경비로 제하는 조건으로 마사지 업소에서 2주 간 일했지만, "마사지만 해서

---

1) https://www.seoul.co.kr/news/newsView.php?id=20210412500069

| 제6부 '공동의 목적과 이익'을 위해 국제법은 확장되고 있다.

는 소개비용을 다 갚고 태국에 있는 가족에게 돈을 송금하는 것이 어렵다."는 권유를 받고 강제로 성매매 일을 해왔다.

이에 대해 경찰 측은 "피해자가 조사 중에 인신매매 피해자임을 주장한 사실이 없었다."고 주장했다.

인권위는 "피해자는 경찰 조사 후 시민단체와 면담을 가진 뒤에야 자신이 '에이전시의 기망으로 국내 입국한 뒤 성매매를 했고, 자신의 여권과 태국주민등록증을 에이전시가 관리했다'고 진술했다."며 "경찰청장에게 인신매매 피해자 식별조치 절차를 마련하고 일선 경찰이 인신 매매 피해자를 식별하고 보호할 수 있도록 교육하라"고 했다.

또 인권위는 경찰이 이주 여성 등을 수사할 때 신뢰관계인에 연락을 하고 유관단체의 조력을 받을 수 있게 제도를 정비할 것을 권고했다.

인권위는 "이주여성인 피해자는 한국 사법제도에 대한 접근성이 낮으며 인신매매에 따른 성착취 피해에 쉽게 노출될 위험이 높은 집단에 속하므로 조사를 강행하기 전에 유엔 인신매매방지의정서에 따라 인신매매 피해자 식별조치가 선행될 필요가 있었다."고 했다.

다만 지금까지 인신매매 피해자 식별 절차에 관한 구속력 있는 제도가 법률에 반영되지 않은 점을 고려해 이 부분 진정은 경찰 개인에게 책임을 묻지 않고 경찰청장이 관련 규정을 수립할 것을 권고했다.

I. 국제법 위반행위에 대한 구제

국가가 국제위법행위를 범한 경우에 국가는 국가책임을 부담한다. 책임을 지는 국가인 유책국은 위반행위를 중단하고 재발방지에 관한 적절한 보장과 보증을 해야 한다. 그리고 피해에 대한 배상의무를 부담한다. 피해에 대한 배상은 상황에 따라 원상회복, 금전배상 또는 만족 중 하나 또는 복합적 형태를 취한다.

「영사관계에 관한 비엔나협약」(Vienna Convention on Consular Relations)에 의하면 체약국은 체포된 외국인에게 영사접견권을 고지하고 보장해야 한다(제5조, 제36조). 체약국이 이를 게을리한 경우에는 협약을 위반하게 되므로 피해자 및 피해자의 본국에 대하여 국가책임을 부담한다. 국가책임의 내용으로는 원상회복이 가능한 경우에는 원상회복을 해야 하지만 원상회복이 불가능한 경우에는 금전배상이나 만족 등이 고려될 수 있다. 위 사안에서 원상회복은 불가능하므로 피해자에 대한 금전배상으로 국가책임은 이행되었다고 볼 수 있다. 만일 형사피고인이 영사접견권을 보장받지 못한 상태에서 유죄판결이 선고되었다면 재심, 사면,

손해배상 등 다양한 구제방법이 마련되어야 할 것이다.

II. 국가책임의 내용

1. 위반행위 중지와 완전한 배상

국제위법행위가 발생하여도 유책국은 자신의 의무를 계속하여 이행하여야 한다(제29조). 나아가 유책국은 그 행위가 계속되고 있는 경우에는 위반행위의 중지, 재발방지에 대한 적절한 보장과 보증을 해야 한다(국제법위원회 국가책임법초안 제30조, 이하 동일). 그리고 유책국은 완전한 배상의무를 부담하며, 손해는 국제위법행위에 의하여 발생한 모든 물질적 또는 정신적 손해를 포함한다(제31조). 완전한 배상은 원상회복, 금전배상, 만족 중의 하나 또는 이를 결합한 형태를 취한다(제34조).

원상회복은 유책국이 위법행위가 실행되기 전에 존재하던 상황을 회복하는 것을 말한다(제35조). 외교관을 구금하였다면 이를 석방하는 것, 외국의 영토를 침략하였다면 군대를 철수하는 것 등이 이에 속한다. 원상회복이 실질적으로 불가능하거나 원상회복에 따른 이익에 비하여 현저히 불균형한 부담을 수반하는 경우에는 원상회복이 허용되지 않는다.

유책국은 원상회복에 의하여 전보되지 않는 손해에 대하여 금전배상을 해야 한다. 금전배상은 일실이익을 포함하여 금전적으로 산정될 수 있는 모든 손해를 포함한다(제36조). 재산피해, 정신적 피해에 대한 배상 등이 이에 속한다.

원상회복 또는 금전배상으로 전보될 수 없는 손해에 대하여는 위반의 인정, 유감표시, 공식 사과 기타 적절한 방식으로 만족을 제공해야 한다(제37조). 만족은 피해와 불균형을 이루어서는 아니 되며, 유책국에게 모욕이 되는 형태가 될 수 없다. 국제법에서는 국내법과 달리 책임을 이행하는 방법이 다양하다는 특징이 있다. 국가들 사이에서 국제법위반에 책임이 있는 국가가 그 책임을 인정하고 사과 또는 유감을 표명하여 분쟁이 해결되는 경우를 종종 볼 수 있다. 국가들 사이에서는 국제위법행위에 대한 구제방법으로 위반의 인정, 유감표시, 공식 사과 등도 쉽게 행해질 수 있는 것이 아니다. 따라서 이러한 방법이 국제위법행위에 대한 적절한 구제방법으로 인정되는 것이다. 타국의 영해나 영공을 짧은 시간 동안 침범하는 등 재산상 손해가 없는 경우에는 위반의 인정, 유감표시, 공식 사과와 같은 만족이 적절한 구제방법이다.

Rainbow Warrior 사건의 중재재판부는 국제의무의 위반에 대한 구제수단으로 만족을 이용하는 것은 확립된 관행이며, 이는 특히 국제의무위반으로 개인이 손해를 입은 경우보다 직접적으로 국가에게 도적적 또는 법적 손해를 가한 경우에 그렇다고 지적하였다(Case concerning the difference between New Zealand and France concerning the interpretation or application of two agreements concluded on 9 July 1986 between the two States and which related to the problems arising from the Rainbow Warrior Affair, Decision of 30 April 1990, para 122). 국제사법재판소(ICJ)는 Pulp Mills 사건에서, 우루과이가 아르헨티나와 맺은 우루과이 강 이용에 관한 조약의 절차적 규정을 위반하여 제지공장을 건설한 것에 대하여는 제지공장의 해체 등 원상회복이 아니라 우루과이의 의무위반을 확인하는 만족으로 충분하다는 판결을 내렸다(Pulp Mills on the River Uruguay(Argentina v. Uruguay), Judgment, I.C.J. Reports, p. 14, para. 275).

2. 책임의 추궁

타국의 국제의무위반으로 피해를 입은 국가는 유책국에 대하여 국가책임을 추궁할 수 있다(제42조). 책임을 추궁한다는 것은 유책국에 대하여 구체적인 청구를 제기하거나 국제적인 소송을 제기하는 것을 의미한다. 타국의 책임을 추궁하는 피해국은 그 국가에게 자국의 청구를 통고해야 한다(제43조). 여기에는 위법행위가 계속되는 경우에 중지를 위하여 유책국이 취할 조치, 손해배상의 형태가 포함될 수 있다(제43조).

3. 대응조치

피해국은 자신이 유책국에 대하여 부담하는 의무를 일시적으로 이행하지 않는 방법으로 유책국이 국제의무를 이행하도록 하는 대응조치를 취할 수 있다(제49조). 예를 들어, 양국이 자유무역협정을 체결하였는데, 그중 일방이 협정을 위반한 경우에 유책국이 협정을 이행하는 것을 강제하기 위하여 타방도 일시적으로 무역협정에 따른 자신의 의무를 이행하지 않을 수 있다. 대응조치는 유책국의 의무이행을 강제하기 위하여 피해국이 자신의 의무를 일시적으로 이행하지 않는 것이므로 위법성이 조각된다. 대응조치는 피해국이 입은 피해에 비례하여야 하며, 국제위법행위의 심각성과 문제의 권리가 고려되어야 한다(제51조). 유책국이 그 의무를 이행하면 대응조치는 종료되어야 한다(제53조).

대응조치를 취하는 경우에도 UN 헌장에 따른 무력의 위협 및 사용 금지 의무, 기본적 인권의 보호 의무, 인도적 성격의 의무, 기타 일반국제법의 강행규범에 따른 의무 등은 준수되어야 한다(제50조). 타국이 국제의무를 이행하지 아니하여 피해를 입은 국가도 이러한 의무는 위반할 수 없는 것이다.

III. 생각해볼 문제

✓ 일본 정부가 위안부에 관한 역사적 사실을 인정하고 사과하는 것을 만족이라고 볼 수 있는가?

❙ 제6부 '공동의 목적과 이익'을 위해 국제법은 확장되고 있다.

국가의 외교적 보호로 개인청구권은 소멸하는가?

오승진

"국제재판 가서 지면 위상 추락"… 국가 앞에 국민 저버린 법원

2021.06.08. 서울신문 9면[1]

"이번 재판 결과에 대해 분노를 금할 길이 없습니다. 자국민을 보호하지 않는 국가와 정부가 무슨 필요가 있습니까."

일제강제노역피해자 정의구현 전국연합회 대표인 장덕환씨가 7일 오후 서울중앙지법 앞에서 분통을 터뜨리며 말했다. 일본 강제징용 소송을 대표해 진행하고 있는 장씨는 "(재판부가) 사전 연락도 없이 재판 기일을 (오는 10일에서) 오늘로 당겨서 하는 바람에 지방에 사는 원고들이 오지도 못했다."며 한숨을 내쉬었다.

이날 같은 법원 민사합의34부(부장 김양호)는 송모씨를 비롯한 85명의 원고가 16곳의 일본 기업을 상대로 제기한 손해배상 청구소송을 각하했다. 각하란 소송 요건이 갖춰지지 않았다는 의미로 사실상 원고 패소를 의미한다.

불과 2년 8개월 전 대법원 전원합의체는 이날 판결과는 정반대의 판결을 내놨었다. 당시 대법원은 "강제동원 피해자들의 손해배상 청구권은 일본 정부의 불법적인 식민 지배와 일본 기업의 불법행위를 전제로 하는 위자료 청구권"으로 판단했다. 이에 "한일청구권 협정으로 개인의 청구권이 소멸되지 않는다."고 보고 피해자들에게 1억 원씩 배상해야 한다고 판시했다.

그러나 이날 재판부는 '청구권협정에 따라 피해자들의 배상 청구권이 제한돼야 한다.'는 대법원 전원합의체의 소수 의견을 그대로 따르면서 논리의 빈약함을 드러냈다. 재판부는 "빈협약 27조에 따르면 식민지배의 불법성을 인정하는 국내법적 사정만으로 한일 청구권협정의 불이행을 정당화할 수 없고, 대한민국은 국제법적으로 청구권협정에 구속된다. 이 사건 청구를 인용하는 것은 국제법을 위반하는 결과를 초래할 수 있다."고 판단했다.

이에 따라 대법원 판결이 국내법적 해석에 불과하다고 일축했다. "일본을 포함한 어느 나라도

---

1) https://www.seoul.co.kr/news/newsView.php?id=20210608009013

자신들의 식민지배의 불법성을 인정했다는 자료가 없다."는 것이다. 이어 "당시 서세동점(西勢東漸)의 제국주의 시대에 강대국의 약소국 병합이 국제법상 불법이라는 주장은 오늘날 국제사회에서 인정받지 못하는 실정"이라고 설명했다.

재판부는 또 "청구권협정으로 체결된 3억 달러가 과소하다는(원고 측) 주장은 현재의 잣대"라며 "이 외화는 이른바 '한강의 기적'으로 평가되는 세계 경제사에 기록되는 눈부신 경제 성장에 큰 기여를 하게 됐다."고 밝혔다. "일본의 경제 지원으로 '한강의 기적'을 가져왔다."(아소 다로 부총리 겸 재무장관)는 일본 우익의 논리를 그대로 가져온 것이다.

재판부는 이번 사건에서 강제징용 피해자들보다 국가와 국익에 더 무게를 싣는 모습도 보였다. 재판부는 "대법원의 판결이 국제재판의 대상이 되는 것 자체만으로도 사법신뢰에 손상을 입게 되는 것"이라면서 "패소할 경우 이제 막 세계 10강에 들어선 대한민국의 위상은 바닥으로 추락하게 된다."고 주장했다. 독도 영유권 분쟁이나 일본군 위안부 문제 등도 국제재판에 가면 안 된다고 밝히기도 했다.

이날 각하 판결을 내린 재판부는 전임 재판부가 올해 초 일본군 '위안부' 피해자들의 손해배상 청구권을 인정했음에도 "일본 정부에 소송비용을 강제집행해서는 안 된다."는 결정을 추가로 내리며 논란을 빚기도 했다. 재판장인 김양호 부장판사는 2017년 징역 1년 판결에 불만을 품은 피고인이 반발하며 욕설하자 즉각 징역 3년으로 형량을 올린 적이 있다.

이번 판결이 서울중앙지법과 광주지법 등에 남아 있는 20여개의 일본 전범기업 상대 강제징용 피해자의 손해배상청구 소송에도 영향을 미칠지 주목된다. 당초 대법원 판결에 따라 잇따라 승소 판결이 내려질 것으로 전망했으나 이날 정반대의 판결이 나오면서 각 재판부의 고심도 깊어질 것으로 보인다.

민주사회를 위한 변호사모임 등 시민단체들은 이날 공동논평을 통해 "이번 판결은 국가 이익을 앞세워 피해자들의 권리를 불능으로 판단한 것"이라면서 "재판부가 일본의 보복과 이에 따른 나라 걱정에 법관으로서 독립과 양심을 저버린 부당한 판결을 했다."고 비판했다.

I. 외교적 보호권의 성격

타국의 국제위법행위로 자국민이 피해를 입은 경우에 피해자의 본국이 피해자의 피해를 회복하기 위하여 교섭, 국제재판 등으로 가해국의 책임을 추궁하는 것을 외교적 보호라고 하며, 이러한 국가의 권리를 외교적 보호권이라고 한다. 한국이 위안부 피해자들이 입은 피해를 회복하기 위하여 일본에 대하여 교섭, 재판 등으로 책임을 추궁하는 경우에 외교적 보호라고 볼 수 있다. 전통적인 국제법에 의하면 외교적 보호권은 국가가 재량적으로 행사하는 권리로 인식된다. 따라서 국가는 피해자를 위하여 외교적 보호에 나설 수도 있으며 나서지 않을 수도 있다. 심지어는 피해자의 의사와 상관이 없는 합의를 할 수도 있다.

한국은 1965년 일본과 청구권협정을 체결하여 상호 청구권에 관한 합의를 하였으며, 2015년에는 위안부 문제에 관한 합의를 하였다. 국가가 개인의 청구권에 관한 합의를 한 부분에서는 외교적 보호권을 행사한 것이라고 볼 수 있다. 그러므로 필연적으로 국가의 외교적 보호권의 행사로 개인청구권은 소멸하는가 여부가 쟁점이 된다. 이 문제는 위안부 피해자들이 국내법원에서 일본 정부를 상대로 손해배상청구소송을 제기할 수 있는지 여부와 관련되어 있다.

한국 정부가 외교적 보호권을 행사함으로써 상대국에 대하여 더 이상 외교적 보호권을 행사할 수 없게 되지만 개인청구권은 그대로 존속한다는 해석이 있다. 이 경우에 개인이 상대국에 대하여 개인청구권을 행사할 수 있지만 가해국은 피해자의 본국과 피해자를 상대로 2중으로 분쟁을 해결해야 하는 상황이 될 수 있다. 국가의 외교적 보호권의 행사로 개인청구권은 소멸한다는 해석도 가능하다. 이 경우에는 국가의 일방적인 외교적 보호권의 행사로 개인청구권이 소멸하여 개인의 권리보호가 약화되는 문제점이 발생한다.

대법원 2013다61381 전원합의체 판결에서 다수의견은 강제징용 피해자들의 위자료청구권은 한일청구권협정의 적용대상이 아니라고 보고 있다. 별개의견은 개인청구권이 한일청구권협정의 적용대상이지만 외교적 보호권만 포기된 것이므로 개인청구권은 남아 있다고 보고 있다. 소수의견은 강제징용 피해자들이 일본 정부나 일본 국민들을 상대로 소송을 제기할 권리가 제한되는 것으로 해석한다.

II. 외교적 보호의 내용

1. 국가책임의 추궁

타국의 국제의무위반으로 피해를 입은 국가는 유책국에 대하여 책임을 추궁할 수 있다(국가책임법초안, 제42조). 여기서 책임을 추궁한다는 의미는 공식적으로 상대국에 청구하거나 국제재판소에 소송을 제기하는 것을 의미한다. 타국의 책임을 추궁하는 피해국은 당해 국가에 자국의 청구권을 통지하여야 하며, 위법행위가 계속되는 경우에는 그 중지를 위하여 유책국이 취해야 할 조치 및 손해배상의 형태를 적시할 수 있다(제43조).

피해국은 유책국이 그 의무를 준수하도록 하기 위하여 피해국이 유책국에 대하여 부담하는 국제의무를 이행하지 않을 수 있는데, 이를 대응조치라고 한다(제49조). 대응조치는 가능한 한 문제된 의무의 이행을 재개시킬 수 있는 방법으로 해야 한다.

대응조치를 취하는 경우에도 UN 헌장에 구현되어 있는 무력의 위협 또는 무력의 행사를 삼갈 의무, 기본적 인권을 보호할 의무, 인도적 성격의 의무, 강행규범에 따른 의무, 피해국과 유책국 사이에 적용되는 분쟁해결절차에 따를 의무, 외교사절 및 공관지역 등의 불가침을 존중할 의무는 준수해야 한다(제50조). 대응조치는 국제위법행위의 심각성과 문제되는 권리를 고려하여, 피해에 비례하여야 한다(제51조).

이상의 설명은 타국의 국제위법행위로 국가 자신이 피해를 입은 경우에 관한 설명이다. 그런데, 국제법은 국민이 타국의 국제위법행위로 피해를 입은 경우에 피해자의 본국이 가해국을 상대로 책임을 추궁하는 제도를 인정하고 있다. 이를 외교적 보호라고 한다.

2. 외교적 보호의 개념

ILC 외교보호초안(ILC Draft Articles on Diplomatic Protection, 2006, 이하 동일)에 의하면 외교적 보호란 국가가 외교적 수단 또는 기타 평화적 분쟁해결의 수단으로 국제위법행위로 인하여 자국민(자연인 및 법인)이 입은 피해를 회복하기 위하여 가해국의 책임을 추궁하는 것을 말한다(제1조). 전통적으로 외교적 보호는 국가가 자국민을 보호하기 위하여 가지는 권리로 여겨져, 외교적 보호권이라고 불려졌다. 따라서 외교적 보호를 할지 여부는 전적으로 국가의 재량에 따르며, 개인의 의사는 중요시되지 않았다. 외교적 보호를 통하여 유책국으로부터 손해배상금을 받은 경우에 어떻게 처리할지 여부도 국내법이 규율할 사항으로 국제법은 관여하지 않았다.

국가가 외교적 보호권을 가지는 근거로는 외국인에게 피해를 입힌 것은 그 외국인 본국의 권리를 침해한 것이라는 이른바 Vattel의 의제로 설명된다. 개인의 피해를 국가의 피해로 본다는 의미이다. 그러나 개인의 피해와 국가의 피해는 구분되므로 실질상 외교적 보호는 국가가 개인을 위하여 개인이 입은 피해를 회복시켜주는 제도이다. 외교적 보호는 개인의 국제법 주체성이 인정되지 않는 국제법 체제에서 개인의 권리구제를 위하여 유용한 기능을 수행하여 왔다. 다른 한편, 외교적 보호는 제국주의 시기에 강대국이 개인이 입은 피해를 회복한다는 구실로 약소국을 압박하는 주요한 역할을 하기도 하였다. 중국이 1839년 영국 상인들의 아편을 몰수하여 폐기한 것을 이유로 영국이 아편전쟁을 일으킨 것을 보면 개인의 피해를 국가의 피해로 의제하는 경우의 위험성을 잘 알 수 있다.

오늘날 외교적 보호의 인권보호기능이 강조되고 있다. ILC는 외교보호초안 제1조에서 외교적 보호를 정의하면서 국가의 권리라는 용어를 사용하지 않고 있다. 나아가 ILC는 중대한 피해가 발생한 경우에는 외교적 보호를 하는 것을 고려할 것, 외교적 보호와 배상에 관하여 피해자의 의견을 가능한 한 고려할 것, 합리적인 비용을 공제한 후 피해자에게 배상금을 지급할 것 등을 권고하고 있다(제19조). 외교적 보호가 국가의 권리가 아니라 피해자의 권리회복을 위한 제도라는 점을 강조하고 있는 것이다.

3. 외교적 보호의 요건

1) 국적에 관한 원칙

① 개인에 대한 외교적 보호

외교적 보호권을 행사할 수 있는 국가는 원칙적으로 국적국이다(제3조). 자연인의 국적국은 자연인이 출생, 혈통, 귀화, 국가 승계 또는 기타의 방법에 따라 국적을 취득한 국가를 의미한다. ICJ는 1955년 Nottebohm 사건에서 외교적 보호를 위한 국적 요건에 관하여 진정한 유대라는 기준을 제시하였다. 이 사건에서 독일 국적을 가지고 과테말라에서 사업을 하던 Nottebohm은 2차 대전 기간 중에 리히텐슈타인을 잠시 방문하여 리히텐슈타인 국적을 취득하였다. 2차 대전 기간 중에 과테말라는 Nottebohm을 추방하고 재산을 몰수하였다. 리히텐슈타인은 외교적 보호권을 행사하여 과테말라를 상대로 소송을 제기하였다. ICJ는 Nottebohm과 리히텐슈타인은 '진정한 유대(genuine link)'가 없으므로 과테말라는 리히텐슈타인의 외교적 보호를 승인할 의무가 없다고 판시하였다. Nottebohm은 독일 국적을 상실하고 리히텐슈타인 국적을 취득하였으므로 이중국적자가 아니다. ICJ의 결론에 의하면 국가가 외교적 보호를 하려면 단일국적을 가진 사람에게도 국적국과 국민 사이에 진정한 유대가 필요하다는 것인데, 이에 대하여는 비판이 없지 않다. 외교보호초안은 국적 요건과 관련하여 국적국과 국민 사이에 진정한 유대를 요구하지 않는다.

국가가 외교적 보호권을 행사하려면 피해자는 손해의 발생시부터 청구의 제기시까지 그 국가의 국적을 계속적으로 유지하고 있어야 한다(제5조). 동일한 국적이 두 시점에 존재하면 국적의 계속성은 추정된다(제5조). 이를 '국적계속의 원칙'이라고 한다. 이 원칙은 피해가 발생한 이후에 피해자가 강대국의 국적을 취득하고, 강대국의 외교적 보호를 이용하여 권리구제를 받는 것을 막기 위한 것이다. 다만, 피해가 발생한 이후에 청구와 관계없는 이유로 국적이 변경된 이후에는 현재의 국적국이 외교적 보호를 할 수 있다(제5조 2항). 이 경우에는 국적 남용의 위험이 없기 때문이다.

이중국적자에 대하여는 어느 국적국이라도 제3자에 대하여 외교적 보호를 할 수 있으며, 공동으로 외교적 보호를 할 수도 있다(제6조). 이중국적국 상호간에는 외교적 보호를 할 수 없는 것이 원칙이지만 이중국적국 사이에서 손해의 발생 및 청구의 제시 시점에 모두 우세한 국적국은 다른 이중국적국을 상대로 외교적 보호를 할 수 있다(제7조).

무국적자와 난민은 외교적 보호를 할 국적국이 사실상 존재하지 않으므로 외교보호초안은 상거주지국이 외교적 보호를 할 수 있다고 규정한다(제8조).

② 법인에 대한 외교적 보호

기업의 국적국은 기업을 위하여 외교적 보호를 할 수 있다. 기업의 국적국은 설립준거법 국가를 말한다(제9조). 다만, 기업이 타국의 국민에 의하여 통제되고, 설립준거법 국가에서 실질적인 영업활동이 없으며, 경영 및 재정통제의 중심지가 타국에 있는 경우에는 그 타국이 국적국이 된다(제9조).

기업의 소유자는 주주들이지만 외교적 보호를 할 수 있는 국적국은 주주들의 국적국이 아니라 기업의 국적국이다. ICJ는 1970년 Barcelona Traction 사건에서 이 원칙을 분명히 하였다(Barcelona Traction, Light and Power Company, Limited, Judgment, I.C.J. Reports 1970, p. 3.). 이 사건에서 회사는 캐나다에서 설립되었으나 스페인에서 전력공급사업을 하였으며, 주주들은 벨기에 국적을 가지고 있었다. 스페인 법원에 의하여 회사가 파산하자 주주들의 국적국인 벨기에가 외교적 보호를 행사하여 스페인을 상대로 제소하였다. ICJ는 기업에 관하여는 기업의 국적국만이 외교적 보호를 할 수 있다고 판시하였다.

외교보호초안에 의하면 ① 기업이 그 피해와 관계없는 이유로 설립준거법 국가에서 더 이상 존재하지 않거나 ② 기업이 피해가 발생한 시점에 가해국의 국적을 가지고 있으며 가해국에 기업을 설립하는 것이 영업의 전제조건으로 요구된 경우에는 주주의 국적국도 외교적 보호를 할 수 있다(제11조). 물론, 기업에게 손해가 발생하여 간접적으로 주주에게 손해가 발생한 경우가 아니라 주주에게 직접 손해가 발생한 경우에는 주주의 국적국이 가해국을 상대로 외교적 보호를 할 수 있음은 물론이다(제12조).

2) 국내구제완료의 원칙

국적국은 피해자인 자국민이 가해국의 사법적, 행정적인 국내적 구제절차를 완료한 이후에 비로소 외교적 보호를 할 수 있다(제14조). 이 원칙은 피해자가 가해국의 국내적인 구제절차를 이용하면 충분히 피해를 회복할 수 있는 사안이 국가와 국가 사이의 분쟁으로 이어지는 것을 막아주는 역할을 한다. 구제는 최상위 법원의 판단까지 받아야 한다. 국내구제완료의 원칙에도 다음과 같은 예외가 있다(제15조).

첫째, 실효적인 구제를 제공할 수 있는 합리적인 수단이 없는 없거나 합리적인 구제의 가능성이 없는 경우이다. 이미 유사한 사안에서 구제를 거부한 판례가 확립되어 있는 경우가 이에 해당할 수 있다.

둘째, 구제절차가 유책국에 의하여 불합리하게 지연되는 경우이다.

셋째, 피해자와 유책국 사이의 관련성이 없어서 유책국의 국내구제절차를 거치도록 하는 것이 합리적이지 않은 경우이다.

넷째, 피해자가 국내구제절차를 이용하는 것이 명백히 배제된 경우이다.

다섯째, 유책국이 국내구제절차완료의 요건을 포기한 경우이다.

III. 생각해볼 문제

✓ 강제징용 피해자들이 가해자인 일본 기업에 대하여 가지는 청구권과 위안부 피해자들이 일본 정부에 대하여는 청구권 사이에 차이가 있는가?

✓ 1965년 한일청구권협정으로 북한이 일본에 대하여 가지는 청구권은 어떠한 영향을 받는가?

2018년 제주도 난민 입국

● 6-1 국제인권법

2018년 500명이 넘는 예맨인들이 제주도로 입국하여 난민 신청을 한 사건이다. 예맨은 사우디아라 비아 반도 끝에 있는 국가로서 2015년 이후 종파 갈등으로 시작된 내전이 3년 넘게 지속되고 있다. 예맨인들은 비자 없이 90일간 체류가 가능한 말레이시아로 탈출했다가, 체류기한 연장이 되지 않자 무사증 입국이 가능한 제주도로 들어왔다. 현행 난민법에 따르면 제주도는 비자 없이 30일 체류가 가능하며, 이후 난민 신청을 하게 되면 심사 기간 동안 체류할 수 있는 외국인등록증을 발급해 주고 있다.

예맨인들의 제주도 입국이 이슈가 되면서 이들의 난민 수용 여부를 두고 한국 사회 내에서 논쟁이 일어났다. 당시 이 사건은 청와대 국민청원 게시판에 올라와 답변 필요 수인 20만 명을 넘어서는 등 전 국민적 관심사가 되었다. 난민 수용을 반대하는 측에서는 급증하는 난민으로 국내 치안이 우려되는 것은 물론 무사증 제도와 난민법을 악용하는 사례가 늘어날 것이라고 주장하였다. 반면 찬성하는 측에서는 한국이 아시아에서 최초로 난민법을 제정한 국가인 만큼 인도주의를 우선해야 한다고 주장하였다.

제주출입국·외국인청에 따르면 2018년 제주도에 들어온 500명이 넘는 예멘인 중 484명이 난민 신청을 했다. 이들에 대한 심사는 난민인정 2명, 인도적 체류 허가 412명, 단순 불인정 56명, 직권 종료 14명으로 최종 결정되었다. 난민으로 인정된 2명은 모두 언론인 출신으로 후티 반군과 관련한 비판적인 기사를 작성해 납치와 살해 협박을 받았고 향후에도 박해 가능성이 높은 것으로 판단되었다. 이들은 난민법에 따라 사회보장·기초생활보장 등에서 대한민국 국민과 같은 수준의 보장을 받게 되었다.

후쿠시마 오염수 방출

● 6-2 국제환경법

일본 정부가 2021년 4월 13일 후쿠시마(福島) 제1원자력발전소에서 나오는 방사성 물질이 포함된 오염수를 해양에 방류하겠다고 하면서 제기된 논란이다. 현재 후쿠시마 제1원전은 2011년 동일본 대지진 당시 폭발사고가 난 원자로 시설에 빗물과 지하수 등이 유입되어 하루 평균 140톤의 오염수를 발생시키고 있다. 도쿄전력은 방사성 물질이 포함된 오염수를 원전 부지 내 저장탱크에 보관하고 있는데, 그 양이 2021년 3월 기준 총 저장용량 대비 약 92%인 125만 844톤 정도 되는 것으로 알려져 있다.

후쿠시마 오염수가 바다로 방류되면 해류를 따라 한국과 중국 등 주변 국가의 해양환경을 비롯해 인체와 수산물에 악영향을 미칠 수 있다는 점에서 우려가 높다. 2021년 한국 정부는 일본의 후쿠시마 오염수 해양 방출 방침이 결정되자 "이번 결정은 주변 국가의 안전과 해양 환경에 위험을 초래할 뿐만 아니라 특히 최인접국인 우리나라와 충분한 협의 및 양해 과정 없이 이뤄진 일방적 조치"라며 강도 높게 비판했다. 당시 문재인 대통령은 일본의 원전 오염수 해양 방류 결정과 관련해 국제해양법재판소에 제소하는 방안을 적극 검토하라고 지시하기도 했다.

후쿠시마에서 오염수가 방출되면 쿠로시오 해류를 따라 태평양으로 이동한다. 이후 미국과 적도를 거쳐 시계 방향으로 한 바퀴 돌아 아시아로 되돌아온 뒤 대마(大馬)난류를 타고 한반도로 유입된다. 방사능 오염수가 한반도 해양에 미치는 영향을 파악하기 위해서는 방출량, 방출농도, 오염수 내 핵종 등 다양한 정보가 필요하다. 하지만 일본 정부가 데이터를 정확하게 제공하지 않기 때문에 명확한 예측이 어려운 상태다. 이로 인해 학계에서는 후쿠시마 오염수가 한반도에 미칠 영향에 대해 의견이 분분하다.

마늘 파동

6-3 국제경제법

2000년 6월 한국 정부가 중국산 냉동마늘과 초산조제 마늘의 관세율을 30%에서 315%로 대폭 올리는 '세이프가드' 조치를 취하면서 일어난 사건이다. 당시 중국산 마늘가격은 한국에 비해 1/3에도 미치지 못했지만, 농가의 피해를 막기 위해 일정 물량에 한해 관세를 부과해 왔다. 한국은 우루과이 협상을 통해 껍질을 벗기지 않은 통마늘에 한해 수요량의 2~4% 정도를 50%의 관세율로 수입하기로 했고, 그 이상의 물량에 대해서는 360%의 높은 관세를 매기기로 했다. 그리고 냉장마늘·냉동마늘·절인마늘의 경우에는 그 상태로는 저장·보관·운송이 힘들다고 판단해 30%의 낮은 관세율을 매기기로 했다.

그런데 1998년 국내 수입업자들이 중국 현지에 통마늘을 깐마늘로 만드는 작업장과 냉동창고를 짓기 시작했다. 그러자 농협이 국내 마늘농가의 피해를 우려해 중국산 마늘에 대한 피해구제를 신청했다. 이후 2000년 6월 한국 정부는 중국산 냉동마늘과 절인마늘의 관세율을 기존 30%에서 315%로 올리는 '세이프 가드' 조치를 발표했다. 하지만 중국은 이를 받아들이지 않은 채 한국산 휴대폰과 폴리에틸렌 수입을 잠정 중단한다는 보복조치를 발표했다. 이 보복조치는 국제규정에 어긋나는 것이었지만, 당시 중국이 WTO에 가입하지 않았기 때문에 중재요청이나 제소를 할 곳이 없었다.

결국 한국과 중국은 마늘협상을 시작하여 2000년 7월 최종 합의안을 도출했다. 중국은 휴대폰의 수입 중단을 풀기로 하고, 한국은 3년간 매년 3만 2,000kg~3만 5,000kg의 중국산 마늘에 30~50%의 관세율을 매기기로 했다.

콩고 내전

1965년 참모총장이던 모부투 세세 세코(Mobutu Sese Seko)가 쿠데타로 정권을 장악했다. 모부투는 콩고의 지하자원을 노리는 미국과 결탁해 32년간 독재정권을 지속했다. 하지만 모부투의 장기 집권으로 인한 부패가 지속되자 반정부조직인 ADFL(콩고·자이르 해방민주세력연합)이 봉기를 일으켜 정부군과 내전을 벌였다. 그 결과 1997년 우간다와 앙골라의 지원을 받은 반정부군이 승리를 거둬 로랑 데지레 카빌라(Laurent－Désiré Kabila)가 집권하게 되었다.

그러나 로랑 데지레 카빌라 집권 이후 제2차 내전이 또다시 벌어졌다. 그도 모부투와 마찬가지로 독재 정치를 펼친데다가 자신의 집권을 도운 르완다의 투치족을 몰아내자 르완다가 반정부군과 연합해 내전을 일으켰기 때문이다. 내전 과정에서 로랑 데지레 카빌라가 암살당하자 그의 아들 조제프 카빌라(Joseph Kabila)가 대통령직을 승계하게 되었다. 결국 2002년 12월 콩고와 주변 5개국 사이에 평화협정이 체결되어 정전 상태에 이르렀다. 하지만 이후에도 반군의 활동은 계속되었다.

아프리카 10여 개 국가가 관련된 콩고 내전은 제2차 세계대전 이후 가장 많은 사상자를 낳았다. 제2차 내전 기간(1998년~2003년)에만 해도 400만 명 이상의 사망자가 발생했고 2,500만 명의 난민이 생겨났다. 2013년 아프리카 11개국이 콩고 문제 해결을 위한 평화협정에 서명했지만, 여전히 반군은 북부 키부지역에서 정부군과 대치하고 있다. 2010년 현재 폭력·기아·질병으로 한 달에 45,000명씩 사망에 이르는 것으로 국제사회에 보고되었으며, 특히 여성에 대한 강간 범죄가 잔혹하게 이루어지고 있는 것으로 알려져 있다.

이슬람 혁명

1979년 2월 11일 팔레비왕조를 무너뜨리고 이슬람원리주의에 입각한 이란이슬람공화국을 탄생시킨 혁명을 말한다.

제2차 세계대전 이후 팔레비왕조는 냉전 체제하에서 미국의 지원과 막대한 석유 이윤을 기반으로 자신의 안정을 취하면서 국내의 민주적 요구를 탄압으로 일관했다. 팔레비왕조는 1953년 모사데크(Mossadegh) 총리를 타도한 후 군대와 치안경찰을 강화해 독재기구를 확립했다. 1963년 농지개혁, 국영공장 불하, 이윤의 노동자 분배, 여성 참정권, 문맹퇴치 등 위로부터의 개혁을 추진했으나 이슬람 전통을 붕괴시키고 농촌과 도시의 상공업을 몰락시키는 결과를 초래했다.

이슬람교 시아파 지도자 호메이니(Khomeini)가 이 상황을 이슬람교도 공동체('움마')의 위기로 보고 이슬람원리주의에 기초한 반국왕운동의 선봉에 섰다. 이란 내 좌파 세력도 그 안에서 사회적 변혁의 실마리를 찾아 공감하였으며, 상인 층도 이에 호응함으로써 이슬람원리주의를 축으로 하는 광범위한 대중운동이 벌어졌다. 결국 이 운동을 통해 팔레비왕조가 붕괴되고 새로운 이슬람공화국이 탄생하게 되었다.

저자 소개(가나다 순)

강국진 (서울신문 정치부 차장/나라살림연구소 정책위원/재무행정 · 행정학박사)

김성원 (한양대학교 법학전문대학원 교수/국제법평론회 회장 역임/국제법 · 법학박사)

박언경 (경희대학교 미래인재센터 객원교수/숭실대학교 법과대학 초빙교수/국제경제법 · 법학박사)

서영민 (외교부 주방글라데시 대한민국대사관 1등서기관/외교부 국제법규과 2등서기관 역임/국제법 · 법학박사)

예대열 (순천대 인문학술원 학술연구교수/남북역사학자협의회 집행위원/한국현대사 · 문학박사)

오승진 (단국대학교 법과대학 교수/변호사/국제법 · 법학박사)

유준구 (국립외교원 연구교수/외교부 · 산업통상자원부 · 국방부 정책자문위원/국제법 · 법학박사)

이석우 (인하대학교 법학전문대학원 교수/아시아국제법발전연구회(DILA-KOREA) 대표/국제법 · 법학박사)

이세련 (전북대학교 법학전문대학원 교수/외교부 정책자문위원/국제법 · 법학박사)

정민정 (국회입법조사처 입법조사관/국회도서관 · 경북도청 독도자문위원/국제법 · 법학박사)

국제법을 알면 뉴스가 보인다

초판발행	2023년 1월 10일
중판발행	2024년 10월 25일

지은이	강국진·김성원·박언경·서영민·예대열·오승진·유준구·이석우·이세련·정민정
펴낸이	안종만·안상준

편 집	장유나
기획/마케팅	김민규
표지디자인	이영경
제 작	고철민·조영환

펴낸곳	(주) **박영사**
	서울특별시 금천구 가산디지털2로 53, 210호(가산동, 한라시그마밸리)
	등록 1959. 3. 11. 제300-1959-1호(倫)
전 화	02)733-6771
f a x	02)736-4818
e-mail	pys@pybook.co.kr
homepage	www.pybook.co.kr
ISBN	979-11-303-4320-4 93360

* 파본은 구입하신 곳에서 교환해 드립니다. 본서의 무단복제행위를 금합니다.
* 저자와 협의하여 인지첩부를 생략합니다.

정 가   19,000원